教育的本质是生命教育

丙申初冬　顾明远书

国家社科基金（教育学）一般项目
“生命教育学学科建构研究”（BAA140017）

生命教育思语

门衛三問宜深思

王定功 著

科学出版社
北京

图书在版编目（CIP）数据

生命教育思语. 门卫三问宜深思 / 王定功著. —北京：科学出版社，2019.9

ISBN 978-7-03-062218-1

Ⅰ.①生… Ⅱ.①王… Ⅲ.①生命哲学-教育思想-中国-文集

Ⅳ.①B083-53

中国版本图书馆CIP数据核字（2019）第187837号

责任编辑：付 艳 / 责任校对：贾娜娜

责任印制：徐晓晨 / 封面设计：铭轩堂

编辑部电话：010-64033934

E-mail：edu_psy@mail.sciencep.com

科学出版社 出版

北京东黄城根北街16号

邮政编码：100717

http：//www.sciencep.com

北京虎彩文化传播有限公司印刷

科学出版社发行 各地新华书店经销

*

2019年9月第 一 版 开本：720×1000 B5

2021年1月第二次印刷 印张：11

字数：180 000

定价：168.00元（全三册）

（如有印装质量问题，我社负责调换）

序一：教育的本质是生命教育

我对生命教育没有研究，但是我觉得教育的本质就是生命教育。教育是传承文化、创造知识、培养人才的社会活动，是人类生存发展、超越自我的重要途径。人类和其他生物一样，一要生存，二要繁衍，三要发展。要生存就要解决衣食住行的问题；要繁衍就要生儿育女；要发展就要教育、学习，把前辈的生产经验、生活经验传授给下一代。而这三者也是分不开的，人类只有不断发展、创新，才能战胜恶劣的环境，获取更好的生存、繁衍的条件。可见教育在人类发展进程中的重要性。人类发展的历史就是人类通过教育不断学习、不断创新、不断超越自我的历史。因此，我说教育的本质就是生命教育。

其实，自古以来的教育家都在追求如何使下一代的生命得到更好的发展。虽然东西方的教育理念不同，但其理一致。无论是西方的苏格拉底、柏拉图，还是东方的孔子、孟子，都追求人的身心的健全发展。但由于人类进入阶级社会以后，一方面，教育被统治阶级所利用；另一方面，被统治阶级接受不到应有的教育。教育的本质被掩盖了，教育成了各种利益集团获取利益的工具，忽视了人的生命的发展。

及至文艺复兴，社会批判了神的统治，打破了神权，提倡人权，儿童发展问题逐渐得到教育家、思想家的重视，特别是夸美纽斯、卢梭等启蒙思想家都关注儿童的自由发展。

20世纪以来，美国进步主义教育家杜威主张“儿童中心主义”，提出“教育即生长”“教育即生活”“学校即社会”，再一

次引起了社会对儿童生命发展教育的关注。陶行知先生从他的老师杜威那里得到启发，在中国创建“生活教育”，并且把老师的教育理念反转过来，提出“生活即教育”“社会即学校”“教学做合一”。两者的理念是一致的，都是关注儿童的生命发展，只不过在方法途径上不同。

至于“生命教育”的概念是何时由何人最先提出来的，已无从考证，也不重要，重要的是如何理解、如何实施。我觉得近几年“生命教育”之所以热起来，是因为现在的教育弊端实在太严重，违背了教育的本质，压抑了儿童的发展。学生为考试而学习，不是为发展而学习，每天十几个小时埋头于繁重的作业之中，身体健康受到伤害，思想品质得不到提高。现在正要再一次发出“救救孩子”的呐喊！所以，有识之士提出“生命教育”的呼声，是很自然的事。因此，生命教育不是一个教育模式的问题，而是一个教育理念的问题。我们要通过生命教育来转变教育观念，更新教育方法，使我们的孩子幸福生活，健康成长。

但是对生命教育怎么理解，怎么实施，确是需要认真研究的问题。河南大学一批学者较早地开展了这方面的研究。尤其是近几年，河南大学在刘志军、刘济良、汪基德等教授的带领下，逐步设立了生命教育方向的硕士点、博士点，并将其作为博士后研究的重要方向，生命教育已经成为河南大学“大教育学”科研、教学尤其是研究生培养工作的一个特色和亮点，且经过多年的研究已取得了重大成果。河南大学生命教育系列研究的数套丛书展示了他们的研究成果。我想广大读者会从中更深刻地理解生命教育的意义和本质，从而更新观念，同时获得开展生命教育的方法和途径。

我无法通读系列丛书的全部内容，但我深切地感受到生命教育的重要性，我支持他们的研究，赞赏他们的研究，感谢他们的研究。是为序。

北京师范大学英东楼

（顾明远，中国教育学会名誉会长、国家教育咨询委员会委员、北京师范大学资深教授）

序二：生命教育的诗意言说

广义的生命教育的源头，可以追溯到孔子和苏格拉底的时代，千载绵延，代代损益，薪尽火传，生生不息。孔门弦歌施教，“浴于沂，风乎舞雩，咏而归”描绘的不正是生命教育的唯美情景吗？苏格拉底一袭敝袍赤脚站在雅典街头用“助产术”指导雅典青年，柏拉图降尊纡贵追随寒门老师，亚里士多德与逍遥学派师生漫步苹果园纵论天下大事，不也正是生命在场的教育故事吗？一定意义上说，一部中西方教育史不过是生命教育与非生命教育在不同时空的对垒、演变与抗衡。在我们看来，不断健全完善的生命教育才是真正的教育。

现代意义上的生命教育大致始于20世纪初，美国哲学家、教育家杜威教授提出了系统的实用主义理论，其中“从做中学”的系列观点就包含着杜威的“生命整体存在论”、“经验方法”及“探求逻辑”等诸多关乎教育当事人生命发展的观点。陶行知先生是中国现代意义上的生命教育研究和实践的首倡者。20世纪初，陶先生师从杜威教授，1917年学成归国，在国内首倡“life education”，直到1946年辞世，他将全部精力投入其中。但出于种种考虑，先生当时并未将其翻译成“生命教育”，而是翻译成“生活教育”，他的思想也被后来的研究者们概括为“生活教育理论”。其实，无论“生命”还是“生活”，在英文语境里大致都表述为“life”，在汉语中“生活”也无异于“生命”的展开过程，从来也没有外在于“生活”的“生命”。深味陶先生生活教育理论，其间所包含的生存教育、健康教育、养生教

育、社会责任教育、完满人格教育、终生教育等思想，无不折射着生命教育的理论光辉。杜威教授提出“学校即社会”，试图吸收社会的所有方面并将其融入一所小小的学校；陶先生提出“社会即学校”，寻求的是将学校的所有方面延伸到大千世界。杜威教授提出“教育即生活”，主张“做中学”；陶先生提出“生活即教育”，主张“教学做合一”。陶先生提倡教师“千教万教教人学真”，提倡学生“千学万学学做真人”，直接触摸到师生生命发展的脉搏。在《从烧煤炉谈到教育》一文中，陶先生满怀深情地写道：“教育的使命是什么？不是放茅草火！不是灭茅草火！是要依着烧煤的过程点着生命之火焰，放出生命之光明。中国教育的使命，是要依着烧煤的过程点着中华民族之火焰，放出中华民族生命之光明。”

20世纪末21世纪初，生命教育在我国渐渐热了起来。生命教育本应有许多切入维度，也可有不同称谓，但其思想主旨相同或相近。国外如此，国内亦如此。我看重并倡导的生命教育突出了情感教育这一方面，1990年起不断强调情绪情感是生命的基本表征，是生命的重要机制以及一个人生命素质的“内质性”保障。我以此为学术基础和教育理念，分别在供职南京师范大学、原中央教育科学研究所以及担任中国陶行知研究会会长期间，以很大的热情推动生命教育的研究、实验与普及（包括宽泛和专指意义的）。我的第一位博士生刘次林1997年撰写“幸福教育论”，我的另一名博士生刘慧2000年撰写“生命德育

论”，后来不断有博士生的论文选题都与“情感—生命”的基本概念、命题相关。与此同时，叶澜先生提出“让课堂充满生命的活力”，创立了“生命·实践”教育学派，与她团队的李政涛、李家成、卜玉华等学者把生命教育研究与中小学教学实践做了很好的对接。朱永新先生提出“新教育”，主张“聆听窗外的声音”，推动构建书香校园。周洪宇先生发起“阳光教育”实验，生活·实践教育学派与生活·实践教育学学科呼之欲出。刘济良试图构建“生命教育论”的理论体系，刘志军、王北生、李桂荣的研究指向生命教育的视域扩展和校园关涉。张文质、冯建军、石中英、黄克剑等提出“生命化教育”。王鉴、夏晋祥等提出构建生命课堂的思想。刘铁芳、肖川、郑晓江、欧阳康、何仁富、汪丽华、赵丹妮、袁卫星以及港台地区的孙效智、纪洁芳、钮则诚、林绮云、吴庶深、张淑美、郑汉文、汤锦波、何荣汉等学者也从不同维度对生命教育进行了深刻的研究，提出了一系列有价值的思想。

中华大地，藏龙卧虎；十步之内，必有芳草。各地学者和一线教师对生命教育的研究和实验风起云涌，怒涛排壑；千帆竞发，百舸争流。这一切必将载入中国生命教育的发展史册。顾明远先生提出“教育的本质是生命教育”。教育的变革和发展永无止境，对生命教育的探索和践履也永不停歇。

生命教育的研究和表述可以有也应该有多种维度。王定功博士试图从诗学的角度切入生命教育，以诗歌的语言对生命教

育进行表达，这是一件十分值得鼓励的事情。

王定功博士是我国生命教育研究团队中的一名重要学者。他是著名教育家顾明远先生指导的博士后，我愿意视他为同侪和知音。在首都师范大学儿童道德与生命教育研究中心成立大会上，我与定功博士首次相遇，那天我做了一个关于陶行知生命教育思想的演讲。而首都师大新成立的这个中心，其主任是由我指导的博士生刘慧担任的，当时她已是初等教育学院的副院长、教授、博士生导师。午餐时定功博士与我相邻而坐。那段时间我的健康状况不是很好，定功博士不知怎么就看出来了，他关切地建议我“�红荻白，云肥风瘦，正是中秋时节，建议先生出去走走，比闷在家里的好”。他穿着虽稍稍寒素，但谦和温文、儒雅脱俗，简直像是从唐宋穿越而来！

我慢慢了解到，王定功博士是一名厚积薄发、大器晚成的学者。他曾做过16年的中小学教师、教育行政官员。2007年，他赴北京师范大学教育学部教育学原理博士课程班学习；2008年，他考入北京交通大学人文学院，师从哲学家路日亮教授攻读博士学位；2011年，他又进入了北京师范大学教育学部博士后流动站，师从著名教育家顾明远先生从事博士后研究。近几年，定功博士十分专注地进行生命教育的研究和教学，先后从不同维度向生命教育“包抄”过去，对生命教育的源与流、理论与实践都“弄弄清楚”（顾明远先生语），为中国内地方兴未艾的生命教育提供助力。

王定功博士于2011年在上海交通大学出版社出版专著《青少年生命教育国际观察》，这部书被《中国教育报》评为“2011年影响中国教师的100本图书”之一；2012年在上海交通大学出版社出版专著《青少年道德教育国际观察》，这部书使作者进入“上海交通大学出版社建社30周年作者墙”；2013年在教育科学出版社出版专著《生命价值论》，这部书被评为河南省2014年教育科学研究优秀成果奖特等奖和2016年第五届全国教育科学研究优秀成果奖三等奖。他独著及担任第一作者的著作、教材已见书34部，包括此次积十数年功力整理推出的《生命教育诗语》《生命教育丝语》《生命教育思语》《生命教育私语》《生命教育释语》共十余部。按这样趋势看，著述等身于定功而言并非夸张。这些著作是一脉相承的，即分别从生存哲学、教育哲学、课堂教学、诗学等不同维度切入生命教育，体现出一名睿智学者的学术自觉。

王定功博士在学术上具有多方面的兴趣和成就。最难得的是，在生活中他洁身自好，对真、善、美、圣有着虔诚的信仰和坚定的追求，不啻“浊世佳公子，翩翩一书生”。尤其是他在科研合作中低调从容，“重言勿泄，少任敢专”，“重情重义，生死相许”（台湾同行纪洁芳教授语）。江西师范大学生命教育研究专家郑晓江教授辞世，定功独坐书窗三天不食不语，那段时间他的QQ签名也换成了“愿我的死，换他的生”。而他俩见面不过三次而已！

承蒙不弃，定功将“生命诗语”各个系列均送我审读。由于健康的原因，我时断时续地阅读，读得不多，但越读越喜欢。“生命诗语”以一种生命共同体的视角直面“天地人神四方共舞”的世界，歌咏自然万物，赞美成长着的事物，吟唱人间的美好情感，探问生死哲思理路，展示书生报国情怀，褒扬真善美圣，表达生命教育的学术致思。若用一句话评价“生命诗语”，那就是：天地人心的深情探问，生命教育的诗意言说。

其实，生命教育关乎每一个人，每一个人都在用自己的方式践行生命教育，发出生命诗语。我本人自1986年进入道德情感、情感教育研究之后，便对情感与道德、情感与生命的关系越来越敏感和在意。用情感——生命之“眼”去看教育、观道德教育、做教育研究竟成了我的个人学术偏好。回想自己从40岁起，就有不同的肿瘤疾患不断来袭，饱尝了大手术和化疗之苦。可以说，30年来如何对待生命，如何处理生命与工作的关系，一直是我个人真切的人生课题。生命之脆弱与生命之坚韧这相左相反、交相混合、反反复复的复杂情绪感受总是随着身体状况的起落变化，每每考验着自己最真实而无法逃避的生命态度。我似乎是懂得了生命实在值得珍惜，的确应当珍爱生命！可珍爱生命并不是惧怕死亡，也不一定真能做到不惧怕死亡。自觉的死亡教育在我们这里还是十分缺失的。癌症给人带来的不只是痛苦——尽管那痛苦常如剜心蚀骨，它还会让人零距离地直面生死大限，思考“生从何来，死向何去，我是谁”

的问题，思考如何把握生命每一天，把最值得做的事情做好，尽最大努力提高生命的质量（肉身的与精神的）。因此我特别感谢生命教育和现代医疗，前者给了我对生命的认知和勇气，后者给了我身体有效的疗救和保护。不久前，我又度过一次生命危机，现在出院了，重新走在阳光下，坐在书斋里，享受生活的馈赠。

恰逢此时，看到王定功博士奉献生命教育大作，捧读、吟哦“生命诗语”，是一件令人愉悦的事情。天地春回，鸟儿叩窗，丁香快要开放了吧？我从心底里感恩生命，感恩所有热心生命教育、给无数人们带来生命智慧和力量的人。

斯为序。

朱小蔓
南京师范大学随园

（朱小蔓，中国陶行知研究会会长、俄罗斯教育科学院外籍院士、北京师范大学教授，曾任南京师范大学副校长、原中央教育科学研究所所长兼党委书记）

目录

MULU

『人类一思考，上帝就发笑。』这是一句古希伯来谚语。如果这句话是对的，那上帝可真要好好地笑上一笑了，因为人类从未须臾停止过思考。在人类思考的所有问题中，生命价值是一个起点。人类所有的高级思想，无不源于对生命价值所做的沉思和求索。世界上每一种宗教、每一种哲学、每一种科学，以及求真、求善、求美、求圣之途无不由此起航。

——本辑导语

第1辑

生命价值的永恒追问

生命价值的探问与践履

屡屡被门卫大哥拦下，问道：你是谁，你从哪来，你到哪儿去？对“门卫三问”做出哲学回应并不容易。

在哲学史及当代哲学界，对“人”的界定可以说是最众说纷纭、莫衷一是的。在“人是什么”这一主题下存在的观点、学说和流派林林总总。概而言之，有四大类观点，并体现出两大特点。第一大类观点从人的自然属性出发，强调人与动物的内在关联性，认为人是自然界长期进化发展的高等动物。第二大类观点从人的精神属性出发，彰显理性对人的重要作用，认为人是理性的动物。这两类所谓唯物主义的观点都是从人与动物关系的比较研究出发来说明人是什么，其通常在“动物”一词之前加上诸多限定词，标出人不同于动物的特点，但最终仍然认为人是动物，诸如理性的动物、政治的动物、符号的动物等。第三大类观点从人的情感意志出发，宣扬人性中非理性的意义，认为人是生命意志的显现。第四大类观点以上帝为中心，突出上帝对人的决定作用，认为人是依附于上帝的创造物。[①]后两类唯心主义的观点夸大了人的精神属性的作用，还是未能将人的肉体属性和精神属性真正统一起来。

人真是“……的动物”吗？换言之，人真是某种“thing”吗？绝不是！人，绝不是东西！

进化论鼻祖达尔文在晚年的研究中坦承：在“人猿相揖别”的进化过程中有一道黑幕，他无从判断黑幕的性质，无从说明在这道黑幕遮挡下猿为什么及怎样变成了人；同时他判定不会有新的猿变成新的人了，但为什么这种可能永远地不复存在了呢？他却没有说明。

对前人思想进行实用主义式的“拿来主义”在学界是司空见惯的做法。当然，某一前贤本人的思想也不断发展，甚至一个时期的观点与另一个时期的观点互相“打架”，这时我们也只能基于自己的判断加以选择利用，这是

① 靳凤林. 死，而后生：死亡现象学视阈中的生存伦理 [M]. 北京：人民出版社，2005：135.

没有办法的事。但反思下来，在许多情形下，我们对前贤思想的选用并未全面审慎地考虑前贤本人思想发展的逻辑脉络，而只是一味地选择能够佐证自己观点的某一部分，甚而断章取义、诡辩以逞。对于达尔文思想，进化论者看到了达尔文的"人是猴子变来的"这一观点，却对达尔文全部思想的其他部分闭口不言，对达尔文思想的发展脉络视而不见，从而将"人是……动物"视为无须论证的理之当然。

"人是……动物"这一界定成为一种普遍误解还有另外一种原因。通过对哲学史的研究，可以发现，这一定义在研究方法上受亚里士多德的演绎法和培根的归纳法的影响，对人与动物相联系的一面过于渲染，而对人与动物的本质区别视而不见；在研究内容上，只看到人与动物在生理结构上的某种同源的一面，而没有看到人在其形成、发展过程中从自然进化系统飞跃到社会文化进化系统的质变，亦即人脱离了人兽群处的自然进化系统，单独跃入了社会文化进化系统，开始了新的进化之途。

人不是某种动物，尽管在"动物"之前加了 *N* 多限定词，人仍不可能是动物，这可以从人之身、心、灵与动物的质的区别来加以理解。在"身"的方面，人不仅在生理结构、生长节奏、非专门化方面同其他哺乳动物有着质的区别，而且人所生存的社会文化环境同动物生存的自然环境同样有着很大区别，所以仅从生物学的视角而言，传统人论关于"人是动物"的断言所蕴含的内在矛盾就已暴露无遗。在"心"的方面，动物心理与人类心理虽然有着内在的关联性，但就本质而言，二者有天壤之别，动物心理受到其自然本能的支配，而人的心理由于受到语言、意识的巨大影响，已经远远超出动物的本能层次，而跨入了对意义世界的追寻之中。人与动物的最本质的区别还在于"灵"的方面，人从自然世界走向意义世界，人的灵魂或精神是其间的桥梁，正是由于人有独特的灵魂与精神世界，才构成了人区别于动物的终极品性。①

随着传统人论关于人的界定的理论大厦的轰然倒地，对人的重新界定，即从生命价值论视域对人进行界定就成为必需的了。

---

① 详参靳凤林．死，而后生：死亡现象学视阈中的生存伦理 [M]. 北京：人民出版社，2005：136-158. 靳君关于人兽之别的论述详尽而深刻——人身与兽身：迥然有别的生理功能；人心与兽心：判若云泥的心理状态；灵魂与精神：人的超验性意义境域。让笔者有"眼前有景道不得，崔颢题诗在上头"的钦佩之感，故此处论述一略而过。读者可参酌靳凤林的原著。

于是，生命价值论进入学者视野。它思考人，思考人的生命，思考人的生命价值；它试图基于各自的生命境遇对“门卫三问”发出自己的“生命思语”。

生命价值论，对我们很多人来说是既熟悉又陌生。说熟悉，是因为没有一个人不曾对生命价值或多或少、或深或浅地做过思考；说陌生，是因为学界对生命价值做系统学理探讨的成果还不多见。生命价值论首先从学术史研究入手，对前人的相关研究成果进行梳理归纳，对缠缠绕绕、枝枝蔓蔓的概念和学说进行学术清理。其次试图在马克思主义人学、西方浪漫哲学、中西方生存论、生死哲学、价值哲学、教育哲学所形成的五彩斑斓的迷宫中，去寻找生命价值论的理论天地，以此推进对中国古老生存智慧的系统再现，对西方哲学生命思想的西学东渐，以及对马克思人学思想的具体运用。最后，生命价值论得出了一系列有价值的结论，也做出了不少有分量的理论创新。

笔者在生命价值论方面所有的研究，都基于一个理论假设——正是由于对生命价值的视而不见、误读误判、拒斥放逐，才导致生命中的不自由、不和谐、不快乐、不幸福，才导致这人世间的虚假、丑陋、邪恶、庸俗，才导致出现一系列生命问题。这些问题可以分为两大类：一类向内指向自身；另一类向外指向外界。向内的问题，比如，自轻自贱、自暴自弃、自戕自杀；向外的问题，比如，一语不和即挥刀杀人、“毫无必要”地贪腐搂钱等，犯罪、违法无不折射出生命价值观的扭曲。当然向外的问题还包括冷漠充溢周遭，矿难、车祸、校园“屠夫”、毒大米、地沟油、转基因等问题层出不穷，还有人用利刃刺向自己的亲人，搞传销欺骗自己的邻居……其背后的原因正是对自身以及他人的个体生命价值的不敬畏、不尊重、不认同、不践履。笔者是一个写过数千首诗词的性情中人，看到社会上一些无视生命价值的事情，如鲠在喉，不吐不快。我愿意用怜惜的、温存的、关爱的目光去关注劳苦大众，体味一下他们的生命状态，倾听一下他们的生命诉求。

这个理论假设还有另外的一面。要解决上述问题，诚然需要法律去挞伐或护持，需要道德去灌输或濡染，需要政治的保障和经济的支撑，但归根到底，需要人们对生命价值进行追寻和探问、肯认和服膺，需要就生命价值问题达成一些最基本的共识——我要活着，也让别人活着；我要好好活着，也让别人好好活着；我要幸福地活着，也让别人幸福地活着。诚如此，则自杀不再，犯罪消弭，社会和谐，人民幸福，天下大同！

正是上述三点基本共识对应着生命价值论研究的三个层次——活着、好好活着、幸福地活着。当我们的目光逼视生命价值论这座至大至美的理论大厦之时，眼睛立刻就会被它的华彩所模糊——三个层次并不分明，诸多因素相互勾连，诸多论证循环往复。当这些探讨被置于当代中国语境中时，问题就变得更为复杂。在生命价值论的论域里，对一个问题的追问，常常会引发对所有相关问题的追问；而对一个问题的解答，也往往依赖于对所有相关问题的解答。我们既为此迷惑，也为此兴奋。

但是，剑锋非只一朝磨，板凳要坐十年冷。要解决上述三个层次的各种问题，绝非朝夕之功所能奏效，挖十个浅坑不如掘一口深井，为学之道自有其内在的硬约束。笔者对生命价值论的研究也只能先集中精力于有限的议题，苦心孤诣，深入钻研，披荆斩棘，艰难跋涉，终于完成本课题的研究，实现了诸多有价值的理论创新。

运用“奥卡姆剃刀”原理对书稿进行一次一次的删减，完全是一种“忍痛割爱”的感觉。整章整节地去掉了许多有价值的内容，更主要的是集中对部分章节予以拓深和扩充，于是生命价值论的论域已凝缩到有限的议题，即对生命的基本关切——纾解死亡焦虑、克服自杀诱惑、肯认生命意义。这实在是不能不面对的最基本层面的问题，是上述生命价值论应然观照的依次提高的三个层次的最底层，是生命价值的本论。

基于这种考虑，纾解死亡焦虑、克服自杀诱惑、肯认生命意义这三个议题就作为对生命价值的基本关切，进入了本书研究的问题域。围绕这些问题倒推，是生命价值论对生命异化的审视；再倒推，审视生命异化的前提有赖于对生命价值的本体论构建；再倒推，是生命价值论提出的背景和依据。而正向向前推论，则是生命价值论的教育路径。这就是本书的各章内容的推演逻辑。

本书并没有也无意提供一个关于生命价值的现成答案——这其实是笔者一直反对的理论企图，重要的乃是试图唤起每一个生命个体对生命价值的应然追求，唤起人们发自内心的生命智慧和真情，激励并养成属于个人的生命艺术。本书只是指明思考生命价值的可能路向之一，那就是通过“生命聆听”而指向错综勾连的生命关涉，通过“生命对话”而达至生命意义的敞显和澄明，实现诸生命主体的同在，在探问生命价值的征程上“一路同行”。

亲爱的朋友，让我们互相聆听、真诚对话、携手同行，一起去探寻茫茫时空永恒的“门卫三问”吧！

你是谁？

你从哪儿来？

你到哪儿去？

生命价值的话语坐标

思索生命，总是能唤起哲人内心深处的浓郁情感，对人的生命价值的追索和探寻，总是能让即使长日枯坐书斋的学者也动情不已。人生的阳光、鲜花和宁静美丽的自然春天，沉重、忧愁和令人焦虑的人生危机，总是从两个方向拉扯着人们的思绪。即使在游戏人生似乎已成为时尚的今天，对生命价值的讨论也不是全然地不合时宜；相反，享乐之后的空虚，纵情之余的烦乱，常让人心中茫然，不由地发出“人散尽，一钩残月凉如水”的无奈和感慨。“众人熙熙，皆为利来；众人攘攘，皆为利往”曾一度成为当下世态的画像，但是，“仰望星空”的人们已经在这置身其内的纷乱燠闷中觉察到吹来的一股清风。“寻找哲学，寻找人本身”正在潜流涌动，对人的生命价值的追寻正在成为人们的自觉。

学者之所以为学者，就在于他试图主动负起这样的责任：当人们埋头赶路劳累不堪的时候，他却抬头在丛林芊莽中寻找通往前方的熹光；当人们迷于梦幻茫然失措的时候，他总能在探寻终极意义的路上击鸣暮鼓晨钟。由是，生命价值走进学术视野，学者最先去关注、研究，并从这种关注和研究中获得生命的和谐与充盈。

既然人早晚必有一死，又为何来世上走这一遭？能不能给出一个活下去的理由？生命的意义何在？生命价值几许？当一个人的灵魂在茫茫宇宙中孤独无助、飘忽不定时，该怎样找到回家的路？面对这样或深刻、或激越、或平常、或寒素的追问，人们或能拍案而起、仰天长啸，或能心领神会、拈花微笑，或是苦苦叩问、上下求索，但更多时候可能是黯然伤神、若有所思，或者哑口无语、不置一词。

关注生命正当其时。当近代的理性之光照耀天地的时候，人们曾认为科学无所不能，对于世上所有奥秘终能详知，自然资源可以予取予求，未来将是“明亮的阳光和金色的沙滩”。传统哲学停留于对其进行歌功颂德而无暇反思。但是，近代以来经济和社会发展的现实让人们从迷梦中惊醒，击碎了人们的自信，引起了“先醒者”的沉思。有人说“奥斯维辛”是哲学发展的一个坎，抑或对不同的民族和人群来说，总有一个虽能自圆其说实则荒谬之至的“当代理性事件”成为其哲学发展的一个坎。是第一次世界大战、第二次世界大战，是“奥斯维辛”，是日本的“开辟万里波涛”和南京大屠杀，是极端势力的人体炸弹和攻击美国人民的“9·11”……这样的清单似乎可以一直列下去。

在传统哲学看来，它的任务就在于排除偶然的、外在现象的纷扰，转而深入到事物后面，进行纵向的超越，去把握这超感性的、本真的“存在”。这种“存在”就是事物的“本质”和运动变化的“规律”。传统哲学对这种“同一性”的迷醉一度被视为理所当然。

第二次世界大战以来，名目繁多的哲学派别相继出现，特别是现象学、分析哲学、后现代主义哲学、西方马克思主义哲学等纷纷登场，从不同角度对传统形而上学进行了反省，并集中对同一性思想的重群体、无视生命个体，重统一、无视个体差别的威权主义的内在逻辑提出了质疑。

为什么人走过了百万年的进化之路，却在理性之光照耀的当世“理性”地举起了灭绝种族的屠刀？为什么在产生康德、黑格尔、马克思、海德格尔这些灿若星辰的哲人的国度却出现了希特勒和党卫队？为什么平均教育水平不低的一个民族会有那么多的人同时疯狂？为什么杀人狂魔会受到一些人的顶礼膜拜？为什么邪教总是阴魂不散，某一时段甚至教众影从？动物很少同类相残，人类却为何有那么多的个人以及族群屡屡斗个你死我活，两方都高呼着似乎同样崇高的口号为各自坚执的真理同归于尽？为什么还是有人会为一个荒谬至极的信仰殒身不恤？……失去了对生命的真正关爱，尤其是对个体生命价值的真正尊重，谁能保证不会再来一次世界大战，再来一次“奥斯维辛”，甚至来一次全球核战？

对于现代哲学来说，“现代性大屠杀”绝不仅仅是一个历史事件，它是现代人类灵魂深处一个重大的精神事件，它迫使哲学在精神气质、思想内容、理论姿态诸方面都要发生重大转折，那就是开启对人的生命的深层思考。

思考者逐步达成了这样的共识：传统形而上学及其同一性思想主要是建立在对个体性和差异性进行否定和抹杀的基础上的。这种对个体性的否定和抹杀，在黑格尔的思辨哲学那里已经不自觉地将个人变成了任冰冷历史的理性车轮无情碾压的小草，而在希特勒的法西斯主义那里则成了刻意为实现种族存在“高贵同一性”而需要“干掉”的“非同一性”的无足轻重的“存在者”。同一性思维的形而上学凯旋之时，便是个体生命在奥斯维辛焚烧炉化为缕缕青烟之际。

传统形而上学过多地痴迷于超感性本质世界的建构，对感性生命的需要和欲求常常是蔑视和冷漠的；其同一性思想的“崇高”是建立在贬斥和压制凡俗生命的基础上的。奥斯维辛标志着对个体生命价值的贬斥和压制达到了疯狂的地步，死难者的眼泪和痛苦凝成的呼喊对于形而上学和同一性思维来说是不可能引起任何回音的。在这种专断话语和权力意志中，已然为“以理杀人”和个体生命价值灰飞烟灭的结局深埋祸根。

正是在这里，注定了传统形而上学的命运，那就是它们必须走向终结，必须被一种新的“后形而上学”思想取而代之，那应该是真正对普通的个体生命予以尊重的形而上学，至于这种哲学叫什么，则似乎是一件无关紧要的事。在这个复杂的世界中，人的生命需要去爱和被爱，需要现实的关怀和慰藉，传统形而上学的同一性思维除了强制性、一厢情愿地要求现实世界交出一个虚妄的乌托邦之外，还能为人们提供什么？

传统形而上学对绝对性、终极性知识的趋鹜，其深层原因是对以哲学宰制天下、驭驱苍生、唯我独尊的话语权力的隐秘渴盼。哲学家或试图成为“哲学王”，成为人民的“导师”，试图以一己之“主体”外在于他人及世界之“客体”而有先在的指挥权。这里的“主”“客”之间实质上是一种等级关系，而不是生命平等、守望相助的交往关系。“现代性大屠杀”彻底地宣告了这种哲学的终结，它以无数生命为代价，向哲学提出了这样的迫切要求：必须改变以“我与他”“主与客”的等级模式为内在根据的控制论式的思维方式，并提供人类在这个星球继续生存下去的智慧。

哲学的理论主题和思想旨趣必须发生根本的改变，即从追求世界的终极本体转向追求人与社会的自我解释，从追求绝对知识转向追求生存智慧，体味人的生命价值的本真意蕴。奥斯维辛发出的当头棒喝是：当“有限”的生命在焚尸炉里一瞬间灰飞烟灭之时，哲学“不朽”的根基何在？当人们最基本的生存权利都无法得到保证的时候，哲学的永恒大梦如何能做得安稳？当人们共处一个世界却又以死相搏时，“哲学之梦”又有何真实的价值？现在，哲学需要思考：人类究竟应该怎样共同生存于世？人们之间应该如何彼此相处？如何才能幸福地度过有限而必有一死的人生？正是对这些问题的追问，决定了哲学必须放弃对所谓“绝对知识”的追求，而是要以一种反思批判的姿态，来不断深入理解人在世界中的真实地位，寻求人与他人、人与自然、人与自身的相处之道，从而从“本体之学”走向“生存哲学”，从“斗争之学”走向“和谐之学”，从“知识论”走向“生命论”。

只有理解了这一点，才能理解20世纪中后期以来的许多重要的哲学运动，才能理解整个现当代哲学的真实基础；也才能理解伽达默尔的“作为实践哲学的解释学”为何一再强调“团结是决定性条件和社会理性的基础”[①]；才能理解马丁•布伯为何抛弃“我”与“他”的对峙态势而以“我”与“你”取而代之；才能明白哈贝马斯的“商谈伦理”“交往理性”意欲何为；才能明白勒维纳斯的“为他人”确乎发自真心；也才能体谅后现代主义对“权力话语”“中心主义”“整体主义”的理论愤慨和多少有些过限的解构努力……哲学必须改变原有的言说姿态和存在方式，心口一致地敬畏生命价值，主动放下“身段”，平视芸芸大众真切的生命诉求，倾听人们心里的声音，真正在构建和谐社会的过程中提供助力。

现代哲学吁求人的“到场”或人的“在场”，这从反面彰显了人的“在场”“到场”并非易事。人的“到场”并不等于凡事以我为中心，世界熙熙，皆为我来，世界攘攘，皆为我往；甚至像杨朱那样“拔一毛利天下，不为也”。这其实是一种“价值个体主义”“道德情感主义”。这类主义打着对“道德中心主义”的“大一统思想”的反动旗号，但确实矫枉过正，看似是对个体生命主体地位的褒扬和推崇，实则是唯工具理性马首是瞻,“需要”和“利益”占据了他们的全部视界,“道德”和“责任”被弃如敝屣。在这种情形下，人刚刚“到场”，又因其“越位”而匆匆“离场”。

现代社会是一个多样化的社会，不同的政治样态、不同的道德主张、不同的宗教情感和不同的思想体系同时并存，它们分别吸引着自己的“粉丝”，争夺着自己的思想阵地，并从不同角度、不同深度影响着整个社会秩序的建立和运行。

价值多元、思想多维本应是一种常态，非此不足以构成一个丰富多彩的精神世界。但不幸的是，多元的价值和多维的思想所辩护的社会秩序常常

---

① 伽达默尔．科学时代的理性[M]．薛华，高地，李河，等，译．北京：国际文化出版公司，1988：76.

不能彼此宽容，“批判的武器”常常导致“武器的批判”，坚持不同真理的个人和族群彼此争斗，人们走出了思想的竞技场而拿起了现实的杀人利器，这就是田海平教授所说的“大异”。那有没有世人一致肯认的思想上的“大同”呢？有！那应该就是：真正对人之生命的关爱，对生命价值的敬畏、服膺、肯认和超越。基于此，人们才能在价值多元中寻求价值认同，在识见相异中达成社会共识，在尊重个性的基础上建立维持社会稳定的公共纽带。这应该成为当世哲学的理论期许和思想家的学术然诺。

最大的价值认同，应该是人们皆有、不可通约、但可对话的生命价值。最大的共识，应该是不同生命个体在天、地、人、“神”“四方共舞”中互相尊重、互相对话和互相提携。于是，本书研究所倡导的生命价值论就自诩能忝列当代哲学之林，以一种独立的姿态融入当代分析哲学、语言哲学、现象学等众声喧哗的理论对话之中，成为中国古老生存智慧的当世表达，成为近现代西方生命思想的“中国话”诠释，成为马克思主义人学的具体运用，成为对人类古朴生存论的更高层次的理论回归和弘扬。

生命价值的当代期许

对自己的生命价值弃若敝屣的人屡屡自杀，将别人生命价值视若草芥的人屡屡杀人，而杀人既源自对他人生命价值的无视，也源自对自身生命价值的轻忽。在一个时段，自杀事件以及杀人案件不断出现，而当人们把关注的目光投向一个个自杀与他杀事件，为一个个坠落的生命、绝望的灵魂叹息的时候，却又发现一个非常奇怪的现象：有的人忙忙碌碌，有的人成就颇丰，有的人星光环绕，有的人坐拥书城，有的人高车驷马，有的人富可敌国，他们却找不到真正的自我。这是为何？当生命有不可承受之轻时，人们找不到被需要，因而找不到价值，找不到快乐；而当生命有不可承受之重时，人们找到了被需要，但还是找不到价值，找不到幸福。

自 2004 年生命教育开始受到关注以来，虽“摸着石头过河”，却以一种沉着坚定的力量悄然而深刻地渗入校园，转眼间竟具席卷天下之势，较当年“素质教育”有过之而无不及。但从其实施情况看，生命教育所要解决的问题有增无减，在一些地方反而因加重了学生课业负担而受到抵制，整体而言，生命教育的有效性为人诟病。对于这一问题，学界从不同角度和层面进行反思和求解，心理学、教育学、社会学、伦理学分别开出了大相径庭的药方，于是人们又不得不把药方本身当作反思的对象。比如，以前教育界判断，心理健康问题是导致学生轻生的首要原因。现在心理学和病理学研究发现，心理健康问题与学生自杀虽然有共同的诱因和表现，但二者之间更多的是并列关系；心理健康问题在所有导致自杀的原因中所占的比重不到 10%，于是在学校普遍开设的心理咨询室存在的合理性就大打折扣。再如，依靠生命教育弘扬生命价值一度被认为已经可以包打天下、包治百病了，但进一步的研究发现，即使狭义的生命教育已经尽善尽美、无懈可击，却依然与弘扬生命价值的真正目标相去甚远。生命就像童话中的豌豆公主，不是随随便便就能打发得了的，恐怕需要实施包括政治保证、经济支撑、社会浸润、文化滋养等系统工程，当然教育或教化自然是不可或缺、不可替代的重要方面和重要环节。

生命教育“应然”如何？这值得每一名教育者沉思，学界更不应回避。有的学者从孔孟“人之异于禽兽者几希”推举衍射，有的学者却对“国学”调侃甚而谩骂，以至于两类学者一见面就觉得尴尬；有的学者崇尚理性，有的学者独尊非理性，常常是“公说公有理，婆说婆有理，天下无公理”；有的偏执一端“虽千万人吾往矣”，有的讲“和谐”，试图“持两用中”，结果这两类学者也屡屡颉颃。甚至还有一些伪学者南郭先生加入“合奏”，一味对东拼西凑的资料“翻翻炒炒”，一转眼就敢端上一桌半生不熟的菜肴，发文著书甚而问鼎教材。之所以众说纷纭，莫衷一是，主要是因为理论基础和研究视角不同。学问自然需要“如切如磋，如琢如磨”，但如果都在半空中刀光剑影，火星乱溅，热闹固然热闹，恐怕终难有定论。

而今，生命教育在推动的过程中正遭受一些质疑。从总体上看，中国的生命教育思想、教育内容、教育方法在具体实践中有很多问题尚待解决，还处于探索与尝试阶段，生命教育严重滞后于社会发展的需要。例如，从小培养学生尊重生命、珍惜生命的教育还很不够，生命教育至今尚未被正式纳入国家和学校的正规教育课程，中小学中存在严重的“应试教育”和“分数至上”观念，学校中缺乏以挫折教育、生计教育、健康教育为主的新公民教育理念和内容等。身为此领域的学术研究者除了“心有戚戚焉”外，更有难辞其咎的愧然，因此为“汇聚出由下而上的力量”贡献一份心力，责无旁贷。

那么，什么才应该成为支撑生命教育的理论原点？什么问题才是引出生命教育的初始问题？这就要求我们逆流而上，回到逻辑的源头，从哲学的角度对各相关学科关于对生命的深思的前提、过程和结果进行再深思，探究生命教育、生命生成、生命发挥的真正的价值缘由和价值追求。

哲学的生存论转向

哲学及一切人文学科的研究都有一个隐含的前提，就是对人、对人的生命的关切和对人的生命价值的探寻，这是最根本的形而上问题。与此相较，具体的研究方法不过是为之服务的形而下的手段而已。生命价值论并非哲学的一个派别，也不指望其成为开创哲学新天地的一个根本“转向”，究其根本，它不过是传统哲学向现代哲学嬗变的一种形态，是对一切人的哲学与价值哲学的集成尝试。查其近源，则受现象学、诠释学、诗化哲学、价值哲学、语言哲学和实践生存论的影响最为直接和深刻。

现象学（phenomenology）一词最早由朗贝尔特提出，他认为现象学的目的在于“系统化假象的种类”，借以避免错误、认识真理。之后，赫尔德提出“美和真的现象学”，康德提出“现象学一般”概念，费希特提出“自我现象学理论”，黑格尔创立“精神现象学”，胡塞尔在其《逻辑研究》中提出将现象学作为一种哲学理论和方法，由此受黑格尔、胡塞尔影响而运用现象学方法的哲学家纷至沓来，现象学大行天下。海德格尔判断现象学在各种不同的领域中主要是以潜移默化的方式决定着这个时代的精神。面对人、生命、生命价值，现象学方法既迥异于生命科学、生命医学、生命生物学等自然科学，也不同于社会学、心理学等社会科学切入生命问题的视角。它关注的不是与生命相关的客观物质现象，而是与生命相关的精神现象，它要研究括去一切生命客观实证研究之后，剩下的与生命相关的纯粹精神世界的知识，亦即关于生命普遍的知识。换言之，用现象学方法研究生命问题不是对现实世界与生命相关的自然知识或社会知识的简单概括和总结，而是对隐含于生命实证知识背后并支撑着生命实证科学的有关生命的内在本质理论所做的哲学探究。它不仅给人类以新的关于生命的知识，还可以深化对生命实证知识的理解。[1]

诠释学（hermeneutics）是在现象学与存在主义的基础上发展起来的一

① 叶秀山．思・史・诗：现象学和存在哲学研究 [M]. 北京：人民出版社，1988：99.

个哲学流派，它奉客观主义为圭臬，试图通过对事实、文本的诠释，凸显其背后的意义。诠释学是由 19 世纪德国哲学家施莱尔马赫和狄尔泰开创的。海德格尔把传统诠释学从方法论和认识论性质的研究转变为本体论性质的研究。伽达默尔把海德格尔的本体论与古典诠释学结合起来，使哲学诠释学成为一个专门的哲学学派。伽达默尔说人文科学不可避免地具有历史相对性与文化差距性，真实的理解乃是各种不同的主体“视界”相互融合的结果。哈贝马斯认为行为的意义并不能由行为者的主观意识来确定，决定其意义的根本因素是社会中由劳动系统、支配系统和语言系统三者共同构成的人的客观环境。人对意图的理解程度与意图实现的程度均由这种客观环境所决定。阿贝尔认为诠释学的唯心主义忽略了历史发展的物质性条件，他强调在社会整体内部存在着限制自由的力量与改善环境的愿望之间的张力关系。从哲学源流讲，诠释学实质上是一种语言本体论，它是对传统的以超验的神为内在根据的实体主义本体论的批判与超越。面对人、生命、生命价值诸问题，诠释学关注与其相关的各种历史文本同研究者价值意向之间的辩证关系问题。自然，人们有理由固守历史的事实性，但寻访历史事实中所蕴含的现实生存的精神意义却始终与人的现时处境有关。意义追寻是人类精神活动的本质，人通过精神建构活动尝试超越给定的现实，修葺无目的的世界，确立自身在历史中的生存意义。刘小枫为此庆幸——如果历史文化不容加括，历史事实的给定性不可超越，人们就只能被迫承认梦魇的正当性，只能被迫在历史的荒唐和谬误中沉睡，人们永世无法摆脱噩梦的缠绕，永远在历史事实性的压力下呻吟和悲叹。①诚然，语言是思维的家，诠释学既尝试破解实体主义，又试图提供可供认知的话语结构，既包含着丰富的生存论意蕴，又表达和承载了某种超验意义，在哲学发展史上可圈可点。但从另一方面来看，语言只是一种工具，是人的历史实践活动的产物，它本身并不存在纯粹超验的本体论结构，必须深入到人们的历史实践活动中去理解语言，从根本上而言，对语言的分析是对人的实践活动的分析。若抽掉人类历史实践活动，硬将所谓的超验意义赋予语言，反而会使得哲学重新陷入独断论的泥淖。

肇启于德国的现代浪漫主义哲学（romanticism philosophy），亦称诗化哲学（poetic philosophy），自称是对启蒙理性哲学的反驳和对“真正的”哲

① 刘小枫．拯救与逍遥 [M]．上海：上海三联书店，2001：11.

学的捍卫，其理论企图是把哲学变成诗。当然，这种诗并非文学的一种体裁，而是与哲学同列的思想形式。思想史上的诗，是一种浪漫的玄思，它富有浪漫气质和思辨精神；它是一种全一的追寻，自始至终为“全一”而焦虑和痛楚；它是一种现实的梦境，将矛盾的现实幻化为梦境的永恒；它是一种升腾的力量，以升腾的不屈意志救渡着人生；它是一种恬然的栖所，把人引入大地恬然愉悦的栖居。诗化哲学倾听人们性灵与精神的震颤，一方面以诗的映照加重相形见绌的生活的危机感，另一方面又坚持要求残缺不全的生活在诗化的过程中向着“全一”靠拢，要求现实向梦想靠拢，而诗正是在切入现实的同时显出了它超越生活的力量。诗化哲学浪潮在西方哲学史和整个西方思想史上具有特殊的意义。同时，中国哲学在很大程度上就是诗化哲学。刘小枫在《诗化哲学》里从汉语思想的传统及其现代性问题出发论述这一问题，认为中国审美思想的内在亲和性与德国浪漫哲学思想不谋而合，遥相呼应。①

西方对超验本体论的执着，从根本意义上讲是对“被杀死的上帝”的怀恋。支持超验本体论的是有神论，“神”是唯一“实体”，神支持“本体”。找出西方哲学背后的神，才能明白西方传统本体论为什么从根本上必然是一种超验结构。但历史的车轮呼啸向前，经过付出惨重代价的数次思想启蒙，人已发现了“人”本身。要人放弃自己，重吟中世纪的《神曲》已不可能，遇到再多艰难险阻，人也不会停止进行自我发现、自我实现的脚步。在西方是这样，在普遍缺乏宗教信仰的中国，更是如此。

价值哲学超越主客二分法已成学界共识，这同时意味着价值哲学需要为自己重新找到一个存在论的基础。可能的方案有三种：一是将传统哲学超验论、实体性存在论直接视为价值论哲学的理论基础；二是将价值论、传统的存在论与认识论哲学相区别，废黜存在论的基础；三是扬弃传统哲学的存在论，建构所谓的“价值生存论”。比较而言，第一种方案未摆脱传统哲学超验的窠臼。第二种方案将造成学术发展的断裂和自身存在的危机。第三种方案可取，即价值哲学作为一种新的哲学形态，其存在论基础不应是传统哲学的超验性的、抽象的实体本体论，也不应该是以需要为核心范畴的价值论，而应该是直指人的生命的，以阐释、反省和建构人的感性的和自由自觉

---

① 刘小枫．诗化哲学 [M]．上海：华东师范大学出版社，2011.

的生命活动为己任的生存论；价值哲学的核心是应然对实然的超越，不能仅立足于需要范畴，由于需要与价值的相互解释以及需要范畴本质上的非理性倾向，应然问题是很难得到合理的解释的，所以要找到需要和价值的共同本源——人的生命及其展开形态——生存。①

于是，生存论进入了研究者的视野。生存论转向一度被叫得山响，之后却时断时续，不绝如缕。张曙光分析有两个原因，一是存在主义限制了生存论转向的深化。存在主义打开了生存论转向的大门，亦将"人"拉到了人的面前，但其视界聚焦于个体之我，片面夸大非理性因素，漠视"类生命"和人的社会性，一味否定丰富生动的现实生活，以一种逆反、非正常乃至于阴暗的态度和情感方式去表现人正常的生命活动，这种致思及表达引起人们的"审美疲劳"，对其的厌倦与责难也是其咎由自取。二是人们对生存论转向本身的意义产生了怀疑。因为"人的生存"不是本体性的，而是生成性的、经验性的，不足以成为"本体"，无从设计超验的本体论结构并直接转换成知识论形式，以此作为当代哲学的基础，势必给哲学发展造成诸多麻烦与困惑。自然，两种原因是纠结在一起的，人们对存在主义个体生存观的怀疑与厌倦，都是源于对超验意识有意或无意的眷恋，超验情结挥之不去，"才下眉头，却上心头"。②

有学者认为，要彻底将哲学的基础从神转向人，不能不关注由马克思开创的实践观转向，于是实践人学应运而生。笔者无意去抹杀克尔凯郭尔提出生存论转向的哲学意义，但仍提醒大家看到，只有通过马克思提出并初步展开的实践的唯物主义，才能够真正将哲学主题历史性从一种根深蒂固的有神论转向无神论，才能将超验意识历史性地转换为人的经验意识，才能真正重建当代哲学的生存本体论基础。基于这种思考，自20世纪80年代后期到90年代，以承载马克思实践唯物主义为旗号的实践人学研究在国内声名鹊起，这一研究所触及现实问题的真实性以及在研究中所带来的开放的和先进的学术意识与研究方法，大大提高了哲学研究的总体水平。但是，实践人学在泼掉实体主义本体论这盆"洗澡水"的同时，也直接将本体论本身这个浴盆里的"婴孩"一并扔掉，一味在感性的意义上强调实践与人的活动，从而使自身失去了一切本体论基础。同时，实践人学常常借口继续发展马克思

① 邹诗鹏. 价值哲学的生存论建构问题 [J]. 天津社会科学，2002，(2)：20-24.

② 张曙光. 生存哲学：走向本真的存在 [M]. 昆明：云南人民出版社，2001.

实践唯物主义而作茧自缚，尚未找到与中国传统哲学进行关联的通道和与西方哲学进行对话的平台，也常有偏执人类中心主义而造成人与自然、个人与社会的过分对抗的思想倾向。所以，实践人学究竟会发展成什么样的理论样态，能否承载“为往圣继绝学”、发展马克思实践唯物主义的学术然诺，尚待观察。

经由以上分析，似乎哲学发展前途迷茫，“敢问路在何方”的问题摆在了所有哲学工作者的面前。其实问题本身就蕴含着问题的答案。学术为天下之公器，不宜囿于一隅而一味自恋，不宜偏执一端而画地为牢。近当代人文学科的研究方法可谓“五里一短亭，十里一长亭”。其于20世纪下半叶开始，在21世纪初延续，至今仍方炽未熄的现象学转向、实践观转向、人的转向、生活世界转向、实践生存论转向、实践人学转向、文化转向、价值哲学转向、语言转向等诸般哲学转向，有时会把人弄得晕头转向。但深究其内在的逻辑，就会发现所有转向、所有哲学形态均有一个隐含的共同旨趣，那就是对人的关切，对人的生命的照顾，对人的生命价值的觉察和追寻。要之，人寓于生命，追求价值，叩问着生命的意义。基于这种判断，我们何妨来一次理论冒险，将上述“方法”“转向”及其表达的哲学思想融会贯通、熔炼一炉，一律统辖于被挖掘、发展和创新的马克思主义生命观而氤氲化醇？亦即以我为主，实行“拿来主义”，溯流而上，细究其思想背后的思想，直达一切哲学的源头——人的生命，追问人的生命价值之所在。这似乎需要为这种看法、这种方法、这种内容以及由此形成的哲学范型起一个名字。尽管老子曾提醒说“道可道，非常道；名可名，非常名”，但无以名状，不利于把握和介说，所以姑且将这种对人的生命深层价值进行研究的方法及内容体系称为生命价值论吧！

追寻生命价值的过程最有价值

仰而思之，夜以继日；幸而得之，坐以待旦。生命价值论首先考察了人的生命价值这一本来内在于人自身的生命诉求，何以成了一个亟待哲学予以应对的理论问题？世上生命万千，唯有人在追问人之为人的生命价值，亘古如此，当下尤甚。一部人类发展史，无异于人的生命价值的理性开显史。通过对生命价值理论进路的通览，尤其是通过对传统生存论、现象学、诠释学、诗化哲学、语言哲学、马克思主义人学理论精华的借鉴，本书审慎提出了“生命价值论”这一理论构想，并试图完成对这一理论的初步架构。

其次，试图揭示人的生命价值的本真意蕴。在生命价值论看来，所谓人，即是追寻自身生命价值并朝着生命意义渐次生成的实践着的存世者；所谓生命，即人基于肉体自然追求价值超越的存在特性。于是，笔者将人的生命价值界定为内含于人之整全生命并在自然和超越两个层面多维度展开的生命特性。其间其实有一个理论上的“偷懒”，世上生命不限于人，其他的生命种类有无价值，在本书中采取了孔老夫子式的“未知人，焉知兽”的狡黠，而把这一可能大费笔墨的论证用一个人为的界定暂时婉拒在生命价值论之外。

再次，直面人的生命价值的异化问题。生命价值论并没有一味对生命异化义愤填膺地大加挞伐，而是对异化的情形做了分解。人之进化、人之发展过程存在着本源的异化，这是我们不能不接受的代价。而生命异化的发展史伴随着假与真、丑与美、恶与善、俗与圣的竞冲纠缠，生命价值时隐时现。当今，社会发展表面上凯歌行进，人的主体性空前张扬，但对生命价值的认同感在某一时、某一隅却逆向退化，症结百出。

接下来，表达了对生命价值的基本生命关切。人的生命的自然价值不可通约，应对其抱有必要的敬畏之心，但又不因此停止对生命探究的脚步。死亡，我们曾对其深度误解，它引起我们的恐惧，也同时对我们产生诱惑，前者导致死亡焦虑，后者引起自杀，焦虑和自杀都源于对生命意义的误读。

我们应在深谙生命价值的基础上，纾解死亡焦虑，放弃自杀，肯认生命的意义，尊重自己与他人的生命价值，使人与自己的族类都有尊严地活在这尘世。

最后，指明追求生命价值的教育路径。聆听，应该被作为生命价值教育的前提姿态，设身处地不断调整聆听的角度，平心静气地相互聆听生命的倾诉；对话，应该被作为生命价值教育的基本策略，相互言说着，相互听取着，那种权威主义的“耳提面命”式的“指教”应坚决予以摒弃；同行，应该贯穿生命价值教育的整个过程，教育者和被教育者都应融入天、地、人、“神”四方共在的生命群体之中，一同去追寻生命价值的真切意蕴，一起去体味生命意义的本真内涵。

生命价值是一种如此令人难以捉摸、不易把握的东西。这个“东西”并非真是某种事物，而是希望，是渴求，是梦想。生命价值是如此不确定的一个概念，以至于尽管每一个人都能希望获得生命价值，然而他却永远都不能够明确地、一贯地说出他真正希望和想要的东西究竟是什么。归根到底，本书只是试图打开通往生命价值的大门，而没有穷尽对其研究的野心。事实上，本书所能揭示的只是生命价值论的冰山一角，笔者对该问题的主体部分还依然懵懂无知。有时笔者怀疑生命价值就像希腊神话中的欧律狄刻（Eurydice），当我们回过头来注视她时，她已悄然遁去，在我们瞥见她的那一刻，她已经消失得无影无踪。

寻求生命价值的真正路径，其实就在我们的脚下。对生命理想的自主探索与相伴追求，才是当下生命教育不可或缺的使命。深度回应当下生命迷失的现实问题，理性探索通往生命理想的属己路径，这难道不应是当下我们每一个人尚付阙如的权利与责任吗？

如果说人类思想史是一部煌煌巨著，那么关于人、关于人的生命、关于人的生命价值无疑是这部巨著中最华彩的段落；如果说人类思想史是一方佳构华栋，那么人对自身的寻找、对生命的追问和对生命价值的反思，无疑是这方大厦最稳固的支柱。

——本辑导语

第2辑

生命价值的理论进路

人的自我“画像”

人类自我认识，亦即人的自我“画像”有一个演变过程。

先是原始人的“无主体的人的形象”。这是神话故事和图腾崇拜中的半人半兽、半灵半肉的“神人合一”形象。它既反映了原始人智力和意识水平之不逮，也维系了原始人的行动规范、生活秩序和情感信念，平等、和睦、同进同退，似一曲悠扬的田园牧歌。

之后是“部落主体的人的形象”。人逐渐意识到人与物、己族与他族之别，但此时人类还处于懵懂稚嫩的“少年”时期，无法离群索居、孤军作战，部落和种族是其赖以存活、须臾不可离弃的家，于是形成了“部落中心”或“种族中心”意识，“非我族类，其心必异”。这集中地反映了那个时代人类自我认识、自我塑造的基本特点，同时也适应和维系了那个时代的部落生活以及后来的以主仆关系为基础的奴隶制社会的生活秩序。

德尔菲神庙中的阿波罗太阳神庙的箴言“认识你自己”，标志着古希腊、古罗马已进入“多元主体的人的形象”时期。人开始站在奥林匹斯山巅——理论高度——进行自我认识、自我解释和自我塑造，他们眼里的“自然人”“灵肉人”“神性人”“反思人”“理性人”“政治人”“社会人”千姿百态，人的理论、人的学说纷至沓来，异彩纷呈。“希腊人不仅奠定了一切后来的西方思想体系的基础，而且几乎提出和提供了两千年来欧洲文明所探究的所有的问题和答案。他们的哲学是人类思想从神话式的原始形式演进至复杂多样的体系的一个最好的例证。”①

随着古希腊、古罗马时期的结束，欧洲历史进入了一个长期冬眠状态的中世纪。古希腊人塑造的“多元主体的人的形象”也就被中世纪的“上帝主体的人的形象”取而代之。表面上，人们把人的主体地位转送给了上帝，自己成了在全能造物主脚下赎罪服役的附庸，但究其实，上帝只不过是他们自己的倒影，宗教的地狱和天堂也同样是人们现实苦难和努力超越苦难的折

① 梯利．西方哲学史（上册）[M]．葛力，译．北京：商务印书馆，1975：16.

射，人的宗教观念也就是人的世界观念，人对上帝的认识也就是人对自己的认识。正如马克思所说：就其本质而言，“一切宗教都不过是支配着人们日常生活的外部力量在人们头脑中的幻想的反映，在这种反映中，人间的力量采取了超人间的力量的形式”①。

历史车轮滚滚向前，文艺复兴的曙光刺破了中世纪的黑暗。“上帝主体的人的形象”崩溃，“理性主体的人的形象”登场，欧洲进入了可歌可泣的新的文明时代。“理性主体”不仅是对古希腊“理性人”“反思人”的旧事重提，更是适应当时现实生活需要对“上帝主体”“神性主体”的彻底反叛和对资本主义“新人”的自我塑造。“理性主体”充分肯定了人的价值和地位，无情地剥夺了上帝的主体地位，并将其重新回归人类自己所有，人道主义、人本主义和理性主义大旗飘飘，资本主义制度和生活方式的诞生和发展由此奠基。“理性主体”也可称为“人道主体”，被镌绣在了近代欧洲思想启蒙运动和资产阶级革命运动的精神旗帜之上，自由、民主、平等、博爱成为当时欧洲人的共识。“理性主体的人的形象”对促进欧洲文明的发展起了巨大的作用。与“理性主体”同时并存的还有“生物主体”“社会主体”“非理性主体”的人的形象，他们是前者的补充，各有侧重，百家争鸣，并非胡言乱语，都能自圆其说。

自20世纪20年代起，一大批哲学家、人类学家、文化学家和思想家既不满足于“理性主体”“社会主体”，也不同意“非理性主体”“生物主体”，认为在他们那个时代，“人”已被肢解得支离破碎，一切过去的人的自我理解和自我塑造的形象都已经过时、崩溃了。于是，他们要重新寻找整体的、新的人的自我形象，“文化主体”说应运而生。这种学说认为人既是文化的创造者，又是文化的产物，宜从文化的角度来认识人、把握人，试图塑造人的“完整形象”，但由于“文化”包罗万象，因而“文化主体的人的形象”也可能会被“整体主义”消解而变得笼统和模糊。

以上人类“自画像”并非简单先后相继，而往往是互渗并存。人类的历史实质上是“人的形象”自我发展的历史，因而人的形象是发展变动的；人类的无限发展，决定了人的形象也无限地变换着。自从斯芬克斯之谜为我们描绘了“四足、二足、三足”的“人的形象”之后，人类就走向了自我反思、自我塑造的永无尽头的漫漫征途。

① 马克思，恩格斯．马克思恩格斯全集（第42卷）[M]．中共中央马克思恩格斯列宁斯大林著作编译局，译．北京：人民出版社，1979：380.

中西方哲学探询生命的历程

黑格尔当年曾批评世人“太忙碌于现实，太驰骛于外界”，呼吁人们要“回到内心，转回自身，以徜徉自怡于自己原有的家园中”[①]。这个“原有的家园”就是人的有意识的生命。生命的充盈和意义的澄明，是个体生命永恒的价值追寻。

对生命本义的探索和对生命价值的追求，构成了东西方文化进步尤其是哲学之思的动人图景。西方生命理路源远流长，生命情怀时潜时显。古希腊一个重要的文化哲学理念就是对人的生活、生命的关注和重视，本体论将水、火、气、土之类的自然物象视为世界和人的生命的“本源”“始因”，乃至基本“元素”。中世纪把人的生命之源送给了神。文艺复兴开辟了“人的发现和世界的发现”的人文主义先河。17—18 世纪的理性主义开始研究人的理性思维和感性经验，虽还未切中生命之肯綮，但毕竟已关注到了人的生命体自身的机能。苏格拉底早就将古希腊阿波罗神殿上镌刻的神谕“认识你自己”接受为哲学律令，但哲学从正面把握人、触及人的生命深层并取得较完整成果的时间则晚至康德，他对生命的理性认识和思考包含了更多积极进取的精神和哲理思辨的色彩。到了叔本华、尼采和柏格森，人的“生命”才从哲学中呼啸而出，使世人为之一振。但人的生命既然被归结为“强力”“意志”，其社会文化意蕴和德性就被遗忘或剥除，从而误入了非理性主义的歧途。当代西方哲学垂青语言特别是自然语言和诗性语言，视语言为存在的家，诚然有其独到之处，但其所见终归只是人的生命自我显现和自我确证的一种形式和这一形式所能容纳的有限意义。[②]

中国传统主流文化的主体通常指儒家、道家和禅宗的思想，它们本质上都是人生哲学，主要探讨了应该如何理解生命和安顿生命，在关注人现实物质生命的基础上，更加注重人的生命的精神性、超越性和无限性。《易经》

① 黑格尔. 小逻辑 [M]. 贺麟，译. 北京：商务印书馆，1980：31.

② 张曙光. 个体生命与现代历史 [M]. 济南：山东人民出版社，2007：23.

明谓“天地之大德曰生”,“生生之谓易”。老子看重人的生命本色、长生久视。庄子看重人的自由精神和独立个性。孔子、孟子、荀子则以仁义道德、内圣外王为圆满的“中庸”人格或人的最高的生命形态。无论是儒家内圣外王的入世人格，还是道家自然无为的隐世人格，抑或是禅宗与世无争的出世人格，都强调了人的道德、精神、灵魂方面的陶冶与升华。历史上，儒、道、佛的三位一体使得中国人在任何时候都能自定自持，得意则“束冠立于朝”，失意则“乘槎浮于海”，绝望还能“拈花微笑”，在任何境遇下都不会丧失安身立命的基地，都不失对自身生命价值的自守和自信。应该说，先秦诸子关注生命，关切生命的意义，对后世生命价值观产生了塑造和范导作用。然而，随着西汉“罢黜百家，独尊儒术”的推进，在主流道德家的视野里，精神世界开始与人的肉体生命疏离。这种疏离越来越大，以至于到了宋、明，“存天理，灭人欲”俨然成为官方推行道德教化的行为规范，人的社会性超越生命遂与人的肉体生命陷入势不两立之中，形成了“神性”“圣性”贬黜人性的历史境况，客观上维护并强化了中国君主专制制度对中华民族生命活力的禁锢和阉割。然而，抑极必扬，“五四”时期西风东渐之始，中国知识分子一下对达尔文主义与欧美生命哲学全盘接受并奉为圭臬，也就可以理解了。

中西方生命思想对生命本原和生命意义进行了不懈的关注和追问。关注生命、理解生命、探索人生的意义，形成了东西方文化和哲学的核心理念。哲学家及其他思想家开始由关注自然，转变为更加关注人自身，继而更加关注每个生命的具体的物质生活和精神追求，尤其是对人以及人强大的生命意识和精神力量给予了极大关注和肯定。

马克思的生命思想

马克思重视人的生命活动，尤其是非常重视人的生命异化的应对和生命潜能的发挥。那种认为马克思“唯物”不“人本”、“见物”不“见人”、“强调劳动、淡化生命”的看法，以及萨特欲用存在主义来治疗马克思主义的“贫血症”，都是一些善意的误会或恶意的攻击。诚然，马克思由于“武器的批判”的需要，而对“批判的武器”有所侧重，从社会性—生产力与生产关系—阶级与剥削—暴力革命—共产主义一以贯之，这是时代赋予马克思的使命。其剑锋所指，自然为无产阶级与革命群众所心仪和服膺，而为当时的资产阶级所厌恶和攻击。“批判的武器”和“武器的批判”换来的同样是“批判的武器”和“武器的批判”。但静坐下来，遍览马克思著作，体味其文字所蕴含的思想内核，我们就会发现，马克思对人、对人的生命充满了深层关怀。马克思不但不是“见物不见人”或“目中无人”，恰恰相反，马克思基于人的社会实践，真正将西方传统生存论从“天国”请回了人世，完成了基于历史唯物主义的实践生存论的整体建构。

“现实的人”是整个马克思学说的出发点，“为了人”是整个马克思学说的落脚点，人和人的活动从来就没有离开过马克思的视野，现实的人及其历史发展更是马克思唯物史观的核心内容。诚然，马克思把人的问题归结为社会问题，但“社会”在马克思那里并不是一个现成的实体性的东西，而是在人的劳动、实践中变化着的历史概念。在历史中作为主体存在的不是一个抽象的“社会”，不是作为某种社会关系“人格化”的“将军或银行家扮演着重要的角色，而人本身则扮演极卑微的角色”[①]。恰恰相反，马克思孜孜追寻的是人的生命本质的终极的目的性生成，亦即“人类全部力量的全面发展成为目的本身”[②]。据此，我们进而意识到，人的生命既具有社会性，又具有

---

① 马克思，恩格斯．马克思恩格斯全集（第23卷）[M]. 中共中央马克思恩格斯列宁斯大林著作编译局，译．北京：人民出版社，1972：57.

② 马克思，恩格斯．马克思恩格斯全集（第23卷）[M]. 中共中央马克思恩格斯列宁斯大林著作编译局，译．北京：人民出版社，1972：486.

个体性，生命问题并不能完全归结为社会问题，因为每个人既有独立于社会的取向，还有属于个人的生死、灵肉一类的心理和精神问题。“所以对人的生命问题的解决，除了社会的途径和手段之外，还需要用哲学、心理学、精神分析——对于某些人来说还有宗教——等给予观照、化解或慰藉。并且，即使属于社会方面的问题，它在历史上和在当今的表现也会有所不同甚至有很大的不同，其解决问题的方式也就需要相应变化，如人们对相互交往尤其是跨民族跨文化交往的重视就说明了这一点。”①

马克思的生命思想自然并未脱离西方思想发展的大背景，但因基于其唯物史观，所以马克思完成了对实践生存论的理论建构，并在六个方面实现了对他所处时代及以前时代的生存论思想的超越。

第一，马克思的生命思想将研究的视角从“属神”转向了“属人”。马克思的生存观实现了从超验的宗教世界观到唯物主义世界观的彻底转向，实现了从“彼岸世界的真理”到“确立此岸世界的真理”的历史转向。②在马克思看来，哲学应当确立外部世界对于人及其思维活动的“优先地位”，同时确立起外部世界的属人意义，进而确立起属人世界的哲学基础地位，从人的生存及其历史性的生存意义出发，去理解一切存在物及其存在价值。在哲学意义上，马克思似乎并不在意在人的生存之前的“人”与“自然”，认为那是古生物学以及考古学关心的事情，如果哲学那样做，势必会“把自然界和人的存在都抽象掉”，就只能把问题本身“弄得毫无意义”。马克思认为，应当把人与自然的已经生成的关系作为所有哲学研究的出发点，哲学活动所要寻求的“本体”的合法性来源于人与自然的已经生成的关系，即属人世界。“经过劳动形成的人与自然的相互作用对马克思来说就是他认识历史的关键。”③人与自然的关系不再是先验的“实体”，而只是一种“生成关系”，这一生成关系由劳动确定，又通过劳动不断实现人本身的历史活动。所以，马克思认为，非历史的本体和本体论是毫无意义的。

第二，马克思的生命思想是对西方传统生存论的扬弃。马克思审视了传统哲学的生存观念，并将其归纳为两大类——超验生存观与自然主义生存

① 张曙光．个体生命与现代历史 [M]. 济南：山东人民出版社，2007：25.

② 马克思，恩格斯．马克思恩格斯全集（第 1 卷）[M]. 中共中央马克思恩格斯列宁斯大林著作编译局，译．北京：人民出版社，1995：453.

③ 威廉・莱斯．控制自然 [M]. 岳长岭，李建华，译．重庆：重庆出版社，2007：78.

观。超验生存观超越人的有限经验，把人的生存根据提升为抽象的、绝对的上帝存在；自然主义生存观则把人的生存还原为与一般生命物无异的自然实在。马克思分析了支撑两种传统生存观的背后的哲学观念——客观唯心论与直观唯物主义，并予以毫不客气的批判。马克思认为，这两种态度其实都只是把人的生存看成一种既定的、静态的“存在物”，一种被解释的、被认识的实体，而没有从属人的、活动的以及人本身的社会历史条件等方面去面对生存，没有从实践出发去考虑“人”的生存问题；在认识论的意义上，这样的生存观其实是把人的生存视为一种有待认知的客体，而其生存论意义上的关怀则是将人之生存视为本质上的宿命现象。所以，马克思主张立足于人本身去理解生存，按照事物本来的面目理解事物[①]，所以“人是人的最高本质”就成了必然的结论。[②]马克思认为，存在物只不过是追求自身生存意义的人的实践的条件或结果，而人生是由自身造就的，人在社会和历史中实践着，并在这种实践活动中造就一个饱含人的生存意义的属人世界。当然，在马克思眼里，改造世界只是人实现自身生存意义的必要环节，其目的是通过实践活动，拥有一个更加合理的生活世界。

第三，马克思的生命思想完成了对旧唯物主义生存观的超越。马克思洞彻了被旧唯物主义所宣释且又根植于世俗观念中对“生存”的理解假象。他认为人的自我异化的“神圣形象”被揭穿后，揭露“非神圣形象”中的自我异化一下子就变成了为历史服务的哲学研究的迫切任务。[③]“人的自我异化的神圣形象”包含超验生存观中的“人的形象”，而“非神圣形象中的自我异化”则是指受旧唯物主义支撑的，人们在日常生活与世俗生活中对生存的流俗性误解。马克思指出：“从前的一切唯物主义，包括费尔巴哈的唯物主义的主要缺点是：对事物、现实、感性只是从客体的或者直观的形象去理解，而不是把它们当作人的感性活动，当作实践去理解，不是从主观方面去理解。所以，结果竟是这样，和唯物主义相反，唯心主义却发展了能动的方面，但只是抽象地发展了，因为唯心主义当然不是知道真正现

---

① 马克思，恩格斯．马克思恩格斯全集（第1卷）[M]. 中共中央马克思恩格斯列宁斯大林著作编译局，译．北京：人民出版社，1995：461.

② 马克思，恩格斯．马克思恩格斯全集（第1卷）[M]. 中共中央马克思恩格斯列宁斯大林著作编译局，译．北京：人民出版社，1972：49.

③ 马克思，恩格斯．马克思恩格斯全集（第1卷）[M]. 中共中央马克思恩格斯列宁斯大林著作编译局，译．北京：人民出版社，1995：453.

实的、感性的活动本身的。”[①] 在马克思看来，要理解人的生存，就必须在一定的社会历史前提下，从人们之间发生具体的生产和交往活动的社会关系入手，现实性、批判性地考察人们的实际生活。对于世俗基础本身，首先应当从它的矛盾中去理解，然后用排除这种矛盾的方法在实践中使之革命化。对诸如异化劳动、阶级对立以及与此相关的人的自我异化，都应被看作是这种来自于世俗基础的矛盾冲突的表现，理应将其纳入对于生存活动的批判性理解活动中。

第四，马克思的生命思想确立了生存研究的真正的哲学方法——“高级的哲学直观”。马克思并不否认利用直观方法对生存予以理解，但他的“直观”不同于费尔巴哈的“直观”。费尔巴哈对感性世界的理解局限于对世界单纯的直观和单纯的感觉，费尔巴哈眼里的人不是“现实的历史的人”，而是“人本身”。前者依靠“高级的哲学直观”，后者仅仅依靠普通的直观，这是旧唯物主义者的理论缺憾。[②] 可见，马克思所肯定的直观是一种“高级的哲学直观”。旧唯物主义的“单纯的直观”是对既定生存事实的直接观照，这种既定的生存事实充满悖论，对其的理解困难重重，“直观”的结果令人难以接受，要接受这一“现实”，只能用黑格尔式的用想象替代现实的抽象的德国式浪漫精神。但是，再天真、精致、浪漫的想象，也无法解决真实生活世界中的各种悖论。人的本质固然是“人本身”，这本来并没有什么错，但这里的“人本身”还必须“还原”为“现实的历史的人”，才能真正敞开对人及人的生存的理解之门，否则就仍然只是德国式的“单纯的感觉”。马克思眼里的“高级的哲学直观”，即以历史的眼光扫描人之生存，看到技术、工业与人的生存的内在关联，看到实践对生存的维护，看到技术与工业应当以及必然作为支撑人生存的内在力量的手段而存在和发展。

第五，马克思的生命思想把从事着社会实践的人当作了生存的主体。马克思从现实活动的生命个体出发，从人的实践活动本性也就是自觉自由的类生活本性出发，把人的生存与动物的生命活动区别开来，把现实活动中的

① 马克思，恩格斯．马克思恩格斯全集（第 1 卷）[M]. 中共中央马克思恩格斯列宁斯大林著作编译局，译．北京：人民出版社，1972：16.

② 马克思，恩格斯．马克思恩格斯全集（第 1 卷）[M]. 中共中央马克思恩格斯列宁斯大林著作编译局，译．北京：人民出版社，1972：17.

人确定为生存的主体。由此，生存进入了属人的意义范畴，人的生存活动通过生活及生活世界的丰富性得以被理解，并由此昭明了人生存的全面而丰富的内涵。在此基础上，马克思将实践的观点引入生存论思想，通过实践把人与整个自然看成是一种关系的相互存在，从而赋予了外部自然属人的生存意义，也历史性地把工业与技术理解成人生存的内在活动。同时，马克思将历史哲学拉入生存论，以唯物史观去理解生存问题，“从而把生存看成是人追求自身本质的历史性活动”[①]，从而真正赋予了生存理解以历史理性维度。

第六，马克思的生命思想已经觉察到并初步论及了人的生存异化问题。马克思的眼光确乎远大，他已经预料到科学技术与工商业的发展可能会导致异化状况的严重，但他认为这对于人的本质实现来说是必要的环节，这是社会进步的必要代价。“异化借以实现的手段本身就是实践的”[②]，通过异化去具体地展开人的生存活动的各种关系，并在实际的历史进程中扬弃异化，这恰恰显示了马克思实践生存论的历史理性与辩证思维。马克思富有远见地预测：随着时代的前进，科学技术与工业越来越彰显其人文价值，随着人们对科学技术与工业认识的深化，“自然科学将失去它的抽象物质的或者不如说是唯心主义的方向，并且将成为人的科学的基础”[③]。

总之，相较先验的生存论和旧唯物主义的生存论，马克思的生命思想的最大特点，就在于打通了实践观和历史唯物论，并将这种结合用于对人的生存问题的揭示。这种生命思想启动了人对整个世界的对象性理解以及人的自我理解，以及基于此而生发的人对自身的理性化追求。而对象性理解和自我理解的前提，就是这种理解具备一定的社会历史条件。在这个意义上，马克思实践观所追求的理性化也就成了唯物史观预先承诺的历史合理性，毕竟，社会生活“本质上是实践的”[④]，而历史不过就是追求着自己目的的人的活动而已。实践观所引发的生存理解也就是对于整个人类历史命运的肯定性的理解而已。马克思将实践观与唯物史观打通，实践生存观就一改先验生存

① 张曙光．个体生命与现代历史 [M]．济南：山东人民出版社，2007：69.

② 马克思，恩格斯．马克思恩格斯全集（第 42 卷）[M]．中共中央马克思恩格斯列宁斯大林著作编译局，译．北京：人民出版社，1979：116.

③ 马克思，恩格斯．马克思恩格斯全集（第 42 卷）[M]．中共中央马克思恩格斯列宁斯大林著作编译局，译．北京：人民出版社，1979：144-145.

④ 马克思，恩格斯．马克思恩格斯选集（第 1 卷）[M]．中共中央马克思恩格斯列宁斯大林著作编译局，译．北京：人民出版社，1972：18.

论那一脸晦气的悲观形象，具备了一种直面生存的乐观态度。马克思真正把生存理解带入了社会历史哲学视野，使之从感性走向了理性，从神秘走向了开放，从历史宿命走向了实践生成，而这一切对当下人类价值信念建构提供了丰富而清晰、坚实而稳固的科学范导。

人不是『……的东西』，也不是『……的动物』，哪怕加再华丽的定语，人也不是动物，不是『东西』。人就是人，是追寻着自身生命的价值，并朝着生命意义渐次生成的实践着的存在。

——本辑导语

第3辑 生命价值的本体建构

人的生命的结构

生命作为人实践中形成的一种属性，本是一个统一的整体，在本然意义上是不可泾渭分明地分为若干清晰可辨的层次的，否则，对生命的认识也就难以称为“奥秘”。但是，从认知性探索的角度来看，可以根据人在现实生存中所面对的各种关系以及生命在这些关系维度中的体现，将生命划分为若干层次。

对于这一问题，不同学者的划分也各具特色。有的学者将人的生命划分为种生命和类生命两个层次①，有的学者将其划分为肉体生命、精神生命、社会生命三个层次②，有的学者将其划分为自然生命、精神生命和智慧生命③，也有的学者将其划分为自然生命、价值生命、智慧生命和超越生命四个层次④。郑晓江以“二维四重性”来界分生命，二维，即实体性生命（生理生命）和关系性生命（人文生命）；四重，即在实体性生命之外，又将关系性生命拆分成血缘性亲缘生命、人际性社会生命和超越性精神生命三种。⑤刘济良在《生命教育论》一书中将人的生命进一步划分为自然生命、精神生命、价值生命和智慧生命。⑥

从上述各种划分来看，其共同点是都认可“自然生命”的层次，其分歧在于对人在自身自觉的实践活动中基于超越性本能而形成的生命属性的认识各有差异。其实精神生命、智慧生命、价值生命等层次都可称为超越生命，而且将人的自然生命之外的层次称为精神生命、智慧生命、价值生命和与前三者相提并论的超越生命都不十分准确，它们之间并不构成逻辑的并列关系，而是相互交叉或相互包含的关系。本书将生命划分为自然生命和超越

---

① 高清海．“人”的双重生命观：种生命与类生命 [J]. 江海学刊，2001，(1)：77-82.

② 张曙光．生存哲学：走向本真的存在 [M]. 昆明：云南人民出版社，2001：197.

③ 钱巨波．生命教育论纲 [J]. 江苏教育研究，1999，(3)：19-21.

④ 刘济良，岳龙．关注生命：教育的本真 [J]. 南都学坛，2001，21（1）：102-106.

⑤ 郑晓江．论人类生命的二维性四重性：以自杀问题与人生意义问题为中心 [J]. 广东社会科学，2010，(5)：51-56.

⑥ 刘济良．生命教育论 [M]. 北京：中国社会科学出版社，2004：57-64.

生命两个层次，自然生命为人的第一生命，超越生命为人的第二生命。

1. 自然生命

每个人作为一个生命个体，从呱呱落地时起就获得了一种与肉身结为一体的、遵循生物体运行规律的、具有有限本能的自在的自然生命。对于人的自然生命，必须把握以下三个层次。

第一，自然生命是人之为人的前提和基础，漠视和否认这一点，对生命本质的认识就会陷入唯心主义的幻想。人的生命首先是一个自然存在物，像日月星辰、山川河流、鸟兽虫鱼一样，是整个大自然的重要组成部分。自然生命既是大自然给予的，又必须在与大自然的物质能量的交换中得以完善和发展。因此，它源于自然、长于自然，最终又归于自然，看不到人的生命的自然层次，就会将人抽象化，把人等同于具有绝对理念或自我意识的精神实体。因此，马克思指出，“人是自然界的一部分”，“人直接地是自然存在物”。①

第二，人的自然生命具有区别于动物生命的“属人”的特性。人的生命虽然首先是一个生物学意义上的自然存在，但这种存在的本身在总体上是区别于动物的，在生理、机能、属性、器官等方面都具有鲜明的“属人性”。比如，高度发达的人脑，区别于动物的、富有浓厚意义感的食、性需要等，尤其是人的自然生命中属于“本我”层次的类似于动物的本能欲望总是与属人层次的“自我”与“超我”互为目的、互相制约。如果人的吃、喝、性行为等机能脱离了人的其他活动而成为最后的唯一的终极目的，那么，它们就是动物的机能。因此，“深化了的认识现在已发现，人们的生物性甚至在总体上也是属人的。根据一种综合性的结构原理，人从最初不同于动物，这个原理也包括了人的生理属性，并认为在生理属性中也表现出了人性。人不能划分为属人的和非人的层次”②。

第三，人的自然生命从产生到终结的整个过程都处于一种“未最终完成的状态”，这使人的超越生命的产生既具有必要性，又具有可能性。动物的生命从出自自然之手开始，其器官的构造和机能就处于“完善的”“完成

---

① 马克思，恩格斯. 马克思恩格斯全集（第42卷）[M]. 中共中央马克思恩格斯列宁斯大林著作编译局，译. 北京：人民出版社，1979：95，167.

② 米切尔·兰德曼. 哲学人类学 [M]. 张乐天，译. 上海：上海译文出版社，1988：203-204.

的”状态，其每种器官都先天规定了其专门的特定的功能，自然没有留下任何不确定性。凭借这种先天规定了功能的器官，动物不需要经过太多学习就能按照其固定的本能的行为方式，完美地适应某一固定的生命活动空间。可以说，动物的自然生命一产生就具有固定化的器官机能、固定化的行为方式、固定化的生命活动空间，因而是确定的、被限定的、无法发展的。

但人的自然生命不同，人的自然生命产生之时，其器官并非专门为适应某一固定的、特殊的环境服务的，或者说人的器官并不具备适合某一特定环境的特殊功能，无论对于什么环境，它先天都不完全适合，但经过后天的发展，却都有适合的可能性。因此，从先天来看，人的自然生命本能是最匮乏的，它没有特定的器官功能、特定的行为方式、特定的生命活动空间，是自然界中天生最脆弱、毫无生存能力的物种，是“最孤独无靠的自然之子”。这种自然生命的“未完成”状态，使人适应环境的能力达到了最低点，因而也没有固定的生存家园。这就决定了人的自然生命必须有超越动物的、非本能的生存方式来求得自身的存在、发展和进化。同时，从积极的方面来看，这种自然生命的“未完成性”意味着自然界没有对人的器官功能、行为方式、各种活动做出最后限定，从而为人的生命的再发展留下了无穷的可能性空间。没有先天本能枷锁的束缚，人既能自由、自立、自觉地“创造自我”，又能自由、自主、自觉地“创造世界”，这种双重的创造就使人获得了超越于自然生命的第二生命——超越生命。人的自然生命虽类似于动物的生命，但从建设性的角度看，它从一开始就迥异和优越于动物的生命，而且人的自然生命构成了人的一切存在的基础，是人走出动物行列而获取更高级的超越生命的物质前提。

2. 超越生命

人的生命是一个完整的系统，它虽源于自然生命，但决不会仅止于自然生命，否则世界上将不会有在自然生命的基础上所进行的自由自觉的文化创造活动，也不会有因文化创造活动而导致的超越生命。如果说一个个的自然生命是原初的“画布”和“染料”，那么，在不同境遇中通过文化传承与创造所获得的超越生命就是一件件具有不同颜色、质地、款式的衣服制成品。

人的超越生命的获得，一方面是基于生命起点上人的自然生命的未完成性，这使人可以对生命的存在方式和样态进行无数种构造和设计；另一方面又是由于自然生命在终点上无法改变的单调不复的结局——死亡。这种不可阻挡、无法逃避的死亡，使人类骄傲而智慧的心灵蒙上了浓厚的阴影。人能清醒地认识到自己死亡的必然性以及人之自然生命的有限性，进而力图使有限的生命过程容纳尽可能多的生命内容，产生无限的尊严、价值和意义。这样，即使自然生命走向了终结，这一自然生命过程所容纳的生命内容、所产生的价值和意义，即超越生命，仍然有可能继续存在并为其他生命所分享。

对生命有限性进行超越的需要与追求，推动人类开启了持续不断的文化创造之旅。在有限中追求无限的文化创造，是人类赋予自己的有限生命以无限的尊严与价值，从而超越死亡的基本手段，它使人类虽处于矛盾、痛苦、必死的现实世界，却能用超越现实的眼光泰然处之，并在多维价值谱系的引领下，使生命在现实世界而非理念世界中不断逼近真、善、美、圣的至高境界，最终赢得凌拔于自然生命的超越生命。正是人的超越生命活动，使一切“自然物”变成了“文化物”,“自然人”变成了“文化人”,“自然秩序”变成了“文化秩序”。

对于人的超越生命，可以从以下几个方面来理解。

第一，实践是赢得超越生命的根本路径。马克思主义认为，人的本质是在人的自由自觉的实践活动中创生的，人是自己本质的创造者。正是在实践活动中，人获得了作为人所独有的体现人的真正本质的超越生命。“文化”(culture）一词在英文和法文中，其词源意义是指在一块没有耕作过的土地上耕耘，从而种出庄稼。如果将人的生命的自然状态比作一块没有耕作过的土地，然后运用一切物质和精神的手段在这块土地上耕耘，其结果就是使生命从“自然态”转化为“文化态”。在这里，“文化”作为动词，是耕作生命的活动，作为名词是指这种活动所产生的成果。无论是作为动词的“文化”还是作为名词的“文化”，都离不开人的自由自觉的实践。实践是主观见之于客观的活动，它包括主体客体化和客体主体化两个向度，实践的结果就产生了文化，或者说实践的过程就是一个产生文化的过程。从主体客体化的角度来看，人的生命实践活动留下了一系列物质和精神的文化成果，这些成果的产生可以看作是人的超越生命的现实表征；从客体主体化的角度看，人在实践过程中也不断改造、超越、实现着自身的精神、智慧和价值，为自己的生命不断注入文化的内涵与品质，成为一个文化的存在物。因此，人的超越生命表现为一系列客观的物质与精神成果所构成的文化世界。

第二，人的超越生命是在人与环境、与自身所构成的关系中存在和展现的。从宏观上来说，人与生俱来就要面对人与自己、与社会（他人）、与自然、与超自然四种基本关系，这四种关系的均衡发展构成了美满圆融的人生。与这四种关系相呼应，人在四种维度上的存在和展现就形成了不同维度的超越生命。首先，在人与自然万物的关系上展现着人的知性生命。长期以来，人与自然万物的关系，事实上被视为一种人主物奴的关系，物只是促进人的生命圆融、美满、幸福的工具。为此，人类极力推动科学技术的发展，以期最充分地利用万物以实现人之生命的终极目标。正是在分析研究自然、促进科技发展的历程中，人类以“求真”为核心，推进知性生命得以充分展现。然而，时至今日，这种知性生命似乎已进入了一个困惑茫然的误区，人为万物之灵好像已成为过去式，物为万物之灵却已成事实，追逐物质、追求声色几乎被视为天经地义之事。物质的诱惑、科技的发达几乎颠覆了人的主体性与尊严，人与物的关系从“人主物奴”变成了“物主人奴”，由此滋生了生命的诸多困顿。因此，人类知性生命的发展应当重新审视人与物的关系，促进人与自然的和谐发展。其次，在人与他人、社会的关系上展示着人的德性生命。人出生之后，从横向来看，其与当代的人和社会相关联；从纵向来看，其与以前和以后的世代也不可能毫不相干。因此，人必然是社会的人，人的生命必然具有社会性。如何与他人、社会之间建构起真正美满圆融的关系，是任何人都不能拒绝、不能逃避的问题。正是在建构这一关系的过程中，发展着以“求善”为核心的德性生命。再次，在个人与自己的关系上展示着人的感性生命。人类除求真、求善的价值追求外，还有“求美”的本能，为此而产生了诸多的人文艺术形式，它们都是人类按照美的尺度创生的文化物。人类的感性生命就是在求美的历程中产生的，它追求着人对自身的直觉与顿悟。在这种自身的顿悟中，人获得了宁静，以这种宁静去改变应该并且能够改变的一切，也以这种宁静去接受无力改变的一切。最后，人还面临着与超自然的关系，在这一关系中存在着人的灵性生命。人类一方面渴求有一个永恒之所来恒久持守着其所孜孜以求的真、善、美；另一方面又具有某种人类特有的寻求终极原因或第一原因的需要，以求人生之美满、心灵有寄托。在人与超自然的关系中，人以“求圣”为价值指向，发展着自己的灵性生命。

第三，超越生命激荡着人内心的趋于自由创造的力量、热情和憧憬，不断完成对生存有限性的超越，不断走向至真、至善、至美、至圣的价值境界。布洛赫指出，人借助于自身的主动性与超越性，为自身创造未来，使生命不断走向他所期待的目标。中国学者把这种超越现实、追求理想的精神称为“乌托邦精神”，即人类对超越现存状况的价值理想不懈追求的精神[①]。

总之，生命的层次可以在逻辑思维上诠释为由自然生命和超越生命组成的二层结构，而超越生命又内在涵盖着以求真、求善、求美、求圣等多维价值谱系指涉的知性生命、德性生命、感性生命、灵性生命。同时生命的超越是多维的，而在超越的层面上，生命的分类可以是无数的，除上述知性、德性、感性、灵性生命外，还可分为政治生命、社会生命、文化生命，甚至一直排列下去，这些所谓的“生命”都是对人的自然生命的不同维度的超越。所以，本书把人的生命的结构分为“二层多维”，即人的生命是“二层多维”结构的生命。同时，这诸多维度相互交织，生命的自然、超越之维上下贯通，共同组成人之为人的整全生命。

① 恩斯特·布洛赫. 希望的原理 [M]. 梦海，译. 上海：上海译文出版社，2013.

人的生命的特性

第一，生命的身体性与精神性。人们须臾不能离开自己的身体①，作为“自然之子”，人栖居于自然之中，参加自然的生活，同自然界发生着对象性的关系。全部人类历史首先应是一部有生命的个人存在史，血肉之躯是人的自然实存，它在一切可能的社会文化时空里渗透和延伸。人的身体实在是自然赋予的永恒流变的灵物，它为人们实现可能的超越提供了前提。

人身都是肉长的，七情六欲是人正常的欲求，当然对这种欲求也应有必要的限制。对人之物性的身体及其欲望的满足是维持人的生存的基本前提，对人的肉体及其自然欲求的尊重也就成了对人尊重的先决因素。关怀人，首先就应表现为对人的身体的关怀。至今，在中国人的语境里，还常常把“祝愿健康”作为最主要的问候内容，常常把“吃饱了不想家”作为出外打拼的“战友”相互提携时的激励话语。在物质条件不足的中国传统社会，人人祈求五谷丰登、仓廪殷实，就是希望能够维持身体的安全、健康和生存。基本生存满足后，人们开始发展文化，最原始文化的形态——神话和原始艺术——的基本主题就是对身体和性的审美意义所给予的最朴素的颂歌。文化的进步，文明的更迭，其背后都有人的身体的影子。尤其是性，作为人的身体最基本、最自然的存在形态，从根本上说也不应该是某种重负和厄运，它构成了人类进入创造性生命的一种可能性，身体需要、快感满足推动了人的生存不断获得新的创造形式，构成了人的审美生存的物质基础。

把中国传统文化界定为“博大精深”四字，恐怕没有太多人提出异议，但博大精深的中国传统文化定然不应包括“存天理，灭人欲”。对这种思想即便是最巧妙的辩护，也无法淡化人们对之的厌憎，因为在这种视域里没有生气勃勃、有情有欲的人的身体及其需要的满足，这种“天理”是要与“人欲”两极对立的。事实上，没有了人的身体而奢谈人的精神，势必会陷于没

---

① 本文说“身体”而很少说“肉体”，主要虑及人不是动物，人就是人，人的身体也从来就不是单纯的肉体，它须臾不能离开属人的社会文化时空绵延。

有意义的干瘪空洞的道德说教。人的身体是这个世界上所有风景中最美的，是所有艺术作品中最特殊的，从本来意义上而言，人的一切创造的最终目的都是要达到身体的审美活动的最高自由。日常生活是由身体所展开的经验世界，是身体参与的感性活动的集成。若是没有身体和世界的交往，生活就是死寂的，人就成了孑孓而行于灵河岸边的幽灵。

但也应看到人生命之特征的另一面，就是对人之身体的精神性超越。人不是动物，人就是人。人的精神性从来就没有与身体性分开，人是身体与精神的完美结合。动物与其生命活动是直接同一的，它无法自觉地加以区别，无法开展对象性的认识和创造活动，而人则把生命活动变成自己意志和意识的对象。人不断拓展自身的意识，提升着生命存在的高度和品质，不断地从本能的生存状态中超越出来。人在自身的生成中，不断地从生命本能的奴隶，变为自己生命的主人。

人的生命在外部世界展开，也在人的精神世界展开，外部世界与人内在世界的关涉，亦即外在信息不断涌向人的意识，外在世界不断转化为人的内在的精神世界。是精神，让人走向自由；是人与世界的真实关联，使人的自我得以敞亮和呈现。人在这种关涉中建构精神之我，生命自我展现在内外关系之中。人之生命的内外关涉构成了生命的意义，人在世界中的关联使其生活富有意义，人践履各种关系而在交往中感受到这种意义。这种践履和交换越是丰富和多向，人之生命意义的空间也会越加广阔。人的存在从来就不应该是纯粹的存在，它总是牵涉到意义，这是人之为人的本然向度，意义存在是实存的核心。从这个角度看，可以说人生于世，其生命已充满意义，人们可能会感受到意义充盈，可能会感受到意义不绝如缕，但这只是“感受”而已。意义已经在人世关涉中建立起来，在人们尚未认识到意义时，它就已经存在，人们不能创造它，也不能破坏它，只能感受到它或者感受不到它，但须臾无法与它脱离。关注和感受生命的意义是人全部创造性活动的目的，这是人之存在的必然性。对生命意义的追寻和充盈，提升了生命个体的当下存在，指明了生命的航向，找到了通往精神家园的康庄大道。

第二，生命的独特性与整全性。每个人的生命都是宇宙中的独特存在，这种独特性源于先天与后天两个层面：一是每一个生命都具有不同的遗传基因和遗传素质，这就造成了每一个生命的体态、器官和神经活动类型等生理因素的差异，这种自然生命的独特性，构成了后天文化生命独特性的基础。

二是在后天生命的不断生成过程中，虽然每个生命都具有超越性、创造性的本能冲动，但在为何而超越、超越什么、朝什么方向超越等问题上，在不同境遇中人的自主自为的选择各不相同。即使在相同境遇中，人也会有不同的选择，而这种选择将决定其超越生命的样态。在相同环境、相同条件下，动物会做出相同的行为，但面对相同的情况，人的反应、体验和选择会各不相同，不同的人会追求和创造不同的自我生命，形成不同的思维方式、行为方式和生存空间，绘就自我的生命地图，从而生成个性化的超越生命。正因为每个人的生命都是独特的，都是平等的价值存在，因而人既要珍惜自己的生命，又要尊重他人的生命。

生命作为一个系统，是由不同元素相互关联、共同生长所形成的复杂的统一体。自然生命和超越生命及其内部诸要素并非一个个单独的生命，而是构成生命整体并相互勾连的各个部分，它们离开了生命这个整体就失去了整体中的意义与品格，就像人的胳膊离开了人体就不再是人的胳膊。而当这些元件和要素相互关联、共同生长形成生命这个整体时，就产生了各个单独的生命元件和要素所不具备的生命效应。生命的整体性在其共在时态上就表现为生命的各个组成部分并不是分离地独自存在，相反，它们共同存在于一个生命体内，并以完整的生命形式共同活动，相互影响，共同发展。雅斯贝尔斯认为，生命是完整的，是经由“对生命来说合适的内在联系”①，有了完整的内容和形式。生命的发展不是生命某一方面的发展，而是整体的协同发展，也不是某一方面的片面畸形发展，因为这种片面发展只会导致整体生命的异化与伤害。因此，人必须“以一种全面的方式，也就是说，作为一个完整的人，占有自己的全面的本质”②。从纵向上说，生命的整体性即生命是一个整体的过程，不可能分离出昨天的生命、今天的生命、明天的生命。生命从过去走来，真实地活在现在，又必须走向未来，这就构成了一个绵延不断、融合前进的过程。生命的整体性要求人们对生命的识读与体悟不能止步于某一方面、某一阶段，而必须立足于生命的全部与全程。探究生命的价值，也不是讲生命的某一方面、某一阶段的价值，而是指生命的整体价值。

第三，生命的实践性和生成性。人的存在对自身而言并不是仅仅被视

① 雅斯贝尔斯. 什么是教育 [M]. 邹进，译. 北京：生活 • 读书 • 新知三联书店，1991：37.

② 马克思，恩格斯. 马克思恩格斯全集（第 42 卷）[M]. 中共中央马克思恩格斯列宁斯大林著作编译局，译. 北京：人民出版社，1979：123.

为思维中的对象，而是其生命个体热切介入生命事实的过程。人们在生存过程中，以某种方式表达着、展示着、丰盈着、提升着以及体验着自身的生命存在。人生在世不是一段静止的存在，这段生命是活生生的生存历程。人与世界的交往，其间包含着一种对主动生存的向往——人们积极寻求生存的途径，对生活抱有更高的期待，在生活实践中体现着“主动”精神。人们永不停步地追寻着生命的意义，在生活实践中、现实的创造中、真实可感的世界中，去谋求有意义的生活。

生命在世界中展开，同时也在人的意识中绵延。现实的生命活动同时是意识之中的活动，精神生命的空间因之不断拓展，人的生命活动由是不断超越当下、超越本能，个体的当下生命具备了“类”的历史特征，个体生命活动成了属人的实践的活动。这种自由自觉的实践活动把人的主体性包含在内，物质性活动变成了一种有意识、有目的、有情感的人文活动，理性的渗透和意义的选择也就同时被包含进一己肉身存在之感性生命活动中。

人们的生命存在并展示于世界之中，一己之生命与大千世界息息相关。生活实践是个体生命展现的时空，也是人之为人的基本样式。人们的生命存活着，也实践着。这种实践性使生命存在既是平面的，更是立体的，既是现时的，更是历史的，既是当下的，更是绵延的，既是肉身的，更是精神的，既是事实的，更是价值的，既是本能的，更是智慧的。

人们一来到这个世界上，立刻就被历史和传统交织的既定文化系统所包裹，从一开始人们的生命就已经失去了纯自然性，文化历史传统包容它、渗透它、涵蕴它以及浸染它。这种传统拓展了人们的精神空间，为生命样式提供了各种不同的规定性和可能性。人们不自觉地被已获得的文化所控制，言谈举止、待人接物、养育繁衍、思考创作乃至歌哭笑傲、一饮一啄，无不以既定的文化为形式，无不以历史传承为基础。特定的文化历史传统甚至形塑着特定的民族，渔姑十岁能撑船，胡儿七岁会骑马，历史的渗入使代代生命丝丝勾连。由此可见，历史是人们生命的起点。

与动物的生命相比，人的生命的未完成性是其最主要的特征之一。人刚出生的时候，并不像动物那样已经包揽该类生命的全部内涵。人的生命的整体内涵的获得有赖于生命的生成历程，而一个人生命的生成持续一生。所谓“盖棺才能论定”，人只要一息尚存，就处于不断生成当中。从这个意义上讲，生命的生成过程亦即生命的全过程，生命从弱到强，从单薄到丰赡，从不很完美到比较完美，一直处在不断发展、变化、完善的过程之中。

一己生命处于生成之中，一个民族的生命亦处于生成的链条里面。比如，中国人，承载着五千年的光荣和重负，向着未来一路奔去。传统智慧中的进化、损益、阴阳、分合、执两用中、返本复始等，至今仍是形成中国人民族性格的力量。这种传统生命智慧又会被打上新的时代烙印，形成超越生死、肩担道义、朴实平易、应对自如、世事洞明、人情练达等民族生命的整体风貌。

整个人类的文明史也是一部生命生成史。混沌之初，“造物主”对人类并不偏爱。人与动物一样面对大自然的风霜雨雪。劳动促进了人类的生成，实践推动了社会的发展，整个人类文明从童年走向壮年，从滥觞走向汪洋。当下只是永不止步的人类走向未来的一段征程和一个驿站，“2012”不会是终点，人的生成虽有坎坷，但其历程永无止境。

第四，生命的有限性和超越性。假若人的生命有无数次或者无限长，我们根本没必要探究生命的价值，反正美梦可以重现，成败可以重来。然而，个体的生命是一个有限的存在，这种有限性首先表现为整体生命存在时间的有限性。虽然某些思想巨人的超越生命可以跨越时空，但其自然生命已不复存在，因而也不是完整的生命存在。其次表现为人的生理机能的有限性，人的自然生命的生理机能很多方面都不如动物。再次表现为生命生成过程的偶然性和不可预测性。生命的诞生本是一个偶然事件，其所经历的许多事件也具有很大的偶然性。此外，人对世界的认识、人的精神的产生和发展都具有不同程度的主、客观制约性，因而必然也是有限的。正是生命本体意义上的有限性促使人去不断实现自我超越和自由创造，然而，这种超越和创造虽然不断突破原有的局限性，但永远无法突破终极意义上存在的有限性。

人身都是肉长的，人的生命有着时间与空间的限制，他生活在这个世界中，是一种有限性的存在。当我们仰望浩瀚星空之时，空虚、失落和沮丧总会奔涌而来，生命只是一朵浪花的腾逝，一个过客的旅居，一颗尘埃的瞬生瞬灭。“人只不过是一根芦苇，是自然界最脆弱的东西……用不着整个宇宙都拿起武器来才能毁灭他；一口气、一滴水就足以致他死命了。”[①] 但人作为脆弱的芦苇，乃是“能思想的芦苇”，人的思想与意识能够使人超越有限

① 帕斯卡尔．思想录 [M]. 何兆武，译．武汉：湖北人民出版社，2007：23.

的时空，超越人之生命的有限性，使人通达与历史和世界的联系，不仅生活在世界之上，而且生活在世界之中。人可以像帕斯卡尔所说的那样，永远追求着自己的尊严，这种尊严只能求诸自己思想的规定，宇宙固然会囊括一个肉体的个我，而由于有了思想，人却可以囊括整个宇宙。①

人寄身在茫茫玉宇之中，一方面，不可能完全超越肉身存在这一基本事实，时间和空间对人们做出种种规定和限制，人之生命的有限性存在是一个永远改变不了的生存事实；另一方面，生命意义又具有无限的伸展性，在意义的世界里，人之生命存在着无限超越的可能性。人之本质规定，就在于通过属人的实践，努力去超越人的生命的有限存在，追求更高的可能性的生命价值，挖掘无限的生命意义。就像《国际歌》中唱的那样，在现实的世界里，“从来就没有什么救世主，也不靠神仙皇帝！要创造人类的幸福，全靠我们自己！”正是对理想世界永远飞跃的意向性，构成了人超拔自身的强劲动力，牵引着人走在自我解放的征程中，推动着人对生命价值理想境界的追求，在响应希望的召唤中，避免了人性的彻底沦丧。②人们生活在“这里”，却向往着“远方”；人们生活在“此岸”，却向往着“彼岸”；人们生活在现实世界，却向往着“乌有之乡”。就像彭斯诗句中所写的那样：“我的心不在这里，我的心在高地。”③

人之生命的有限性与超越性构成了人生在世的二元张力，“头顶蓝天，脚踏大地”是人从有限向无限行进的豪迈姿态，向天空不断攀升和向大地紧密连接构成了人之生命延展的基本维度。

① 帕斯卡尔．思想录 [M]. 何兆武，译．武汉：湖北人民出版社，2007：25，27.

② 雅斯贝尔斯．时代的精神状况 [M]. 王德峰，译．上海：上海译文出版社，1997：99.

③ My heart's in the highlands，my heart is not here. 也有人翻译为“我的心在苏格兰高地上，我的心不在这里”。

人的生命的内涵

“人的生命”奔涌而来，暂时占据了我们全部的研究视野。接下来的问题是：对于人的“生命”，我们如何向它提问？如果我们内在于它，有可能像基督教徒那样，停留于对生命的迷思，“不识庐山真面目，只缘身在此山中”，坚执“对生命而言，提问者与回答者不能同为人”，而将追索生命真谛的权杖拱手相让于“信则有，不信则无”的上帝。如果我们外在于它，从另一角度对人类的生命予以审视，那么，我们到哪里找那个角度呢？因为我们一以贯之地寄居于生命之中，形影相伴，须臾不可与之分离，否则即是阴阳两隔，人鬼殊途，即使再“人鬼情未了”，也没有可能、没有资格研究人的生命。如果将生命视为静止的、确定的“东西”，做出一个三段论式的定义就怡然自足，那就永远无法追上绵延在时空之流的生命的尾巴。如果我们在哲学与社会科学领域也像纯粹的自然科学那样，将生命置于实验台上进行解剖、分解，生命体也就丧失了“生命”的鲜活，成为生冷乏味的“斤斤两两”。

对于生命而言，需要我们回到活生生的你、我、他身上，需要我们接受自身“生命”存在的事实，去体验它、言说它。人总是作为活生生的生命个体而生存于世，而非仅仅作为一个被观察、被分析和被思维的对象存在。所以，要理解人，不能从抽象的概念出发，而要从精神生命的感性表现中去认识生命展开的过程，从实际生活出发来理解人的生命。诚如李鹏程所言：“当我们在讨论人的生命的时候，要时时想着人的生命，时时体验人自己的生命，而不要把人的生命当作一个外在于我们自身的对象，当作一个物。只有这样，探讨才是基于人的生命本身的、内在于生命的、对生命的探讨。”①

生命的前提固然是人，但这个“人”绝非虚幻的、离群索居、固定不变的人，他要受现实条件的支撑和制约，他是可以被观察甚至被触摸的。我们所要理解的人的生命，是真实生活着的人的生命，而非抽象、理念的人的生命。所以，要把经验世界里人的生命存在的事实置于自然、社会、历史、

① 转引自：田莉，吴刚平．生存论视野下的学生发展性评价 [J]. 中国教育学刊，2008，(9)：28-30.

实践的多维视角中，才能理解人的生命的独特内涵。由是，生命价值论始终将人的生命放在世界之“中”思考，在人与世界的“互动”中寻觅生命的踪影，但又不以“道”“真理”的获得为最终目的，而更在于以“自我”的身份思考人的生活路径和生命前景，以有限的自我，寻求更好的生命存在。

由是，生命价值论认为，“人的生命”具有人基于肉体自然追求多维价值超越的存在特性。

生命价值的发现

从呱呱坠地，人就开始与生存于其间的外在世界打交道，在与世界的交往中，对世事人情、百态万象总会有这样或那样的看法。这些“看法”就是判断，判断指向不同事物，但总体来讲，所有的判断可以分为两大类：事实判断和价值判断。于是，事物的存在于人而言也呈现出两种不同的样态：事实性存在和价值性存在。动物只有事实性“判断”，对它而言世界只是事实性存在；人则不同，人会对百态万象既做事实判断，亦做价值判断，于是世界对人而言既是一个事实的世界，也是一个价值的世界。事实存在是一种实然的存在，事实判断是一种实然的判断，对之要追问的是“是什么”的问题；价值存在是一种应然的存在，价值判断是一种应然的判断，人们对之关注的是“应如何”的问题。

现在把视野集中到对生命的判断上。人的生命首先也是一种实然的事实性存在，可以对其做实然的事实性判断，这是生命科学和一般的人文社会科学所关注和研究的内容。同时，生命也是一种应然的存在，是一个“应如何”的问题，在这个层面上，人们只能对其做应然的判断，亦即价值性判断。这种对生命的应然判断即构成了生命价值。事实判断自然要基于事实的研究，这是科学研究的路径；价值判断必须基于价值的考量，这是真正哲学研究的路径。在这个意义上，对生命的哲学研究也成了生命价值论的另一种表达。由是，从价值角度对生命的研究，要从传统的科学主义价值论的研究路径超拔出来，从固执经验走向将经验与超验相打通，从事实还原走向意义反思和澄明。

“生命经验论”习惯于依据“生命经验”“生命事实”“生命价值事实”来论证与评价生命价值。他们认为价值事实可以用经验方法观察和验证，可以从“生命是什么”的“事实判断”中推导出“生命应该如何”的“生命价值判断”。这似乎也符合形式逻辑——推理的大前提是在实践中形成的事实以及对事实的经验。然而，这种从“生命事实判断”中推导出来的“生命价值判断”，不过是把对生命的陈述性事实判断直接当成了对生命的评价性价值判断，这样就把“生命价值”直接混同于“生命事实”了。生命价值论主张对“生命事实”与“生命价值”、“生命事实判断”与“生命价值判断”加以区分。建基于生命科学及与生命相关的人文社会科学之上，真正从哲学层面考量生命的，才是真正的生命价值论。所以，对生命的价值考量应该超越“经验”而达到“超验”认识，从而揭示“生命经验”“生命事实”之中的生命本质。不言而喻，这种对生命的“超验”层面的考察并不意味着不要“经验”，而是不再局限于生命的种种“经验”，是对生命“经验”“事实”做出理性的批判与考察。

以上判断又会引申出一个新的判断，即生命价值不能归结于对生命事实的还原，而只能升华到对生命本质的反思。生命价值是一个形而上的哲学问题，若硬将其“还原”或归结为形而下的基础认识问题，就必然会将生命价值的超验意义消解为生命经验、生存需要或“生命有什么用”等要素。经过这种还原，生命价值问题也就变成了一个生命经验问题或生命实践问题，价值关系变成了一种客观的实践关系，而价值范畴也就变成了一个实践范畴。这是对马克思实践观的误读，这种对生命所做的所谓的“实践本体论”式的“还原”，既不可能确认一丁点儿真正哲学意义上的生命真理，也不可能确认真正意义上的生命价值。真理和价值的确认，必须依靠“反思”才能超越“客观的实践关系”的彼岸。对生命所做的反思，是人基于思想之理性机制以及精神之内在价值，而对生命本质与意义所做的深层思考，是真正能体现人类理性分析的辩证认识。质言之，对生命的真正哲学层面的研究只能是反思。若舍弃反思而去认识生命价值，必会将其生命价值“还原”为生命的具体事实和生活的具体实践，人类的精神生活与理性批判也会因之丧失其特殊的本质。唯有超越“还原”，超越“反映”，超越“实践”而达到对于生命的本质意义的“反思”，才能真正找到通往探索生命价值的真正路径。

“主客关系说”式的价值确定，难以触及生命的真正价值。传统价值论虽然并不否认甚至于也强调主客间的一致，但这种一致是外在的、形式上的一致，其所谓“客体”或“客观世界”的存在和属性根本就谈不上同“主体”的尺度和需要相一致。在这种外生的、形式的层面，“主体客体化”“客体主体化”的对象性活动是难以实现的。要找寻被“主客关系说”所抛弃的生命价值，只能从人与世界内在的、生存意义的共融共生层面入手，才能解决人与世界的现实矛盾，实现人与世界相通相融的“非对象化”的生命价值。

生命价值论应以探讨人类的生存出路为使命，这从目的上与传统价值论相区别。传统价值论认为，“价值是客体满足主体的属性”，忽视了“主体需要的满足”其实是一个充满矛盾冲突的过程，是“主客”“异化”“物化”的危机四起的过程。要真正“发现”生命价值，就必须打破对价值主客两分的思维定式，走出基于工具理性的传统价值论，将当代人类生存状况纳入哲学反思和批判的理论视野，走向以探讨人类生存现实和出路为使命的“生命价值论”。它不去论证对“生命需要”的满足，而是转而探讨“生命需要”的现实合理性，进而反思人类生存的意义，并在这种批判和反思中展现对人类命运的终极关切，在对生命价值的不断求索中追寻哲学固有的本性。

对生命价值的寻找，会导致价值论的新生，乃至会重新唤起世人对整个哲学的尊重。

生命价值的形态

生命价值论考察人之生命的时候删繁就简，将生命划分为自然生命和超越生命两个层次，认为人之生命是具有“二层多维”的整全生命，即是一个由自然生命和超越生命组成的二元张力结构。按照这种思路继续推理，人的生命价值也分为两种形态，即人的生命价值的自然形态和人的生命价值的超越形态。前者对应的是人的自然生命结构，后者对应的是人的超越生命结构。正如自然生命和超越生命须臾不可分离、二者共同形成人的整全生命一样，人的生命的自然价值和超越价值也须臾不可分离，二者共同构成了人的整全的生命价值。

第一，人的生命的自然价值。生命的自然价值是人作为生命存在的物质载体和本能性的存在方式对于生命本身所具有的意义，这是考量生命价值的最基本的尺度。作为自然界的产物，人首先是一个自然存在物，亦即人存在于自然之中，而非自然之外。其纵身大化之中，与日月星辰偕行，与山川草木为伍，与鸟兽虫鱼对话，随春夏秋冬变迁，是整个大自然的一个重要的组成部分，是一个重要的类别。

同时，人又是一个特殊的自然存在物，这种生命的自然价值同时又超越了其他生命。人是世上唯一“一根能思想的苇草”,“诗意地栖居于大地上”。其作为独一的一个类别，能够意识到自身生命存在和发展的意义，并能对其做出自主选择。这就使得人的自然生命与周围的环境之间有了一种既相互依赖又相互对抗的特殊联系。唯有保持这二者之间的动态平衡，人的生命的发展才能拥有一个健康、完满发展的坚实基础。

生命的自然价值内含了人的现存的自在之有以及主观形态中的自由之有。在人的感性活动中，自在之有与自由之在是紧密结合在一起的。生命的自然价值是生命价值的其他形态存在的基础和前提。失去了自然生命，生命的精神价值、智慧价值、社会价值等各个侧面的价值便一概无从谈起。对于同属人“类”的个体而言，生命的自然价值没有质与量的差别，不可比较，不可通约。每一个个体生命的自然价值都是神圣的、不可替代的、不可逾越的。

在对生命自然价值的理解中，有两种倾向需要克服：一种倾向是借口自然生命无价，于是就把肉体的享受和本能欲望的畅达作为自然生命的全部追求，陷于物欲甚而是肉欲的迷境。古罗马帝国后期的极度纵欲主义，中国晋代宫廷的房中术，风行于现代消费社会中的享乐主义，即是此类代表。另一种是蔑视生命的自然价值，压抑自然生命的存续和发展。柏拉图认为，人的肉体是人的精神的绊脚石，是诱导人精神堕落的东西，主张“甩掉肉体，全靠灵魂用心眼去观看”①。西方中世纪的基督教更是宣扬“体贴肉体，就是与神为仇”。宋明理学家“存天理，灭人欲”的思想差不多是将人的自然价值贬到一文不值。当然，上述两种倾向在现时并非等量齐观，崇仰生命的自然价值常常不足，贬低生命的自然价值常常过量。经过近代启蒙和现代化的“祛魅”，思想家们对自然生命虽然不像以前一样贬抑，但更多的是把自然生命作为实现人的超越生命的工具，轻自然生命的本体价值，重自然生命的工具价值。近代以来人类社会与人际交往中的矛盾、紧张、冲突和战争与对自然生命本体价值的漠视密切相关，在对功利和实用近乎痴迷的追求中，自然生命的尊严受到压抑，自杀、他杀事件层出不穷。因此，要实现社会和谐的理念和目标，首先就必须肯定人的自然生命的价值，维护自然生命的尊严与神圣。

第二，人的生命的超越价值。人之生命，在超越层次具有多维的价值。超越生命内在涵盖着求真、求善、求美、求圣等多维价值谱系，而对于谱系中的每一种价值，超越生命都对应着独特的生命价值，如知性生命价值、德性生命价值、感性生命价值、灵性生命价值、政治生命价值、社会生命价值、文化生命价值，也可以一直排列下去，这些生命价值都是对自然价值的超越。下面，试以人的生命的社会价值、精神价值、智慧价值为例加以说明。

其一，人的生命的社会价值。人不是被装在麻袋里的一个个土豆，就其本质意义而言，“人是一切社会关系的总和”②。人的生命价值的社会表现，

---

① 柏拉图．裴多[M]. 杨绛，译．沈阳：辽宁人民出版社，2000：17.

② 马克思，恩格斯．马克思恩格斯选集（第1卷）[M]. 中共中央马克思恩格斯列宁斯大林著作编译局，译．北京：人民出版社，1995：60.

即对他人和社会存在的意义，就是人的生命的社会价值。生命的社会价值与生命的自然价值不同，它有数量多少和质量高下之别，衡量的指标就在于生命个体为人类社会所做贡献的质的高下与量的多寡。匈牙利诗人裴多菲在诗中写道：生命的多少用时间计算，而生命的价值用贡献计算。如果一个人危害社会，祸及他人，那无疑他的生命的社会价值为负。只有以某种方式热爱社会、服务人民、勇于奉献的人，其生命才有较高的社会价值。思想家的价值在于提出具有启迪群众、动员群众、指导群众前进的先进思想；革命家的价值在于集中民众的智慧，为民众指明前进的道路，并率领民众投入革命实践；科学家的价值在于基于群众实践进行发明创造，揭示科学的真理，为人民群众造福；无产阶级及共产党人的最大生命价值追求，在于追求每个人的自由发展亦即全人类的解放，为此抛头颅、洒热血、殒身不恤、九死不悔。历朝历代、列洲列国，致力于国家富强和人民富裕的人，其生命均被视为具有高下不等的社会价值。但更多的情形下，只要不危害社会及他人，个体生命存在的本身就会具有不可替代的社会价值。“一箪食，一瓢饮，在陋巷”读书自乐、与世无争的颜回，“采菊东篱下，悠然见南山”隐居傲世、清高自许的陶潜，“牵萝补屋，植竹留云，停琴贮月，横剑啸空”的竹林七贤，他们虽没有横刀立马、文武济世、建功立业，却独享着心灵的清净，固守着自己的生活信仰，其生命价值在真善美的发现和守候中熠熠生辉，至今为人们所称颂和向往。再如，正在接受临终关怀的病人、变成了植物人的爱人、瘫痪在床的父母，对于护理人员、对于丈夫或妻子、对于子女而言，其社会价值就无可比拟。尽管此时其自然生命正遭受威胁，早已无法为社会生产和贡献，但其存活本身“对家人是一种精神安慰，对医学是一种考验，对社会伦理是一种褒奖”①。在这个意义上，其生命就具有显著的社会价值。

其二，人的生命的精神价值。人的生命的精神价值是个体的生存对自身的提升及对他人、团体的精神慰藉与关怀。对其的理解，应该把握三个层次：首先，对于生命的精神价值，最重要的就是对人的肉体生命的指导和提升。它使得人从自身的物性、感性、有限性的形而下满足中挣脱出来，把人的自然生命提升至理性、无限和永恒的高度。宋代张载主张真正的儒者要“为天地立心，为生民立命，为往圣继绝学，为万世开太平”，就充分展示了

① 路日亮．试论人的生命价值 [J]. 洛阳师范学院学报，2008，(6)：24-27.

儒家眼中的生命的精神价值对于自然生命及各种形而下器质的无限超越。其次，生命的精神价值在于追求生命的自由、开放和升华的应然本质。相对于生命的自然价值而言，生命的精神价值在于追求生命自由开放的“无限性”，它使人不再受自然生命的本能、欲望和环境的制约，而是表现为生命自身的自为性。最后，生命的精神价值追求生命的完整性和超越性。作为精神的生命，它建基于心智和身体，但心智、身体并非与灵魂并列的两个实体。精神不是生命的一个部分，精神也不是生命的一种特殊功能，它包含着一切功能，生命的所有因素都参与其中。精神生命是人在主观形态中的目的和活动，是人所独有的自由之有。重视生命精神价值，只要不偏执一端，不将其与生命的自然价值对立起来，就值得崇尚。正是因为生命的精神价值，人之自然生命才有了人文情怀，才有了诗性光辉，才有了理性意蕴，才有了道德升华，才有了价值情思，人之生命才从有限本真走向超越永恒。

其三，人的生命的智慧价值。在这个美丽的蓝色星球上，人即便不是唯一的智慧生命存在，也无疑是最智慧的生命存在。智慧是“造物主”赐予人的特殊礼物，生命因智慧而绽放最美丽的花朵。生命的智慧价值在于，对于人及其行为、思想以及与其存在相关的环境及事物、现象进行反思、探究，从而使人类的认识更加明晰、正确、深刻，使人类的精神更加健康、完满、崇高。所以，对于其本质意义可从两方面理解，从正面而言，人的生命的智慧价值在于促进价值的创造和增益，从反面而言，在于减少生命活动的盲目性和破坏性。于是，生命存在则循“矛”与“盾”两个方向弘扬智慧，如果生命结束，则一切智慧之火全部熄灭。生命的智慧价值的最重要的表现在于它的超越性向度，人不满足于宠物式的形而下享受，其永远对生活寄予诗意的超越追求，这是人对自己生命的最真诚的渴望，是人对自己精神升华的最诗情的守望。这种渴望体现在探索宇宙奥秘，体现在洞察生命意义，体现在促进历史发展，体现在提升人类境界，体现在超越社会现实，体现在迎接未来挑战，体现在树立新的理想，体现在创建新的生活世界，体现在为人类寻求安身立命之本，体现在确认终极的最高的支撑点的渴望。[①] 由此，人们才有可能赋予极易沦为单调乏味的生命活动以价值和意义，才有可能树立起明确的人生方向，才有可能找到稳固可靠的精神寄托，才有可能寻觅到自

① 孙正聿. 超越意识 [M]. 长春：吉林教育出版社，2001：125.

己的精神家园，才有可能让自己漂泊无依的灵魂找到归宿，从而驱走生命的空无感和生命价值的无根感，臻达生命的超越和神圣。

通过上面的分析，可以看出，人的生命的自然价值和对自然价值的多维超越，共同组成了人之整全生命的多维价值谱系。人的生命的“二层多维”结构，决定了人的生命价值的“二层多维”谱系。人的生命的自然价值之不可通约与人的生命的超越价值之可能比较，形成了人之整全生命的多维价值形态。正因为人的自然价值不能比较，才必须对每一个个体的生命价值予以同样的尊重乃至敬畏；正因为人的超越价值个个不同，才对创造更多的生命价值寄予期待，才应奋发砥砺，最大限度地体会人生况味，做出贡献，追求更大的价值。面对人的生命价值谱系这种犬牙交错的结构组合，我们只能细致分析，无过无不及，在具体分析中对个体生命的价值结构进行认定、评判、尊重和服膺。

生命价值的特征

对生命价值层次和形态的分析，为理解生命价值的特性打下了基础。人的生命尊严的基本特征是平等性、普遍性、独特性与至上性[①]，相应地人的生命价值的特征也主要体现在这四点上。

第一，平等性。生命价值的平等性是指个体生命所具有的自然价值既无质的不同，也无量的差异，是人人平等的，他人和社会应当平等地尊重和保护每一个人的生命。“亿万富翁、政界要人、超级美女、文体明星与穷苦群众、普通百姓之间的生命是平等的。”[②]因为自然生命的价值是与生俱来的，生命本身的存在就是生命自然价值存在的充要条件。只要是人，且生命存续，就不分种族、阶层和信仰，不论社会地位的高低和个人能力的大小，都享有其作为人而高于物、高于其他生命形式的价值地位和道德地位。

从道义上讲，不坚持生命自然价值的平等性，就会把人的生命分成高低贵贱，给予不同的对待，埋下人道主义灾难的隐患。比如说，可否肢解一位壮汉为多位患者进行器官移植？可否溺死病婴来解除一个家庭长久的重负？可否不顾人质安全果断开火来消灭一个重案团伙？每一个生命存在都是唯一的、不可逆的、弥足珍贵的，人与人之间的生命自然价值完全等同。富有的与穷苦的、智慧的与凡俗的、健壮的与羸弱的、美貌的与丑陋的人，其自然生命价值毫无差别。

只要是属人的生命，无一例外地都具有人之生命所特有的尊贵和威严，所以个体生命的自然价值都是最高价值，都具有高于物和其他生物的价值，个体生命的自然价值没有量的差异。如果有人把人的生命等同于物，放到价格的天平上去称量，无疑是要遭到人们的唾弃和指责的，因为用金钱来把人的生命区分为高低贵贱，是对社会种种不平等的粗野认同。

康德说人命有价值而无价格。每个人的价值都是无与伦比的大，“两利

---

① 韩跃红，孙书行．人的尊严和生命的尊严释义 [J]. 哲学研究，2006，(3)：63-67.

② 路日亮．试论人的生命价值 [J]. 洛阳师范学院学报，2008，(6)：24-27.

相权取其重，两害相权取其轻”的经济学原则，一触及生命则立马失效。诚然，在现实中人们所实际享有的医疗保健水平不可避免地存在着差异，分配稀有医疗资源时也常常会考虑身体活力、支付水平、贡献大小、社会影响等因素，法律判定民事赔偿及政府分配福利资源时也要对“生命价值”进行量化，战场上的指挥官也会在沙盘上进行预期伤亡率评估以便庙算先胜。这些情形下的选择是操作层面的不得已而为之。而生命价值论考虑的是应然，在应然的领域里应当坚持生命价值的平等性，以此引导人们平等地关心、尊重、爱护每一个同类的生命。

第二，普遍性。人的生命价值的普遍性包括“人”的普遍性和“生命”的普遍性。前者是指享受生命价值的主体具有最大的普适性，中国人、外国人都是人，富人、穷人都有价值平等的自然生命，不因主体的文化差异、国别差异、种族差异、民族差异等而享有或不享有生命价值。后者的普遍性是指任何具有生命能力的人都有权利去履行生命的责任，实现生命的价值，不因地位、出身的不同而有权利或无权利。

固然，不同人的生命，其社会价值、精神价值、智慧价值会有质的不同和量的不等，应以最大限度地调动和发挥人的生命的正的社会价值、精神价值和智慧价值为目的，同时限制生命价值的负面发挥。比如，在战争中，敌对双方拼死搏杀，目的是剥夺对方生命的社会价值，因为发挥社会价值的生命分属不同的国家或阶级；但俘虏不容虐杀，因为具有自然价值的生命共属于人“类”。①

保障每一个人享有生命权利，保障每一个人履行其相应的生命责任，应是现代政府执政目标的底线。以人为本是科学发展观的核心，而以人为本首先就要以人的生命为本，保护每一位公民的生命安全，保全每一个自然生命的正常延续和每一个主体的生命智慧价值及其正的精神价值、社会价值的发挥。对守土不尽责、居位不奉职、视生命如儿戏的“公仆”，除道德谴责外，还必须依法严惩不贷。

第三，独特性。生命价值的独特性首先源于人的生命之唯一性和不可逆性。太阳落山了，明天还会升起；春天过去了，明年还有春回，可是，生命属于每个人只有一次，生命丧失则永远无可挽回。对每个人而言，生命的

---

① 路日亮. 试论人的生命价值 [J]. 洛阳师范学院学报，2008，(6)：24-27.

存在都意味着他有一个绝对个我的、神秘莫测的精神世界，有着回忆过去、体验当下、希冀未来的丰富情感，有着判断、推理、想象等复杂的建构意识。任何一个人在世界上都是唯一的，世界不可能找到两个完全相同的人，科学更不可能复制一个完全相同的人。从这个意义上讲，人人都是世间唯一，人人都是“世界冠军”。任何一个生命个体都有权利以自身作为存在的目的，其存在理由内在于生命自身，不应该成为他人或他物的工具，任何受制于人或“心为形役”[①]都是对生命的异化。

生命构成了个人行使所有其他权利的先决条件。生命价值永远高于其他任何物质利益方面的价值，无论何种情况下都不应该出于功利的考量而置人之生命和健康于不顾。诚然，可以并且应该褒扬一些舍己救人的英雄行为，但对于合法自救和避险也不应该给予任何法律上的追究和道德上的谴责，不能强迫人放弃对自己来说价值至上的个体生命来维护群体生命，公共要求不可侵入私权范围。没有谁有这样的权力——要求民众为抢救他人、抢救财产而牺牲自己的生命；没有谁有这样的权力——出于对社会的经济成本的顾及而去鼓励绝症患者主动要求安乐死；没有谁有这样的权力——为了挽救许多人的生命故意剥夺某一无辜者的生命。生命不是某种“身外之物”，它不像某种利益，可以比较，可以通约，失去了可以找回，付出了可以补偿。警察在追捕犯罪嫌疑人时可以紧急征用私人汽车，在必要时可以炸毁民宅，但绝不可以“征用”生命，绝不可以不顾人质的安危，绝不可以杀伤无辜。因为没有谁有能力可以为别人补偿另一次生命，当然，在童话、神话、宗教故事、网络游戏里除外。

第四，至上性。生命价值的至上性是指人的生命的自然价值相对于其他价值而言是最高价值。人是万物之灵。人虽不能像鹰隼那样翱翔天宇，不能像鲸鲨那样畅游碧海，不能像虎豹那样叱咤丛林，不能像一株古树那样阅尽千年沧桑，甚至不能像一簇苔藓那样抵御酷暑严寒，但没有谁能够否认人是宇宙进化中最神圣的产物，其他的任何物品或生命形式都不能与之相媲美。在宗教语境里，也只有人具有“神”性、“佛”性，而“上帝死了”之后，人理所当然地成了这个世界唯一的主人。

在任何个体生命的旅程终点，必有“死神”在那里冷然守候。任何形

---

① 陶渊明《归去来兮辞》。

式的宗教祈祷、炼丹服药、辟谷隐遁都无法阻止它的到来，任何永生的幻想和努力除可能具有审美的意义之外，在现实性上只不过是海市蜃楼、镜花水月。对于珍惜生命的人来说，一个人的生命是如此短暂，它伴着春风而来，却在秋雨里飘落，不过数十冬夏。

个体生命的唯一性是生命有限性的极致，轮回转世、耶稣复活，说到底也是梦幻泡影、道听途说，恐怕没有谁能拿出实然证据。生命不可替代，它是实现其他一切价值的前提和基础，对于个人而言，失去生命就失去了整个世界。正是生命的唯一性、不可逆性、不可替代性决定了生命价值珍贵无比、至上无疑。

强调生命价值的至上性，绝不是为了引导人们贪生怕死，也不是在为保全个人生命不惜牺牲国家、集体利益的行为做辩护，而是为了反对历史上种种蔑视人的生命、践踏人的尊严、无视健康利益的错误行为。历史上一些宗教的极端势力，一手拿着经典、一手拿着利剑，对不愿皈依的所谓“异端”格杀勿论；第二次世界大战中德国法西斯“为了高贵的统一，干掉卑微的多样”，对犹太人进行种族清洗；当今恐怖分子喊着“高尚的口号”，在世界各地对平民发起自杀式袭击……不论目的和借口是什么，均属于对人类生命的践踏，其荒谬登峰造极，其罪恶罄竹难书。

《孟子·离娄上》曰：“天下之本在国，国之本在家，家之本在身。”事实上，没有一个个个体生命的保全，遑论集体、国家的利益的实现？关键是要找出数者的结合点，求得群体和个体的共建、共生、共赢、共荣。由于长时期忽视个体的生命价值已成痼疾，所以现在不妨“矫枉过正”，首先需要认真做到的是要把保全、促进个体生命价值放到更高的地位，对每一个个体生命的至上性给予应有的尊重。

人终将从孩童长大成人，终将脱离赤子的那种圆浑与纯朴，按照『正—反—合』的轨道，勇敢地走进异化。种生命如此，类生命亦如此。

——本辑导语

第4辑 生命价值的双重异化

神兽分离导致的生命异化

动物与自然浑然一体，其生命不存在异化。人性中有动物性的一面，有“神性”的一面，两种性质常常背离，人的生命异化本源于此。

人是自然的一部分，人既有和其他存在物一样的自然物质属性，又有其他存在物不具有的社会属性。固然，人是自然界中独特的高等生灵，但再独特也改变不了人是自然的一部分这一事实，衣着光鲜、举止温文也无法改变其自然生物属性。当然，诚如前文所述，较自然性存在而言，社会性存在才是人的本真存在，社会性是人的本质属性，正是社会性将人与动物相比较、相区别，人的独特性就表现在其是生物性和社会性相互作用的产物。迪尔凯姆认为：“人的生存问题在整个自然界中是独一无二的；他与自然分了家，又还处在自然界中；他有几分神性，又有几分动物性；他既是无限的又是有限的。人必须去寻求生存矛盾的更好解决办法，寻求自然、他人以及自身相统一的更高形式，正是这种必然性成了人的一切精神力量的源泉，它们产生了人的所有的情欲、感受和焦虑。”[①] 人的生命历程就是在这两极间挣扎与摸索的过程——主体与客体尖锐冲突，个体与社会区别，本能与理性交织，无限与有限蕴涵，欲望与道德牵扯，理想之光照不彻黑暗之域，神性之善也难掩魔性之恶……

动物之所以能与自然一致，缘于动物没有像人类所有的那种成熟的意识——生物学家判断，至多它们有类似于人的意识但又与人的意识有质的区别的心理。它们没有烦闷，没有惆怅，没有解不开的心结，不会“求之不得，辗转反侧”[②]。草木处于一维空间，只知上下高低，它们难以“理解”二维空间里的蚂蚁。蚂蚁处于二维空间，只知上下左右。有人用针把食物挑起，放在离蚂蚁上方很近的地方，它们只会前后左右在一个面上寻找，当它们依据自己的认知能力在被长、宽确立的面上遍寻不着时，这块食物对它们

① 转引自王德军．生存价值观探析 [M]. 北京：社会科学文献出版社，2008：149.

② 《诗经·周南·关雎》。

来说就神秘失踪了，它们怎么能理解三维空间里“狡黠”的人类呢？人们认知的极限是长、宽、高所限定的三维空间，并占据一个时间点，从“过去”走来，在“现在”稍待，就迫不及待地被裹挟着冲向“未来”。如同一维空间的草木无法理解二维空间的蚂蚁，二维空间的蚂蚁无法理解三维空间的人类，那我们能否继续推理有没有四维乃至更多维空间的生命形式呢？科学曾让人们摆脱愚昧，也曾让人们妄自尊大，终会让人们重新找回必要的谦逊。

草木与大自然完全一致，没有任何异化，它们就是大自然。蚂蚁开始遇到了问题：那块食物到哪里去了？它们在找寻，异化由此开始萌芽。人类在温饱之前还算“和谐”，真正的乞讨者在垃圾箱找到一份勉强可吃的食物即会欣欣然、陶陶然，但最基本的生存问题解决之后，就会开始反思：我是谁？我从哪里来？我往何处去？于是“弃我去者，昨日之日不可留。乱我心者，今日之事多烦忧”[①]，生命异化开始产生，并逐步加大和明晰。

① 李白《宣州谢朓楼饯别校书叔云》。

劳动分工导致的生命异化

劳动是人的真正的“生命活动”，因而也是人的“自我活动”“自由活动”。随着劳动规模的扩大、市场的形成，人从自给自足走向“互给而足”。这时劳动不再全是直接为了自己的衣食住行，更多时候只是间接地为了自己，于是“为自己”这一点渐行渐远。到了一定历史阶段，劳动对于劳动者来说变成了“外在的东西”，变成了“异化劳动”，亦即马克思所说的“自我活动表现为替他人活动和他人的活动，生命过程表现为生命的牺牲，对象的生产表现为对象的丧失，即对象转归异己力量、异己的人所有”[①]。“工人把自己的生命投入对象，但现在这个生命已不再属于他而属于对象了。因此，这个活动越多，工人就越丧失对象。凡是成为他的劳动产品的东西，就不再是他本身的东西。因此，这个产品越多，他本身的东西就越少。”[②]这种异化使得自己成为对象的奴隶。“工人在他的产品中的外化，不仅意味着他的劳动成为对象，成为外部的存在，而且意味着他的劳动作为一种异己的东西不依赖于他而在他之外存在，并成为同他对立的独立力量；意味着他给予对象的生命作为敌对的和异己的东西同他相对抗。”[③]

作为人的生命活动的劳动，为什么就不期然从本真状态走向异化并使人的生命也成为异化的生命呢？马克思做了如下分析：一方面，人的劳动作为人的谋生手段本身就具有受动性；另一方面，“自然形成”而非出于人的自愿的劳动和社会分工则使劳动异化由可能变成了现实。“只要分工还不是出于自愿，而是自然形成的，那么人本身的活动对人来说就成为一种异己的、同他对立的力量，这种力量压迫着人，而不是人驾驭着这种

---

① 马克思，恩格斯．马克思恩格斯全集（第 42 卷）[M]. 中共中央马克思恩格斯列宁斯大林著作编译局，译．北京：人民出版社，1979：102.

② 马克思，恩格斯．马克思恩格斯全集（第 42 卷）[M]. 中共中央马克思恩格斯列宁斯大林著作编译局，译．北京：人民出版社，1979：91.

③ 马克思，恩格斯．马克思恩格斯全集（第 42 卷）[M]. 中共中央马克思恩格斯列宁斯大林著作编译局，译．北京：人民出版社，1979：91-92.

力量。”[①] 人凭借劳动超出了动物所不可逾越的特定的自然范围，却又因分工而被囿于特定的社会范围。

但是如果进一步追问，这种导致了劳动异化的“分工”难道是在人的生命活动之外偶然地产生出来，并外在地施加于人的生命活动之上的吗？其实非但不是如此，其恰恰是从人的生命活动自身的性质和要求中生发出来的。从根本上说，劳动分工源于人的生命对自己活动的效率、效益的追求。只有不断地提高活动的效率和效益，亦即不断地提高生命活动的能力特别是体力和智力，人的生命以及生命联合体才能变得足够强大、优越，才能卓有成效地对付来自大自然的挑战和人类内部的生存斗争，人才能不断地改善自己的生活条件，并余出更多的自由时间来显示和发展自己的天性。“发展不追求任何直接实践目的的人的能力和社会的潜力（艺术、科学等）。”[②]

可见，人在生命发展过程中是要付出代价的，而全面的发展则必然以片面的发展为前提。所以，当人的生命的某一方面的机能得到突出发挥和强化时，可能会遮蔽或妨害生命其他方面机能的发育和进化。比如，对生命活动效率的过度追求，可能会遮蔽或妨害个体生命之间的怜悯和同情，不利于个体生命道德情感的生发和人文精神的养成。同样，人的生命的社会文化及其表现形式在培育和提升人的生命力量和意蕴的同时，也往往会使人的生命的某些方面受到某种程度的遮蔽与局限，在一定条件下甚至会成为人的生命发展的障碍与桎梏。包括经济、法律、政治在内的社会制度和包括语言、人文、科学在内的文化形式都会出现这种问题。

从历史角度看，只有通过生产和交往活动的充分展开，成为休戚相关、祸福与共的高度一体化的类存在，人类内部的生存斗争和人类对自然界的改造才能由恶性转变为良性，人的生命活动才能最大限度地成为展示自由自觉的类特性的美的创作和鉴赏活动。从哲学维度说，只有本着“回到事物本身”的精神回到自己生命深处，达到对生命的觉解，人才不至于在包括社会文化活动在内的自己的一切生命活动中迷失“自性”，才能最大限度地实现生命的价值，体验生命的意义。

---

① 马克思，恩格斯．马克思恩格斯全集（第1卷）[M]. 中共中央马克思恩格斯列宁斯大林著作编译局，译．北京：人民出版社，1979：250-251.

② 马克思，恩格斯．马克思恩格斯全集（第47卷）[M]. 中共中央马克思恩格斯列宁斯大林著作编译局，译．北京：人民出版社，1979：215.

生死两歧导致的生命异化

生与死的问题只困扰人类这一种生命的存在者。一棵树并不认为身处一维空间有什么烦恼，蚂蚁也不认为两维空间有什么逼仄，它们根本就没有认识，所以自然“无喜亦无悲，无忧亦无惧”。人之所以伟大，在某种程度上正在于其能认识到自身的必死性。“因此，认识自己可悲乃是可悲的；然而认识我们之所以为可悲却是伟大的。”①

“生死两歧”是所有导致生命异化的最本源的原因，也是所有生命异化的最本然的表现。“生死两歧”表现在：人生机勃勃，但他必死；人想象无限，但他生命长短和生命力表现的各个方面均有限；人居于社会之中，找寻着同伴、同族、同类，但没有谁能真正地完全地走入他的心灵。从根本上讲，在茫茫宇宙中，人人都是孤儿，一切宗教、意识形态、哲学，都无一例外地都将这些人类生存的基本问题当作孜孜以求的探讨的目标。②

人的生存悖论根深蒂固——人自知从某处走来，又不知从何处而来；人自知向某处而去，又不知向何处而去；人珍视现在，但现在只作片刻停留即会“逝者如斯”；人追求意义，但常在追寻中丢失意义；人渴望幸福，却发现幸福正像花卷、馒头一样与痛苦“和”在了一起；劳碌之苦让人渴望休息，但休息时空虚却随即而来，于是又会宁愿选择“鸡声茅店月，人迹板桥霜”式的辛劳；消遣使人宴聚，但“天下没有不散的宴席”，走出炫灯弦歌，唯见一钩残月，又会清泪潸然；人骄傲，但最优秀、最骄傲的人可能又是最自卑的那一位，因为他触摸到了生命的有限。人伟大又渺小，尊贵又卑贱，有力又无能，这种矛盾和对立，构成了人之生命的动态均衡。③

归根到底，有限可以追求无限，但不能完全把握无限，人永远凭着“自为”的双足走在从“自在”通向“自由”的征途中，没有止境。“人定胜天”

① 帕斯卡尔．思想录：论宗教和其他主题的思想 [M]. 何兆武，译．北京：商务印书馆，1997：175.

② 宾克莱．理想的冲突：西方社会中变化着的价值概念 [M]. 马元德，等，译．北京：商务印书馆，1983：142.

③ 张曙光．生存哲学：走向本真的存在 [M]. 昆明：云南人民出版社，2001：82.

是小道，“天定胜人”是大道，“天定胜人”是宿命，“人定胜天”是追求，这种永恒的无奈里正折射出了人性的伟大和光辉。

对于生命个体而言，诸种二律背反伴其一生。《红楼梦》里林黛玉曾对贾宝玉痴痴地说：花开终会谢，不如花不开也罢。平淡的语言却带给人真正的震撼——人有生必有死，何苦而生？对于“自生往死”“向死而生”这一生命中最大的二律背反，人们往往无语。连自称勘破生死的佛子恐怕也多数难以企及“有法无僧”的境界。芦苇因风而动，风停复静，人却永远无法真正地平静，他要“折腾”，要寻找一种不同于动物的生存方式，取代随进化而丢失且永无逆而复取之可能的动物式和谐。文化由此产生，历史步入人文化成和化成人文的逻辑循环，一切形式的人类文化之“母体的母体”，正是生死悖论。

“鹰击长空，鱼翔浅底”，这种怡然自得，连修养最高的隐士也难望其项背，人无法真正摆脱生死烦恼，并且常常主动地“自寻烦恼”。“人是唯一能够自寻烦恼的动物，能够感到被逐出乐园的动物。人是唯一发现自己的生存问题的动物，他不得不解决这一生存问题，这是他无法逃避的。他不能退回到与自然和谐相处的史前状态；他必须进而发展自己的理智，直到他成为自然及自身的主人。”[①] 迪尔凯姆也说既然人永远地失去了长生常乐的伊甸园，就只能在生死之河中随波逐流，在从生到死的路上充当永远的流浪者，必须不断地向前走，以毕生努力去探索生命中的未知事物，寻找知识的答案。[②]

生死悖论是人的生存最基本的“实情”，是人之生存的一切矛盾、一切问题的源头。生死悖论不是依靠外在的考察而得出的实证性概念，它是经由人的自我意识和自我感觉本身而觉察到的根本疑难——“自明性”与“非自明性”的二律背反。人的生存“自明性”，其实是生命的自我显示，既是生命的表现，又是生命的体验，所以“自明”不是生存的现成性状，而是生命的自我确证。[③] 人的自我确证的活动就是人的对象性活动，人的生命内部包含着对象性的力量。人能够将自己本身当作对象，就意味着人既有自然实体

① 欧阳谦. 20 世纪西方人学思想导论 [M]. 北京：中国人民大学出版社，2002：262.

② 转引自宾克莱. 理想的冲突：西方社会中变化着的价值概念 [M]. 马元德，等，译. 北京：商务印书馆，1983：142.

③ 张曙光. 建构面向 21 世纪的生存哲学 [J]. 华中理工大学学报（社会科学版），1999,（4）：1-8.

性，又有精神性，此即身与心、肉与灵的二重性。这种二重性是造成人的生命产生难以解脱的自我分裂、自寻烦恼的根本原因。

从诞生那一天起，人的生存就笼罩着死亡的阴影，终其一生都难以消除悖论的性质。人的生存必然伴随着物化、异化、牺牲、代价，人不能生存在童话的世界里，不可能只有王子和公主，不可能只有进步和光明，人的生存的种种现象总是游走在对立、悖反、双刃之间，人的选择往往在两难之中左右支绌。

人的对象性活动固然显示人自为对象，但同时也显示人与物、人与人互为对象。人是人的对象，这就在观念上能够把自己进行主客二分，在现实中也可以对自己进行主客二分，即把包含在自身中的本质力量自觉自为地投射到外部对象，并通过人化了的外部对象反观和充实自身，从而自我确证、自我肯定、自我实现。人的身与心、肉与灵固然矛盾交织，但这种矛盾并非封闭于人的消极的自我折磨，而是经由对象性实践活动实现矛盾的统一，并成为人生存于世的内在力量。如此看来，生存悖论同时也是人的自我生成的动力。

所以，生命异化不足让人绝望，恰恰相反，生命的这种异化正让人自豪。一切似乎只能表述为负面的情感，其实无不同时昭示着人类的存在和进化，从迷惑走向反思，从懵懂走向清明，从平庸走向神圣。看来，这种根源性的异化并非坏事，它是伴着人类进化而产生和加剧，是人类在前进过程中付出的必要代价。再痛苦的牧民也比最“快乐”的骏马高级，正如因失恋而哭泣的姑娘远比嫣然巧笑的玉像更加美丽一样。生存悖论固然决定了人总是生活在矛盾之中，并因居于不同的矛盾关联之中而产生这样或那样的问题，但这并不意味着人陷入了消极的自我分裂、自相冲突之中，因为人完全有可能因由这一生存悖论的自觉，在对象化扬弃的活动中不断地实现自我肯定及自我超越；也不意味着人间苦难、社会悲剧就不可能减缓以及最大限度地被消解，人们应该从悖论产生的根源处把握和利用矛盾的张力，从而持续地推进人的进步，并使人的世界走向和谐多元。

虚假对生命求真的遮蔽

为真理而奋斗乃至为真理而献身，这似乎不容争议。而对于何为真理，为什么样的真理而献身，却争讼不已——此人以牺牲性命而追求的真理，他人可能视为可笑的谬误；影片中两国士兵共同高喊着“祖国万岁”而同时将刺刀刺进对方的胸膛，都毫不怀疑为真理牺牲的意义。既定条件下真理只有一个，此乃真理的绝对性，这固然无可争议，但我们对“只有一个”的真理的认识并不一致。真理观，由是凸显。

传统真理观实质上是把人从世界中提出来，并将其简单化为“知”的动物，他们“知”其对象世界，“知”与“物”相符即为真理，不符即为谬误。这种真理的“符合论”数千年均然，近代更甚。但若试着追问：“知”与“物”如何才能符合起来？是基于“知”的判断，还是基于“知”的活动？这些问题没人发问，也没人回答。其实，“知”是人之“知”，认识本质上是人的存在方式，人的最根本的存在方式就是生存，认识源于生存的应然展开状态。从这个意义上讲，认识论意义上的科学真理从属于本体论意义上的生存真理。

既然人生的展开就是真理，那为什么在世之人追求真理时常常缘木求鱼、谬误百出呢？这要从人的生存状态进行分析。从呱呱坠地，人就已被一个既定世界所包纳，不同的语言、习俗、意见、价值观等文化传承在影响人的同时，也使之从一开始就处于对本真生存的遮蔽状态之中。人不知不觉就在日常状态中沉溺于所处的环境，“泯然众人矣”，此即海德格尔所谓的“沉沦”。当人以沉沦的方式存在于世时，就会进入“常人”状态，人云亦云，随波逐流，“闲谈、好奇、两可使被揭示的东西和展开的东西处于伪装和封闭的样式之中”[①]。人一开始就是以一种遮蔽状态为出发点展开自己，不甘心沉沦的人走上解蔽之途，在解蔽的同时仍将常伴新的遮蔽，于是真理的近邻常常是谬误。

① 海德格尔．存在与时间 [M]．陈嘉映，王庆节，译．北京：生活·读书·新知三联书店，1999：255.

人是真理的评判者，探索真理是为了使有限的人生变得更美好，真理被纳入人的生命视界才有意义。没有了人，真理、价值及意义的大厦将顷刻坍塌。然而，人就是如此奇怪，人为探求真理而发展出多种认识方法，方法仅认识真理的工具，人却为这些工具所宰制而不自知，虽也获得对事物的某些识见，但其结果却与真实人生渐行渐远。科技发展和经济繁荣的背后是科技与人生的严重分离、知识与精神的尖锐冲突。

在生命价值论看来，真理决不仅是一个认识论的问题，更重要的是存在天命的展露过程。天命既然与人事交汇，人就应该"顺天应命"。对存在之真理的把握应是一个"知行合一"的过程，认识的同时应是行动。不言而喻，这个行动正是生命展开的过程，而不再是主体对客体宰制的胜利。天人应该和谐，人居于自然之中，与万物是一个统一的整体，人的生存必须和自然规律相符合。①若人一味僭越自然之上，盲目为"征服自然、改造自然，获得物质生活资料"而陶醉夸胜，大自然这位"万物之母"就可能会大发脾气。

所以，千万别忘了恩格斯的警告："……我们不要过分陶醉于我们人类对自然界的胜利。对于每一次这样的胜利，自然界都对我们进行报复。每一次胜利，起初确实取得了我们预期的结果，但是往后和再往后却发生完全不同的、出乎预料的影响，常常把最初的结果又消除了……因此我们每走一步都要记住：我们统治自然界，决不像征服者统治异族人那样，绝不是像站在自然界之外的人似的，相反地，我们连同我们的肉、血和头脑都是属于自然界和存在于自然之中的；我们对自然界的全部统治力量，就在于我们比其他一切生物强，能够认识和正确运用自然规律。"②

---

① 路日亮. 天人和谐论 [M]. 北京：中国商业出版社，2010：197.

② 马克思，恩格斯. 马克思恩格斯选集（第4卷）[M]. 中共中央马克思恩格斯列宁斯大林著作编译局，译. 北京：人民出版社，1995：383-384.

邪恶对生命求善的遮蔽

本人无意加入人之初“性本善”还是“性本恶”的争论，只想提醒理性主义善恶观对生命存在的遗忘，并试图找回评判善恶的生命尺度。

理性主义善恶观由来已久。古希腊哲学表现出了对必然性的顺从和理性自足的思想，认为理性的任务就在于对其必然性的认知，并且理性也在这种认知中获得满足，也就是说通过这种认知而服从必然性便是人的美德。中世纪基督教哲学的本质在于基督教和哲学的结合，亦即信仰主义和理性主义的结合。近代哲学宣扬理性主义，认为最高真理与知识、理性和普遍必然性是联系在一起的。纵观西方哲学史，从柏拉图和亚里士多德的“至善”、奥古斯丁和托马斯·阿奎那的“上帝至善”到康德的“善是普遍法则”、黑格尔的“善是实现了的理念”，其共同特征都是将“善”抽象化、普遍化和形而上学化。虽然西方理性主义善恶原则一直被许多人习以为常地加以接受，但这一原则却包含着对人的生命价值的根本威胁，活生生的人因为这种必然性的遮蔽隐而不显。人的生命的意义是什么？生命的尊严和自由在哪里？对恶的必然性服从的“恶无限”难道也是一种美德？

我们应当修正理性主义善恶观对个体生命存在的遗忘。在生命价值论看来，没有所谓的绝对的善与恶，善恶评判标准都是基于生命而做出的。尼采曾通过区分上流与底层社会善恶观的差别、主人与奴隶道德的异质，进而阐明生命存在的本质特征，他认为生命的秘密就在于不断超越自身，不断向上攀登，在以柱石和阶梯建起的生命高处，凝视远方，遥望幸福之美。后来还从张扬生命是善、贬损生命是恶这一原则出发，对身处同一时代的基督教的善恶观进行了猛烈抨击：“什么是善？所有促进人的强力感、强力意志、强力本身的东西；什么是恶？所有源于软弱的东西；什么是幸福感？促进强力、克服阻力的感觉。”[1]

真正的至善不是与生命对立的，而是与生命融为一体。这里的生命既

① 弗里德里希·尼采. 悲剧的诞生 [M]. 周国平，译. 北京：华龄出版社，1996：229.

包括自身，也包括他人；既包括个体，也包括族类。这个生命不是一个事物、一个实体、一个概念，而是一股蓬勃的生命活力，其内充溢着对生命予以肯定与否定的张力。个人的生存与他人的生存密切关联，并且同整个人类都存在着关联。当今时代，在核武器和生态危机的威胁下，人类一下子站在了死神的面前。此时，人们应该及时、彻底地认识到：生活在同一个地球村的村民都是邻居，不仅应该互相关照，更应虑及我们的子孙后代。我们要重新审思“物竞天择，适者生存”的观念在当下是否依然合适，因为对别人利益的尊重是觉察所有人利益的前提，只有相互的生命安全得到保证，才可能保证所有人的生命安全。目前，追求人类共同的善已成为人类生存的首要任务。

柏拉图曾提出了著名的“洞穴喻”，其实从某种意义上讲，人人都是洞穴之人，人的本质依然隐藏在阴影之中，善恰如洞穴外面的生命之光，走出洞穴的过程应是臻善的过程。“善可以在双重意义上被称为‘最高的理念’：它在可能性之等级上是至高的理念，而且对它的仰视乃是最陡直，因而是最吃力的仰视。”[①] 善就是将生命持留于存在的无蔽状态中，“善给出外观之显现，通过这种善的给出，存在者被扣留和被拯救于存在之中”[②]。

当下，“全球伦理”引人瞩目，这是对生命个体、族群、类生命的共同关切，其中在善恶观方面达成的共识越来越多。比如，善待自然。大家认识到全球性危机的一个关键点是生态危机，解决生态危机的治本之策在于促进可持续发展，而保证可持续发展的关键环节在于保护环境、维护生态平衡。《全球伦理普世宣言》强调“对地球之尊重”，即建立“人类是自然的一部分，不是与自然相分离；伦理上的关切应该超出人类而扩及地球的其他部分以至宇宙”[③]。比如，善待他人。《孟子》有云：“仁者爱人”；《论语》亦云“己所不欲，勿施于人”，“己欲立而立人，己欲达而达人”；人道主义也倡导尊重人、关心人、爱护人，以人为本、以人为目的，尊重人的价值、权利与尊严，以及倡导平等、自由、博爱等。1997 年《世界人类义务宣言》强调：“人人应当帮助那些需要照顾者、弱者、残疾者和受歧视者……人人有义务尽力

---

① 海德格尔 . 路标 [M]. 孙周兴，译 . 北京：商务印书馆，2000：263.

② 海德格尔 . 路标 [M]. 孙周兴，译 . 北京：商务印书馆，2000：264.

③ 赵吉惠 . 21 世纪儒学研究的新拓展 [M]. 北京：社会科学文献出版社，2004：440-441.

维护他人的尊严和自尊。”[1]比如，和而不同。任何国家和民族，任何政治信仰和宗教派别，任何年龄和性别（男性、女性、第三性；自然的性别、自我选择的性别）的人，都应通过对话求同存异，相互宽容，不将自己的观点强加于人。

由此看来，抽象的理性主义善恶观若不融入鲜活的生命，势必会失去其存在的必要性和意义，势必会变为铁血理性而与真正的生命关切相悖离。当然，流动的生命也只有加入理性的善恶观的因子，才能免于盲目和冲动。理性主义善恶观促进生命和理性的成长和壮大，规范和调解二者的内在矛盾，建立并保持二者形成的二元张力状态而不致走向极端。善，使生命受其呵护，生生不息，涌动不止，意义丰赡。如此，即使个体生命已经终结，但它仍将像晚霞环绕着广袤的大地，放射出美丽温情的光辉，直至渐渐消失在群山的环抱之中。[2]

① 赫尔穆特·施密特.全球化与道德重建[M].柴方国，译.北京：社会科学文献出版社，2001：264-265.

② 靳凤林.死，而后生：死亡现象学视阈中的生存伦理[M].北京：人民出版社，2005：286.

丑陋对生命求美的遮蔽

传统的审美思想源远流长，从柏拉图的“理念论美学”、中世纪基督教美学家的“上帝至善至美论”到康德的“形式主义美学”、黑格尔的“美是理念的感性显现”，一部西方审美史可谓蔚然大观。

康德试图克服审美问题上形式主义和表现主义的尖锐对立的矛盾，力图使其实现辩证的统一。一方面，康德认为美之为美就在于它的“非功利”“无概念”“无目的的合目的性”，并认为这是纯粹美、形式美的本质特征；另一方面，他又认为真正具有更高的审美意义及审美价值的东西，是那种表现为一定目的、理念和内容的崇高美等，由此才使自然到伦理、感性，再到理性的过渡成为可能。在康德的眼里，高耸的断岩，闪电与雷鸣，狂暴肆虐的火山等，若我们置身其中，当然会感叹自身的渺小；但假使我们自己正站在一个安全的地方观看上述景象，那么这种景象越是可怕，就会越有吸引力，这种景象就是康德所说的崇高美。①所以，康德说人从心底里对自然生发的崇高感，也就成了对我们自己所承担的使命的崇敬，只是这种“自敬”不知不觉地转移到了自然的对象上了。②康德沉醉于这种由人的伦理道德力量的胜利而产生的狂喜和欢愉。

黑格尔是表现主义美学的重要代表，他基于自然美与艺术美的区分，以及对艺术发展类型及门类的分析，最终得出这样的结论：艺术从低级到高级的发展，从不完善到完善的进步的过程，就是其物质性越来越弱，而精神性越来越强的过程，当艺术完全从物质中解放出来的时候，它就纯然地成为精神性的东西，也就达到了美的顶峰。

康德、黑格尔的美学思想是对传统美学发展的集成，其美学思想的丰赡一度被认为是毋庸置疑的。但尼采对此不屑一顾，他认为康德、黑格尔等关于美学的论述没有触及人之生命。尼采坚持“艺术的根本仍然在于使生命

---

① 康德.判断力批判（上）[M].宗白华，译.北京：商务印书馆，1964：101.

② 康德.判断力批判（上）[M].宗白华，译.北京：商务印书馆，1964：97.

变得完美，在于制造完美性和充实感，艺术本质上是对生命的肯定和祝福，使生命神性化”[①]。“自从康德以来，一切关于艺术、美、认识、智慧的谈论都被‘无功利’这个概念混淆和玷污了。”[②]他认为，真正的美绝不可能在黑格尔的“理念”中实现，只能是在对身体的陶醉中实现；信仰肉体比信仰精神更富有根本意义，肯定对身体的信仰胜过肯定对精神的信仰。[③]真正的美则是把不断增长的生命本身带向强力，它不是让生命停滞，而是要解放生命，使生命得以成长和繁荣。那什么是丑呢？尼采认定基督教、佛教的美实则是丑的渊薮。他说丑陋意味着一个种类的颓废，意味着因缺乏意志力而产生的衰退。他认为艺术是一切否定生命意志企图的唯一最佳对抗力，从本质上讲，艺术与基督教的观点、佛教的观点以及虚无主义观点格格不入。[④]在尼采眼里，基督教就是要吸干生命所有的血、所有的爱和所有的希望，基督教中的彼岸设定就是要否定所有生命的意志，十字架就是隐藏着的阴谋的标识，这一阴谋就是否定健康，否定生命，否定美。[⑤]

海德格尔指出，尼采在美丑观上所犯错误的实质在于割裂了美与真的内在关联。海德格尔站在存在论的立场上，提出了“美是真理的现身方式”和“逻格斯是最美者”这两个命题。为什么“美是真理的现身方式”呢？海德格尔认为，美的艺术作品必然会建立“一个世界”和制造“一方大地”。这个“世界”不是现存事物的单纯聚积，而是一个通过诞生与死亡、祝福与亵渎不断使人们进入存在状态的世界；这个世界是人的世界，正是由于进入到存在者敞开之中并参与存在者之解蔽，人才能进入世界，并在世界之中存在。这方“大地”是有所涌现的庇护者，大地是无所促迫者、无碍无累者和不屈不挠者。立足于大地之上并在大地之中，人类历史性地建立了他们在世界中的栖居。上述的艺术世界是“显”，艺术大地是“隐”，艺术大地之“隐”要由艺术世界之“显”来开启，“显”“隐”在争执中达到亲密的一致。那又为什么说“逻格斯是最美者”呢？海德格尔通过对“物”和“词”的思考来

---

① 弗里德里希·尼采．权力意志——重估一切价值的尝试 [M]. 张念东，凌素心，译．北京：商务印书馆，1991：543.

② 转引自海德格尔．尼采 [M]. 孙周兴，译．北京：商务印书馆，2002：118.

③ 弗里德里希·尼采．权力意志——重估一切价值的尝试 [M]. 张念东，凌素心，译．北京：商务印书馆，1991：178，205.

④ 弗里德里希·尼采．权力意志——重估一切价值的尝试 [M]. 张念东，凌素心，译．北京：商务印书馆，1991：510，443.

⑤ 弗里德里希·尼采．敌基督者 [M]. 吴增定，译．香港：道风书社，2001：7.

揭示逻格斯之美。他通过对词源学考察而得出结论：物的原意就是逻格斯意义上的“采集”“聚集”。所谓“采集”“聚集”，就是“物化”“近化”，就是天空、大地、诸神和终有一死的人在物中的居留和聚集。他以“陶制的酒壶”为例，说明“天、地、神、人”是如何聚集的：陶壶之为壶，是因为它有所容纳的“空间”，它聚集了一方天；陶壶由土烧制，陶之坚韧和细致源于土之性，它聚集了地；陶壶能够承受和保持酒香，酒由葡萄酿成，葡萄的果实由大地与阳光所育成，所以酒中也栖留着天空和大地；酒可解渴、提神，敬奉诸神，所以在酒中又栖留着终有一死的人和永生不死的诸神。因此，在陶壶及其赠品（酒可以被视为陶壶的赠品）中所栖留的天空、大地、凡人和诸神相互归属，聚为一体，乃成为壶之本质，也是陶壶作为艺术品所具有的审美价值之所在。

通过以上分析可见，美丑观经历了一个正一反一合的过程。理性主义和基督教审美观将人对美的认识抽象化、理想化，并不懈追求这种被抽象化、理想化的美，结果却导致了人自身生命冲动的减弱、生命力量的枯竭、精神状态的颓废和人的生命四傍无依。尼采实现了对这一“正”观的“反”动，强调对美的追求应该放弃对抽象的概念和理想的追求，转而以具体的生命和生活为中心，用充满强大意志力的生命取代自我丧失、走向衰落的生命，让本能在纵情的艺术涌动里摆脱压抑，让生命在丰盈的艺术创造中迈向伟大，让艺术成为生命走向大美与壮美的兴奋剂。但尼采对理性主义审美观的彻底否定，一定程度上割裂了人类审美传统的历史连续性，无视审美个体必然会受理性因素影响的事实，无限夸大主体的能动作用，忽视了社会、历史等因素的制约作用。着眼于此，海德格尔将美与真结合起来，尝试实现美丑观的“合”，他强调艺术创造是让真理进入艺术形象之中，艺术就是真理的生成和发生，只有那些使真理从晦暗走向敞亮、从遮蔽走向无蔽的艺术，才是真正诗意斐然的艺术。海德格尔所理解的真理就是“天、地、人、神”共在的“四方世界”，这里的人也已经不再是尼采眼中那具有强力意志力的、雄视天下的、目空一切的超人，而是接受着天空、拯救着大地、期待着诸神的必死的凡人。凡人用耳朵贴着大地，去聆听天籁美妙的律动；用眼睛仰望天空，欣赏美丽的云朵和彩虹；用心去祈祷，翘首期盼着诸神的谕令。终有一死的凡人在追求和认知真理和天命中，发挥生命本身蕴藏的全部创造力，臻趋生命之伟大、崇高与壮美。

凡俗对求圣的遮蔽

在生命价值论看来，人之成圣无须经由宗教，圣源于人之为人的本性，人完全可以依靠自己“诗意地栖居在大地上”。生命价值论不是宗教，也不相信人格化的神。人类早已走出童话时代，宗教中的神也并未进入本研究的问题领域。在生命价值论看来，出神入化之“神”即内圣外王之“圣”，它不一定非得是上帝、耶稣、安拉、佛陀或“三清”，从某种意义上讲，它可以无可名状，无可摹画。它刺激人超越的冲动，推动人从假恶丑俗向真善美圣的升腾，它深刻影响了世界主要的文明发展史，包括对中国传统文化产生重大影响。事实上，拔凡入圣一直是中国人的精神追求，没有“精神”之“神”，中国人的追求一下子就失去了高远的目标。设想，若将“神”完全废黜，也会遇到一系列的麻烦：最小的，一部汉语词典需要大修；极言之，一部人类文明史也要重写——“神秘”不见了，“聚精会神”没有了，“入神”“失神”一并消弭，“大自然”“造物主”相携隐遁，甚至尘世与凡人也可能消失——因为罢黜了神圣，也没有了与之对应的凡尘；赶走了神，也就没有了与之对应的人。人们因辩证而清醒，因清醒而无奈，因无奈而理性，因理性而重新变得谦逊和宽容。

其实这符合日常的生命体验。无论是有神论还是无神论，从根本上说，每个人心中都有一位属于自己的“神”，宗教信徒可能会称之为上帝、安拉或佛陀，无宗教信仰的人可能称之为“上苍”“造物主”“大自然”“母亲”“指引我们航向的伟大导师”。其间的区别其实微乎其微，它们都是人们智慧和力量的最深刻本源的无以名状的“名状”，无以界定的“界定”，无以概括的“概括”，它是我们的“最后的依靠力量”。平日里我们自觉有足够的强大力量和自信，于是“神”隐遁了，但当我们几乎要被灾祸、疾病、挫折击倒的时候，人们常常会呼天抢地，祈求冥冥之中神秘的力量，抚慰弱小的心灵，驱走前路的黑暗，增强前行的自信和力量。那是一种虽然难以名状，但知其为深广的力量——“广的，使人豁然，深的，使人凛然；广的，引人高视，深的，引人低回；广的，令人平怀，深的，令人忧思。”[①] 因此，“神”就是我们的避风港、治疗室和加油站，让我们重新充盈生命的“洪荒之力”，奋然前行。

海德格尔曾论及天地人神四方游戏、相爱共融，其动力来自神的力量，但这个神完全不是基督教里的基督。恰恰相反，在海德格尔看来，古代人的原始经验中具有充沛的神性，但当基督教形成之后，神性逐渐消失，诸神逃遁，世界开始进入黑夜时代，中世纪的宗教统治、宗教改革以来的世俗化运动不但没有确立和维护神性，反而彻底背弃了真正的神性。故此，海德格尔判断我们所处的时代刚过“夜半”，正从“夜半”时分这个最大的贫困时代挣扎着向黎明进发。所以转向是必需的，“但世界时代之转向的发生，并非由于什么时候有某个新上帝杀将出来，或者有一个老上帝重新从埋伏中冲出来”[②]。这意味着：恢复“神性”并不是重振没落的基督教，而是改弦易辙，重新寻找“存在之真理”“存在之天命”。荷尔德林写道：“神莫测而不可知呢？神还是像天空一样明显？我宁愿相信后者。”海德格尔对此诠释说：“人之度量的尺度是什么？是神吗？不是！是天空吗？也不是！此尺度就在于保持不可知的神作为它如何通过天空显明的方式。神的显现也是一种揭露，我们由此看到了被有意无意自行遮蔽的东西。”[③]

但是“失神”在当下却成了常态，“提神”成了难事，今天的人类已不再诗意地栖居了。海德格尔叹息：“人诗意地栖居，是我们诗意地栖居吗？也许我们完全非诗意地栖居着。”[④]“非诗意地栖居”是指人背离了人栖居的本性，打破了人生活于世界中的四方游戏，开始疯狂地征服大地、掠夺天空、远离神性、征服掠夺他人或被他人征服或掠夺，从而丧失了有死者存在的本性。海德格尔认为，神性的缺席不在于诸神不存在于个体或教堂之中，而是神性不再将天、地、神、人聚集于自身，世界失去了存在的基础，人们被迫在漆黑的夜晚体验和忍受被悬挂于深渊之中的阴森和冷涩的痛苦。

黑暗前面可能是光明，危险之后必定有拯救。只有当我们体验到非诗意地栖居，才能自问何以非诗意地栖居；只有当我们保持对诗意的关注，方

---

① 林清玄．玄想 [M]. 石家庄：河北教育出版社，2014：39.

② 马丁•海德格尔．林中路 [M]. 孙周兴，译．上海：上海译文出版社，1997：274.

③ 海德格尔．海德格尔选集（上卷）[M]. 孙周兴，选编．上海：上海三联书店，1996：472.

④ 海德格尔．海德格尔选集（上卷）[M]. 孙周兴，选编．上海：上海三联书店，1996：478.

可期待非诗意栖居向诗意栖居的转折；只有严肃地对待诗意，我们才能决定这个转折何时到来；只有渴盼诗意并一以贯之地付诸行动，我们才能以某种方式在某种程度上对这一转折做出积极贡献。①

神圣与世俗作为人类固有的两种生存方式，在现代社会发生了激烈的冲突。灵山已不再灵，圣像已不再圣，自然化、去圣化、世俗化让日月星辰预示出生、死亡、再生的生命象征意义荡然无存。科学让人似乎真的“可上九天揽月，可下五洋捉鳖”，当人标举征服自然和宇宙的伟大业绩时，其躁动不安的内心世界却荆棘丛生，天灾人祸不断袭扰，一个不治之症被攻克后又出现更多的不治之症。理性真的可以宰制四方、无所不能吗？科学真的会是攻无不克、战无不胜吗？

正当众神隐遁、天地间了无奥妙、游戏已无规则的时候，哈贝马斯式的追问扑面而来：在这个“祛魅”的时代，人还需要新的“附魅”和“神秘”吗？其实，自然科学常常是谦逊的，它对理性尽头微妙地生发着的神秘存而不论。神秘常常比真理和答案更令人神往：有了神秘，童年的梦想才不会破灭；有了神秘，青年的奋斗才不会苦涩；有了神秘，成年的负荷才不会乏味；有了神秘，老年的宁静才不会凄凉。这样才能诗意地栖居在这大地之上。

一部人类生存的发展史，时刻伴随着生命异化，对真、善、美、圣及其四方统一境界的追寻，常常被假、恶、丑、俗所困扰，而且后者往往穿着前者的衣裳和戴着前者的冠冕。人类要想直面生命的本源异化，走出生命的非源异化，重返生命的本真境域，就宜正视个体生命终究具有有限性和必死性这一生命实情，肯定和承奉存在的天命，在这种终极信念指导下孜孜汲汲、玉汝于成，才能使生命在现实世界而非理想世界达至真、善、美、圣的至高境界。②

---

① 海德格尔．海德格尔选集（上卷）[M]. 孙周兴，选编．上海：上海三联书店，1996：479.

② Hans Schwarz.On the Way to the Future. Minneso：Augsburg Publishing House，1972：38-39.

人们常常既对生命懵懂无知，也对死亡深深误解。

——本辑导语

第5辑 死亡焦虑的纾解之道

死亡焦虑的产生

鲁迅先生于1925年7月8日发表一篇小文章，叫《立论》，全文不长，其内容是：

我梦见自己正在小学校的讲堂上预备作文，向老师请教立论的方法。

“难！”老师从眼镜圈外斜射出眼光来，看着我，说：“我告诉你一件事——

“一家人家生了一个男孩，合家高兴透顶了。满月的时候，抱出来给客人看，——大概自然是想得到一点好兆头。

“一个说：‘这孩子将来要发财的。’他于是得到一番感谢。

“一个说：‘这孩子将来要做官的。’他于是收回几句恭维。

“一个说：‘这孩子将来是要死的。’他于是得到大家合力的一顿痛打。

“说要死的必然，说富贵的许慌。但说谎的得好报，说必然的遭打。你……”

“我愿意既不谎人，也不遭打。那么，老师，我得怎么说呢？”

“那么，你得说：啊呀！这孩子呵！您瞧！多么……。阿唷！哈哈！Hehe！ he，hehehehe！”[①]

鲁迅先生在文中举此例，映射出一个事实：讳言死亡在中国表现得特别明显。其实，“第三个人”在那样的场合说那样的话也确实不合适，在任何民族的语境里恐怕都是要遭打的。整体而言，对死亡的不解、恐惧和忌讳在任何民族都未能“免俗”，日暮、途穷、花谢和叶飞总是会引起人们的伤感和悲凉的情绪，求生避死是人的本能。但是，有开幕就有闭幕，有黎明就有黄昏，有生的起点就有死的终点，死亡是人生的背景音乐。由此，死亡焦虑就成为人类的一种永久的心理负担。

---

① 鲁迅．立论 // 鲁迅．野草 [M]. 郑州：海燕出版社，2015：77.

从医学观察上讲，焦虑是由紧张、焦急、忧虑、担心和恐惧等感受交织而成的一种复杂的情绪反应。焦虑在不同领域、不同指向有不同的表现，而人生最大的焦虑莫过于对死亡的焦虑。对于“人从哪里来”这个问题，人们或能回答一二，现代生命科学的发展甚至让人们似乎有一种已经揭开生命奥秘的自信。但是，当问及“人向何处去”的时候，人们常常三缄其口，黯然神伤。从形而上学的意义而言，人之死——无论他是在痛楚、煎熬、压迫、恐怖中死去，还是在“无可奈何花落去”的哀叹中死去，抑或是在偶然的事故中意外地死去，或者如口语所说的“高兴死了”“舒服死了”，这都不是真正的人之死。

人之死是一个极其深刻的哲学问题，这一问题似乎超过了科学研究的边界，倒是许多科学家因为研究这个问题而最终放弃了对所有科学问题的研究，由科学家“沦为”哲学家或神学家。正如人们不能直视骄阳，也无法直视死亡。死去的躯体被土葬、火葬、海葬、树葬……人们知晓“它”去往何处，但作为一个有灵性的“他”到了什么地方，人们一无所知。死去的人无法重回人间，因此无法对人们言说；未死的人又从未体验过死亡，也没有资格对他人言说；宣称死而复活的人，其实只是一种无意的“假死”或有意的“诈死”，并没有真正进入死亡状态，真正进入死亡状态的人总是一去不返。死而复活的事例虽屡被报道，但也只是像外星人一样，“由来说有，从未目睹”。或者说，“死神”远比外星人更加神秘，因为太空中的智慧生命或许真的会有一天与人类握手，而“死神”却可能永远行走于人们的知觉之外。生与死的界限，似乎是一道黑色的帷幕，人们只能看到生之演出的华彩，却无法觉察帷幕那侧的一丝光影、一点声息。所以，死亡焦虑可以理解为：一种被特定死亡事实以及对于死亡之恐惧等所诱发的情绪反应及认知，它涵盖了对死亡的恐惧等内部情绪，以及放弃对生命的珍惜，对生命持虚无态度，醉生梦死，空虚无聊，觉得生活毫无乐趣等外显行为。

死亡焦虑的归因

死亡焦虑是怎样产生的呢？我们可以从以下几个方面进行探究。

第一，对死亡意义的自我觉察。人对肉体死亡忧惧与焦虑的根本原因，首先就在于人不知道自己死后灵魂的归宿，自然也就害怕死亡过程中肉体的痛苦，但让人最为恐惧的还不在于此，而在于担心死后的绝对虚无。

生活有目的及感到生活有意义的人有较低的死亡恐惧，对死亡也有较正向的态度，即能够不同程度地接受死亡的自然性。人们对无意义的存在的恐惧更甚于对死亡过程中痛苦的恐惧。有相当多的文献表明，人对死亡的恐惧程度与他们对自身生命意义的认同正相关。死亡预期若是有意义的，将会降低死亡焦虑的程度，若是觉察死亡是不合理或无意义的，将会提升死亡焦虑的程度。

死亡意义感来自个人对世界与自我的信念，往往会受到历史、文化、家庭教育等的影响，不同教徒在不同的文化或环境会生发出不同的死亡意义感，进而影响个人的死亡焦虑。尤其是有宗教信仰的人较之没有宗教信仰的人，死亡焦虑的程度和表现有很大的不同。笃信的佛教徒认为人死后会根据一生表现分别被派往极乐世界或阿鼻地狱；自然，自我评价高的佛教徒在临死时可能会坚信佛陀会接引他们前往西方极乐世界，所以他们的死亡焦虑值低之又低，常常含笑“圆寂”；自我评价不高的佛教徒临死时可能认为自己会被拘向地狱而生大惧大怖心境，他们的死亡焦虑自然高得不能再高了，常常是惊恐万状、痛苦万分。此外，信奉基督教、伊斯兰教等宗教的人，其死亡焦虑的情状与以上情形如出一辙。

没有宗教信仰的人又分两类，一类是虽无宗教信仰但有其他方面的信仰，比如，信仰共产主义、信仰儒家学说和信仰真善美等等，类似地，他们的死亡焦虑也与自我生命评价及死亡意义感密切相关；另一类是中国传统文化中的一种思想，即认为人的生命会纳入家族生命之中，薪火相传，绵延不绝，一个人死了不要紧，子孙会继承先祖的遗志，完成他未竟的事业。

第二，对自我实现的主体评价。自我实现的主体评价决定了死亡焦虑值的高与低。个人对于过去本应完成而未完成的生活目标、期望感到悔恨、内疚，因个人的自责而增加死亡焦虑值，就算是将这些生活目标或期望投射在未来，也无法避免死亡焦虑，只会造成个人对自己的否定。反之，自我实现的主体评价良好的人，死亡焦虑值就低。

《钢铁是怎样炼成的》中的男主角保尔·柯察金说：人最宝贵的是生命。生命属于我们只有一次。一个人的一生应当这样度过：当他回首往事的时候，他不会因为虚度年华而悔恨，也不会因为碌碌无为而羞耻。这样，在临死的时候，他就能够说：我的整个生命和全部精力，都献给了世界上最壮丽的事业——为人类的解放而斗争。自然，一生“虚度年华”“碌碌无为”的人，其自我评价必然是“悔恨”和“羞耻”，这样，临死之际，其死亡焦虑值就会很高；反之，一生珍惜年华、奋发有为的人，其自我评价可能就是“欣慰”和“光荣”，临死之际，其死亡焦虑值就会很低。

此结论亦可验之于实验，泰姆波罗于1970年制定的死亡焦虑量表测量了个体对癌症、时间飞逝、死后生命、世界大战的态度等向度，发现具有较低的自我实现的成人，会有较高的死亡焦虑；自我实现也表现为更开放的态度，其中包含了觉察死亡，因此自我觉察较高的人比起自我觉察低的人会有较少的失落。

第三，对未来的主观预期。在这里，有宗教信仰的人有一个相对简单的处理方式，他们会努力去密切他们与神或一些形上事件的关联，在宗教上寻求希望，例如，乞求赦免所犯的罪、克服未知的恐惧、得到永恒的福分等。

没有宗教信仰的人也会把注意力放在超然的希望上，如去寻找与个人生活上、尘世中更“真实”的地方，希望在他本人死后，通过他的同道、同好、同学、同行、配偶、子女、学生和追慕者去实现他未能实现的理想，完成他未竟的事业，从而使他在死之后还能够对社会持续做出贡献。但是，这样的希望是会随时改变的，可能会随着个人的文化背景、历史境遇或周遭环境的变化而有所不同。有人可能专注于个人是否能达到涅槃、与神合一；有人则专注于是否能够为某一团体创造更多的福祉。一个有充分自我实现的个人，由于过去的既定成就，在面对未来时并未留下太多的目标要去完成，因此，对于无法参与未来事业的遗憾也就比较少；然而自我实现程度比较低的个人，对于过去应完成而未完成的目标，发觉未来将永远无法完成，则会产生悔恨、挫折与失望，诱发个人的绝望，使得死亡焦虑程度较高。

第四，责任未竟的遗憾。中国人对家庭、家族等血缘关系的重视和依赖在世界上独树一帜，每一个人不仅生下来就处于家庭、家族的网络中，还主动地、有意识地在社会上巩固这种关联，有意或无意地编织具有血缘性质的社会关系网。“美不美，乡井水；亲不亲，故乡人”，在市场经济大潮中亦温暖了无数中国人的心。

自然，伦理带来了人间的关爱与温暖，但也使人负担起程度不同的道德责任。所以，中国人生前在伦理之网内辛劳，而临终之时，又为自己的伦理责任未竟而担忧：为人子女，高堂谁来赡养？为人父母，孩子谁来抚育？为人亲、为人友，以后却不能再帮衬他们，反而留下苦痛和遗憾给他们，于心何忍？这一切可能会汇聚成揪心的伤痛，焦虑之极则五内如焚、寝食俱废和身心两乱。设想自己死后的情景，或者说想想自己处于死者的位置上会有怎样的感受——换位思考，这是人类都有的一种能力，就像我们能站在杂技演员的角度感受其表演的惊险，能站在花草的角度感受其被践踏的伤痛，也能站在亡者的角度感受其逝去的悲哀。一个儿童，他可能会想到自己将失去父母及亲人的关爱，失去温暖的阳光，失去自己的快乐；一个成年人，可能会想到自己将失去金钱、权力、对爱人的陪伴。当进行换位思考时，有时人们会简单地用自己的标准来感受对方的处境，我们在体味濒死者的感受的时候，用的也是人们既有的标准。

想到死亡后将失去人们害怕失去的一切，所以人们害怕死亡。与子女永别，会为孩子今后的生活与前途而牵肠挂肚；与爱侣永别，会念及一饮一啄间的夫妻深情而难舍难分；与父母长诀，会因自己不能继续尽孝，却让白发人送黑发人而肝肠寸断；与兄弟姐妹永别，会忆及手足之情不知来世能否再续而伤心泪涌……诸如此类无不造成人们临终前的焦虑与痛苦。尤其是中年人，上有老、下有小、中有配偶，人伦责任未竟引发的死亡焦虑最重。在社会保障尚不健全时，若是某些人再奉行西方“吃光用光”的生活观，超前消费，临终前可能会突然发现自己已无分文来照顾亲人，甚至留下许多债务给自己的至亲好友，于是，愧疚与无能为力的焦虑相互作用，使人们处于痛苦的煎熬之中。

第五，科学对死亡的无解。其实，“真善美圣”，唯有“真”能以科学为据，对于“善”“美”“圣”的评判，已超过了科学的边界。科学的认知方式，习惯于对事物分门别类，追根究底，以寻找出事物确切的性质。但是，死亡与其他事物不同，其本质是不可知的，这就可能造成生者常常处于认知的苦恼之中，更使临终者如坠深渊。人类的恐惧多源于对事物的未知，而死亡就是一种可能永远也不可预知的对象。人类因未知而恐惧，人们不知道死亡的过程及死后的世界到底会发生什么。人们希望死亡没有痛苦，做到泰戈尔所说的“死如秋叶之静美”，但他们目睹过太多的呻吟病榻、求生不得求死不能；人们希望死后有灵，与亲人再续来生之缘，但唯物主义者对此做出否认；人们爱惜自己的身体，但无法对身体的留存保持乐观——难免被一火焚烧，或腐烂分解，就是制成木乃伊情形也好不到哪儿去。因此，死亡带给人类的常常是巨大的焦虑与痛苦。

近来学界对濒死体验颇有研究，即使如此，濒死之人亦非已死之尸，生命解体时的心理体验也不是完全解体后的真正状态。不论现代医学多么几近精确地给肉体死亡下定义，也无法使人们向死亡的超验本质更加接近一步。人死后到底有没有灵魂？若有，魂又归于何处？死后的世界真的是空空如也的绝对虚无吗？人们从噩梦中醒来，忆起的梦中世界到底是否真实存在？对于这些问题，人们的经验无法印证，自然科学或社会科学也难以回答，死之谜底和真相可能永远被隐藏在神秘的彼岸。

第六，对畏死情绪的沉默与压抑。死亡这一事实司空见惯，包括亲友之死，一般也会经历数次。在抵御和消除畏死情绪的方式里，有一种“鸵鸟方式”，即对畏死情绪的沉默与压抑，他们小心翼翼地调整着对待死亡的方式，以期获得他人的尊敬。因为在“常人”的眼里，“想到死就已经算是胆小多惧，算此在的不可靠和阴暗的遁世”[①]。通常情况下，人们不会让畏死的情绪浮现出来，而是用压抑的方式来对待死亡以及由死亡所引发的各种情感。一个人在死亡面前表现出的畏惧的情绪，常常会被看作是懦弱、缺乏自信和没有坚强的意志的行为。

于是，在通常情况下，人们就会选择按照“常人”的无声谕令，理所当然地对死亡这一事实漠然处之。正是这种优越的、淡然的、有教养的态度使人们远离其最本己的、无所关联的必死的必然性。这种自欺欺人之态是如

① 海德格尔．存在与时间 [M]. 陈嘉映，王庆节，译．北京：生活·读书·新知三联书店，1999：292.

此惯常永驻，人们对此常常见多不怪、淡然置之，自然也就对死亡难以预做准备。而当那种必然的大限到来之际，必死的人自然就会惊惶万端，举止失措。

第七，亲人之死对健在的人的逼仄。前六种归因都是针对临终者的，无论他是身患绝症，抑或是因为天灾、事故或自然而终，总之，考察的对象是濒死者本人。其实，死亡焦虑的主体并非仅仅是濒死者本人，还有他的亲近之人，可能是他的家人、恋人、亲密的朋友和亲密的同事。死亡焦虑的主体甚至还包括目睹或听闻濒死者事情的邻里或路人，有时陌生人的死也会给他人带来十足的震撼，并引发他人对死亡的焦虑。当哀乐在暮烟里响起，毫不相干的人也可能会蓦然回首，驻足时已是清泪潸然。

一个人的死亡给亲人造成的痛苦常常是十分巨大的，产生的焦虑也十分严重，甚至于兔死狐悲，物伤其类。目睹陌生人的死亡，比如辗转于病榻、抽搐于血泊、死无全尸、面仅土色，也可能对自己造成很大的震动和对生死的深深的思考，于是乎对生存产生虚无和怀疑，对死亡产生恐惧和焦虑。当然，这种焦虑往往与死者关系的亲密程度呈正相关。看到自己父母、子女、兄弟姐妹临终的痛苦，有时恨不得以身相代，所以，常常是绝症患者本人恬然不知，知情的家人在患者面前笑脸相瞒，背过身后却以泪洗面，扛起了所有的死亡焦虑。三国魏文帝曹丕在曹操死后一年，似乎还未从痛苦中恢复，他祭奠父亲时吟道："仰瞻帷幕，俯察几筵，其物如故，其人不存。神灵倏忽，弃我遐迁，靡瞻靡恃，泣涕涟涟。呦呦游鹿，衔草鸣麑，翩翩飞鸟，挟子巢栖。我独孤茕，怀此百离，忧心孔疚，莫我能知。人亦有言，忧令人老，嗟我白发，生一何早。长吟永叹，怀我圣考，曰仁者寿，胡不是保。"[①]

逝者已远，亲人却还处于痛苦之中，久久不能摆脱。

在中国南方某些地区的民间葬礼上，也时常能见到类似于专业化的哭丧代理者，他们被死者的家属或者亲人请去，在隆重的葬礼上代替死者家属或亲人哭丧。只需死者的家属或亲人告诉他们有关死者的生平大略，他们就可以号哭，惊天动地，把死者哪怕是极为平凡的人生哭赞成永垂不朽的人生，用他们的哭丧技巧将死者的葬礼演变成热闹的"赞礼"。但是，无论这

① 曹丕《短歌行》。

些哭丧演员的表演技巧何等高超，都无法代替失去亲人的人内心真实的感受，后者的泪与哭不可能是附加的，那种伤痛确乎是刻骨铭心的。伤，是自然的伤；泪，是自然的泪。在农耕时代，家人去世，其地点一般都在老宅老屋，亲人环侍，临终者从容交代后事，大家嘱咐他黄泉路冷、多多珍重，悲则悲矣，但温情脉脉。现在的情况却与之不同，死在家里反而成为病人求之不得的奢望。医生与死神展开反复的拉锯战，任患者痛苦万状。有时家人也明知道医疗手段已不可能让患者的生命存续，但或迫于舆论的压力，或出于对万一好转的期许，他们往往要求医生抢救到最后一刻，事实上不但人为地拉长了患者临终时的痛苦，而且抢救费用之高昂也往往让经济条件一般的家庭因病返贫，造成家庭发展乏力，对这种后果的预见反过来又会使逝者临终时的焦虑更甚。从这个角度考虑，临终关怀医院才应运而生，安乐死也已为越来越多的人认可，当然，这两者都还刚刚起步，前面的路还很漫长。

中国传统文化中超越死亡焦虑的智慧

千百年来，中国人曾尝试沿着世俗化的道路实现对死亡的超越，形成了纾解死亡焦虑的宝贵智慧。这些智慧地应对死亡焦虑的路径大致有三种。[①]

第一种是将个体生命融入家族之承继。中国人常说“身体发肤，受之父母，不敢有毁，孝之始也”，因此认为爱自己的身体是孝敬父母的一种方式，而且是“之始”的方式。其背后的思路是：子女系“父精母血”和合而成，后代人的生命包含着上代人乃至历代人的生命承继，父母虽然“驾鹤西游”，但其生命传续到了子女的身上，每一代人都已超越了个体生命之消失而存在，以家族生命的形式在子孙繁衍的姓氏谱系中生生不息，死亡如是而被超越。这种看似传统和纯朴的思想，其实也符合现代生物科学的研究成果——“父精母血”是生命“基因”的朴素表达，个体生命通过基因繁殖自我，薪尽火传，涅槃重生，永续不绝。从这个意义上讲，也就不难理解传统中国人为何对人丁兴旺如此地关注和渴求，所谓“男大当婚，女大当嫁”，“不孝有三，无后为大”。在他们看来，有条件的人家娶三妻四妾是再正常不过了。自然，一般人声称娶妻的主要目的不是过“爱情生活”，而是为了繁衍后代，子孙越多越好，这里隐含了一个判断——后代繁盛，则死何惧之有？一个长辈倒下了，千百个子孙站起来了，也是从这个意义上，就容易理解为何秉持“存天理，灭人欲”的宋明道学家每次与妻妾“敦伦”时都会喃喃自语“非为色也，而为后也”；就容易理解“文王百子”为何一再在戏文中被人赞道；就容易理解齐宣公的“寡人有疾，寡人好色”[②]为何能被“太史简”“董狐笔”[③]淡然置之、一笑而已；就是昏君为人诟病的，也往往是因为其他方面，而主要不是好色不厌。

---

① 郑晓江．论死亡的超越 [J]. 江西财经大学学报，2001，(1)：71-74.

② 孟轲《孟子・梁惠王下》。

③ 文天祥《正气歌》。

第二种是将个体生命融入群体之同在。在传统中国文化中，一己之生命就像一颗螺丝钉，而一个“事业共同体”就是整台机器，即使螺丝钉发挥完了全部的作用弃旧换新，机器照样会运转下去。一己生命存在的全部价值，就在于融入一项值得信仰的事业之中，只要事业继续，自己发完了最后一丝光，耗完了最后一分热，就完全可以死而无憾。一位领袖，可能会心甘情愿地选好接班人，一番叮嘱后，就怀着“你办事，我放心”的想法欣然退位；一位士兵，可能会为保家卫国洒血边疆，马革裹尸，生为人杰，死为鬼雄；一位官员，可能会不顾健康乃至生命受损而焚膏继晷，兀兀穷年，鞠躬尽瘁，死而后已。当陆游已入老境、朝不保夕之时，依旧“尚思为国戍轮台”[①]，临死前还向儿子们叮嘱：“死去元知万事空，但悲不见九州同。王师北定中原日，家祭无忘告乃翁。”[②]可以想见，此时放翁先生的死亡焦虑是有一些，但他焦虑的不是自己，而是国家和民族，他完全将自己的生命融入了群体的生命之中。现代的孔繁森、焦裕禄等，他们把一切都献给了伟大的事业，死亡焦虑于他们而言就像万里晴空的一丝白云，本来就若有若无，又常常会被大风吹散。

第三种是将个体生命融入历史之发展。在转瞬即逝的光阴之流中，人总想抓住某些永恒的东西，而中国历史上所谓的“三不朽”，就是仁人志士孜孜以求的一种永恒的生命价值。春秋叔孙豹认为，真正的不朽是：“太上有立德，其次有立功，其次有立言，虽久不废，此之谓不朽。”[③]“立德”，就是个人突破一己之所欲所求，而以自身修炼而成的崇高品质为世代之范导，生前或许没有显名于当世，但会相信“人生自古谁无死，留取丹心照汗青”[④]。这类似于现在的“道德模范”“行业标兵”“感动中国十大人物”“最美妈妈”“最美教师”之类的人物，他们的精神会影响一代人甚至千秋万代。“立功”，或称“定功”，即生前建功立业，后世为人敬仰，比如，安邦定国，即“禁暴、戢兵、保大、定功、安民、和众、丰财者也”[⑤]，又如，“逆取顺守，保大定功，安民和众”[⑥]。可以说，“二十五史”不吝于一部“定功

① 陆游《十一月四日风雨大作》。

② 陆游《示儿》。

③ 左丘明《左传·襄公·襄公二十四年》。

④ 文天祥《过零丁洋》。

⑤ 左丘明《左传·宣公·宣公十二年》。

⑥ 干宝《晋纪总论》。

史”，充溢着对英雄人物“立功”的赞美。“立言”，就是写出“藏诸名山，流传后世”的经典之作，或其言语被编入传世经典，他们的思想假借这些凝固的语言泽被苍生，教育子子孙孙，形成中华民族博大精深的民族文化的内核，融入这个东方民族生生不息的血脉之中，支撑起一代又一代中国人厚德载物、自强不息、和而不同、止于至善。“立德”“立功”“立言”者，他们的个体生命已经汇入了民族历史的发展长河，小我生命的有限存在已经超越为大我生命的无限存在，他们的英名和风范永垂不朽。从这个角度上可以说，他们实现了超越死亡的永恒之梦。

比较人们智慧地应对超越死亡焦虑的三种方式，可见中国传统文化里面明显体现出的“英雄情结”，平民意识潜而不彰。在数千年传统社会里，能够做到“三不朽”者殊非常人，寻常黎庶实难有此机会。《国语》记载：“鲁先大夫臧文仲，其身殁矣，其言立于后世，此之谓死而不朽。”[①]就是这样一位口碑不错的历史人物，孔子却近乎吹毛求疵地批评他“不仁者三，不知者三”[②]。其实，孔子对自己成为圣贤也信心不足，人们仿佛能够听到他当年的轻叹：“君子疾没世而名不称焉。”[③]屈原也担心“老冉冉其将至兮，恐修名之不立”[④]。就是谎称“使我有身后名，不如即时一杯酒”[⑤]的张翰和“且乐生前一杯酒，何须身后千载名”[⑥]的李白，酒虽没少喝，恐怕也为构思传世诗文捻断不少胡须吧？[⑦]看来，要想做到“三不朽”或其中之一二，绝非等闲之辈所能及，只有大圣贤、大英雄、大豪杰才有这样的机会。

据说中国历史上能够做到“三不朽”之人只有两个半，分别是孔子、王阳明和曾国藩（半个）。但“三不朽”的设置并不是没有意义，它树立了一个“高山仰止，景行行之，虽不能至，然心向往之”[⑧]的崇高标杆，从而激励世人释放出个体生命的无限潜力，拼搏奋进，建功立业，形成推动中国

① 左丘明《国语·卷十四·晋语八》。

② 左丘明《左传·文公·文公二年》。

③ 孔丘《论语·卫灵公》。

④ 屈原《离骚》。

⑤ 《世说新语》载：晋人张翰，字季鹰，为人纵任不拘，即今人所谓够酷、够炫、帅呆、酷毙的类型。他的朋友劝他：“卿乃可纵适一时，独不为身后名邪？”张翰答道：“使我身后有名，不如即时一杯酒！”后以秋风起思吴中菰菜、莼羹、鲈鱼脍，遂挂冠归乡。辛弃疾《水龙吟》曰：“尽西风，季鹰归未？”

⑥ 李白《行路难》之三。

⑦ 卢延让《苦吟》。

⑧ 司马迁《史记·孔子世家》。

历史发展的滚滚洪流。

要想做到“三不朽”不容易，于是人们就想是不是可以退而求其次，将一己的生命融入某一团体、某项事业中，努力去做一个“小圣贤、小英雄、小豪杰”？但在中国传统社会里，黎民百姓也难以企及这样的目标。所谓“上品无寒门，下品无势族”[①]，“闲杂人等”只能“肃静”“回避”，按照“礼”的要求“非礼勿视，非礼勿听，非礼勿言，非礼勿动”[②]，想为某一个单位去负责那就成了“僭越”，这就叫作“不在其位，不谋其政”[③]。而依靠科举考试进入仕途也是靠不住的，考虑一下历代科举的“升学率”就可以知道，对于庞大的百姓群体来讲，“大比之年”仅录取数十或数百人，无异于百姓总人数的沧海之一粟。

如此看来，平民百姓要想将一己生命传承下去，靠得住的办法只有一种，就是尽快谈婚论嫁、早生贵子，在姓氏家族中实现生命的传承。当然，这种生命传承的方式是如此得自然而然，以至于国人对此早已习以为常，中国之血脉伦理亲情可能会甚于任何一个其他国家。中国的长辈看着自己的孩子，油然间就会爱怜四溢——孩子吃比自己吃更让自己快乐，孩子穿比自己穿更让自己兴奋，孩子成功比自己成功更让自己自豪，孩子的一颦一笑比自己的阅历感受更让自己关切，孩子的生命比自己的生命更加重要。

① 杨尔增《两晋秘史·第十一回》。
② 孔丘《论语·颜渊第十二》。
③ 孔丘《论语·泰伯》。

正视死亡凸显

不论是自己不幸身陷于自身的濒死实景，还是通过目睹别人的现实之死，抑或观看与死亡、凶杀、惊悚、灾难相关的影、音、画等以多媒体呈现的作品，人们都会不自觉地进行自己接近或进入死亡的情境设想，此即为死亡凸显。

死亡凸显与死亡焦虑有直接的、简单的正相关关系。死亡焦虑的成因虽然复杂，但有三个正相关因素明显存在，研究发现年龄、健康情况与死亡凸显是三个明显影响死亡焦虑的选项。而死亡凸显与个人对世界的信念、个人对自我的信念及个人对死亡的因应历程相互联结。死亡凸显会影响个人对自我的信念及对世界的信念，并且透过个人因应历程使得死亡凸显得以改变，降低死亡焦虑。由上述可以得知，死亡凸显是死亡焦虑的起点，透过死亡凸显会促使个人开始思考死亡、寻求死亡的意义和个人价值等。

对于死亡焦虑的调适因应，就是前述不断提到的对于自我的信念、对于世界的信念，还有就是个人的因应过程。其中对自我的信念可以区分为自我概念与自尊，其中自我概念中包含理想我与真实我之间的一致、对于未来的自我定位与责任，而自尊则是来自他人对于个人人格的回馈，当一个人获得正向的回馈时，则对死亡有较低的焦虑；当一个人获得负向的回馈时，则对死亡有较高的焦虑。因应过程则涵括对生命的回顾——促进个人整合过去冲突及过去生命周期中曾经经历的相关事情，来觉察与重新定位目前或未来，这与心理社会理论中提到的生命统整相符合。生命回顾有助于降低对死亡的个人否认程度。一项对老年人的研究报告中，也曾提及有许多现实的因素会影响老年人的生活，尤其是绝望。通过生命回顾，各种因素都被整合进老年期，当老年人对此有所思索或行动时，就是在进行所有有意识与无意识的统合工作。透过这些过程，个人在人生的最后阶段寻求再次体验与再次进入以前不同阶段的社会心理主题。

透过死亡凸显，能够促使个体思考真实自我与理想自我之间的差距，对自身生命予以评价，并规划未来生命历程，以此建立起应对死亡焦虑的调适机制。死亡凸显影响个人规划，树立和调整对自我的信念与对世界的信念，对自我的信念及对世界的信念也会影响死亡焦虑的调适历程，最终达到死亡焦虑程度的下降。

死 亡 教 育

死亡教育的实施主要是针对濒死的病人，同时也应将病人家属涵盖进来，当然，死亡教育的实施者本人也有接受死亡教育的必要。

濒死病人接受死亡教育有助于减轻其对濒死、死亡的恐惧，唤醒其重视自身的生命价值。有了这样的思想积淀，他们就可能会更好地配合治疗，提高余生的质量，同时也会缓和亲人的悲伤情绪。对濒死病人进行死亡教育的内容可以有较为丰富的形式，如让他们了解临终关怀的实施情况、死亡的权利、死亡的尊严等。

对于非濒死的人，甚至于健康人，其实也有进行死亡教育的必要，或者说死亡教育就是生命教育的一种形式，而且是一种比较深刻的形式，它可以撼动受教育者的心灵。人们实在没有必要讳言死亡，应该坦然地面对死亡，依靠“鸵鸟政策”并不能阻止死亡的到来，越是害怕、恐惧，“黑白无常”往往越是比原定的时间提前叩门拜访。

中国对死亡教育的研究和实施才刚刚开始。什么是适宜的死亡教育？什么是适宜的现代死亡观？对此的详细解答虽然还付之阙如，但也达成了不少共识：适宜的现代死亡观应该扬弃原始的对生命自生自灭、对死亡听任由之的自然主义态度，应该扬弃对生命顶礼膜拜、对死亡怨惧拒斥的基督主义态度，应该充分借鉴现代自然科学对死亡的界定，应该充分借鉴现代科技伦理的进步观点，从而真正地从生命价值论视角审视死亡，使人能用正确的价值观、理念、理想来填补由于精神生活的虚空导致的对生命的空无感，减轻物质生活的负累，提高生活的质量。

顺应天命

"俟河之清，人寿几何？"[①]不同的人可能享年不同，健康各异，但有一点是谁也改变不了的——人必死。死神不会因为一个人"真的还想再活五百年"就网开一面。无论是贵是贱、是长是幼、是美是丑、是才高八斗还是每逢考试必挂科，死神总是按"天命"的安排不请自到。"一切人通过坟墓平等地站在上帝面前"，死亡让人们真正平等，这是自然之大化流行的宇宙通则。"夫大块载我以形，劳我以生，佚我以老，息我以死。"[②]这一切既然都是自然造化的巧妙安排，那么人实在没有必要强悍不从。既然人们对这样的结果不安心、不甘心，也不起任何作用，那么何不以通达的眼光看待生死呢？人所能做的，就是要放弃只求生命长短的数量观，取而代之以丰富生命内涵的品质观。寿命的长短，人固然应该关注；而生命过程之多彩、生命创造之丰赡，人更应该关切。只要人在所能控制的寿数期间好好活着就足够了，人完全可以将这段人生活得精彩、丰富和有创造性。低品质甚至无品质的高寿，实则是增加了自我的痛苦，也增加了家庭和社会的负担。

海德格尔说得没错，人从一出生就奔向死亡，死亡不是在老年得了绝症才来的，而是伴随着生命的每一瞬间。[③]打比方说，每一个人从出生起就拥有了双重公民的身份，其一属于生命王国，其二属于死亡王国。尽管人们都只乐于使用生命王国的护照，但或迟或早，每一个人都会发现自己同时也是另一个王国的公民。人在年幼和年轻的时候，生的因素超过了死的因素，所以人能一天天长大，大姑娘个个美如水，小伙子个个壮如山。但乐极生悲，人生在高峰之后就开始向老年迈进，在这一过程中，死的因素超越了生的因素，人的活力也就一天天衰竭。这在本质上都因机体老化所致，这就如同春花妩媚、春草青青，到了秋天则万里悲愁、天地萧瑟，这是自然之理。

① 左丘明《左传·襄公·襄公八年》。

② 庄周《庄子·大宗师》。

③ 转引自：舍温·纽兰．我们怎样死：关于人生最后一章的思考 [M]. 褚律元，译．北京：世界知识出版社，1996：80.

固然人们应该以良好的生活习惯“养生”，借助医学科技“维生”，但人沿着这条“下坡路”迈向死亡，大趋势已无可更改，“大限不放人错过，只是来早与来迟”。就如同在同一个年份里秋后不可能重返春天，冬去春回的时候，已是另一个年头。所以，自然之死，惧亦无用，夫复何惧？“你的死亡乃是宇宙秩序的一部分，乃是世界生命的一部分……把地方腾给别人，就像别人把地方腾给了你。”[①] 着眼于此，人们应该在思想、观念上做好必要的准备，以一种正常的死亡意识去接受死亡实存的降临，摆脱死亡的不必要的困扰，减轻自己的死亡悲伤。

在基督徒看来，人曾居住在伊甸园，带着原罪生生死死于尘世之中，只要虔诚地信仰上帝，仁慈地为人处世，就会赎去罪过，通过自然之死重返上帝怀抱，进入永生的天国。而在佛教徒眼里，人生在世恰逢一个机缘，只要虔诚礼佛，行善度人，就会跳出“六道轮回”，通过安乐之死的“涅槃”，“往生”到不生不死的“莲邦净土”“极乐世界”。差不多所有的宗教都设计有这样一个场景，那就是：死并非人之生命的完全毁灭，人人都可以通过尘世的努力，通达永生不死的幸福彼岸。共产主义者其实也存在类似的信念：我们只要“全心全意地为人民服务”，就会“生的伟大，死的光荣”；我们坚信“人民英雄永垂不朽”。可见，有不同信仰的人对死后的世界的具体想象虽有不同，但无不把死后的“绝对消失”“绝对空无”当成最大的死亡焦虑对象，无不把构建死后意义世界作为对尘世生命的弥补乃至旨归。

面对濒死的亲朋，我们实在没有必要在“有”与“无”、“对”与“错”这样的两极判断中偏执一方，实在没有必要去破坏亲人的这些“可怜巴巴”的往生信念。利用科学的利斧把死后的意义世界一挥而去，这是一种假科学之名实则善端未启的武断做法，对于纾解濒死者的死亡焦虑实在是有害无益。正如生命难以用科学全部测度一样，死亡也无法用科学说清其真实样态。现在需要我们做的是：最大限度地安慰临终者的心灵，最大限度地抚慰其亲属的悲伤，决不去破坏他们对死后世界的美好设计，决不可人为地延长或增加他们的死亡焦虑。如是，则善莫大焉；如非，则恶莫大焉。

---

① 郑晓江.解决现代人之“死亡问题”的方法.http://blog.sina.com.cn/s/blog_4bcf082a0100bjb3.html [2019-07-20].

死 亡 准 备

既然死亡不可更改，那就不如预先做准备。要为死亡做最充分的准备，光靠濒临死亡的那段日子显然是不够的，而要靠生命中的每一天。少年时，好好读书，快乐成长；青年时，选准方向，找到属于自己的事业和爱情；壮年时，勇于担当，当好社会和家庭的栋与梁；老年时，有所为，有所养，有所乐，颐养天年。只要生得红红火火，死时自然也就没有太多遗憾。就像泰戈尔说的那样“生如夏花之绚烂，死如秋叶之静美”；也像有网友说的那样“哥已不在江湖，但江湖还流传着哥的传说”。当然，是荣是辱、是成是败、是利是钝，都要受到种种条件的催生或制约，结果并不重要，此心无憾就足够了。

我们平素可以敞开心胸，去借鉴和体味不同文化中的死亡文化，以作自己死亡观的资养，通达独特的死亡智慧。有的智慧教我们可以无视死亡，比如，伊壁鸠鲁曾在《致美诺寇的信》说：一切恶中最可怕的自然是死了，而死对于我们最应该是无足轻重的——当人们存在时，死亡还没有来；而当死亡到来时，人们已经不再存在，所以死对于生者和死者都不相干。若伊壁鸠鲁所言正确，死对于我们就真的是“无足轻重”了，那为什么去害怕它呢？有的思想教我们拥抱死亡，比如，苏格拉底的死之所以长久地震撼人心，就在于他坚信在自己死后，灵魂将与诸神及伟人相会，因此怀着欣喜之情逝世。苏格拉底坚信，死的境界在二者必居其一，要么一无所有，如此则死者毫无知觉；要么有圣俗两界之别，灵魂由此界即俗界迁居彼界即圣界。在前一种情形下，我们不应惧怕死亡；而在后一种情形下，我们倒应该爱它了。[①]苏格拉底的学生柏拉图坚信他的老师说得完全正确，所以他认为真正的哲学家总是专心致志地研究死亡，当死亡到来的时候，他们并不惊惶失措。学习哲学这一“爱智”之学可以最大限度地消解死亡焦虑，平静地接受和“拥抱”死亡。有的思想则教我们以倡导死亡的价值来纾解对死亡的焦虑，比如，《论语・卫灵公》曰：“志士仁人，无求生以害仁，有杀身以成仁。”《孟子・告子章句上》

① 柏拉图．苏格拉底的申辩[M]．吴飞，译并疏．北京：华夏出版社，2007：78.

则说："生，亦我所欲也，义，亦我所欲也；二者不可得兼，舍生而取义者也。生亦我所欲，所欲有甚于生者，故不为苟得也；死亦我所恶，所恶有甚于死者，故患有所不避也。"文天祥在英勇就义前写下了这样的绝笔："孔曰成仁，孟曰取义，唯其义尽，所以仁至。读圣贤书，所学何事？而今而后，庶几无愧。"[①]中国古代贤哲已经把一己之生命与民族之存续、历史之发展乃至天道之命运联系在一起，即使与死遭遇，也是"死得其所，快哉快哉"[②]。这样的死亡就成了一种"主动选择"，而不是人们畏惧和逃避的对象。西方从感觉论出发来消解死亡焦虑，传统的中国从人生价值出发将道德置于比生死更高的位置来"成仁""取义"，当然还有其他异质的文化和宗教里也体现有深刻且表现各异的超越死亡焦虑的智慧。人若润染于此，细加体味，必可深谙其高妙的生死智慧，自然而然地在一定程度上实现了对死亡焦虑的超越。

台湾生命教育中有一个重要的形式，那就是死亡模拟。他们模拟写遗嘱、模拟进行临终关怀、模拟设计生命规划表、模拟画出悲伤复原图。而当真正的死亡将至的时候，遗嘱更应该在人神志清醒时或者根本就远远未到濒死状态时早早地写好，以免临终时自己已经没有能力安排后事，而抱恨逝去。历史上其实不乏可称可赞、可圈可点的遗书范例。俄国"彼得遗嘱"其实是一份锋芒毕露、几可庙算先胜的作战计划，它规划了当时俄国近 10 年，乃至上百年、数百年的扩张目标，任何人看后都会为文中大胆的推断和毫无顾忌的权术而感到震惊；东汉曹操的遗嘱则是对国事、家事、葬礼等务尽琐细的"絮絮叨叨"，其间表现了政治家的大略、诗人的才华、老人的周全、情人的体贴。我们再看一份一位中学男生在困在电梯里以为将要死去时草拟但未及完成的真实"遗嘱"：

妈，我憋在电梯里，出不去，死了。有几件事要告诉你：第一，我的存折在姥姥家抽屉里，你拿开《福尔摩斯探案集》，掀开白纸，就看见了，密码……，上面的钱都给你。第二，MP4 就在书包里，是新的，也给你，小姨给我的照相机和摄像机，如果她不收回，也给你。第三，我不欠别人钱。第四，卖围巾、书和影碟的账单在 SUE 阿姨那里，我只拿走了 120 元，交了上个月的饭费，你按账单给礼品店阿姨结账，她对我很好，不用再讲

① 文天祥《绝笔诗》。
② 谭嗣同《秋雨年华之馆从脞书·临终语》。

价，开业以来只有四个人拿了我的东西没给钱，合计300多元（其中有一个人只少给了一本书的钱），联系方式及发货记录也都在SUE阿姨那里，反正生意不做了，你就不用去要了，算我送给他们了，剩下的东西是谁的退给谁。第五，我觉得挺对不起你，上次考试让你很丢脸，本想期末翻身的，来不及了。上回表决心说以后好好学习，考上好学校，争取出国挣大钱养活你，不让你闹更年期的时候还工作，也实现不了了。你以后要对宝宝好（笔者注：宝宝是这位男生的姐姐），老了指着她吧！我没留下什么好，光不听话了。第六，妈，你别老喝……

“遗嘱”至此戛然而止，此时消防队员打开了电梯的上盖，少年得救了。这是一次难得的死亡模拟，曾经的死亡焦虑在“与母亲的对话”中隐而不显，并自此成为母子温馨的回忆。

中国传统素有言生讳死的倾向，预立遗嘱于一般百姓而言并不普及，但现在正有加以改变的必要。预立遗嘱可以安排财产分配、对家人提出希望、交代自己未完成的心愿。这有什么不好呢？难道一写遗嘱马上会死，不写遗嘱就永远不死吗？

在消费主义甚嚣尘上之际，还有一种不太好的倾向与死亡焦虑的纾解负相关。一些人工资再高，似乎也总是走不出“月光族”（花光当月的薪水），甚至超前借贷消费，万一不幸得了绝症或出了意外，在濒死时势必会出现更强的死亡焦虑：没有遗产留给家人，而是将债务留由家人负担，那种愧疚会让自己一下子陷于痛苦的煎熬之中，一生的潇洒一扫而空。所以，人在生前应该量入为出，适度节俭，既维持必要的生活水准，又不过分预支未来。这样在有什么意外发生之时，就不会把经济负担遗留给家人或社会，相反还能留给大家一些“念想”，让大家在身后还能说一声好，自己在临走的时候就会少一些牵挂、多一些放手，少一些愧疚、多一些欣慰，少一些遗憾、多一些自豪，如此才能心宁目瞑，生死两安。①

留下“念想”的方式当然不仅于不留下债务负担，不仅于留下一些财产，其实对于后辈来说，最大的遗产是“精神”。要想留下“精神”，工作量就大了，这需要人一生的努力，在德、才、学、识方面以身作则，为后世垂范，直至实现“三不朽”。

① 郑晓江．论死亡焦虑及其消解方式[J]．南昌大学学报（人文社会科学版），2001，(2)：11-18．

临 终 关 怀

生命价值论所说的死亡教育对象不限于濒死者，还包括其亲属以及相关的社会人士，所以前文已将死亡教育单独作为一部分内容。生命价值论倡导的临终关怀包括死亡教育、积极的治疗、为减轻病人痛苦所做的辅助治疗、围绕临终事件提供的各种相关服务、必要时实施的安乐死、对病人家属的哀伤抚慰等。

对临终者进行死亡教育，目的是引导他们正确地面对死亡，帮助其在一种无痛苦或少痛苦的、有尊严的、坦然平静的状态中实现往生。在死亡教育中，医务人员应该给予濒死的病人应有的知情权，使其能有一些时间抓紧推进极想完成又有可能完成的事情，比如，约想见的人、说想说的话，一一交代后事，写下遗嘱或者至少是口授遗嘱，这些事都还可以有机会再尝试着去做一下。若是一味地害怕病人知情后不配合治疗而刻意隐瞒病人病情，那么一是会引起病人想东想西，引发更多焦虑；二是当死亡突现时，病人一时措手不及，那种遗憾会登峰造极，死亡焦虑也会达到最大值。但是临终关怀有一个前提，就是这时治疗的意义已经不大，死亡已成定局，其实临终关怀本来就不以治疗为终点，而是以已确认的治疗难以奏效为前提。

病人的心理发展过程是极其复杂的。伊丽莎白在20世纪60年代末曾提出一个理论，她认为患绝症的病人会经历死亡的五个独特阶段：拒绝、愤怒、妥协、沮丧和接受。她的理论听起来的确非常完美：最初，病人告诉自己并不是在走向死亡，对死亡难以接受，然后他们感到愤怒，而后感到沮丧，但最终不得不接受死亡的必然性。她的理论广泛流传，其拥护者马上将垂死的病人与她的理论进行比对，看到的情况是一一对应的。据伊丽莎白的专著推断，背离了她的五阶段论是对病人有害的。但问题是伊丽莎白的理论是基于对绝症病人的访谈分析得出的，该理论的普遍性并未在实践中受到检验。后来，多伦多西奈山医院的米雪尔医生声称：伊丽莎白访谈的许多病人并不知道他们正在走向死亡，这可能就解释了为什么这些虚弱的病人在最终得知实情后会变得愤怒并持拒绝合作的态度，因为医院的员工包括伊丽莎白自己都向病人隐瞒了他们的病情。20 世纪 80 年代初期，美国一家收容所的牧师乔治·菲奇发表了一篇文章，他强调垂死的病人实际上正在以自己独特的方式慢慢地衰弱。最近，人们把伊丽莎白的“死亡经历五个阶段”理论评为“科技史上十大误导心理事件”之一。其实这些理论正确与否，并不是最重要的，最重要的是临终关怀应回归它的本意，让爱充盈整个过程。毕竟爱比所谓的科学更为重要。所以，临终关怀应真正地树立尊重生命价值的工作理念，主动放弃医生对病人的“优势地位”，真正做到“以病人为本”，归还病人对病情的充分知情权，做好相应的服务工作，最大限度地帮助濒死病人接受死亡这一现实、完成临终心愿、减轻身体病痛和灵性焦虑，平静地走过人生的最后一程，安然地进入死亡状态。

临终关怀的一个重要内容是在濒死的最后时刻根据需要实施安乐死。安乐死，即“无痛苦的死亡”，在医疗层面可以称为“无痛苦致死术”。安乐死可以描述为濒死的绝症患者，若其对所遭遇痛苦难以忍受，而且当下的医疗条件对其治疗和缓解痛苦已经全然无能为力，应病人或其亲眷在其清醒状态时的主动要求，经由医方按照规定程序批准，由负责任的医生用人为的方法，帮助病人在无痛苦的状态下终结生命，步入死亡状态的过程。

真正实践意义上的安乐死的实施，需要法律明文规定的许可，这可能需要一个过程。在这里，我们暂且只从学术层面予以研讨，希望能通过越来越多的这样的研讨和提倡，最终在社会上达成基本共识，这样才会最终形成法律，归根到底，法律是为人服务的。

生命价值论认为，安乐死优化了病人的死亡状态，提高了病人的死亡品质，体现了对死亡意义的认可和对生命价值的尊重。让我们假设一个这样的场景：那位可怜的濒死者正是自己的亲人——父母、子女、兄弟姐妹、相濡以沫的爱人、相约白头的恋人……这样的假设已经十足让我们动容了。假设我们的亲人已被确诊不治，他 / 她可能是为了不让我们过于悲伤而强忍病痛或伤痛，紧咬牙关、屏住呻吟，以坚强的意志让自己的肢体不再发抖，闭着眼睛“平静”地躺在那里，充耳不闻房门外人们对他 / 她的即将死亡的低声讨论，这时他 / 她也许发现自己右手拇指上的一块小小的污垢，可是已经没有力量去擦拭了……当死亡来临的时候，他 / 她被匆匆推进了手术室，临终之时见到的是医生的白大褂和见多不怪的职业面孔，伸出手却够不到自己的亲人，那么多的管子插进了自己的身体（一根刺扎进手指头就曾让人们疼痛难忍，现在那么多的管子扎进了他 / 她的身体！）他 / 她看得分明却已无力说“不”，同时也失去了必要的隐私；治疗和抢救又耗尽了一家的精力和财力，或许还留下巨额的债务，他 / 她走的时候该是多么的痛苦和焦虑啊！

还是让我们暂且放弃这样的假设，再作另外一个假设吧——那位濒死者不是自己的亲人，他 / 她与我们的关系并不密切，这样我们才能平静地探讨问题。

安乐死是对人之死亡的尊重。死亡是深刻的形而上事件，真正的死亡独属于人类，动物意识不到自己的死，它们的生命流失只是消失了。这正如最早的人类一样，并没有意识到死亡是生命的必然结局，还以为死亡只不过是自己不小心被猛兽吃了，被天雷劈了，被毒蛇噬了，被风寒击倒了……还以为依靠某些古朴的宗教仪式可以留住生命的脚步，将死亡关在门外。随着人类在科学、宗教、哲学和文化的进步，死亡终于进入了人们的视野，它是生命的另一个端点、是个体生命发展的必然，医疗手段或许能延长一个人的肉体生命，但只局限在一个十分有限的范围内，死亡的大趋势不可更改。甚至它就像是一个皮筋，虽然一时间拘住了它，但它却会在稍后以更大的势能反冲过来，让人更加痛苦，更加难以忍受。安乐死可以帮助病人依靠科技手段无所畏惧地走向死亡。他来于自然，归于自然，他的生命已融入一个家族、一项事业乃至一个民族、一个人类的“大生命”之中。

安乐死是对生命的尊重。安乐死的目的并不是催促人们放弃生命，而是优化死亡，使人避免死亡的痛苦和折磨，维护死亡的尊严，也就体现了其对生命的尊重。人类对生命的尊重除了有优生还应有优死，不仅需要提高生的质量，还需要保持死的品质。对生命的尊重，一方面体现在活着的时候要好好地活着，另一方面也应需要在面临死亡的时候能够安详地死去。我们设想：因为这临终的痛苦，一位曾经慈祥的长者在凄厉长嘶，一位曾经勇敢的将军在抽搐呻吟，一位曾经美丽的姑娘现在却形神俱毁，一位岩崖高耸、德才双馨的学者却被迫放弃长年固守的尊严……一生的欢乐、荣光、丰神和成功，似乎都因这临终的痛苦大打折扣，他们的生命因此无法画上一个圆满的句号，目睹他们濒死状态的人，可能也不忍看到这些平素受人尊重的人如此痛苦。这样的存活，对上述濒死者来说真是生不如死，而此时的安乐死，倒是对其生命的最大尊重——毕竟，他们不愿用延时的痛苦来存活，来削减生命的应有质量。

安乐死是生命权利的体现。安乐死使人有尊严地经历死亡，体现了一种死亡的自由。安乐死与自杀不同。绝大部分自杀者是在经历过重大的负性事件后，选择结束自己生命，亦即杀害自己。医生帮助病人实施安乐死，也与帮助别人自杀不同。帮助别人自杀，在主观上存在杀人的动机和目的，客观上具有社会危害性，所以是一种谋杀行为，即构成故意杀人罪。而医生帮助病人实施安乐死则与之完全相反，主观上是为了克服临终者在从生到死的过程中的无法忍受的痛苦，客观上对病人、家属和社会有益无害，程序上也依据严格的规定，所以安乐死保障了他人的生命权利，是对生命权利的一种尊重。

安乐死主动选择死亡，而拒绝“维生”系统继续维持生命，保证了人有尊严地步入死亡。这是一种难得的生死智慧：是选择毫无意义的“to be”，还是选择有尊严的“not to be”？这个生命是谁的，谁对这个生命具有完全意义的使用权？比较传统社会的人的死亡，先进的医疗技术固然是延长了人的生命，但也延长了病人忍受痛苦的时间，增加了亲人的精神痛苦和经济压力。这样生，生不了；死，死不好，毫无尊严、痛苦万分地勉强再活几天，其意义和价值到底何在？而安乐死正是使人有机会正视死亡，使濒死之人消除或减弱对死亡的恐惧，充分运用个人应有的选择权利，在生命的尽头挽回生命的尊严，旁观的亲人也因此有可能深化对生与死的思考和理解，珍惜时光，活出生命的意义来。

当然，我们是从严格的学术意义上探讨安乐死，要想落实到操作层面上，要慎之又慎。毕竟，人死不能复生，只要还有一线希望，我们当然要全力抢救，绝不可借安乐死的名义放弃医疗责任，绝不可将对死亡的尊重变成了对自杀的鼓励，绝不可假借科技之名行谋杀之实。

遗属悲伤抚慰

据长期从事临终医治和临终关怀的人士透露，亲属、遗属（濒死者死后，其亲属就成为遗属了）的悲痛常常较濒死者更甚。在实际生活中我们也常常看到，有时垂死者倒算是安详、平静地等待死亡的来临，而亲属却在濒死者接受抢救时泪流不止，在死者一落气时又会呼天抢地、悲痛欲绝，有时甚至会有“我也不想活了”“我要随你去”的念头，而且悲痛有可能持续很长时间甚至耗尽数年时光。如果社会及遗属个人不注重悲伤抚慰，则遗属可能很难从悲伤中走出来。帕克斯认为遗属悲伤会经历一个由昏迷到怀念、到紊乱或失望、最后到复常的过程；而罗伯特·卡文纳夫更是将这一过程分为七个阶段：震惊、解组、反复无常的情绪、罪恶感、失落和寂寞、解脱、重组。遗属若是长期处于悲痛、不安、困惑、抑郁的心理状态之中，势必会危及其身体健康，进而有可能导致遗属心如死灰，成为“未亡人”，乃至自杀行为的发生，造成新的人间惨剧。因此，遗属悲伤抚慰应成为全社会关注的一件大事，实施这项工作已是刻不容缓。

遗属的悲伤，其缘由指向可能有：亲人离去引发的深切怀念；永难再见造成的深层失落；为亲人夜台独行而揪心；失去了恋人等于失去了自己生命的另一半；撕心裂肺的恐惧；等等。还有可能因为一些外在因素引发遗属的心灵伤痛，如丧事服务水准不高引发的无奈感和无力感，殡葬暴利引发的愤慨和侮辱感，殡葬员工对亲人遗体不够尊重导致的痛惜感等等，这些都会导致遗属冰透骨髓般的寒心。上述诸因素的叠加和相互作用，可能会极大地损伤遗属的心灵，危及其生理健康和影响其今后人生道路。

对悲伤的抚慰，可以考虑采取以下综合措施。

第一，设立遗属悲伤抚慰的专门机构。专门机构的组成人员包括医生、护士、哲学人士、心理治疗师、宗教人士、义工等，该机构在接受丧事请求的第一时间，就派专门人员上门服务，或请遗属前来抚慰机构，为遗属提供悲伤抚慰所需的精神支持。

第二，通过专门的、系统的研究，为遗属提供“心灵环保”的精神资源。这些精神资源并不限于辩证唯物主义和历史唯物主义的观点，还应该允许更多的多元化和人情化。它可以考虑根据服务对象加以区别对待：对于信仰佛教的人，可以与他们谈论“往生西方极乐”；对于信仰道教的人，可以与他们谈论“生死齐一”；对于信仰儒家学说的人，可以与他们讨论“成仁取义”“三不朽”；对于信仰基督教的人，可以与他们谈论“天堂”“永生”；对于信仰伊斯兰教的人，可以与他们谈论“天园永恒”；对于信仰民间文化的人，可以与他们谈论“阴阳”“投生”“红白喜事”等；对于没有宗教信仰的人，可以与他们谈论其所欣赏的相关的哲学智慧，对他们的悲伤予以抚慰和化解。总之，应根据遗属的不同文化程度及宗教信仰背景，提供包括聆听、辅导、交谈、默默陪伴、集体讲座、赠送书刊等在内的多样化的个性服务，进行生死观教育、心理辅导、哀伤情绪释放、痛苦心情转移等。当然，要做到这些并非易事，以上资源的开发需要经由专门研究，由专家写成便于记诵的内容，训练所有殡葬从业人员和抚慰专门机构的人员熟练掌握和使用。

第三，提供丧葬全过程的人性化服务。对逝者的遗体要怀虔诚之心、礼敬态度，程序操作要做到细致、周到，让遗属得到宽慰、安心和满意。程序的细节都应处处精心和人道化，例如，可以使用一些更容易接受的语汇——往生园（殡仪馆）、大体（尸体）、羽化（死亡）、飞升台（焚化炉）等用于交谈和命名；为逝者制作纪念册、出书等，让遗属获得精神满足；提供不同档次的殡葬服务，提倡文明、节俭、环保的往生礼仪；可以提供传统的佛教的、基督教的、伊斯兰教的以及其他宗教的不同特色的葬仪，可以提供海葬、树葬、花坛葬、壁葬、发葬、基因葬、宇宙葬等不同形式的葬仪，供遗属选择，只要一个电话，即刻做好相应的安排并提供一站式服务。

遗属悲伤抚慰不仅是对生者的人文关怀，也有助于纾解濒死者临终前的焦虑。当他想到自己的死亡将给家人造成多大的悲伤、多大的麻烦的时候，焦虑感油然而生，若他能意识到遗属悲伤将会得到抚慰，丧事将有人关心，家人将有人照顾，死亡焦虑就会大大减轻。

利刃为何而举起，吊绳为何而高悬，从高楼一跃而下的感觉真的如此诱人吗？人们长久地思考自杀的缘故，甚至有人把对自杀的探究当作哲学存在的理由。加缪在随笔集《西西弗的神话》的第一篇『荒谬和自杀』里，开宗明义地提出：『真正严峻的哲学问题只有一个，这就是可否自杀。』

——本辑导语

第6辑

自杀诱惑的『哲学劝阻』

培养对生命意义的必要觉察

人们常常以为国家的强盛、社会的进步、经济条件的改善、全民医疗制度的建立、社会保障机制的完善、分配制度的合理化以及医疗环境的优化等，必然会降低以至于消除外因性的自杀事件。然而，关于全球自杀率的对比研究表明，这只是个人一厢情愿的想法。无论贫富贵贱，各阶级、各阶层、各群体中总有一些人带着一颗悲伤的、脆弱的心灵，以某种理由以毁灭肉体的形式对上述判断说“不”。

生命价值论认为，自杀可能有诸多诱因，但其根本原因则是对人生厌倦或畏惧，进而导致了对人的社会属性、生存责任的放弃，是对人类整体给予个体的责任的彻底拒绝，是作为个体的人对作为整体的人的价值的否定。在大多数时候，自杀是人对人自身的否定或诀别，是对矛盾的对立性的无限放大后的肉体表达，是空虚的灵魂的消融。自杀往往是人生最后一杯也是最大一杯形而上学的鸩酒。

面对自杀，我们首先要做的是建立或重建生命价值的合理性，为自己，也帮助别人重新获得和体验生命的意义，找回生活下去的理由与根据。当然，生命的意义内在于人的生命，并随个体生命的渐次展开而生成，所以，生命的意义并不能由外力直接给予，必须通过内因起作用，生命的意义必须由生命个体独自去寻求、去发现。社会尤其是教育应该为人的这种努力提供环境和条件的支持，有可能也完全应该帮助他们去发现属于自己的生命意义。从这个角度讲，诚如弗兰克所说：“我们生活在一个弥漫着无意义感的时代里。在我们这样的时代里，必须仰赖教育。不仅为增进知识，而且要纯化良心，使得人人皆有足够的聪明，以便能够辨明暗藏在每一个个别情景中的要求。”①

个体对生命意义的匮乏感正在这个时代蔓延，自杀人数已然十分惊人，

---

① 弗兰克．活出意义来[M]．赵可式，沈锦惠，朱晓权，译．北京：生活·读书·新知三联书店，1991：180.

但事实上，为生命意义匮乏感所困扰的人数更是自杀人数的若干倍。生命意义的匮乏感是一个群体、一个民族、一个国家乃至全人类共同面对的敌人。与这种匮乏感作斗争已经超出了个体生命的范畴，成为一个社会问题了。

生命价值论对自杀的“劝阻”，有赖于当代适宜的生命价值观的构建。生命价值教育应该担负起培养国人生命价值理性之责，帮助国人从生命理性的深度来审视学习、工作、人际交往所形成的价值观念，用适宜的生命价值观来指导，这样个人对自身经历中的细枝末节的挫折就可能平静地正视，就可能有足够强大的心灵去承受诸如家庭变故、情场失意、名落孙山、失业去职等带来的生命震荡，就有可能形成或重建合理的价值结构，找到或重新获得人生的意义感。从生命意义的高度来思考问题，就会使生命个体有了一个俯瞰的视角，那种萦萦系系的牵挂，那种患得患失的忧虑，那种鸡虫之争的烦恼，就会淡如茧丝般地在风中被吹散。此时，生命个体就会有一种生命意义的敞亮和澄明的透彻之感，有一种利斧破铁、切中肯綮、直指问题核心的痛快淋漓之感。

生命的意义既然无法靠外力赋予，那么生命价值教育就应该抛弃那种灌输、说教、宣传的成分，着重培养受教育者理解、反思、甄别和选择价值观的能力。曾经人们在制定人生价值目标的过程中，过多地受家长、老师、历史传统、社会舆论乃至纯粹个人偏好与欲望冲动的影响，很少听从理性的指导。这样的价值目标，从一开始就缺乏动力，实现不了、实现不好就不言而喻了。但最根本的是，即使实现了这样的价值目标，其过程也是缺乏意义体验的。

中国总体上已从温饱阶段走到了小康阶段，在当今的时代里，人们主要缺乏的不再是生活资料和生活能力，而是缺乏生活的方向感和生命的意义感。同时，改革开放给予了人们在多元价值之间进行选择的机会，因此现在缺乏的也不再是选择生活样式的机会和能力，而是缺乏对选定的生活样式进行择善固执和合理性辩护的能力。所以，培养生活的方向感和生命的意义感，增强择善固执、一以贯之、百折不挠的态度和能力，就成为教育系统和整个社会的一件大事。

培养对生命神性的必要敬畏

笔者在对“人”的概念进行限定的时候，就坚执“人不是……的动物”“人就是人”“人不是物”的观点。所以，培养人们对原始物性的超越的能力，重建人们对生命神圣性的敬畏，就成为在哲学上防止自杀的必要途径。

生命的神性体现于人类的根本使命——继往开来，即承继于前人的文明成果并发扬光大，实现创新和超越，之后在血脉相续中薪尽火传、生生不息。文明的核心价值就在于追寻生命的终极意义，创造生命的信仰世界和爱的世界。人对生命神性的信仰，源自于人的生命的神圣存在的“精神力量”。生命信仰是人的精神家园和灵魂的庇护所，是人超越物性的动力源。生命信仰使我们在通往神性的旅途中成为“人”，人因信仰才有可能找到一条渐臻神性的超越之路。

信仰指向的是对人的终极关怀，信仰是探寻人的灵魂家园的向导。环视当下，工具理性高涨、功利主义物欲横流、诱惑无处不在，对生命的神性缺乏必要的信仰和呵护。一旦生命信仰之灯熄灭，生命神性黯昧，人们就会迷失方向、找不到继续活下去的理由，浑浑噩噩，宛如行尸走肉，就会成为臧克家所说的“有的人活着，他已经死了”中的“有的人”①。没有信仰的生命就会遭遇难以承受之轻，就没有超越动物性的本能生存，就不能真正过上属人的生活，就谈不上对生命价值的弘扬与实现，就难以企及生命价值教育的“四大要素”——生命的核心价值、生命的使命感、生命的终极关怀和生命美的境界。

生命价值论对自杀的“劝阻”，有赖于对生命个体服膺生命神圣性的引导和指向。这与当下学校教育和社会教育中“灌输＋规训”的做法大异其趣。灌输和规训或许能塑造和满足某一特定需要的“建设者和接班人”，却难以发展整体意义的生命。而基于信仰和爱的信念对自杀的“劝阻”，是一种源

① 臧克家《有的人》一诗中写道：“有的人死了，他还活着；有的人活着，他已经死了。”

于内心召唤的生命教育，这种“劝阻”是生命对生命的最温存的关切，是生命共在对生命本真意蕴的聆听和交流，是生命主体间互送温暖而百感交集的精神之旅。在对生命神性的日渐清晰的探寻中，人们的心灵逐渐由混沌变得纯净、由空虚变得充实、由蔽隐变得澄明、由了无趣味变得诗意斐然。

培养对生命之美的必要体味

康德说：“美是对无限的眺望。”[①]生命价值论对自杀的“劝阻”，还在于人们对生命之美的深切体味。生命之美属于生命的理想层次和形而上世界，它包括生命的神性美、个性美、自由美、创造美、超越美、和谐美和悲剧美等丰富的内容。人之生命应当回归其自然真实、和谐唯美、豪迈奔放、汪洋恣肆、充满灵性与创造、充满神性与崇高的本真面目。生命的本真面目一定是美的，它符合人性而非悖谬乖张，它符合人道而非狰狞獠翘，它符合伦理而守规范，它文明有序而非杂乱无章，它富含价值而有意义，它总能让人产生愉悦的情感，能够培养人崇高的道德情操和健全的人格。

父母是生命个体的“第一造物主”。人的生命首先从一个受精卵启程，在十个月里一路狂奔，跨越界、门、纲、目、科、属、种的生命之坎，完成了亿万年的生命进化，至婴儿的呱呱坠地，一个充满一切希望和可能的小生命就此诞生。而生命美是人之生命的“第二造物主”。正像席勒所说，“自然是人的本来创造者，美是人的第二创造者”[②]。爱默生断言“美本身就是宇宙的创造者”，他在诗中写道：“无数连环缀成精致的长链，生命之环紧紧相连，从眼睛里能读出她将何往的谶语，玫瑰诉说着天地间全部的语言，一只小虫子奋力成人，越过了自然所有的峰巅。”[③]正因为对生命之美的追求，人才获得超出物性的生命；如果没有对生命之美的追求，人就无异于人形的动物。

没有人不愿意接纳美，但在追寻生命美的路途中往往会步入歧途。科学主义使人作茧自缚，理性主义使人失去本真，人在正解冻的冰山行走而懵懂无知，没有美的生命不啻为一方荒漠。教育也一度与生命之美擦肩而过，统一化造成生命的个性美、生命的创造美的缺位，规训化导致教育中生命的

① 潘知常．生命美学论稿：在阐释中理解当代生命美学 [M]. 郑州：郑州大学出版社，2002：3.

② 弗里德里希·席勒．审美教育书简 [M]. 冯至，范大灿，译．北京：北京大学出版社，1985：106.

③ 爱默生．自然沉思：录爱默生自主自助集 [M]. 博凡，译．上海：上海社会科学院出版社，2009：译本题词．

自由美的迷失，片面化致使教育中应有的生命和谐之美荡然无存。因为生命之美能给人的心灵以温暖的慰藉，能在萧瑟的废墟上擎起生命的旗帜，能让人时时顾念生命的境遇、生命的意义和生命的超越，能让人追寻生命的神性。所以，生命之美是对一切为生命所拘缚的自由的超越，是生命个体怀着乡愁的冲动而去寻觅的精神家园，是对生命困惑的求解和对生存意义的探寻，是人对精神家园的追寻和守望。

生命价值论对自杀的“劝阻”，有赖于对生命之美的重新发现：一是应超越物性，重塑生命的神性美；二是应敬畏生命，弘扬生命的个性美；三是应解除羁绊，实现生命的自由美；四是应启迪智慧，激励生命的创造美；五是应完善生命，渐臻生命的和谐美。[①]

柏拉图曾经在《大希庇阿斯》中感叹道：“回答什么是美是困难的。”诚如斯言，我们可以很轻易地说“这棵小树是美的”，“这个姑娘是美的”，“这山脉是美的”，“这海洋是美的”，但究竟什么是“美”，却不易回答。界定生命已属不易，又需讨论“什么是美”，所以对“生命美”的发现也不是件轻松的事。但可以确定的是，生命美是整全生命发展的不可或缺的天然质素，它指向自由、指向超越、指向创造、指向和谐、指向向上一途；也可以确定的是，我们对生命美的追求一以贯之，在追寻生命美的途中，我们自主前行，又可以互相牵手同行，在自足和奉献中体味美的渐次生成。

① 毛少华．生命美教育论 [D]. 河南大学硕士学位论文，2006.

培养对生命之爱的必要追求

生命价值论认为，生命的最大的悲剧就是对生命本身的否定和背离。在所有对生命予以肯定的因素中，其“原因背后的原因”则源于生命主体对生命由衷的热爱。首先是自爱，其次是他爱——爱亲人，爱单位，爱群族，爱国家，爱人类，爱自然。维护自爱与他爱的原则是正义。正是因为爱，天、地、人、神才和谐共舞；正是因为爱，这个世界才和谐共融。

人来到世上，无论是自发还是自觉的，其必定是自爱的。作为生命的有机体，人本能地执着于自己生命的存活和延续；作为有意识的生命有机体，人更是自觉地执着于自己生命的存活和延续。自爱反映了人生命的自成目的性，即生命的自我取向。人类所有的那些为发展自身、实现自身所做的努力，既包括那些或微妙细腻，又包括那些深沉博大的、各式各样的爱，但这都源自于人的自爱。人的自爱源于人的肉体生命的本能。每个人天生就有满足自己肉体需要的欲望，当这种欲望得到实现时，我们就会感到舒适和快乐；反之，就会感到难受和痛苦。人的自爱只要不超过必要的限度，不仅不应对其进行谴责，还应对其进行礼赞。既然我们赞美盛开的鲜花、参天的巨木，乃至茁壮生长的小草，却为何对我们的“自爱”——这一人类生命的自我护持悭吝赞美之词呢？

他爱和自爱一样，首先也是出于人的自觉的本能。人的他爱尽管是在社会中形成并发展起来的，但也不可能没有其生物学前提。若一个人根本不知何为肉体的痛苦、何为生命的危险，或者对自己以及父母、兄妹、儿女所遭受的痛苦、危险无动于衷、麻木不仁，他会同情别人的痛苦、担心别人的安危吗？他会生出解除别人痛苦和危险的他爱之心吗？这显然是不能的。只有个人意识到别人和自己是属于同一种类的人，别人所遭受的痛苦和危险才能使他感同身受。所谓“同情”，即与他人同一情感——忧其所忧、乐其所乐、快其所快、痛其所痛，这样他才会产生不忍之心、他爱之情，并想办法解除别人的痛苦和危险，这是合乎事理人情的。即使是杀身成仁、舍生取义，也并不意味着对人的完全否定、完全毁灭；相反，这倒是人在特殊情况下的最彻底的自我实现，是最辉煌的人性之光的闪耀。人的肉体生命虽然毁灭了，但是一种无比高尚的人格和精神却永远地矗立起来。显然，这不是人的自弃，而恰恰是人最高尚的自爱！

生命价值论并不认为他爱高于任何形式的自爱，他爱与人的主体人格自尊意义上的自爱并无优劣高下之分，因为这二者在实质上是同一件事情。其实，如前所言，人的自爱是一个从本能到自觉、从低级到高级的发展过程，人的他爱也同样如此。自爱和他爱的两个层次也是分别对应和统一的。如果人的自爱上升不到自觉的高度，那么他也绝不可能有超越本能的他爱；反之，如果人对他人没有与生俱来的“恻隐之心”，那么，他也绝不可能把自己的人格视为“第二生命”。正是在这个意义上，中国儒家在大讲他爱的同时，也极力强调人的“为己”“修己”“正己”“成己”，只有人通过学习和修养来端正自己的心性人品，才能成就自己的道德人格，最终达到自我完善。达到自我完善境界的“仁人”“君子”，既是高度自爱的典范，又是高度他爱的典范。“自爱”就在于个人珍惜自己的主体人格、道德信念，亦珍爱作为主体人格、道德信念之承载的感性的肉体生命。所以，孔子主张“危邦不入、乱邦不居”[①]，“天下有道则见，无道则隐”[②]；孟子也主张“是故知命者，不立乎危墙之下”[③]。“他爱”则在于亲亲爱众、仁民爱物，忧以天下、乐以天下。而孟子所谓的“穷则独善其身，达则兼济天下”[④]，则将人的自我完善所蕴含的“自爱”与“他爱”的双重旨趣集中地表现出来。

人的自爱和他爱在根本上是一致的，然而这个“一致”并非表现为天然的发展过程，而是表现为一个辩证的发展过程：他爱由原来与人的感性生命及其自我保全的原始统一，进而变化到与人的感性生命及其自我保全的矛盾乃至对立，最后又达到了与人的整个生命主体及其自爱的高度融合，完成了一个“正—反—合”的扬弃、螺旋式的上升、圆周式的循环过程。这一过程既是个人由原初的自我肯定，经由自我否定，再到重新肯定和完善自我的人生历程，也是人类由原始的群体依赖，经由人与人的分裂和冲突，在一个

---

① 孔丘《论语·泰伯》。

② 孔丘《论语·泰伯》。

③ 孟子《孟子·尽心上》。

④ 孟子《孟子·尽心上》。

新的基点上实现和睦亲善的历史过程。

在当今时代，“爱”——自爱和他爱之“爱”，依然存在着严重的问题。不少人希望得到别人的爱，却不愿爱别人，甚至对他人、对社会缺少起码的爱心。正如迪尔凯姆（旧译作弗罗姆）所说：“许多人把爱只是简单地看成被爱的问题，而不是看成爱人及自己有无爱人能力的问题。”[①]不愿意爱别人，也就得不到别人的爱，而人人又都需要“被爱”，于是，“爱”就失去了其内在的品质，成了类似于商品包装的外在的形式，这就是西方资本主义商品社会的“爱”的蜕变。所以，迪尔凯姆认为，“我们的整个文化基于购买欲上，基于互利交易的观点上。现代人的快乐就在于一股劲儿溜达商店，浏览商品橱窗，用现金或通过分期付款来购买他能支付得起的一切。他或她以同样的方式对待人……‘吸引力’通常意味着在人格市场上被追求的流行的优质产品”[②]。在中国，过去的政治运动一度破坏了人们之间的信任关系，降低了人的文明素养；而迅速发展的市场经济又大大地淡化了人们之间的天然情感，把一些人的关系变成了以金钱为媒介的等价交换关系。于是，许多人变得缺乏爱心，甚至麻木不仁。如此一来，“爱”一旦变成虚情假意的“奉承”或凭借金钱就可以购买的服务性“商品”，人生就不仅仅会感到“孤独”“寂寞”，还会发生人向“非人”亦即物化和异化的畸形人的转变。

自爱和他爱，在其背后起到坚固的支撑作用的是正义原则。正义是自爱和他爱的统一，是所有人之间的平等、对等的原则。在生活中，我们的确可以看到好人吃亏、坏人沾光的现象。真正称得上是“人”的那些人成了“手段”，称不上“人”的那些人却成了“目的”。这样一种状况不就是对康德所言的关于“人是目的而不是手段”的讽刺吗？当然，现实还可能表现为另一种情况：如果人们做好事总是得不到好报，做坏事总是得不到坏报，而人又不甘心当“傻帽”，于是社会上做好事的人会越来越少，做坏事的人会越来越多，结果人们互损互害，社会就会成为坏人坏事的“一统天下”。

事实上，上面的两种情况都很难成为社会的常态，如果由此下去，人类社会将不能够成为人类社会。一般来说，当这种情况出现时，便会由于与人的“正义”“公正”“合理”的观念相矛盾而遭到一些人的批评和反对；一旦造成明显的社会弊害，更会引起人们普遍的批评和反对，上述情况就势必

① 埃·弗罗姆.爱的艺术[M].康革尔，译.北京：华夏出版社，1987：1

② 埃·弗罗姆.爱的艺术[M].康革尔，译.北京：华夏出版社，1987：2.

要得到改变。所以，如果从一个较长的时期来看，最有可能出现的或最终要出现的情况是：如果一些人对另一些人做好事换来的总是受损、受害，他们就会中止对这些人行善甚至会采取某些惩罚措施；如果一些人总是损人、害人，这些人要么被人疏远、孤立，要么就会遭到被他们损害的那些人的反对、报复，到头来也就应了“搬起石头砸自己的脚”的谚语。

所以，真正能够使人际关系和谐正常、社会安定有序的是对“正义”社会原则的落实。正义所着眼的不是人的道德动机和爱心的感化，而是对社会中每一个人的利益甚至整个社会利益的合理配置。也可以说，正义是对人与人的自爱和他爱、利己与利他的理性的思考，它能够一视同仁地对待一切人，决不让一些人只讲无私利人，却让另一些人中饱私囊。由此可知，“正义”首先是社会制度的公正合理，它同时也是当代西方伦理学家罗尔斯所说的“社会制度的首要价值”，并和“真理”一起构成“人类活动的首要价值”。[①]

① 罗尔斯．正义论 [M]. 何怀宏，何包钢，廖申白，译．北京：中国社会科学出版社，1988：1-2.

培养对生命和谐的必要把握

生命价值论对自杀的“劝阻”的重要一环，是培养生命个体对生命和谐的体悟。所谓生命和谐，是指个体生命内部诸因素之间，以及内部因素与外部因素之间在一定条件下的协调和统一，是生命呈现的最佳发展状态。和谐生命彰显的是自然之真、社会之善、自我之美和超自然之圣，它自由而独特，灵动而精彩，美好而幸福。

生命价值论认为，个体生命具有二层多维性，它由自然生命和超越生命组成，其中超越生命又有政治生命、社会生命、文化生命、精神生命、智慧生命等多维指向，而这“二层”与“多维”诸生命因素间又相互渗透、相互贯通和相互作用，共同构成了一个二层多维的复杂生命系统。生命的和谐，即上述二层多维系统诸因素间的和谐，每两组因素之间都对应一种关系，每一种关系又都对应着和谐。这样的关系组何其多呀！但稍稍地删繁就简，就可以将生命的和谐关系可归结为四种，即生命与自然的和谐——真，生命与社会的和谐——善，生命与自我的和谐——美，生命与超自然的和谐——圣。

人与自然应当浑然一体，同生共融，友好协调，和睦相处。只有生态和谐，才有社会和谐，没有“生态和谐”就没有人类自身的永续发展。人与自然的和谐共处是和谐社会的载体，没有人与自然的和谐共处，人与人之间就不可能实现真正的、持久的和谐；没有人与自然的和谐共处，人类将逐渐失去家园，民族将失去立足的空间，其他的一切和谐将无从谈起。因此，人类应该高度重视人与自然的和谐共处，重视对资源和生态环境的保护，增强可持续发展的能力，这既是构建和谐社会的前提和基础，又是关系一个民族生存与长远发展的根本大计。

人是自然存在与道德存在的统一体。自然存在是人的生物本性，是生命的基础和前提；道德存在是人的根本特性，道德存在的重要性远远超过了自然属性对人的规定性。生命个体生存在一个程度不同的复杂的社会关系之中，首先就要使自己适应社会生存环境，做到令行禁止，这样才能不触犯社会的道德禁忌，才能正常地融入社会生活。而个人对社会的需要，不亚于社会对个人的需要，从本源意义上讲，没有人不愿意融入社会，没有人不愿意为他人、为社会贡献自己的力量，“人人为我，我为人人”不但是人之生命应当弘扬的道德高标，其实也是人之生命和谐的现实诉求。康德说，唯有过一种有道德的生活，人才能走出生命无意义的困境，才能不因自己只是宇宙中的一粒尘埃而感到失落和惆怅。

同时，构成个体生命的内部诸要素须臾不可分离，时刻都在相互发生作用，所以自我和谐的问题也伴随着个体生命的分分秒秒。一个处于自我和谐状态的人，首先，他会从自我和谐中体会到那种天然纯真、清淡高远、恬然足恃、百毒不侵的感觉，陶然于美好的意境中。其次，自我和谐的人眸子清、身姿正、行为美，各种正面的情绪向外投射，个人表现出对社会的正向反馈，从而参与创造美好与和谐的社会。人人自我和谐，这样的社会就会人心良善、家庭和合、邻里修睦、人际畅达、人间和美。只要人与自我和谐，就能找到一种对自我生命的成就感，获得一种强大的精神力量，建立一种对生命的乐观与自信的心态；也使人与自己的内心和外在世界紧密联系起来，以安顿自己的心灵，对生命有所寄托。所以，人要学会积极地、肯定性地评价自己，对生活怀有激情与梦想，对生命秉持热情与自信，对生存具有勇气和力量，善待自己，珍惜生命，积极生活，享受快乐，与自我处在一种高度和谐与完美的状态。

生命与超自然之间和谐的最高境界就是圣，人生的最高境界也应该是超俗入圣。人固然需要解决好柴、米、油、盐、酱、醋、茶之类的身边的具体事情，但也需要体味一些琴、棋、书、画、诗、酒、花的精神层次的事情。诚然，一个国家固然需要脚踏实地的人，踏踏实实地去下苦功夫做好手头的事情，但也确实需要一些思谋广远的人，心里装着整个民族和国家、人类和世界。精神的追求是整全生命的最重要的部分，是个体生命发展的原动力。

温家宝曾以一首诗《仰望星空》表达自己对生命之圣的追求，以及对国人生命价值的思虑：

我仰望星空，它是那样寥廓而深邃；那无穷的真理，让我苦苦地求索、追随。

我仰望星空，它是那样庄严而圣洁；那凛然的正义，让我充满热爱、感到敬畏。

我仰望星空，它是那样自由而宁静；那博大的胸怀，让我的心灵栖息、依偎。

我仰望星空，它是那样壮丽而光辉；那永恒的炽热，让我心中燃起希望的烈焰、响起春雷。[①]

“自杀，一个就太多了。”[②] 生命价值论应该为“劝阻”自杀这一行为贡献智慧和力量。它将致力于培养人们对生命意义的必要觉察，培养人们对生命神性的必要敬畏，培养人们对生命之美的必要体味，培养人们对生命之爱的必要追求，以及培养人们对生命和谐的必要把握。当然，生命价值论并不排斥社会用社会学的方法、心理学的方法、病理学的方法、宗教的方法来参与对自杀的防治；反而极力提倡采取有效的措施解决濒于自杀者所面临的困难，不断改善他们的生存条件，保障他们的基本生存权利尤其是强化各项经济保障权利，更好、更有效地防治自杀这一人类发展中的痼疾。

① 温家宝．仰望星空 [N]. 人民日报，2007-09-04，第 1 版．

② 梁红．2016-09-10. 自杀，一个都太多[N]. http：//health.people.com.cn/n1/2016/0918/c398004-28720383.html[2019-07-29].

正是对生命意义的追求，才使得物质和精神一脉贯通，才使得能力和信念相互牵连，才使得生命个体的诸要素得以维系，也才使得匹夫匹妇在一饮一啄之间得以升华其独特的生命韵味和生命情趣。人的生命展开的本真状态，就应是对生命意义的充盈和澄明。

——本辑导语

第7辑 生命意义的渐次澄明

生命意义内在于人的生命

生命价值论认为，所谓“意义”，即指构成整体的各个部分、各个要素之于整体的关系。推而言之，“生命意义”即指生命的诸部分、诸要素之于整全生命的关系，它植根于生命的本质深处，是生命的各部分构成的整体和个别部分之间的价值的统一。

从人的生命的整全性层次上理解的“意义”才是真正有意义的。从根本上讲，意义就是种生命在属生命之前产生的生命力的表现、释放和体验，“只有与人无限地生成和展开的生命‘整体’这一具有‘终极’和‘大全’属性的最高价值相关联，人的个别的局部的生命活动才能获得、分享意义”①。

海德格尔曾围绕“此在”来研究“存在”的意义。在他看来，意义是存在者被揭示和领悟的栖身之所，在领会展开活动中可以关联的东西就是意义；在领会活动未展开时，此在常常先有筹划的方向，以期使此在的活动可以“看见”，可以“把握”，而意义就是这个筹划的方向；只有在世的展开状态被展开、被存在者所“充满”，此在才有“意义”。②海德格尔从存在论、生存论的维度理解“意义”，认为意义作为此在的生存性质，应从属于领会展开状态的生存论的形式构架，亦即意义是人着眼未来可能进行的先期筹划过程中领悟到的生命意向及其相互关联，是人之生命的展开和充实，是对自己将以有为的先行期待。

有人说，“生命本无意义，意义都是人赋予它的”，其实，这一论断也暗藏了一个理论前提，即把“人生”还原成为纯动物式的存活。但是，生命价值论坚执“人不是……的动物”，人作为能够领悟自己生存的生存者，已先在地处于生命意义的形式构架之中，生命意义的展开已先期具有了一种可能性。当然，这种可能性尚需现实地展开。然而人的生命的筹划取向及其实现，则使个体生命获得了现实的意义，使人产生面向未来的理想和希望，也

① 张曙光．生存哲学：走向本真的存在 [M]. 昆明：云南人民出版社，2001：348.

② 海德格尔．存在与时间 [M]. 陈嘉映，王庆节，译．北京：生活·读书·新知三联书店，1999：185.

使人具备了实现这一理想和希望的现实可能。从这个层面上也可以说，正是意义使人成为人。人一旦成为清醒自觉的“人”，便具备了文化的、社会的生存方式，他“头顶蓝天，脚踏大地”，在天、地、人、神四方共舞中扮演着自己的角色，体现着人类生命的力量，而又不失为一个有个性的生命个体，这是人生命意义的先在形式。而人的生命实践活动——躲避假、恶、丑、俗[1]，追求真、善、美、圣，向着某种目标进行筹划——则是人之生命现实展开的“赋义”和“释义”，这是个体生命在类生命以及自然大生命中的自我确证、自我超拔。

生命意义也曾真切地进入过马克思的研究视域。马克思肯定了意义之于个人的现实的形式性，这种形式性就是作为人化自然的社会，而社会无外乎是人同自然界本质统一的完成。所以，个体生命的一切活动无不打上了社会的烙印，于是，人的生活表现也是社会生活的表现和确证，人只有在社会里才自觉其为人。但社会并非外在、脱离于个体生命，社会和个人从来就不是可以分开、并列、对立的两种物质，两者须臾不可分离。社会创造着社会的人，人也创造着人的社会，人与社会休戚与共、相融共生，人自然要当“人”不让（当仁不让），在社会中勇敢地行使人之为人的权利，并履行人之为人的义务。事实上，人也无法抛弃个体生活的社会的文化性质，其感觉、情感、愿望、意志、信念等都不应是封闭在个体生物性需要之中的狭隘、片面的官能，而应是在自身的整全生命实践中表现出来的，并在表现过程中被自己体验到的，与类生命与生命环境和谐共生的存在感、充实感和圆满感。

基于以上分析，可以看出生命意义并不外在于生命个体，而是内在于每一个生命个体之中，生命并不缺乏意义。在现实生活中，人们却常感“无聊”“单调”“没劲儿”“没有意义”，这不是对人生没有意义的证明，而是从另一角度对生命富有意义的诠释。生命意义的空虚，根源于生命个体对生命意义的感受和眷恋，唯有“钟情”才会“求之不得，辗转反侧”，这恰如恋爱中的“我恨你”实则是“我爱你”，没有爱则只会淡然置之而已。人眷恋生命的意义，才会时时有生命意义的缺失感，“无聊”“单调”只是对意义的空虚感的描述，是对意义这种先在形式的一种感觉。此时的人的生命活动囿于某种既定的模式或格局，极易陷入一种单调重复和简单循环的怪圈，因而

① 在北京方言中，对一个生命意义感不强、沉沦于俗务的人，最差的评价就是“忒俗”。

也就失去了生机、活力、创造性和自觉自由的向度，所以人才感到“空虚”。人对“意义”的领会、理解的程度，既标志着人的主体意识和自我解放的程度，也标志着人类文明进化的程度。

感受不到生命意义的人生自然是空虚的人生。但要把人生充实起来，依靠对物的占有可能会适得其反。旧时一则民谣唱道：“一天忙忙只为饥，刚得饱来又思衣。衣食刚得双足份，房中缺少美貌妻。有了娇妻并美妾，出入无轿少马骑。骡马成群田万顷，无有官职怕受欺。六品七品嫌官小，四品五品也嫌低。当朝一品当宰相，又想面南做皇帝。”现在类似的情形也以不同方式一再重现。看来，“渔夫和小金鱼”的故事随时都有可能发生，这种追求生命意义和生命幸福的方式实在是南辕北辙。

与常人的理解稍有不同，生命意义并不等同于鲜花和掌声，甚至不等同于成功和快乐，后者外在于生命，人们可以去追求它；前者内在于生命，人们只能去感悟它。人生的挫折、痛苦、哀伤、悲剧也自有其内在的“生命意义”。其实，生命意义作为人的生成感、自由感，它不是对生命的静态的、单面的悖反，而是作为一个动态的、矛盾的、立体性的体验过程，通过相异的甚至相反的感受与经历的合目的性地展开。单色不成画，不同的色调组合才能成为斑斓的画卷；单音不成调，不同的音阶组合才能构成动听的乐曲。从这个层面来讲，人无法忍受单一的颜色，无法忍受凝固的时空，无法忍受存在的空虚，无法忍受自我的失落，无法忍受彻底的空白。在最容易与最艰难，最卑下与最高尚，最底层与最高端……之中最易形成一种生命的张力，这种张力越大，人生的意义感才会越丰赡。所以，人生的挫折、痛苦、哀伤、悲剧与顺利、舒适、欢快、喜剧相反相成，其间的张力更有可能促使人们深刻地认识和体味生存的悖反性质，激励人去战胜自我、超越自我，舒展开气象万千、五彩氤氲、襟怀恢宏的生命长卷。

生命意义的认知史

古埃及人认为人类历史发展到他们生活的时期依次经历了三个时代，即“神”的时代、“英雄”时代和“人”的时代。历史哲学的创始人维柯认同古埃及人的这一看法，并对这三个时代做出了开创性的研究。我们借用“三个时代”的说法并扩充其含义：以“神”的时代指称整个原始社会，以“英雄”时代指称小农经济基础上的专制社会，以“人”的时代指称市场经济基础上的民主社会。世界上各个民族在其原始社会都经历过将某种现象或力量神秘化、拟人化，并受其控制的阶段，具体表现为各种图腾崇拜和原始宗教的产生，各种神话传说也是在这个阶段形成的；至于英雄时代，我们并不陌生，因为那是我们告别不久的时代。那么，在“神”的时代和“英雄”的时代，人对自己的生命有多大的领悟和重视呢？

在神的时代，人们崇奉的神灵非但不外在于人的生命，还是人的生命的创造者和维系者，无论是西方的宙斯、亚当、夏娃，还是中国的盘古、女娲和三皇五帝，这些神话中的人物都曾被认为是某一民族乃至整个人类生命和生活的源头，作为图腾的自然物同样也被先民们奉为自己族群的生命起源和护佑者，其中的生殖崇拜更是直观地表明了先民们对人的生命的重视；至于“英雄”时代的英雄，不仅自己富有生命活力，而且是他所在民族的领袖或“救星”，对其民族的生存有着拓荒开道或拯救提升之功。上述这一矛盾的现象说明了什么？它说明了人最初觉悟和重视的并非个人的一己之生命，而是族类生命的存活与延续。个人的生命固然也有其价值，但其价值仅在于对所属族群生存所做的贡献。谁的贡献最大，谁就会被尊为英雄并成为该族群的生命象征，当然也不乏凭世袭和强权而执掌权柄、称王称霸的人。普通个人的生命意义仅在于他充当了其血缘群体或民族生命长链上的一个环节，除此之外，他的生命并没有多少特别的价值。这一点从中国众多农民至今仍信奉“不孝有三，无后为大”且以其家庭的生生不息为终极关怀这一事实即可了解。

显然，只有到了每个人都能以自己的能力在社会上独立生存、平等交往的市场经济社会，人们对个人生命及其意义的重视才成为一种被社会认可的、普遍的价值取向。我们所说的市场经济社会当属“人”的时代，不是说人们的能力和作为没有什么差异，而是说每个人的生存都无须仰承于某个特定的群体或个人并受其操控，重要的社会角色和职务也不再是某些人的专利品；原来“各领风骚数百年”的社会文化现象如今也大大改观，变成“各领风骚三五天”了。

生命意义是人的生命自我充盈和表现的自足感、自由感，是生命向死亡痛苦、向一切摧残伤害自己的力量抗争所产生的不屈感、悲壮感，总之，它是生命的本质力量在克服一切障碍、创造属人世界中的自我肯定、自我确证。

生命意义的寻找与赋予是一个无尽的过程

如果说人的生命及其感觉能力和体验能力的生成基于人的生命活动永无止境地展开，那么，人对其生命意义的寻找与赋予也必定是一个无尽的过程。人的生命是凭借活动逐步提高其活力、丰富其内涵并由脆弱走向强健、由贫乏走向丰满、由蒙昧走向文明、由自在走向自由的过程。因而，在人发展的不同的历史阶段，人所感受、体验到的生命意义必定是不相同的。在原始社会时期，个体生命极其弱小贫乏，须臾不可离开血缘群体，个体所能体会到的生命意义必定体现在群体的存活和延续之中（或在群体生命象征的神灵之中）。进入文明时代以后，人开始有了人格意识和角色意识，但只要其仍然处在对群体直接的依赖关系中，他对生命的自我肯定、自我确证也就只能生发于对所属群体的生命长河的归属感中。在市场经济条件下，拥有了一定独立性的个人才会有属于自己独特的生命意义的体验——个人的成就感、自主感以及被市场的自发性所摆布而产生的孤独感和漂泊感。总之，个人的生命在与所有其他人的生命的共在、共鸣、共舞中获得了无限的惬意与幸福，并使个人生命自身得到升华。

我们还要看到，人的生命的生成、展现和自我理解不仅呈现为一个漫长的过程，而且在这个过程中随时都有陷入误区乃至走向异化的可能，这也是人发现和开发自己的生命及意义之所以非常困难的症结之所在。

人与其生命的活动并不直接同一，人可以把自己的生命活动变成自己意识和意志的对象，这既是人的生命活动走向自觉自由的关键，也使人的意识和意志与人的生命活动的疏离具有了可能。作为肉体和精神、理性和非理性之统一体的人的生命，先天地置入了肉体和精神、理性和非理性的矛盾。如果能够正确地理解和把握这一矛盾，可以使生命走向具有必要张力的和谐，否则，生命本身也会陷入自我分裂、自我反对的悲剧之中。

如果人只重视肉体生命或者认为生命的本质就在于肉体的感受性，就会只关注人的物质生活需要及与之相适应的实用功利，进而推崇人的生物本能和利己之心，甚至为此而主张放浪形骸、醉生梦死。这样人的生命的道德、审美、信仰、思想活动及其意义就会被消解掉，人就会失去精神的丰富性、高雅性和超越自由的向度，人的生存就会变得极其庸俗和粗鄙，生命体验也会变得十分浅薄和狭隘，仿佛人生在世的全部意义就是追逐钱财和满足物欲。以此作为人生的价值取向，人就会在不知不觉中为钱财所拘役，甚至走向“人为财死、鸟为食亡”的可悲境地，到头来使生命肉体也遭到否定。

诚如前论，人之生命具有二层多维性，超越生命是人的整个生命机体的主导，但这并不意味着人的灵与肉是完全分离和对立的，也并不意味着人的物质需要就是低级的动物性的东西。其实,“饮食男女”是人类的正常机能，只是在将其与属人的社会文化活动割裂开来并视之为生活的唯一终极目的的情况之下，它们才具有“动物的”性质。我们不能认为只有精神才具有人性乃至神性，而肉体只有物性乃至兽性，不能在推崇精神的同时鄙夷乃至否定人的肉体需要，甚至由此否定人的物质经济实践、科学技术活动对人类进步的巨大推动作用。如果这么做，必然无法满足人的正常需要，必然会束缚和弱化人的生命活力，还会使精神本身走向空洞和虚妄，无法起到对人的生命活动的合理的引导作用，到头来终会危及人的精神生命的健康。

与此相关，如果对人的生命的理性与非理性的矛盾处理不好，就会导致生命的自相分裂、自相反对。把理性作为人的本质规定性是历史上许多思想家的共识，这种共识表明了人把自己提升于动物之上的自我觉醒，意义十分重大，在此无须赘言。然而，理性在人的生活中一旦发展到理性主义并主宰一切，非理性的情感、意志等就会遭到蔑视和抑制，人的生命的感性特征就将不复存在，人就会异化为干瘪的“木乃伊”，这无疑是对人的生命的极大伤害。在欧洲中世纪和以“存天理，灭人欲”为天经地义的戒律的中国宋明时期，都曾出现过这种情况。在这种历史情境下，各种非理性的思潮和观念的崛起也就势在必行，并具有一定的正当性了。当然，如果非此即彼，以非理性为人的生命本质，一味地鼓吹生命的本能的“冲力”而拒斥理性贯注和范导的必要，人的生命活动就会失之盲目。总之，如果不能全面地把握和妥善地处理人的生命的上述两个方面的关系，人的生命及其现实生活就将成为悲剧。这样人在寻找和发现自己生命意义的努力过程中，自然就会变得极其曲折和艰难。

事实上，人对自己的生命要素和机能的全面把握并不是一个单纯的认识问题，而是一个社会历史问题，从根本上来说，只能归结为人类生命自身的发展和人类与其赖以生存的自然世界的生存实践的关系问题。

每个人生来就有一条命，就像动物生来就有生命一样自然，这反而不为人所特别看重。人的自然生命是人生的前提，它被归结为身体，身体则被视为做一切事情的“本钱”。本钱固然重要，但它却不是目的，而只是赚取“红利”的必要条件。重要的是，“红利”即各种事功（功名利禄）的“价值”。因此，事功的价值具有了目的性，它就会成为衡量人的尺度，所以人也就有了“价值”，谁创造的事功的价值大，谁的价值就大；反之，价值则小。

还有一种看法，认为谁享受到的物质利益越多，谁的生命价值越大。孰不知正如《老子》所言，“五色令人目盲；五音令人耳聋；五味令人口爽；驰骋畋猎，令人心发狂；难得之货，令人行妨”。人在生命能量得到释放和宣泄的同时，会感到心灵的放逐和丢失；及至败北失意或身心交瘁时，又会把一切事功视为“身外之物”，重新将生命及其意义归结为身体的存活或闲适。原来认为“轰轰烈烈才是真”，现在又说“平平淡淡才是真”。如此颠来倒去，这不得不使我们怀疑：人是否已经有了对生命意义的充分觉悟？

既然我们已经进入市场经济时代，那么，我们也就到了可以充分地唤醒人的生命意识、开发人的生命潜能、增强人的生命活力、提升人的生命境界，让生命之光把世界和人自身照得更亮的时候。作为人的最高的自我意识的哲学既然已被我们肯定为人学，那就意味着人的自我寻找与发现也已逼近自己的“生命及其意义”这个根本所在了。

生命价值论即便是一簇好箭，但也只是动力强劲，如果无的放矢，或者有『的』但却没有瞄准，一味地自称自赞『好箭，好箭』，终归是没有用的。生命价值论的理论落脚点是教育，这是该理论服务的目的和理论建构的旨趣所在。

——本辑导语

第8辑 生命价值的教育路径

聆听：生命价值教育的前提姿态

“听”有多种——聆听、静听、倾听、侧听、细听、审听、谛听、清听、窃听、闻听、难为听……不一而足。其中，“聆听”和“倾听”都是认真、仔细地听，在语言学意义上都表示为凭借听觉器官接收言语信息，进而通过思维活动达到认知、理解的过程。但前者稍带有俯视的姿态，后者却带有平视甚而仰视的意味。所以生命价值论提倡将“聆听”作为生命教育的一种态度。

在生命价值论意义上的“聆听”，即指我们对置身其间展开生命的生存境遇以及我们孜孜以求的生存之天命的“聆听”。聆听的态度彰显了天、地、人、神四方共舞的和谐共在，因而能为“整体性的精神灌注生气”①。但要想真正做到哲学层面的“聆听”谈何容易？能“听”、愿“听”已属难得，遑论“聆”而“听”之。

通览一部西方近现代哲学史，可以清晰地发现其理论的演进呈现出三种主题状态——近代哲学之“纯思”、现代哲学之“语言”、后现代哲学之“文本”，相对应的三种谓词状态分别是“思”“说”“写”，或曰“思考”“言说”“写作”，我们从中难以觉察到其对人的生存意义的弘扬和宣释。这并不奇怪——哲学离开了“聆听”，势必会与人的生存体认、生活展开以及生存历史分道扬镳。

笔者曾经给自己的孩子讲过关于知了的童话，现在不妨摘录于此：

相传在很远的古代，知了是不会飞的。一天，它看见一只大雁在空中自由自在地飞翔，十分羡慕。它就请大雁教它学飞，大雁高兴地答应了。但是，学飞是一件很辛苦的事。知了怕吃苦，一会儿东张西望，一会儿跑东窜西，学得很不认真。大雁给它讲怎样飞，它听了几句，就不耐烦地说：“知了！知了！”大雁让它多试着飞一飞，它只飞了几次，就自满地叫嚷道：“知

① 邹诗鹏．倾听：哲学生存论的意义阐释与反省 [J]. 江湖学刊，1997，(3)：59-65.

了！知了！”秋天到了，大雁要到南方去了。知了很想跟大雁一起展翅高飞，可是，它扑腾着翅膀，怎么也飞不高、飞不长、飞不远。这时候，知了望着大雁在万里长空中飞翔，十分懊悔自己当初太自满，没有努力练习。可是，一切都已经晚了，它只好叹息道：“迟了！迟了！”

自满有可能使哲学目光短浅，安于现状；懈怠有可能使哲学故步自封，坐失良机。哲学固然是一门“爱智慧”的学问，但“爱”是一种趋向而非占有，智慧是在“聆听”中体认自己的“无知”，而不是对自己“有知”的卖弄。善辩是银，沉默是金，“爱智慧”之“爱”正是通过“聆听”所表达出的对无知精神的永恒体认来彰显哲学天然具有的谦逊与宽容。

与我们离得最近的“being”是我们自己[①]，与我们离得最远的“being”可能也正是我们自己，所以“聆听”首先就要“自我聆听”。自我作为共在的一方，在与生存境遇的独自交流中获取着那对生命本真意蕴的鲜活体认，在这种鲜活体认中，“我”的“在世”价值渐次澄明。顶峰独坐，或中夜扪心，我们独自地聆听天地的声息，自由地依偎于大自然的怀抱，那种家园般的宁静和永恒终极般的况味悠然回归。为活而在、向死而生，“在世”的“畏”“烦”“忙”“乱”以及“在者”的沉沦于世不得不然的无聊闲谈通过自我聆听而隐遁不显，自身暂时地融入了天、地、人、神四方共舞的状态并保持缄默。人是其所是，这是人的自我确证；人非其所是以及是其所非，这才孕育着人的生命价值的发展的可能。自我聆听是一个不断发展的个体与自身的内在对话的过程，是个体的感性欲望与生命价值的相互倾诉的过程，是自我与非我的激烈争辩的过程。于是，人在这种自我聆听中不断地发现“我”之所是，以及“我”之所非，不断地找寻个体肉身与生命价值握手和解的路径，不断地把“我”之所非转化成“我”之所是，从而不断唤起个体生命的自我与非我、肉身与价值的切实关联，价值也就生成在这种冲突与和谐的勾连之中。由是，“我”之所是的空间越加丰满，“我”之所非的视界不断澄明和敞开。

“自我聆听”是“聆听”最直接的方式，“聆听”因“共在”的整体性而成为可能，并展现为“此在”（即人）主体间的“聆听活动”。面对“四方共

---

① 在这里，不得已用英文 being 来代替。当然，任何民族的语言都有可能遭遇哲学表达带来的尴尬，不独汉语为然。

舞”之一端的他“人”，我们也不宜忙着“言说”。先听一听，再听一听——当然，真正深刻的听，不是听其言说，而是听其所听。主体间的相互聆听是“听”本身的现实的展开状态，“听者”“言说者”都只是因“聆听”而共在，每一位“听者”都把自己置入了一种万殊别样的生存情怀之中，以一种“听者”的身份去“聆听”另一位“听者”。

生命赖以展开的境遇，其本真意蕴并非物性的或对象性的客观实在，而是当作我们生命的确定者。我们应该重返这一古老的智慧——大自然不是我们改造和征服的对象，天、地、神形成的浩瀚自然就是我们的母亲。作为自然之子，我们应以仰视的态度虔诚地、细心地、长久地“聆听”自然母亲的真切召唤，不要忙着“争辩”，因为“当存在尚未开口说话时，我们无话可说！”（海德格尔语）当然，此时我们偶尔也能“言说”，但这种“言说”只是为了更好地“听”。这就像我们日常与人交谈，常常用“后来呢”“为什么是这样子呀”的发问来鼓励他人继续言说，以便更好地聆听。面对存在境遇的倾诉与吟诵，这是一种诗意般的聆听与吟诵，它不断消解着“听者”作为“存在”的存在，而重新回复“共在”。在聆听中我们默默地承担起人作为“此在”之在的生命意义，就这样相看不厌，“此中有真意，欲辨已忘言”[①]，表面上默默无语，而心却无限地开放着。

传统哲学之“思”，其核心是自我意识之思，即“我思”“纯思”。由于他们坚执“我思故我在”，“思”就变成了主体对自身思想的客体式把握与确认，如此，在将主体之我从客体的包围中解救出来的同时，等于又把“我”置于其间的外部世界，而其生存论意义则被简单视为本体论问题而弃之一旁，最终“思”确立的不过是物化了的人的确证，是膨胀了的主体主义，或者说是人类中心主义在哲学语义上的独断。如此，“我思”的结果却变成了对“思”本身失落的生存意蕴的背叛。

现代哲学声称完成了对哲学的语言学转向，他们奉语言为圭臬，从传统之“思”转到了现代话语的“言说”，其实依然是置“听”于不顾。事实上，一味地把诸多问题钉定在语言分析之上，就等于把哲学问题钉定在既定世界之上，从而直接抽掉了哲学中那些既需要反思又需要直面的问题，尤其是生存论问题。而符号化的语言是根本用不着“聆听”，就能够清清楚楚、明明

① 陶渊明《饮酒》。

自白，于是哲学可以沉默了，哲学的沉默也就无异于哲学的自杀。生存况味本来是自明的，但这种自明性却又因话语的表达而重返遮蔽状态，言说的逻辑意义僭越本位而成为唯一立法者，我们渴望能听到的那些生命的意味虽还未绝，但已如缕了。

后现代哲学强调文本“写作”，即哲学的书面表达。其实“写作”只不过是对“言说”的文字记录。“言”早已前定了“作”，未经“听”的“言”本就干瘪枯瘦，再付之文字表达，更易变成看似岩崖高耸，实则是符咒满布、逻辑冰冷的语法书籍；或者是晦涩艰深、了无生气的形上独白；而一味地关注“人咬狗”式的“闲谈”碎语，虽貌似生动，实则是媚俗以售，丝毫没有触及人之生存的内在意蕴，只能变成文化快餐。“闲谈”式的消费文字、“形上”式的学院文字、逻辑化的工具性文字，都在南辕北辙的歧路上不断疏离和污染着本应原生多样、体味人生、生机勃发的文字系统。有鉴于此，海德格尔吁求世人“少写些文章，多保护文字”①，真有振聋发聩的作用。

若是哲学离开了“聆听”，离开了生存论体认，离开了生活世界，离开了深刻的人的生存历史，那这样的哲学不但无法为人类前进指明道路，反而会导致人类精神退却。所以我们应当躬身自省，反身而诚，在“思”“言”“作”之前先学会“沉默”“聆听”，真正使自己融入那种天、地、人、神四方共舞时所能体味的、为世人弃之已久的生命情怀。哲学的发展前路应是向后转，溯流而上，重新恢复到原初的生存论皈依里，并从各民族文化传统中寻求可以整合的资源，重新定位在社会高速发展过程中没有跟上的生命价值论问题，从而纳入哲学发展上永无止息的正—反—合进程中。

“聆听”是生命价值论有可能得以贯彻的前提姿态。让我们学会“聆听”，在“聆听”中寻回人之为人的庄严感与神圣感，在“聆听”中排解我们面对话语世界时挥之不去的彷徨、焦虑与绝望，在“聆听”中治疗我们多“思”、多“言”、多“作”的沉疴，在“聆听”中找回并直面日益困窘的生存状态的现实，在“聆听”中学会“思”“言”“作”，在“聆听”中使哲学及所有的人文学科获得内功深厚的新的生命与能量，真正“为天地立心，为生民立命，为往圣继绝学，为万世开太平”（《宋史·张载传》）。

---

① 海德格尔. 论人类中心论的信 // 宋祖良. 拯救地球与人类未来——海德格尔的后期思想 [M]. 北京：中国社会科学出版社，1993：28.

对话：生命价值教育的基本策略

由“聆听”，我们学会“纯思”；由“纯思”，我们学会“言说”；由“言说”，我们学会“写作”。“作”“说”“思”“听”，四者依靠生命的内在价值来维系和推动。哲学家应该有一种理论自信：他应该是社会大众的导师——但这种指导不是居高临下的指教，不是耳提面命的训诫，而是生命同在中的范导，亦即在以听促思、以思促说、以说促写的方面，提供一个可供旁人借鉴的范型，以己身而为天下则；在生命同在中进行对话，亦即教育者与受教育者和谐相融于天、地、人、神四方共舞之中，在听、思、说、作中，在追求真、善、美、圣、幸福、正义、自由、和平、健康、爱、希望、信仰、完善、自我实现等生命价值过程中和谐互动。同时，不难看出，本质上讲，范导也是一种对话，所谓身教胜于言传，“跟我冲啊”远胜于“给我冲啊”，毕竟，“桃李不言，下自成蹊”[①]。

生命教育总是意味着对个体生命的引导与超越，但同时又是以个体生命的本身的存在为基础。任何生命教育总是指向个体的内在生命，它关注个体生命深层丝丝关联，以对个体生命的规化与升华为旨归。换言之，生命教育正是基于对个体生命的存在事实的关注、引导，来实现个体生命从肉身的本然形式向超越的价值形式的提升，聆听个体生命的言说，回应其价值祈望，在对话性交流中敞开个体的生命视界，启迪个体的生命智慧，把个体生命引向超越价值的完满。

作为此在，人总是以某种方式在共在中以“言说”的方式表达着置身于世的自我生命的存在。“唯有言说使人成为作为人的生命存在。”[②]每一个生命个体都渴望表达，“苔花如米小，也学牡丹开”[③]，看似最卑微的生命也在叙说。自然生命的各种本然的需要、欲望、意愿，以及被改造与提升了的

① 司马迁《史记·李将军列传》。
② 海德格尔．诗·语言·思 [M]. 彭富春，戴晖，译．北京：文化艺术出版社，1991：165.
③ 袁枚《苔》。

价值祈盼都在倾诉着。人的生命的一切外在展开，无不源自于生命的某种内在质素，总是对个体生命存在的表达。而这种生命的叙述和表达的形式是无限丰富的——无声的、有声的、无形的、有形的、语言的、肢体的……正是这种立体的叙说，才彰显出生命的丰富与活泼，彰显出人之生存感受的流变和丰赡。

就生命教育而言，对教育者和受教育者分别称谓，看似依旧主客两分，实则是为了在更高的层次进行融合，而初始的浑然一体，只能导致教育的失位和失职，这又一次旁证了正、反、合的辩证力量。对话，就是指两个人或两个以上的人进行谈话，是对话主体相互间的意见交换——同意或反对，肯定或补充，问和答。[①]价值观念的积淀，生命价值观的生成，并非像"阳明格竹"那样是独坐冥想的结果，而始终是来自个体与他者的对话交流。"思想就其本质来说是对话性的。"[②]生命教育作为对个体生命感受的引导和规化，意味着教育双方之间的相互叙述与聆听。就教育者而言，其一方面表达自我视界中的价值期望，另一方面也聆听着受教育者作为生命同在的生命个体的言说叙述，并在同一层面实现心与心的对话。就受教育者而言，其一方面表达自我生存境遇中的价值意愿，另一方面也聆听着教育者的价值期望，以便在聆听中找到自我生命超越的细微脉络。"说""听"构成生命教育中的对话，生命教育的过程正是"通过主体间的对话方式建立起来"的[③]。

在生命教育过程中，教育者总是自觉或不自觉地携带着社会、文化、历史、传统所寄予的价值期望，受教育者则肯定无疑地携带着自己的真理和具有自己的生活立场。因为个体价值生活的境遇各不相通并且不可简单通约，也就决定了对话作为生命教育基本策略的必要性。教育者决不可把受教育者当作纯然被动的"他"，徒劳地尝试在随意支配中单向灌输，教育过程也不应是纯然地由教育者向受教育者发布价值律令的过程，而是要将被动的"他"转换为相互对话的"你"。作为一个有着自己的道德感受、道德意愿的真实生活主体，经由对话共享伦理之精神、思想、智慧，共同寻求个体价值生活的答案，教育者以此把价值引领内化为受教育者个体生命的真实发现，使后者对自我生命世界之"实然"与"应然"可以发现与澄明，激发个体的

① 董小英．再登巴比伦塔——巴赫金与对话理论 [M]. 北京：生活·读书·新知三联书店，1994：3.
② 巴赫金．诗学与访谈 [M]. 白春仁，顾亚铃等，译．石家庄：河北教育出版社，1998：114.
③ 张世英．哲学导论 [M]. 北京：北京大学出版社，2002：284.

生命智慧，引导个体汇入四方共舞、和谐互动的价值关涉，敞开个体发展的生命视界，使得对个体生命价值的体认和实现具有现实可能。若非如此，教育中的对话绝难实现。

在中国延续千年的误解之一，就是对“师道尊严”的误解。在生命价值论看来，师者应该是“学高为师，德正为范”，虽然教育双方的身份有异，但在生命教育的对话中，两者其实是同等价值的个体生命基于不同意识的相互作用而已。对话双方都要作为独立及整全的生命个体，投入到教育对话的过程之中。受教育者不只是教育者“语言讲述的对象”，而且是“具有充分价值的言论的载体，而不是默不作声的哑巴”①。明白了这一点，教育双方才可能在教育性的对话中既相互尊重，又当仁不让，在彼此悦纳的情境里真诚沟通。

差异是教育存在的前提，生命对话是基于不同意识之间的对话。对话并非一直风平浪静，它同时意味着差异、对立和冲突，意味着多端、多元和多样，意味着“求同”的同时允许“存异”。教育在任何时候都应尊重个体生命，关注个体的生存事实，聆听个体的生命意愿、价值诉求和伦理叙事，理解个体生命境遇的复杂性、独特性，在敞开的生命视域中，追求生命视界的融合和价值共识的实现，而不是用教育者的一种声音、一种议论来消弭受教育者的声音来“吞没他人议论”②。再没有比教育上的“大一统”更让人生厌的事了，在这种状态中听不到弱势个体的卑微叙说，看不到疑问、未知的眼神和龙腾虎跃的身影，被灌输、强迫和道德威权钳制的教育生活只能是一潭死水。

生命对话也是一个不断建构的过程，教育者以高于个体生命存在事实的价值引导受教育者，使受教育者的生命不断敞开；同时受教育者的个体生命存在也投入到对话之中，并通过对话展现出来。教育者和受教育者均以此获得对自身和他者之生命存在的重新认识和发现，并受到实实在在的价值陶冶，从而将个体作为超越意义的生命存在，提升个体的生命存在与感知，最终找到自我生命发展的路径。由是，生命对话永远存在于过程之中，无止无

---

① 巴赫金. 陀思妥耶夫斯基诗学问题 [M]. 白春仁，顾亚铃，译. 北京：生活·读书·新知三联书店，1988：104.

② 巴赫金. 陀思妥耶夫斯基诗学问题 [M]. 白春仁，顾亚铃，译. 北京：生活·读书·新知三联书店，1988：104.

休，呈现出最大的开放性。生命教育是一条路，教育就是教育者引领和陪伴受教育者“上道”的过程，而且受教育者永远是走在生命价值生成与发展的路上。

眼下，挂牌“生命教育”的学校越来越多，但与真正的生命教育距离甚远，教育的生命质素依旧隐而未显。生命教育应涵及每一个人的教育——各个年龄、各种身份的人，都应主动纳入生命教育的范围，并成为自主自立、自完自足的教育主体。但源于历史境遇的复杂性和共在接入的异质性，当下的生存依旧缠绕于传统的惯性之中，现代生命教育之路仍显艰难曲折，生命对话过程仍然常常被自恋式的喃喃独白所烦扰，或被威权性的一声叱喝所惊断。

同行：生命价值教育的动态过程

生命聆听、生命对话，隐含着一个前提，就是教育者与受教育者共处于同一个生命境遇之内、一个教育背景之中，不是“我与他”，而是“我与你”——“我们”同在。

回眸一部人类生命发展史，我们曾处于“神谕的时代”，只能通过神的代言人来领会神的谕旨，在这时没有平等对话，人类默不作声，生命个体对于神明只能膜拜和奴从。

我们也曾生活在英雄的时代，“伟大的领袖”的教导是我们动静饮啄的指针，这时也没有平等对话，有的多是对尊长的敬畏和膺服。

然而，世界潮流浩浩荡荡，社会的发展趋势不可遏止，我们已经置身于现代的境遇之中，已经来到了一个“众声喧哗”的“人”的时代。现代社会生活的理性化，以及终极价值理念的多元化、个体化，正在被越来越多的人们接受和认可。个体生活的蓝图不再是纯然地被规定的，社会也不再提供个体生命意义的唯一解答，没有一种力量能够继续垄断生命价值的解释权与话语权，教育个体的生命价值通过现实生活中的平等对话而自主建构。

现在，传统的农耕文明正逐步向工业文明、信息文明过渡，单一的以伦理文化为核心的社会文化质态也已经走向多样与繁荣，伦理文化本身的保守性、封闭性转向开放性、创造性。此时，一元论的道德价值设定已经逐渐走向多元，社会教育的伦理资源也逐渐走向开放、多维，传统的人伦教育的尊严正在逐渐失去，而传统人伦规范本身的尊严也渐次让位于时代的革新与创造。身处全球化和信息社会的现实，也让越来越多的年长者和教育者愿意主动放弃曾经拥有的教育威权。因为他们发现：年长者已不可能继续像在传统农耕社会里那样凭借他们承继的经验，心安理得地充当年轻人的人生导师；教育者也已不可能继续像在以前那样一本教案一用就是十来年。“不仅父辈已不再是人生的向导，而且根本不再存在向导，无论是在自己的祖国还是整个世界，人们都无法找到指引人生的导师。"[①]前喻文化的时代根基已经动摇，并喻乃至后喻文化时代正在到来。在迷魅已被祛除，向导自身也在找寻方向的今天，受教育者只好勇敢地自主找寻生命展开的应然向度。而在这一过程中，年长者与年轻者、智者与求智者、教育者与受教育者也只好结伴同行。

教育话语与教育权力应该相互分离，教育者的话语并不再直指个体行为的具体控制，而是激发生命个体的道德理性，唤起个体的生命发展的自觉自律。受教育者不再作为一个被动的接受者，而是以生活世界中的主体的身份参与到对话之中，在这一过程之中，个体的生命脉络、生命祈望能够得以展现和澄明，个体生命价值生成的路径也因之得以明确和提升。

"众声喧哗"，如果撇去其稍稍隐含的蔑斥和搞笑的意味，倒正可以理解为一场动听的"生命合唱"。在这个大合唱里，每一个生命个体都可以凭着自我的理性与生活的基础发出自己"真"的声音；也有可能把不同的声音加以混合，不是汇成一个声音，而是众声合唱；每一种声音的个性，每一个人真正的个性，都能因此而得到完全的保留。[②]

在生命教育中所需要的反思是双重的，一方面，应重新检讨我们曾引以自傲的威权性道德真理；另一方面，对生命教育的方式和教育姿态本身亦应加以反思——是以一种君临天下、俯瞰众生的姿态来教育平民百姓，还是始终以一种清醒的平民姿态来进入到与他人的平等对话之中？教育者与受教育者同在，不应该超脱于生命的"听""说"身份的局限和生命对话行动的规则，而应该是作为社会正义的倡导者、适合正义的体现者。我们不能容忍的就是：以正义之名侵犯正义，以生命旗号践踏生命。只有目的的正确是不够的，还需要规则的正确和对规划的一以贯之的践履，"恨铁不成钢"的"恨"常常会扭曲我们的教育行为，仇恨的教育不会产生真、善、美、圣，只会产生恶。

当然，对生命个体多样性与差异性的推崇，亦应保持在一定的张力阈值之内。在一定时期和特定场合下适当地予以强调，甚至稍稍有一些"纠枉

① 玛格丽特·米德. 文化与承诺：一项有关代沟问题的研究 [M]. 周晓红，周怡，译. 石家庄：河北人民出版社，1987：85.

② 巴赫金. 文本——对话与人文 [M]. 白春仁，晓河，周启超等，译. 石家庄：河北教育出版社，1998：356.

过正”都是可以理解的，这有助于抑制“一言堂”和话语霸权等，有助于培养人们的包容精神和沟通品格。但是，如果在“众声喧哗”里听不到一个主流的声音，如果在众多价值观中没有一个核心价值观的引导，如果只有“和而不同”的“不同”而缺失具有凝结和导向作用的“和”，如果多样性止于离散而不趋同，如果差异性陷于杂陈而不统一，那么所谓的多样与差异带来的绝不是人们所希冀的丰富多彩和生机勃发，而只能是混乱不堪和内耗衰败。这样的思想多元是思想的风流云散，这样的团体和民族无异于一盘散沙。其实承认事物的多样性和差异性并不需要多大的智慧，关键在于发现统一中的多样和多样中的统一，并在合适的范围内扩大共同点，协调差异，达到生命的和谐共融，使诸生命主体沿着上升的路线携手同行。

跋：竹香入酒赋新诗

生命如此令人惊诧！清晨第一缕阳光照耀这个我们生于斯、长于斯亦终将逝于斯的星球，松涛低吟，柳丝婆娑，虫鸣蛙鼓，兔走隼落；带露牡丹娇艳欲滴，含愁丁香惹人垂怜。所有的生命各依其序而又驰突奔竞，万千生灵应节而舞，界、门、纲、目、科、属、种在大化运行中如此和谐。整个世界明晰美丽，流畅丰富，生机勃勃。所有的生命都在呐喊，所有的生命都在歌唱！生命，让人不由去关注和研究，并从中获得和谐的心境和充盈的生命力。

在所有的生命中，人的生命是那抹最动人的色彩，是那缕最耀眼的光芒。人是万物之灵长。正是因为有了人生命的观照，才使这个世界更加缤纷多彩，才使同一轮明月照耀下的古人今人对时光流逝、人生短暂发出同样动人心旌的声声喟叹。

人的生命价值是这个世界上至高无上的价值。人的生命价值是价值问题的核心，是对人生命的深度追问和终极关怀。在一些文化语境里，只有人具有“神”性、“佛”性；而“上帝死了”之后，人更理所当然地成了这个世界的真正主人。

我有时试着想象自己摆脱自身，负手立于太空的某一角落，俯瞰这个蓝色星球的芸芸众生，欣赏那冷色的、意味深长的运动着的美，观察那生和死川流不息的合而分、分而合，遥看生命的嬗变升腾、变迁不居，指点那关乎生命的激动人心的价值求索激荡起的绚丽浪花。

人的生命价值应然如何？也许没有人能给出确切的答案，

我们都正走在"朝圣"的路上。这正是人生中最动人的地方。我深信：一切科学、哲学、信仰的东西，都由同一个共同的源泉哺育——对于未知事物的憧憬和心泉聆听的返回。我并不相信迷信意义上的灵魂不朽和具象化的万能上帝，也无法准确说出人的生命价值到底是什么，但我相信人生命价值的不朽和精神生命的永恒。于是，对于横倒斜歪在通向生命价值求索之途上的障碍物，我试图通过科学真理和生活经验的总括来清理；而对于远在前方的生命价值之鹄的，我试图通过哲学的沉思、审美的愉悦、灵性的震颤、信仰的笃定来触摸，试图以此走向一个明晰而和谐的思想世界。

在我们之前，一代代哲人接踵而来，送给我们思想的种子；我也努力摸索着去打开一扇又一扇通向生命价值的追寻之门，踏上幽暗魅惑、曲折连环的林间小径。我高擎生命中全部真善美圣凝聚而成的"阿拉丁神灯"，勇敢地做世人寻找生命幸福的向导。

作为一位起步较晚的生命教育学者（学者在此指的是"学习者"），我近年来从生存哲学、教育哲学、课堂教学、诗学等不同维度先后切入生命教育研究，叩问生命的价值和意义，溯源教育真蕴，寻求实践路径。在研究过程中，我感觉有些内容适合写成岩崖耸峙的高台讲章，于是我撰写《生命价值论》《审美生存论》《生命教育学》《生命课堂论》《生命教育诗学》等数十部著作；有些内容适合写成规范严整的学理短章，于是我在

《教育研究》《课程·教材·教法》《中国教育学刊》等期刊上发表了数十篇论文。但还有些内容似乎更像是生命教育研究过程中的吉光片羽，是“林间路”上散落的珍珠，是掩卷远望时的灵感造访。我习惯于把这些想法也写下来，有时写在一片纸上，有时写在胳膊、腿上，有时狠狠地在脑子里“过几遍电影”，一如李贺之故事，之后尽可能及时敲进电脑。这样的文字，我称之为“生命诗语”，并分别形成“生命诗语2005年卷”“生命诗语2006年卷”直至“生命诗语2019年卷”。2005年我开始使用个人电脑，近年更是笔记本电脑不离身，这些“诗语”因此得以记录下来，积年竟逾百万字；而2005年以前的“诗语”，数量还真是不少，但已全部散失。

生命诗语的发表和出版，原来一直没有提上日程。2018年7月我打篮球受伤，养伤时在根据生命诗语整理三部诗集，随后在教育科学出版社出版，分别是《有所思》《白衣醉》《马蹄错》，合起来组成《生命教育诗语》系列。中国教育学会名誉会长、北京师范大学资深教授顾明远先生和中国陶行知研究会会长、北京师范大学教授朱小蔓院士奖掖后学，视诗语为生命教育研究的重要成果，饱含深情地为我的系列诗语写下了两篇序文及推介语。顾先生是我的亲导师，朱先生是我的虽无导师之名但有导师之实的老师。河南大学年终绩效考核时，也视《生命教育诗语》为重要学术成果。我深为感动，深受鼓舞。检点积年所作，发现已出版的这三卷只是积年诗语之十一。2019年

早春我再次打篮球受伤，这次是跟腱断裂，伤情较重，那学期的课被迫请同学们退选了，病床临窗，正可从长计议撰文著书。于是，我闭门谢客（我未“双肩挑”，本来就门前冷落，所以谢客并无难度），集中整理生命诗语四组共十二卷，为了与已出版的《生命教育诗语》稍相区别，我将新书命名为《生命教育私语》《生命教育丝语》《生命教育释语》《生命教育思语》。这十二卷全都是以诗文的形式表达生命教育的学术致思。卷目为：

1. 生命教育诗语 卷一 有所思（小诗集）
2. 生命教育诗语 卷二 白衣醉（小诗集）
3. 生命教育诗语 卷三 马蹄错（歌词集）
4. 生命教育丝语 卷一 聆听（散文诗集）
5. 生命教育丝语 卷二 对话（散文诗集）
6. 生命教育丝语 卷三 同行（散文诗集）
7. 生命教育思语 卷一 门卫三问宜深思（哲学卷）
8. 生命教育思语 卷二 大象无形课堂里（教育卷）
9. 生命教育思语 卷三 书生报国一支笔（生活卷）
10. 生命教育释语 卷一 山居
11. 生命教育释语 卷二 田园
12. 生命教育释语 卷三 江南
13. 生命教育私语 卷一 吉光片羽圆旧梦（小诗集）
14. 生命教育私语 卷二 林间自是少人行（学术随笔集）
15. 生命教育私语 卷三 多少楼台烟雨中（生活随笔集）

我平日的工作和爱好没有严格的界线，工作即爱好，爱好即工作。我北京师范大学博士后导师顾明远先生说，教育的本质是生命教育；我华中师范大学博士后导师及高访合作导师周洪宇先生说，生活·实践教育是教育的真蕴。据学生浅见，无论是顾先生团队起草并纳入《国家中长期教育改革和发展规划纲要（2010—2020年）》的“生命教育”，还是周先生沿夸美纽斯、斯宾塞、卢梭、杜威、陶行知一路走来提出的“生活·实践教育学”，还是华东师范大学叶澜先生及其高足李政涛等提出的“生命·实践教育”，南京师范大学朱小蔓先生提出的“生命–情感教育”，均直指人的“life”。“北顾、中周、东叶、南朱”以及朱永新、刘济良、冯建军、刘铁芳、王鉴、刘慧、张文质、肖川诸君子的相关研究，异曲同工，殊途同归，各臻其美、美美相应。这构成中国教育跃升的强大动力。而我理解广义的“life education”其实也包括诗意栖居——我平时受邀讲学最常被点将的题目正是“诗意栖居于教育生活”。个人浅见，诗意栖居应成为生命教育的寻常生活贯彻，生命诗语应成为生命教育的重要表达方式，登临送目、诗书吟啸、酱醋琴棋、饮啄笑傲，无一事不关联生命教育，无一处不寄寓生命情怀。

无论“诗语”“思语”“丝语”还是“释语”“私语”，都是从我每天写作的“生命诗语”中辑录出来的，都是我对生命教育的真情实感之表达。其中《生命教育诗语》三卷之《有所思》《白衣醉》《马蹄错》书名由导师顾先生亲自题写。先生书风入于颜平原之浑厚博大、字势开阔，出乎唐六如之妍美流畅、气韵天成。铁画银钩，人书俱老，瞻之令人肃然起敬。另外十二卷一并付梓，新体诗文各卷由书法家冯明威老师题写，格律诗词各卷由书法家韩云老师题写。冯老师行书平和雍容、冲虚散淡，韩老师隶书古朴凝重、清雅俊逸，二君子书法均落笔有绪，灵气扑面，妙笔生华，令人好生喜欢。

我学习格律诗词有年，习作近万首（阕），虑及格与律诸般要求，故少有格律诗词发表、出版。自2009年至今，指导我格律诗词学习和创作的老师有三位：第一位是台北的吕慧薇，网名婵娟；第二位是福建的罗增富，网名三少爷的微笑；第三位是上海的王轶君，网名雅典娜。在《生命教育诗语》跋中，我误将吕老师的名字写成了李慧薇，在此纠正并向吕老师致歉。吕老师的台式"国语"燕语莺声，动听而难辨，我竟未听出吕、李之别。他仨比我年龄小很多，但在格律诗词及楹联方面皆是奇才，堪为吾师。"吾师道也，夫庸知其年之先后生于吾乎？"三位老师本来只教我格律诗词和楹联创作，但这次除对我创作的格律诗词联推敲斟酌之外，还对我以白话表达的诗语倾情倾力予以雅正，常常焚膏继晷，以至于衣带渐宽。

十五卷诗语插图数百幅。这些插图有的来自我求学和奉职的单位——信阳师范学院（学士）、河南大学（硕士、博士后及奉职）、北京交通大学（博士）、北京师范大学（博士及博士后研究）、华中师范大学（博士后及高访）、洛阳师范学院（河洛

学者特聘教授）；有的来自文朋诗侣旅友所赐摄影作品，其中，北京汉服公司“如梦霓裳”（创始人为我的词友月怀玉）和郑州“最美瑜伽庄园”（创始人为我的瑜伽师父韩雨欣）提供了很多精美的图片；还有一些图片是我家的积年照片。

更应感谢此刻阅读本书的您。我研究生命教育，深知对于一名学者而言，读者就是他的上帝，对读者我从心眼里尊崇和感恩。一桌饭菜好不好吃，美食家的评判固然也重要，但更重要的还是食客的意见。对于“上帝”怎可轻忽？生命诗语撰稿之时，指尖流水，文思泉涌，在思想的王国里淋漓醉墨、纵横恣肆；整理成书之际，却是战战兢兢地反复推敲，大改者九，小改者百，只恐谬种流传，贻笑大方。初始临窗整理诗卷之时，飞雪弥空、琼瑶满地，此日徘徊小径，竟已榴红照眼、枇杷果熟，时光匆匆，太匆匆！

书稿既成，振袂长啸。是时斋外有庭，庭中有竹，竹边石几一条，几上清酒一觥，竹香入酒，诗意氤氲。灵犀相通的朋友啊，不知您此刻身在何方？您若与我同代，请莅临寒斋把酒言欢，可好？您若千百年后才在故纸堆中偶遇此卷，则我已成古人。穿过岁月风烟，字里行间还觉心跳滚烫吗？石上酒杯仍留竹香如许吗？

2019年6月1日

王定功“生命诗语”系列

生命教育诗语

◎ 有所思

◎ 白衣醉

◎ 马蹄错

生命教育丝语

◎ 聆听

◎ 对话

◎ 同行

生命教育思语

◎ 门卫三问宜深思

◎ 大象无形课堂里

◎ 书生报国一支笔

生命教育释语

◎ 山居

◎ 田园

◎ 江南

生命教育私语

◎ 吉光片羽圆旧梦

◎ 林间自是少人行

◎ 多少楼台烟雨中

教育的本质是生命教育

丙申初冬 顾明远书

国家社科基金（教育学）一般项目
“生命教育学学科建构研究”（BAA140017）

生命教育思语

書生報國一支筆

王定功 ● 著

科学出版社
北京

图书在版编目（CIP）数据

生命教育思语. 书生报国一支笔 / 王定功著. —北京：科学出版社，2019.9

ISBN 978-7-03-062218-1

Ⅰ.①生… Ⅱ.①王… Ⅲ.①生命哲学-教育思想-中国-文集

Ⅳ.①B083-53

中国版本图书馆CIP数据核字（2019）第187836号

责任编辑：付 艳 / 责任校对：贾娜娜

责任印制：徐晓晨 / 封面设计：铭轩堂

编辑部电话：010-64033934

E-mail：edu_psy@mail.sciencep.com

科学出版社 出版

北京东黄城根北街 16 号

邮政编码：100717

http://www.sciencep.com

北京虎彩文化传播有限公司印刷

科学出版社发行 各地新华书店经销

*

2019 年 9 月第 一 版 开本：720×1000 B5

2021 年 1 月第二次印刷 印张：8 3/4

字数：150 000

定价：168.00 元（全三册）

（如有印装质量问题，我社负责调换）

序一：教育的本质是生命教育

我对生命教育没有研究，但是我觉得教育的本质就是生命教育。教育是传承文化、创造知识、培养人才的社会活动，是人类生存发展、超越自我的重要途径。人类和其他生物一样，一要生存，二要繁衍，三要发展。要生存就要解决衣食住行的问题；要繁衍就要生儿育女；要发展就要教育、学习，把前辈的生产经验、生活经验传授给下一代。而这三者也是分不开的，人类只有不断发展、创新，才能战胜恶劣的环境，获取更好的生存、繁衍的条件。可见教育在人类发展进程中的重要性。人类发展的历史就是人类通过教育不断学习、不断创新、不断超越自我的历史。因此，我说教育的本质就是生命教育。

其实，自古以来的教育家都在追求如何使下一代的生命得到更好的发展。虽然东西方的教育理念不同，但其理一致。无论是西方的苏格拉底、柏拉图，还是东方的孔子、孟子，都追求人的身心的健全发展。但由于人类进入阶级社会以后，一方面，教育被统治阶级所利用；另一方面，被统治阶级接受不到应有的教育。教育的本质被掩盖了，教育成了各种利益集团获取利益的工具，忽视了人的生命的发展。

及至文艺复兴，社会批判了神的统治，打破了神权，提倡人权，儿童发展问题逐渐得到教育家、思想家的重视，特别是夸美纽斯、卢梭等启蒙思想家都关注儿童的自由发展。

20世纪以来，美国进步主义教育家杜威主张“儿童中心主义”，提出“教育即生长”“教育即生活”“学校即社会”，再一

次引起了社会对儿童生命发展教育的关注。陶行知先生从他的老师杜威那里得到启发，在中国创建"生活教育"，并且把老师的教育理念反转过来，提出"生活即教育""社会即学校""教学做合一"。两者的理念是一致的，都是关注儿童的生命发展，只不过在方法途径上不同。

至于"生命教育"的概念是何时由何人最先提出来的，已无从考证，也不重要，重要的是如何理解、如何实施。我觉得近几年"生命教育"之所以热起来，是因为现在的教育弊端实在太严重，违背了教育的本质，压抑了儿童的发展。学生为考试而学习，不是为发展而学习，每天十几个小时埋头于繁重的作业之中，身体健康受到伤害，思想品质得不到提高。现在正要再一次发出"救救孩子"的呐喊！所以，有识之士提出"生命教育"的呼声，是很自然的事。因此，生命教育不是一个教育模式的问题，而是一个教育理念的问题。我们要通过生命教育来转变教育观念，更新教育方法，使我们的孩子幸福生活，健康成长。

但是对生命教育怎么理解，怎么实施，确是需要认真研究的问题。河南大学一批学者较早地开展了这方面的研究。尤其是近几年，河南大学在刘志军、刘济良、汪基德等教授的带领下，逐步设立了生命教育方向的硕士点、博士点，并将其作为博士后研究的重要方向，生命教育已经成为河南大学"大教育学"科研、教学尤其是研究生培养工作的一个特色和亮点，且经过多年的研究已取得了重大成果。河南大学生命教育系列研究的数套丛书展示了他们的研究成果。我想广大读者会从中更深刻地理解生命教育的意义和本质，从而更新观念，同时获得开展生命教育的方法和途径。

我无法通读系列丛书的全部内容，但我深切地感受到生命教育的重要性，我支持他们的研究，赞赏他们的研究，感谢他们的研究。是为序。

顾明远

北京师范大学英东楼

（顾明远，中国教育学会名誉会长、国家教育咨询委员会委员、北京师范大学资深教授）

序二：生命教育的诗意言说

广义的生命教育的源头，可以追溯到孔子和苏格拉底的时代，千载绵延，代代损益，薪尽火传，生生不息。孔门弦歌施教，“浴于沂，风乎舞雩，咏而归”描绘的不正是生命教育的唯美情景吗？苏格拉底一袭敝袍赤脚站在雅典街头用“助产术”指导雅典青年，柏拉图降尊纡贵追随寒门老师，亚里士多德与逍遥学派师生漫步苹果园纵论天下大事，不也正是生命在场的教育故事吗？一定意义上说，一部中西方教育史不过是生命教育与非生命教育在不同时空的对垒、演变与抗衡。在我们看来，不断健全完善的生命教育才是真正的教育。

现代意义上的生命教育大致始于20世纪初，美国哲学家、教育家杜威教授提出了系统的实用主义理论，其中“从做中学”的系列观点就包含着杜威的“生命整体存在论”、“经验方法”及“探求逻辑”等诸多关乎教育当事人生命发展的观点。陶行知先生是中国现代意义上的生命教育研究和实践的首倡者。20世纪初，陶先生师从杜威教授，1917年学成归国，在国内首倡“life education”，直到1946年辞世，他将全部精力投入其中。但出于种种考虑，先生当时并未将其翻译成“生命教育”，而是翻译成“生活教育”，他的思想也被后来的研究者们概括为“生活教育理论”。其实，无论“生命”还是“生活”，在英文语境里大致都表述为“life”，在汉语中“生活”也无异于“生命”的展开过程，从来也没有外在于“生活”的“生命”。深味陶先生生活教育理论，其间所包含的生存教育、健康教育、养生教

育、社会责任教育、完满人格教育、终生教育等思想，无不折射着生命教育的理论光辉。杜威教授提出“学校即社会”，试图吸收社会的所有方面并将其融入一所小小的学校；陶先生提出“社会即学校”，寻求的是将学校的所有方面延伸到大千世界。杜威教授提出“教育即生活”，主张“做中学”；陶先生提出“生活即教育”，主张“教学做合一”。陶先生提倡教师“千教万教教人学真”，提倡学生“千学万学学做真人”，直接触摸到师生生命发展的脉搏。在《从烧煤炉谈到教育》一文中，陶先生满怀深情地写道：“教育的使命是什么？不是放茅草火！不是灭茅草火！是要依着烧煤的过程点着生命之火焰，放出生命之光明。中国教育的使命，是要依着烧煤的过程点着中华民族之火焰，放出中华民族生命之光明。”

20世纪末21世纪初，生命教育在我国渐渐热了起来。生命教育本应有许多切入维度，也可有不同称谓，但其思想主旨相同或相近。国外如此，国内亦如此。我看重并倡导的生命教育突出了情感教育这一方面，1990年起不断强调情绪情感是生命的基本表征，是生命的重要机制以及一个人生命素质的“内质性”保障。我以此为学术基础和教育理念，分别在供职南京师范大学、原中央教育科学研究所以及担任中国陶行知研究会会长期间，以很大的热情推动生命教育的研究、实验与普及（包括宽泛和专指意义的）。我的第一位博士生刘次林1997年撰写“幸福教育论”，我的另一名博士生刘慧2000年撰写“生命德育

论”，后来不断有博士生的论文选题都与“情感—生命”的基本概念、命题相关。与此同时，叶澜先生提出“让课堂充满生命的活力”，创立了“生命·实践”教育学派，与她团队的李政涛、李家成、卜玉华等学者把生命教育研究与中小学教学实践做了很好的对接。朱永新先生提出“新教育”，主张“聆听窗外的声音”，推动构建书香校园。周洪宇先生发起“阳光教育”实验，生活·实践教育学派与生活·实践教育学学科呼之欲出。刘济良试图构建“生命教育论”的理论体系，刘志军、王北生、李桂荣的研究指向生命教育的视域扩展和校园关涉。张文质、冯建军、石中英、黄克剑等提出“生命化教育”。王鉴、夏晋祥等提出构建生命课堂的思想。刘铁芳、肖川、郑晓江、欧阳康、何仁富、汪丽华、赵丹妮、袁卫星以及港台地区的孙效智、纪洁芳、钮则诚、林绮云、吴庶深、张淑美、郑汉文、汤锦波、何荣汉等学者也从不同维度对生命教育进行了深刻的研究，提出了一系列有价值的思想。

中华大地，藏龙卧虎；十步之内，必有芳草。各地学者和一线教师对生命教育的研究和实验风起云涌，怒涛排壑；千帆竞发，百舸争流。这一切必将载入中国生命教育的发展史册。顾明远先生提出“教育的本质是生命教育”。教育的变革和发展永无止境，对生命教育的探索和践履也永不停歇。

生命教育的研究和表述可以有也应该有多种维度。王定功博士试图从诗学的角度切入生命教育，以诗歌的语言对生命教

育进行表达，这是一件十分值得鼓励的事情。

王定功博士是我国生命教育研究团队中的一名重要学者。他是著名教育家顾明远先生指导的博士后，我愿意视他为同侪和知音。在首都师范大学儿童道德与生命教育研究中心成立大会上，我与定功博士首次相遇，那天我做了一个关于陶行知生命教育思想的演讲。而首都师大新成立的这个中心，其主任是由我指导的博士生刘慧担任的，当时她已是初等教育学院的副院长、教授、博士生导师。午餐时定功博士与我相邻而坐。那段时间我的健康状况不是很好，定功博士不知怎么就看出来了，他关切地建议我“枫红荻白，云肥风瘦，正是中秋时节，建议先生出去走走，比闷在家里的好”。他穿着虽稍稍寒素，但谦和温文、儒雅脱俗，简直像是从唐宋穿越而来！

我慢慢了解到，王定功博士是一名厚积薄发、大器晚成的学者。他曾做过16年的中小学教师、教育行政官员。2007年，他赴北京师范大学教育学部教育学原理博士课程班学习；2008年，他考入北京交通大学人文学院，师从哲学家路日亮教授攻读博士学位；2011年，他又进入了北京师范大学教育学部博士后流动站，师从著名教育家顾明远先生从事博士后研究。近几年，定功博士十分专注地进行生命教育的研究和教学，先后从不同维度向生命教育“包抄”过去，对生命教育的源与流、理论与实践都“弄弄清楚”（顾明远先生语），为中国内地方兴未艾的生命教育提供助力。

王定功博士于2011年在上海交通大学出版社出版专著《青少年生命教育国际观察》，这部书被《中国教育报》评为“2011年影响中国教师的100本图书”之一；2012年在上海交通大学出版社出版专著《青少年道德教育国际观察》，这部书使作者进入“上海交通大学出版社建社30周年作者墙”；2013年在教育科学出版社出版专著《生命价值论》，这部书被评为河南省2014年教育科学研究优秀成果奖特等奖和2016年第五届全国教育科学研究优秀成果奖三等奖。他独著及担任第一作者的著作、教材已见书34部，包括此次积十数年功力整理推出的《生命教育诗语》《生命教育丝语》《生命教育思语》《生命教育私语》《生命教育释语》共十余部。按这样趋势看，著述等身于定功而言并非夸张。这些著作是一脉相承的，即分别从生存哲学、教育哲学、课堂教学、诗学等不同维度切入生命教育，体现出一名睿智学者的学术自觉。

王定功博士在学术上具有多方面的兴趣和成就。最难得的是，在生活中他洁身自好，对真、善、美、圣有着虔诚的信仰和坚定的追求，不啻“浊世佳公子，翩翩一书生”。尤其是他在科研合作中低调从容，“重言勿泄，少任敢专”，“重情重义，生死相许”（台湾同行纪洁芳教授语）。江西师范大学生命教育研究专家郑晓江教授辞世，定功独坐书窗三天不食不语，那段时间他的QQ签名也换成了“愿我的死，换他的生”。而他俩见面不过三次而已！

承蒙不弃，定功将"生命诗语"各个系列均送我审读。由于健康的原因，我时断时续地阅读，读得不多，但越读越喜欢。"生命诗语"以一种生命共同体的视角直面"天地人神四方共舞"的世界，歌咏自然万物，赞美成长着的事物，吟唱人间的美好情感，探问生死哲思理路，展示书生报国情怀，褒扬真善美圣，表达生命教育的学术致思。若用一句话评价"生命诗语"，那就是：天地人心的深情探问，生命教育的诗意言说。

其实，生命教育关乎每一个人，每一个人都在用自己的方式践行生命教育，发出生命诗语。我本人自1986年进入道德情感、情感教育研究之后，便对情感与道德、情感与生命的关系越来越敏感和在意。用情感——生命之"眼"去看教育、观道德教育、做教育研究竟成了我的个人学术偏好。回想自己从40岁起，就有不同的肿瘤疾患不断来袭，饱尝了大手术和化疗之苦。可以说，30年来如何对待生命，如何处理生命与工作的关系，一直是我个人真切的人生课题。生命之脆弱与生命之坚韧这相左相反、交相混合、反反复复的复杂情绪感受总是随着身体状况的起落变化，每每考验着自己最真实而无法逃避的生命态度。我似乎是懂得了生命实在值得珍惜，的确应当珍爱生命！可珍爱生命并不是惧怕死亡，也不一定真能做到不惧怕死亡。自觉的死亡教育在我们这里还是十分缺失的。癌症给人带来的不只是痛苦——尽管那痛苦常如剜心蚀骨，它还会让人零距离地直面生死大限，思考"生从何来，死向何去，我是谁"

的问题，思考如何把握生命每一天，把最值得做的事情做好，尽最大努力提高生命的质量（肉身的与精神的）。因此我特别感谢生命教育和现代医疗，前者给了我对生命的认知和勇气，后者给了我身体有效的疗救和保护。不久前，我又度过一次生命危机，现在出院了，重新走在阳光下，坐在书斋里，享受生活的馈赠。

恰逢此时，看到王定功博士奉献生命教育大作，捧读、吟哦"生命诗语"，是一件令人愉悦的事情。天地春回，鸟儿叩窗，丁香快要开放了吧？我从心底里感恩生命，感恩所有热心生命教育、给无数人们带来生命智慧和力量的人。

斯为序。

朱小蔓

南京师范大学随园

（朱小蔓，中国陶行知研究会会长、俄罗斯教育科学院外籍院士、北京师范大学教授，曾任南京师范大学副校长、原中央教育科学研究所所长兼党委书记）

目录

MULU

云山苍苍，
江水泱泱，
先生之风，
山高水长。

——本辑导语

第1辑

猜书且赌一斗酒

博士研究生第一课

2008年9月17日，是我在读博期间上课的第一天。第一课是荆学民博士的信仰问题研究，接着第二天是林建成博士的意识形态研究，这就是第一星期的课。

通过课前的自我介绍，我了解了很多情况：某君，厅级干部，供职于某金融机构；某君，十亿富翁，私企老板；某君，高校副教授，送走了几多桃李，自己这回又当了不知是桃还是李；某君，美女才女，半长的头发拉了直板，走路一蹦一跳，宛如初中小女孩儿。其专业背景有汉语言文学、哲学、法学、教育、政治，也有煤炭、军事、电力、经济、金融，恰好人人不同，可谓五花八门。年龄有“60后”“70后”“80后”，跨了三个十年，年龄最大的出生于1962年，年龄最小的出生于1982年，“落差”整整20岁。总共10名博士，4男、6女，再次印证了“现在的女孩真厉害”这一命题。

河南人民低调，所以我在进行自我介绍后，又加了一句，说：“我虽痴长几岁，大家却不必客气，叫我‘叔叔’即可。”大家曰：“切。”

博士生怎么上课呀？我无数次地想过这一问题。果不其然，老师连讲台也不去，就坐在同学们中间，随便聊。博导视野宽及国内外，旁征博引，真如高屋建瓴，讲课用语专业，无一闲字。大家也议论风生，畅所欲言，观点碰撞之处火花四溅。我暗叫“过瘾”，这才是我欣赏的课，奇了怪了，我从初中开始就喜欢这样上课，难道读博于我冥冥中自有天定？之后，老师说这是第一课，恐怕也是最后一课，以后的课由博士生轮流主持，大家在一定范围内自选专题，分别主持阐释和讨论。

我选了“西方国家社会意识形态化”这个专题，感觉有话可说。可是，一到图书馆就叫了一声“苦也”，原来这所高校虽是“211”中的“985”，是创新型研究性大学，可是整体上以工科为主，我就读的人文学院当时是学校唯一的文科院系，这一点从图书馆藏书的种类便可一目了然。文科资料严重不足，我找的资料本就稀缺，图书馆自然付之阙如，奈何！宿舍IP还没批下来，何况互联网也不足为训。绕明湖徘徊复徘徊，偶然地听到前面两同学相商，到国家图书馆办证，从南门坐605路公交车，几站就到了，国家图书馆藏书丰富，对外限制甚少，凭身份证再交一些押金即可借阅。闻言大喜，明日去者！

（2008年9月17日，北京交通大学博士生宿舍楼）

两个“想不到” 五点深“印象”

——听魏发辰老师讲课

昨晚第一次上科技革命课，这是博士新生的公修课之一，有几个“想不到”。

第一个想不到，是想不到我笨到如此可笑的地步。班长发了课表，上面明明白白写着“晚 7：10，逸夫楼 310，魏发辰教授，科技革命”，可我硬是研究了邮件中的综合课表后，一路绝尘，坚定地向思源楼 301 而去。一进教室没见到本专业的人，尤其是高挑美丽的马班座，还庆幸我是本专业第一个来的呢。课开始了，科技倒是科技，可没涉及革命什么事儿呀，全是计算机专业的课程，不对。我忙发短信求教班座，她回短信说：“逸夫 310，孩子。”可我上蹿下跳地找遍了思源楼，只有 309，没见 310。再发短信，才知授课地点竟是逸夫楼。跑到教室，感觉很不好意思。北大博士连猪肉都会卖，想不到我堂堂交大博士连个教室都找不到。

第二个想不到，是没想到魏教授的课讲得这么专注、这么好。我因故未能去听第一节课，这是第二节课，讲到马克思主义的形成。一般地想，这是一门不太好讲也不太吸引人的课，可是到了魏教授那里，这门课变得可遇而不可求，成为从事博士阶段研究必不可少的敲门砖，成了学生蜂拥着去听的课程，尽管这门课程对于许多博士、硕士来讲并不涉及学分。课堂上，魏教授旁征博引，如数家珍，宏论滔滔，激情四溢，引人入胜。他自己也从同学们的掌声中受到了鼓舞，以至于讲着讲着就收不住，任凭窗外风僝雨骤，一直到了晚上 10 时，师生们才恋恋不舍地“各回各家，各找各妈”。

印象最深的有这么几点。

第一个印象最深的是魏教授介绍了思想发展史上几位彪炳千秋的思想大家。在“马克思主义来源”一章讲到康德时，魏教授说，“三大批判”是真正的沉甸甸的学问，纯粹、深沉、系统，达到了那个时代的顶峰。《纯粹理性批判》完成了康德唯心主义哲学体系的建构，讨论的是我们认知的立足点，回答了“我能知道什么”的问题；《判断力批判》完成了康德美学思想体系的建构，回答了“我可以希望什么”的问题；《实践理性批判》则完成了康德道德哲学体系的建构，回答了“我应该做什么”的问题。之后的黑格尔也达到了另一个理论高度，他自信穷尽了真理。叔本华的“此岸彼岸”思想、尼采的“酒神”精神均有十足的个性特色。他们的思想闪烁着理性的光芒。当然，最伟大的思想家当数马克思，在英国一家权威媒体评选的“影响人类历史的千年伟人”中，马克思名列第一。只有他才有能力立掌一挥，把人类社会一分为二，当今世界在资本主义与社会主义竞争中不断前进，形成了如今的世界格局和社会面貌。同时，可以预测在解决全球化问题的尽头，还要回归到马克思主义，建立全世界劳动共同体。在当代西方，没读过《资本论》的经济学者会被同行嘲笑，会被上流经济学界闭门不纳。魏教授奉劝博士生们好好读一下《资本论》，至少要读一下“前言”。孰知魏教授最佩服的其实不是马克思，而是恩格斯。魏教授向研究生们详细介绍了马克思和恩格斯的伟大友谊，可以说是前无古人，后无来者，可赞可嘉，可歌可泣。恩格斯用八年时间研究自然辩证法，但为了马克思和自己的生计，他外出挣钱，先后用时三年，将那么多宝贵时间用于“稻粱谋”（他不是“啃老族”）。1983 年，马克思去世，恩格斯立即放下了自己的研究和实业，转而用全部心血整理马克思的《资本论》，直至 1895 年逝世。十年辛苦不寻常，但《资本论》出版，署名只有一人——卡尔·马克思。还有一个学者叫鲁瑟夫，他做学问凭的是“鳄鱼精神”，一往无前，决不旁顾，他在获得诺贝尔奖之后，又倾情而无偿地指导和帮助了另外 12 人获此奖项。爱屋及乌，魏教授因此喜欢穿“鳄鱼牌”皮鞋。高山仰止，景行行止，虽不能至，心向往之。

第二个印象最深的是“旧三论”与“新三论”。“旧三论”自然是大家都很熟悉的贝塔朗菲的系统论、申农的信息论、维纳的控制论了。事物纵向进化是达尔文的研究成果，但事物横向关联却是“旧三论”的发现。诸如火炮打飞机的机制：武器系统组装，信息流转，信息实现，无需士兵瞄准和操作，“旧三论”就把飞机给打下来了。科学发展的轨迹永远是继往开来、乘胜前进的。“新三论”应运而生：勒内·托姆的突变论、哈肯的协同论、普利高津的耗散结构理论。魏教授提醒经管学院和人文学院的博士生们关注耗散结构理论，因为这是今后从事企业管理和行政管理必须认真面对和经常运用的理论。耗散结构理论是比利时物理学家普利高津于 1969 年提出来的。一般说来，开放系统有三种可能的存在方式：热力学平衡态、近平衡态、远离平衡态。耗散结构论者认为，系统只有在远离平衡的条件下，才有可能向着有秩序、有组织、多功能的方向进化，这就是普利高津提出的“非平衡是有序之源”的著名论断。在长期的研究工作中，普利高津发现，当一个远离平衡态的开放系统由于许多复杂因素的影响而出现非对称的涨落现象，到达非线性区时，在不断与外界进行物质和能量交换的条件下，系统将可能发生突变，由原来的无序混沌状态自发地转变为一种在时空或功能上的有序结构。事物的这种在非平衡状态下新的稳定有序结构就被称为耗散结构。而耗散结构论则是探索耗散结构微观机制的关于非平衡系统行为的理论。系统论所要寻求的也就是这种具有有序性的稳定结构，从这个意义上说，耗散结构论与系统论有异曲同工之妙。魏教授进一步阐明，离开平衡状态的无序程度称为“熵”（有序程度自然称为“序”），为保持以平衡为基线的上下波动，需要向系统不断输入“负熵流”，以保持自组织的平衡状态和健康发展。一小组、一科室、一企业、一单位及至一省（自治区、直辖市）、一国无不如此，管理者不可幻想一上台出齐规章制度之后“以至万世而为君”，要不断予以激发，不断输入“负熵流”，有时逐步完善比一步到位、尽善尽美更为合适。如果一味“免检”，最终势必会出现“毒奶事件”而不堪收拾。

第三个印象最深的是全球化问题。事物发展的两重性反映在社会发展上，就是全球化问题的产生，对全球化问题的思考和求解，最终要求人类社会发展观的创新，这就是走可持续发展道路，建设生态文明。意大利佩切依最先提出全球化问题，他通过梳理，将全球化问题分成五大类，其思维逻辑是：世界人口无限制地增长—粮食供应需求激增—工业发展—环境污染日益严重—不可再生资源消耗。魏教授说：“佩切依用这种方式敲响了警世钟，他并没有获得诺贝尔奖，究其原因在于世界上还没有哪一个奖项能与他的贡献相称。”罗马俱乐部米都斯等试图对全球化问题进行求解。以博士为主体的一批杰出人士凭着悲天悯人的博大情怀关注全球问题，他们定期在罗马聚会和商讨解决全球化问题之道，终于创设了“世界末日模型”：$A = A_0(1 + r)n$，其中，A 为第 n 年的数量，A_0 为基期数量，r 为增长率，n 为年数。根据测算，罗马俱乐部提出了解决全球化问题的极端措施——至 1975 年，世界经济实现零增长，否则2000年世界将走到末日。这种说法振聋发聩，越来越多有责任感的人认识到，全球化问题因超越国界而使得一个国家和地区单兵作战无能为力，单纯采取技术层面的措施也难以奏效，于是，各国将联手解决全球化问题提到了议事日程。世界国家首脑大会定期召开，越来越多国家签约，依靠世界法规和行政监督推动全球化问题的解决，决心实现代内公正和代际公正，彻底转变经济增长和社会发展方式，实现经济社会可持续发展，建设生态文明，人类携手走向美好未来。

第四个印象最深的是魏教授介绍读书为学之道。一是多读，以书为侣。宋人林逋“梅妻鹤子”才能写出“疏影横斜水清浅，暗香浮动月黄昏”。作为博士，要“坐拥书城南面王”，“孔夫子搬家——少不了书”。校内校外、网上网下，对所有可利用的文字资源要广泛涉猎，对本专业尤其是本方向中不了解的知识要细细研读，并融会贯通，有些书是要买下来的，能买的书一般不要借。二是巧读，纵向看结构，横向看关联，建立起自己的知识系统。要学会检索资源，先看目录，找到自己感兴趣的内容，再细加研读，并由此生发，纵向延伸，横向扩展。如今，世界知识体系如此完备，试图完整地构建一个理论体系在博士阶段是一个遥不可及的梦想，但作为一个创造新知识的群体，博士又不应束手束脚、无所作为，现实的选择是“一点突围”，就是在某一方面着眼、着力、创新。在博览的基础上大致选择专业方向，这是一辈子的大事，可征求导师及学长的意见。但从一开始就要明白，博士必须在某一方面（就是博士论文方面）超越导师，不可妄自菲薄，在这方面别无选择，否则毕业论文通过不了，学位也不能按时拿到。

第五个印象最深的是魏教授纵论创新之道。当一理论验证于实践，完全相符时，则再次验证了理论正确的可能性。当其不相符或不完全相容时，祝贺你，你碰到了一次创新的机遇，一个伟大的理论发现或许正等待着你。由一因推果，若不符，则退而求诸因，由此因推得另一结果。斯为“一因多果”，可谓是“射獐得马”。“一果多因”，可谓是“有心栽花花不开，无心插柳柳成荫”。魏教授指出，在马克思主义指导中国革命的实践过程中，亦即马克思主义中国化的实践过程中，不同的历史时期对创造性地应用马克思主义提出了时代要求，于是相继出现了中国的马克思主义的最新历史形态，其思想精华分别是实事求是、解放思想、与时俱进、科学发展，一脉相承，逐步深入，这是我们党运用马克思主义探索和解决中国实践问题的思想结晶和战无不胜的法宝。实事求是看条件，强调实用性；解放思想求异变，强调新颖性；与时俱进看发展，强调先进性；科学发展重统筹，强调可靠性。实践发展永无止境，理论创新永无止境。

（2008 年 9 月 24 日，北京交通大学思源西楼）

一脚踏进了“状态”的门槛

此刻，我打开位于八楼的博士生宿舍的窗户，初冬的夜风清凉沁人，从眼前的两楼中间望过去，北京的夜景既掺杂了女性的楚楚风韵，亦流露出男性的恢宏气势。原地做了几下技击动作，低啸一声，长时间藏在胸中的闷气似乎一下子烟消云散了。我9月来京读博，整个10月回河南忙俗务，11月再返。两个多月一度十分迷惘，自觉未进入博士研究生的正常状态；未来三周又将有三门功课陆续结业，要提交两篇“命题”论文，并准备一门笔试。综上所述，我感觉自己在自主科研方面还摸门不着，一直是跌跌撞撞，“摸着石头过河”，颇有“墙外行人，墙里佳人笑”那种无奈的感觉。庆幸的是，通过导师、学友的指导和自己的努力，现在的我似乎找到了一点儿科研的感觉，就像本科实习时的那个雨夜在乡野扛着自行车赶路，挣扎到半夜了，终于看到了远处的灯火，听到了村里的犬吠。

我的导师学问渊博，在社会发展理论、价值哲学思想以及马克思主义人学方面造诣极深。导师虽然和蔼，但以其学问竖立起了一座“须仰之才行”的高峰，这座学问的高峰也给我一种威压之感。他的学问别说三年，就是三十年恐怕我也学不尽呀！一直不怎么敢去找导师汇报心得，虽然有时对自己说导师忙，轻易别去打扰，其实真正的原因在于对他的敬畏。也不敢给兄长打电话，原因如出一辙。但是，这种情况正在发生变化，这几周，我利用种种途径大量浏览有关文献，如饥似渴地钻研专业著作，与自己的想法反复印证，不断修改、补充、丰富着这些想法，在科研方面终于理出了一点儿头绪。

来读博后看到的第一篇博士论文，是我导师组导师之一的荆教授于20世纪末写的《社会转型与信仰重建》①，第一个感觉是绝望：完了，完了，三年中写不出如此完美无缺的论文，学位恐怕是拿不到了。后来我在学校图书

---

① 这篇博士论文未提交中国知网．据此论文改编出版的著作为：荆学民．社会转型与信仰重建[M]．太原：山西教育出版社，1999.

馆、学校阅览室、学院阅览室、国家图书馆、图书大厦看到了更多的专著和博士学位论文，慢慢地跟上了节奏。敬畏慢慢被亲切的感觉所取代，我愿意被学问包围，尤其是那种纯粹、高深又真正有创新之处的理论，浸润其中，抚摸着“大部头”的封面，连呼吸都是甜的，那种感觉“妙处难与君说”！

古希腊哲学家柏拉图曾说知识是对前世经验的回忆，这当然不十分科学。但有时我还真的有这种感觉，模模糊糊地认为我的知识和才能也许也是天生的，现在的学习只是唤醒心中的那头沉睡的“雄狮”。第一次有这种感觉是在大二，原来我的英语并不出色，但我突发奇想，直接报考了英语六级考试，通过很短时间的“魔鬼”训练，我通过了英语六级考试，把老师和自己都吓了一跳。第二次有这种感觉是体育方面的体验。我成年后的身材仍然不够高大，但却毫无来由地力量特别大，本科时掰手腕没碰到过对手，外校来的朋友有时也慕名找我较量，这么多年还是没对手；打篮球对于身高一米六九的人来说有些困难，但是我却能扣篮，本科时是校队主力，至今未遇到一个能单独防住我的对手；大三时平生第一次参加田径运动会，一鼓作气拿下两项个人第一和接力第一，又把我自己吓了一跳；还有就是羽毛球学了一天就获奖，足球学了五分钟就参赛，排球不学就进系队，还有剑术、舞蹈、诗词也时不时地受人谬赏。现在，这种感觉似乎又来“拜访”我了，这回是学问排山倒海而来。但是，面对书山学海，我已无惧，就像以前我填词的《江城子》中写的那样——“笑迎千山万重浪，君无虑，九锦囊！”

我在想，如今在我的专业领域的诸多理论体系如此完备，而我的理论底子还不厚，科研起点还不高，加上在学术研究上可以预见的“禁区”的限制，所以，我不奢望能创造出一门新的学科或理论体系，只求“一点突围”（这一点借助了魏发辰教授的创新思想）。我进而想，我的导师路教授的价值哲学和人学自然也是珠帘画栋、蔚为大观的了，但我对其社会发展理论方面的研究更加崇拜，觉得这种研究与现实结合得可能更紧密一些，也与自己年轻时候坚持的经国济民的志向靠得更近一些，此前数年备考经济方面博士时积累的经济学知识说不定也能派上一些用场。社会发展理论的范围十分大，可探索的地方十分多，比方说能否在全球化视野下探索社会主义发展道路方面进行一些思考和研究呢？若再收缩一点儿，在创新型国家建设方面，估计就大有文章可做。昨天我循着“创新型国家建设”这一专题拓展了一个思路，建了七个文件夹，分别是理论依据、高层论述、学者观点、媒体评论、政策措施、实践历程、外国经验，我想再积累两周，定然可以写出一篇稍稍有分量的小论文。选择博士论文方向的这种思路还不太清晰，但足已使我兴奋了。稍后将在导师有空儿的第一时间前往请教，若被肯定，则坚定不移地走下去；若被否了，没关系，否定在一定意义上是与肯定等价的，此路不通就改弦易辙，我这一段时间的思考并不白费（看，又是受魏教授的影响）。对于这三年的博士研究生学习生活，我开始有点儿想法了。

第一，砥砺学术品格。上周四下午，北京大学丰子义教授来此做的一个小型的演讲，更加印证了我的这一想法。他在谈及全球化的若干问题时，条分缕析，鞭辟入里。他的研究让我真正体味到什么是学术无禁区，看似“祖宗家法”的东西，换个层面、换个维度、换个方向，完全有研究的余地，没有什么问题是不可讨论的，真理不怕批评，不怕验证，马克思主义者最是坦坦荡荡的。近一段时间以来，我读的书越多，就越是感觉形而上学对中国探索社会主义的阻碍不可轻视，中央提出“继续解放思想”真是必要、及时、切中肯綮。在这三年中，我不但要向导师学习宏深的知识，更要学习他崇高的学术品格和严谨的治学态度。在学习中不先入为主、作茧自缚，不囿于一隅、画地为牢，为此，网络内外、专业内外、学校内外、国家内外，处处可以学习，人人可为学长，“道之所存，师之所存也”（《师说》）。另外，要发挥后发优势，站位要站得足够高，“内功”要练得足够精，瞭望要望得足够远，准确把握学术发展的前沿和趋势。同时，要能够与大师面对面，两个月前让我“绝望”的荆教授的论文现在给我的感觉是“佩服”，是“庆幸”，而不再是“害怕”和“绝望”了。遵照导师们的教诲，以后在理论探究中，我见到“N”就要追求“$N+1$”，敢于质疑和追问，善于突破和创新，用广为接受的逻辑，用新的材料形成新的观点，得出新的结论，使之发挥积极作用，绝不拾人牙慧、人云亦云，更不做邯郸学步的傻事、剽窃他人学术成果的错事。

第二，明确学术方向。在拓宽—收缩—再拓宽—再收缩的矛盾运动中逐步锁定研究目标。学界将社会发展理论大致定位为是一门探讨社会变迁规律性及其具体表现形式的学说，广义上包括哲学、经济学、政治学和人类学关于社会发展的研究，探讨人类历史发展的一般规律性；狭义上特指社会学对发展问题的研究，以现代社会中政治、经济、社会、文化的综合协调发展问题为对象，主要探讨社会发展的现代化理论、模式、战略乃至具体政策。

整体观照，这门学科的研究应该还有大量工作要做。孔德关于社会的发展是从军事时代到法律时代再到工业时代的论述，斯宾塞从军事型社会到工业型社会变迁的理论，迪尔凯姆从机械团结到有机团结的理论，滕尼斯从社区到社会的理论，以及韦伯所建立的庞大的宗教社会学和比较社会学体系，均探讨了欧洲从传统农业社会到现代工业社会的过渡和发展过程。而马克思的社会经济形态理论从高度概括的层面论述了人类社会的一般发展规律。第二次世界大战后，新独立的国家面临着如何振兴本国经济、走上真正自主发展的道路，以及在经济发展的同时如何实现政治民主与社会进步，在与外部世界平等交往中重新确立自己在整个世界体系中的地位的问题。于是，现代社会发展理论应运而生了，其中引人注目的有现代化理论和依附理论。现代化理论曾在20世纪五六十年代占据社会发展理论的统治地位，但是由于它把西方社会发展的模式套用到发展中国家，这一西化理论在这些国家并未取得期望的效果，传统体制虽然被破坏了，但现代体制却又始终建立不起来。20世纪下半叶，在对现代化理论的猛烈批判的基础上产生的依附理论认为，现代化理论的西方化实际上就是一个将发展中国家纳入以西方发达国家为主导的“中心—边陲”经济体系中的依附化过程，其结果导致西方国家的发达化和非西方国家的不发达化。经过依附理论的批判，现代化理论开始渐趋衰退。但依附理论又由于本身所考察范围的局限性和缺乏理论性而不能成为社会发展理论的主导性理论。进入21世纪，西方及国内学界更是从不同侧面对社会发展进行了解读和探索，民主社会主义、市场社会主义、绿色社会主义、女权社会主义，学说纷呈，百家争鸣，一方面都不同程度地对这一理论进行了丰富和深化；另一方面也显得众口纷纭，莫衷一是。证伪容易证实难。现在，随着全球化触及世界的角角落落，随着我国创新型国家建设的推进，对在全球视野中和中国背景下的真正“说得通”“用得着”的社会发展理论的呼唤，从来没有像今天这么迫切和深情。作为思想政治教育专业的博士，理应责无旁贷。

第三，适应学校生活。这一段时间没有真正进入博士学习和研究的状态，客观因素是有，但主要应从主观上查找问题。毕业十多年了，对学问一度不太敏感，对学术前沿把握不住，对主流理论一知半解，对林林总总的学说缺乏甄别能力，自己的观点过于单薄而羞对人言，在课堂上羞于出口，多年不会红的脸常常在与人做学术交流时红得像一个脱了水的红苹果。加上年龄大了，就餐、去图书馆、运动及至闲庭信步都与其他同学格格不入，不敢向导师汇报，不敢与同学正常交往，丰富多彩的校园文化活动虽然样样擅长，但是一次也没参加，很多时候选择当一名“宅男”猫在宿舍，有时一天就一顿饭。孤馆寒窗，“寡人有疾”，有时也是寂寞难遣。其实，这种窘况很多时候是心态使然。导师们对我的态度完全是老师对学生的态度，该批评批评，该肯定肯定；博士们对我亦饱含同窗之谊，东馆烤鱼、西山秋枫、网上嘻咻、楼前切磋，让人感佩不已；球友、学友叫我一声“叔叔、伯伯”，恐怕更多的是尊重而非嘲笑。其实，我飞身上篮时不必顾及别人会不会认为我“老不正经”，我发表观点时尽可以知而言，言而尽，我诗笔摇曳时也不妨歌哭笑傲。因为我虽是一名博士研究生，究其实也不过是一名学生。

（2008 年 11 月 24 日，北京交通大学研究生院）

内容闳深　态度科学　激发新意

伴随着“菜鸟”博士们长时间的鼓掌，魏发辰教授微笑，转身，渐行渐远，“现代科技革命”课结束了。对于我，遗憾的是有四次课没能上，庆幸的是还有四次课去上了。听课时还一知半解，后来拷贝了课件，将其与有关资料进行比较阅读时，才越来越强烈地感受到滞后的震撼。课件的首页写的是“现代科技革命与马克思主义”，其实我感觉更应该叫“现代科技革命与社会发展”或者“科技发展与社会创新”，或者简单化为“创新与发展”，因为我觉得魏教授在这门课中强调的最多的关键词就是“创新”和“发展”，如果我的理解没有太大偏差的话，这也是魏教授多年来孜孜以求的研究领域和学术境界。整个课程共分为十一讲，应该安排32学时，可惜由于博士培养学制限制，只安排了16学时共八次课，造成的直接结果是：不但十一讲中有三讲根本就没涉及，而且涉及的八讲中也没有充分展开，魏教授的思想并未完全展露。但就听到的有限的几节课以及对课件的研读，我受益良深，主要的心得体会是：内容宏深，态度科学，激发新意。只是时间太短了，跟着魏教授学习还没过瘾呢，就结课了，许多同学可能与我一样，感觉就像是从水里才露出头来猛吸两口气后又被摁在了水里，刚刚胃口大开，食物却被拿走了。在与同窗交流学习心得时，我仰望蓝天白云，说了一句：魏教授之道，大矣！

第一，囊括文理，博大精深，包举宇内，纵贯古今。整个课件包括十一讲，分别是：第一讲，科学革命、哲学革命与发展观的创新；第二讲，科学革命与知识创新模式；第三讲，技术革命与技术发展规律；第四讲，工业革命与社会主义理论创新；第五讲，科技活动中心与大国崛起；第六讲，创新型国家与中华文明的复兴；第七讲，技术创新与国家创新体系；第八讲，没有讲授，拷贝的课件中也没有；第九讲，创新思维与创新能力；第十讲，没有讲授，拷贝的课件中也没有；第十一讲，科学发展观与中国的未来发展（课件中有，但没有讲授）。在有效的八讲中，我感觉魏教授对第一讲和第五讲稍稍拓展得更开一些。在第一讲中，魏教授全面回顾了近现代三次科技革命的基本史实，以及马克思和国家领导人对发展的理解逐步深入的历程，真是信手拈来，如数家珍。“三大发现”预示现代科学革命的来临，人们对微观、中观、宏观、宇观全面进军，薪火相传，生生不息，逐步揭示出了五彩斑斓的宇宙图景。“旧三论”“新三论”不断丰富了系统观。在第五讲中，魏教授从分析形成世界科技活动中心的 12 个条件入手，回顾了意大利、英国、法国、德国、美国具体是怎样相继成为“世界中心”的。这 12 个条件被魏教授高度概括为 12 个词：思想解放、学术自由、政治民主、制度先进、经济发展、社会安定、政策支持、组织保证、社会认同、交流合作、教育人才、生活保障。第一个成为“世界中心”的是意大利。黑暗中哪怕出现一点点亮光也会足以使人振奋不已，而文艺复兴给从中世纪走来的人们带来一片曙光，当时人才辈出，激情迸发，发现和发明如雨后春笋，意大利成为世界第一个科技活动中心，可惜由于宗教势力从肉体上消灭科学家，残缺的社会秩序破坏了科技成长的参天大树，扭曲的市场环境没能拉动科技的经济效应，第一个“世界科技中心”仅成了“世界科技活动中心”，而未能成为“世界经济中心”。之后，在世界科技发展中扮演主角的依次是英国、法国、德国和美国，汤浅通过对意大利、英国、法国、德国等大国崛起的史实进行考察发现“汤浅现象”，认为在某一个历史时期内，总是一个国家的科学成果远远多于其他国家的成果，世界科技活动中心以大约 70 年的周期在不同国家之间转移。1940 年前后，世界科技活动中心转移到了美国，世界顶尖的科学家几乎尽数集中在美国，在重大发明和尖端技术方面，美国占据世界领先地位，历史已经给美国近 70 年的机会，然而“汤浅现象”在这里却失效了，目前美国成为世界科学中心、技术中心、经济中心的条件仍是得天独厚，优势一骑绝尘，美国会永远是世界的中心吗？下一个科学活动中心将向何处转移？是中国吗？在每一讲中，魏教授总是厚积薄发，居高临下，旁征博引，口若悬河，引导所有的博士生们在科技发展的芳草园中自由徜徉，在创新思想的天空中尽情翱翔。

第二，怒涛排壑，激越率真，振聋发聩，科学严谨。敢于说自己“牛”的教师，在中国出色的学者中能有几人？在北京交通大学只有一个，那就是魏教授！他并未吹牛，因为他不喜欢传统的“中国式虚伪”，他说的是事实。在中国对创新问题的研究中，没有人会忽视魏教授，是他在学界发出了第一声呐喊，在20世纪80年代初开始著文立说，在媒体开办专栏，引起了国人对创新的思考，一时间“京都纸贵”。他也曾在中共中央党校举办讲座，影响了中国的最高层面的决策。创新成了中国分量最重的语汇之一。他曾带几名研究生到北戴河，白天游泳，晚上加班，一周申获23项科技专利，问天下还有谁敢如此“玩”学术？在课堂上，魏教授对阻碍中国创新的不合理体制、机制进行了无情抨击，对假突破、伪创新的人和事进行了尽情嘲讽，也常对博士的培养方式提出质疑，对逃课的博士生给予“温馨提示”。听他的课，特别是逃课归来听课，真是“一课三惊”，不由不对号入座，想想自己有无跟风走、说假话、伪创新，常常芒刺在背，汗不敢出。听课多了，同学们对魏教授从怕到习惯，到喜欢，再到一种理性的崇拜，对他的“牛”达成了共识。我也逐步受他的深邃思想的启迪，开始试着对一些问题进行创新式的思考，从起点处向着知识的应用创新、转移创新、交合创新方面尝试。

第三，抛玉引玉，马良神笔，相应同声，相求同气。我的理解是，魏教授授课并非应对差事，为“稻粱谋”，正是由于他对国家创新及博士培养的责任感和危机感，才使得他把自己在学术中最得意的绝活教给了我们。现在，我每接触一本新书，每思考一种理论，很自然地就纵横联系，分析异同，然后再来一个“$N+1$”，考虑条件变一下是否有发展一步的可能。对权威不迷信，不盲从，对评价对象不先为主，不人云亦云。对所有观点联系其提出的背景和发挥作用的条件。首要的是永远保持用自己的大脑思考问题，永远记住自己是一名博士。最后一课，临别之际，魏教授深情地向学子们鞠了一躬，因为他之后将“不再把这些博士当作自己的学生，而是学友”，同气连枝，切磋琢磨，共同推动学术精进。谢谢您，魏教授，我们从您的鞠躬中读懂了嘱托，读懂了责任！我们不再怕您，我们开始思念您了。在复习“现代科技革命”这门课的时候，我习惯性地在网上搜索“创新”资源，在网上订购了几本原以为是前沿的书籍，浏览之后大失所望。虽然这些书也都印证了“存在的就是合理的”这一命题，但大都非我所需，我需要的是对创新进行学理性探究的深层次的理论书籍，想研究的是引导国家决策的创新理论，而非面向普通读者的被动的政策解读。无论从深度、广度方面，还是从新意等方面，所有这些书对创新的论述都无法与魏教授的课件同日而语，而魏教授课堂演讲中那宏大的结构、丰富的案例、科学的范式更使这些书籍望尘莫及。可是，通过查询也了解到，魏教授并未将这一课件扩展成书。这是我难以理解的，按照魏教授的学术胸襟和哲人情怀，他不会故意遮掩观点吧，若此，“奈苍生何”“奈国家何”！按照教授提倡的“学术无禁区”“创新$N+1$”，我逐步产生并理清了一个想法，想协助魏教授把有关“创新”的内容从课件中抽出，根据最新理论研究成果和实践经验加以扩充，首先形成一篇篇相互联系的学术论文，再把积年专题研究结果集中起来，形成一部关于创新的专著，可题为“创新”，或“关于创新”，或“创新与社会发展”，甚而“创新论”“创新学”。以这本书来追寻人类创新思想的来龙去脉，探索创新的内在机理，对各国科技创新和社会发展历程进行全面观照，全面总结经验教训，探索大国崛起、沉沦的“背后密码”，对我国正在推进的创新型国家建设提出一揽子建议，让魏教授这部著作成为新时期的《资治通鉴》，让魏教授深邃的思想在“中国和平崛起”中发挥应有的作用。

（2008 年 11 月 27 日，北京交通大学研究生院）

《论语》的为学之道

《论语》于我渊源久矣。早在垂髫之时，懵懵懂懂地随大人们唱“打倒孔老二，打倒孔老二”，并一唱三叹，自得其乐。当时自然不知孔老二何许人也。年方弱冠，开始接触《论语》，才知孔子之学大哉！年纪稍长，为“稻粱谋”而飘沦憔悴，四海为家，幸有花月为朋，诗书为伴。鄙人孜孜向学的习惯，概因《论语》。细而究之，《论语》竟是一篇劝学、导学之策。

其一，关于学习的态度。孔子认为追求学问应有的态度有三点：一是爱学、乐学，这是关键。孔子曰：“知之者不如好之者，好之者不如乐之者。”（《论语·雍也》）即真正爱好它的人，为它而快乐的人才能真正学好它。现在常有人问我：为何偌大年纪，还来读博？其实是想实现自己的诗书梦。以前支持内子求学，支持女儿求学，支持儿子求学，无暇自顾，但心中求学之梦如地下的岩浆般潜流暗涌。我愿读书，爱读书，忘记了年龄，忘记了贫穷，并不为升官发财，也不奢望光宗耀祖，只求心有所寄，魂有所依。于书中追寻属于自己的精神家园，走在“回家”的路上。二是树立终身学习的信念，循序渐进，永不自满。子曰：“默而识之，学而不厌。”（《论语·述而》）即学习要有踏踏实实的精神，默默地记住学到的知识，努力学习而不满足。世间轮回交替，有的花儿是春天开放，有的花儿是夏天开放，而菊花偏在深秋时节开放，寒梅要在雪野霰霭中一枝独俏。若是世上的花儿都在春天开尽，其余的季节也未免太过寂寞。我虽年届四十，但感觉在求学的路上才刚刚开始。“朝闻道，夕死可已”（《论语·里仁》），我将按科研规范一步一个脚印地奋然前行。三是注重向“大家”和大家学习。子曰：“三人行，必有我师焉。择其善者而从之，其不善者而改之。”（《论语·述而》）这说明学无常师，人应随时随地注意向他人学习，取人之长，补己之短。同时，孔子提倡和赞扬“敏而好学，不耻下问”（《论语·公冶长》）的学习精神，“见贤思齐焉，见不贤而内自省也”（《论语·里仁》），体现了孔子严谨的治学态度。读博以来，大师、学者言传身教，温润如玉，与同窗、学友“如切如磋如琢如磨”，书香弥漫，智慧同行，坐拥书城的日子如此令人沉醉欢愉，一言以蔽之，这种感觉真好！

其二，关于学习的方法。孔子在和弟子的交谈中多处提及学习方法问题，最著名的莫过于“学而时习之，不亦说乎”（《论语·学而》），“温故而知新，可以为师矣”（《论语·为政》）。与此同时，孔子还特别强调学、思结合，勇于实践。子曰：“学而不思则罔，思而不学则殆。”（《论语·为政》）其要求人们把学习积累和钻研思考相结合，不能偏废。于我，斯道大矣。年龄已大，记忆减退，骑驴找驴、拿笔索笔之事常有，有时思路“停电”，茫然不知所之，不知今夕何夕。应选择适于自己的学习方法。经验告诉我：可以以写促记。写一篇论文需掌握相关领域的研究现状，尤其是前沿思想，博闻众说，条分缕析，甄别界定。一如水流冲击一个大土堆，从不同角度一次又一次冲刷，最终土堆定会分崩离析，消弭净尽。从不同角度对同一问题予以思索和求解，最终无限逼近真理，由必然王国进入自由王国。

其三，关于学习的内容。孔子主张学习要博、要广，不能偏颇、单一。他提出要用四种东西作为自己的学习纲要，这就是“文、行、忠、信”（《论语·述而》），即文化知识、品德修养、忠诚笃厚、坚守信约。这四项内容对于自己和别人都具有重要意义。这个主张完全符合目前广泛提出的对复合型人才的要求。窃以为：“文”，首指所修各门功课，其次是相关领域的必要的基础知识；“行”，首先不是“五讲、四美、三热爱”，而是学习大师风范，砥砺学术品格，夯实学术基础，保持学术尊严；“忠”，就是矢志不移，好学不倦，孜孜以求，勇攀学术高峰；“信”，就是一诺千金，倒排工期，限时完成学习、科研任务，今日事今日毕，不诿过不扯皮。

其四，关于学习的目的。孔子认为，学习必须有明确的目的，但重点在于学以致用。子曰：“诵《诗》三百，授之以政，不达；使于四方，不能专对；虽多，亦奚以为？”（《论语·子路》）也就是说，熟读《诗经》三百篇，交给他政治任务，却办不成；派他出使外国，又不能独立做主应对；这样，虽然书读得很多，又有什么用处呢？我个人有个体会，如果要为了考试、为了收集某方面的资料而看书，效率特别高，而且记得也特别牢；但如果是带有休闲性质的浏览，则基本上过目即忘。学习的目的决定了学习的效率与效果。

入学以来，日子过得很快，“太阳他有脚啊，轻轻悄悄地挪移了”（朱自清：《匆匆》）。记得入学之时方值初秋，“秋老虎”还在肆虐，传言路面能“煎”鸡蛋；转眼间已是深秋，�红荻白，云肥风瘦。检点所习，收获还不是很多，“年与时驰，意与日去”（诸葛亮：《诫子书》），中夜徘徊，独坐愁城。宋人云“半部《论语》治天下”，我期一部《论语》济吾身。我要向孔子及诸大贤学习，把他们当作灯塔，“知止而后定”，以坚定的步履跋涉在求学路上……

（2010 年 10 月 18 日，与内子科技哲学硕士高爱荣言谈记录）

开门，开门

图书馆四楼，临窗。玉宇一碧如洗，湖畔雪景万千。突然想起内子为我讲的一则笑话：三个酸秀才赏雪，其实这雪已成灾。第一个秀才吟道："大雪纷纷落地。"第二个秀才接道："本是皇家瑞气。"第三个："下他三年何妨？"旁边一个冷得发抖的乞丐怒道："放 ××× 狗屁！"哎呀，不好，这笑话讲三年了，我现在才感觉到：内子是不是在骂我？我博士在读，在古代也凑合着算秀才了吧？又常在菜里放醋，不是酸秀才是什么呀？不觉胡卢。

远的天、山，近的树、花，琼妆素裹；一只鸟掠过，行色匆匆；青葱的男女小同学束腰冠英，全副武装，是去上课吧？内子赶去中央民族大学接受快速记忆训练，我刚送她归来。我亲爱的"四人帮"——袁赞礼博士又在布置工作前待漏游廊吧？翟媛丽博士是不是在为将在课堂上讲的一则有趣的案例笑不可抑呢？"人见人爱，花见花开，汽车见了也爆胎"的马冰星博士呢，是不是正可怜兮兮地为开题报告绞尽脑汁呢？

什么声响？哈哈，是不是阅览室开门了？

（2010 年 2 月 13 日，北京交通大学图书馆）

第一次赴顾府求教

2012年4月3日17时，我博士后进站后第一次来顾明远先生家叩府求教，先生家在北京崇文门东大街的一个普通居所，大气，简朴，花香暗溢。先生聆听了我近年的研究情况，尤其是关于博士论文的总结及博士后研究的设想。先生要求在“生命教育哲学研究”中选一切入点进行集中深化研究。先生分析，相较生存哲学的范围相对稳定，议题可以专深，教育问题却是关涉甚广，较为复杂。一深刻一复杂，都不容易。他命我：自选阅读书目呈他审选；准备下学期初博士后报告开题；正常参加北师大学术活动；在河大担任少许教学任务。

虑及先生健康，求教半小时后即起身告辞，先生送至电梯口，师生情谊殷殷。驾车回交大，途经天安门，看红墙之外玉兰盛开，京华已是一城花香。突然想起范仲淹旧句：“云山苍苍，江水泱泱，先生之风，山高水长。”（范仲淹：《严先生祠堂记》）博士后生涯自此才算正式开始！

（2012年2月4日，北京师范大学英东楼）

博士论文答辩

2012年6月16日14时，北京交通大学思源西楼712，我与董博士、王博士参加博士论文答辩。共五位教授组成答辩委员会，主席是中央民族大学哲学学院院长贺金瑞教授，委员有中国矿业大学的陈勇教授，北京交通大学的林建成教授、韩振峰教授、颜吾佴教授。答辩会的开场仪式由人文学院副院长杨蔚博士主持，正式议程由答辩主席主持。

主持人介绍了三位准博士的基本情况。基本情况分三个方面：第一个方面是政治思想表现。第二个方面是科研成果。王博士发表10篇论文（其中CSSCI 3篇），主持一项教育部课题，一项北京市课题；董博士发表4篇论文（其中《光明日报（理论版）》1篇）；我发表学术论文12篇（其中CSSCI 3篇，中国人民大学书刊复印资料1篇，国际会议论文1篇），学术著作2部，其中主编1部，副主编1部，另参编2部，主持项目5项。第三个方面是专家评阅意见。分别有八位专家对博士论文进行了评阅，其中有三位是匿名评阅。其结果是：王博士1特优、4优、3良，三位专家推荐她参加上一级优秀博士论文评选；董博士8良，两位专家推荐她参加上一级优秀博士论文评选；我1特优、7优，五位专家推荐我参加上一级优秀博士论文评选。

接下来是每人分别做20分钟的答辩陈述。在我之前，两位同学作了陈述。我的博士论文题目为《人的生命价值研究》。每位同学陈述后，专家进行质疑、批评并提出建议。专家对我的论文的探讨所用的时间，要远远超过另两位同学的时间总和。

之后是同学对专家提出的问题做出回答，并为自己的论文进行辩护。专家对我的论文均给予极高的评价，差不多都用了“多年所仅见”“选题十分得好”“理论勇气”“扎实功底”等词，最令人鼓舞的还是“建议申报全国百篇优秀博士论文”。

专家对我提出的建议较多，但对我提出的问题不多，仅有两个。第一，林建成教授问：“你对马克思实践本体论是如何理解的？请从生存论角度说明马克思科学实践观对旧唯物主义有何超越。”第二，陈勇教授提问："你整个研究的理论基础是什么？”

我的回答不太好，事后受到导师的批评，说我东拉西扯，言不及义。其实，第一个问题不仅仅是一个技术的问题，问题中包含了林教授对我的一以贯之的要求，那就是要精读原典，练习学术基本功的习惯要伴随科学研究的每一阶段。第二个问题也不仅仅是一个孤立的问题，问题中包含了陈教授对我极高的期许，那就是将整个研究的脉络理清，如草蛇灰线清晰可辨，如块玉个珠穿连成链。

（2012 年 6 月 16 日，北京交通大学思源西楼）

胸吐豪气千丈远，
风侵白壁半尺寒。
抚膺展眉一长啸，
曦光已透碧纱间。

——本辑导语

第2辑

春风偏梳南塘柳

肖委会

2006年的一个下午，我正在上蔡县教育局写材料，听到窗外楼下有人叫我，推窗一看，是协管人事的纪检组长王勤同志与人事科科长葛宏生同志。王组长说："定功，你下来一下，有件小事儿。"我下楼，坐上车，跟随两位领导径直来到上蔡县第二高级中学（以下简称"县二高"），参加教研组长以上干部以及高级教师参加的会议，被宣布为县二高党委委员、副校长。当时，我还拿着半支钢笔，笔帽还在局办公室呢！

与县二高缘分很深。2004年县委组织部领导找我谈话，就任命我拟任县二高校长一事征询我的意见，我婉拒了。我对自己没有信心，我知道自己吃几个馍馍。那一年县里实行"三三制"，抽出1/3公职人员轮流外出6个月招商引资，我赴郑州徒劳地寻找招商线索，却被当时的县二高校长田炳章老师请回，与主管财务的副校长刘天义老师等人共同撰写新建校区的商业计划书，工作组临时配两台笔记本电脑和一台固定电脑。那几天陪伴我的司机处世周全，重言勿泄，少任敢专。我请教其尊姓大名，他说叫小丁，于是我敬称其为丁老师；复半年，知其叫"袁丁"，我改称其为"袁老师"；一年过去了，才知他叫王元丁，是如假包换的王老师。

其时，我已决意考博。考了好几年未中，连小学三年级3班的小同学都被惊动了。不知怎的，班主任知道了，号召全班小同学向儿子的爸爸（就是区区在下了）学习，"'王爸爸'已经年迈，还在读书、考博，你说咱们小小年纪，要不要以王爸爸为榜样，好好学习，天天向上？"儿子回到家，逼着我复习，说："爸爸，您若考不上博士，我的小脸都让您丢尽了，您这个坑儿的爹！"

但考博谈何容易！首先，我是机关起草文字材料的"主笔"，工作很忙。那时我还没有手机，常常在夜深人静之时，局长的司机高老师用小石子砸二楼我住处后窗的玻璃，我都不带开窗户的，直接一跃而起，披衣就往局里跑，一准局长在等我加班。我谋篇动笔之际，其他相关同事陆续抵达，打字的打字（那时局里用的还是四通打字机），核对的核对，把关的把关，再晚我们也得把材料放在局长办公桌上。人家是“一年有三百六十五个日出”，我还得另加一轮明月和一天星斗。实在没有时间复习备考，每年考博也参加，但就像“打酱油”。

否极泰来，对，否极泰来！我最喜欢这个成语，每到我没有办法的时候，总会峰回路转。老局长到龄退居二线，新局长由县政府办公室主任岗位上调来，他对我没有那么熟悉；加之，他本人就是一个大才子，也许他不认为一个小小的县教育局里有什么大笔杆子，所以我才得以“逃离”局机关，“隐居”县二高。

学校对我给予了极大的支持，将闲置的计算机教室改造成我的专用办公室，设两道门，空调、绿植、字画、茶水一应俱全。学校不图别的，就图“全县在职人员中第一个博士出自县二高”这个荣誉。这要是考不上，看来我必须“跳楼”了，当然，我的办公室在二楼，即便跳楼也没有太大危险。

说是不干活也不是完全准确，我分管校办等工作，组织相关人员办起校网站、校报，发起一年一度的文化节，并率领校篮球队开始有规律地参加全县比赛。可以这么说吧，主管教务的郭副院长负责带领学生学习，主管政教的王副校长负责让大家不乱说乱动，我却负责协助校长让大家唱起来、跳起来。所以，不了解内情的师生自然更加喜欢我，体育组、语文组的老师更是常常主动与我攀谈，约我打球、赋诗，给我枯寂的备考生活带来一米阳光、一丝温暖。

校教务处主任黄老师和语文组组长王老师向我请示工作，说学校有一个学会，想请一位校级领导兼任主任，问我是否有兴趣。“是素质教育方面的”，黄老师如是说。我当然责无旁贷，立即议及组织、活动、制度和经费保障。但当时我没有注意到这两位声誉远播的高级教师的两脸坏笑，后来才知道，这个学术团队叫“肖委会”。哪位同志有特别可乐的事，则哪位同志就自动成为肖委会成员了。我平时抓大放小，生活中可乐的事情自然在所难免，喝点墨水、走路撞树啥的都是家常便饭。我买一双皮鞋，穿三年调入县二高后被发现两只鞋不一样大，一只是 43 码，另一只是 41 码，并且是大脚（右脚）穿小鞋，小脚（左脚）穿大鞋，右脚趾都被夹黑了。看来县二高同事的水平比县教育局同事的水平高，不然我在县教育局咋就没被发现呢？

还有一次，我发现一位女士在雪水中跌跌撞撞，看来是喝高了。我打车送她回家，该女士到家就叫不醒了。我被女士的先生留下，直到女士醒来后细说端详，这才得以被“放行”。

还有一次，县二高同事发现我穿着凉鞋在“雪中行”。这次其实是少见多怪，我没有觉得有什么不妥，“法无禁皆可行”。还有一次，来了老同学，我饮酒醉了，趁东街民警下班之际，站在十字路警亭指挥交通，被县二高同事抬走了。这更是多事：大家愿意听从我的指挥，怪不得我；再说我那一段时间不是在考驾照吗，理解一下吧。

既然同志们信任，我就担任一段肖委会主任吧。入会之后才发现，这会里还有一位名誉主任，那就是肖委会的创始人肖老师。肖委会是全校闹出过笑话的老师们群英荟萃的“神圣组织”。这是不是有点像张绍刚的吐槽大会？肖老师似乎是谐星临世，为人处世没有一件事情不让人捧腹大笑的。肖老师本人的事咱先不说，说三天三夜也说不完，就说肖夫人的各种惊天地、泣鬼神的事儿吧，不，咱就说一件吧。那时肖老师还在乡下的蔡沟高中任教，学校离县城40千米，那时进城动辄步行或骑自行车，这样一算，离城也不算近，是吧？一位朋友来访，问肖夫人：“肖老师在家吗？”“不在。”“那什么，没事，我等他一会儿。”喝着水，等一会儿，问：“肖老师哪儿去了？”“出去了。”“那什么，没事，我继续等。”这一等就是一上午，喝了一大瓶开水了，这日头可就到头顶了，该吃中饭了。这位朋友想着：我不能赖这儿蹭饭不是？再问一下：“肖老师出去，上哪儿了？”“到城里开会去了。”得，一个不好意思深问，另一个又惜言如金，这位朋友足斤足两地在肖老师家白白等了三个钟头。

县二高的黄老师是全县的大才子，连年任高三语文课教师，双肩挑。一肩挑教学，那没说的；另一肩挑的是学校教务处主任，这也是一个实际掏劲的活儿，搁县二高那儿叫搬砖，黄老师又被称为“黄搬砖”。这位“搬砖兄”在百忙之际兼任肖委会常务副主任、秘书长。黄老师是大才子，为肖委会设计了会旗，撰写了会歌，谱了会曲。会歌的第一句是“世界多烦恼，不肖怎得了”。打着拍子，大家唱得津津有味的。

我既然担任了肖委会主任，自然想“为官一届、造福一方”。我对肖委会的工作进行了专门研究，发现该会活动有效缓解了教师职业倦怠，增强了凝聚力和战斗力。校长一听，龙颜大悦呀，经费也来了，活动也丰富了，最后连县一高、县一中、县教育局的同志们也被吸引过来了。一时间，肖委会声名远播，入会条件被迫提高不少。

但黄老师这位副会长兼秘书长之“肖”，常人还是难以望其项背，众望所归，自当连任。一次该过春节了，黄老师在家炸油条，炸完油条，竟安然没事，黄夫人虽觉奇怪，但还是抿着嘴儿笑。电话响了，黄夫人接电话去了。油条炸完了，起油吧。一勺一勺地从锅里起到盆里，起完了，黄夫人也接完电话回来了。一看，好家伙，滚烫的油全流地上了，“呲呲”地直冒烟呀！原来，咱们的黄老师只顾考虑下学期工作安排，心不在焉，把油从铁锅起到了塑料盆里了。这油热呀，当时这盆底就被烫漏了。但黄老师不知道呀，眼神深沉地直视前面，似乎前面就是一排排教学楼、一间间教室、一位位师生，还是一勺一勺地起油，结果塑料盆只剩一个圈儿，没有底儿了。黄夫人当然得骂呀，当然得打呀，打是亲、骂是爱嘛。黄老师又羞又怒，打开窗子就把塑料盆扔下去了。外边大雪纷飞，孩子们在打雪仗，黄老师的儿子也在其中，当时抢过塑料盆就套脖子上了，继续玩。果然是人靠衣冠马靠鞍，脖子上套这么大一个黄色的塑料盆，那叫一个威武。要的就是这个范儿！

后来，那年暑假，黄老师、语文组组长王老师与我相约考驾照。城北红星驾校，教练全都做过大货车司机。练车时，车少人多，大家得排队。每次换人上车，教练要求学员必须在胸前画十字，看得出来，教练是一位有信仰的人。倒车入库时，教练要求必须伸出头向后看着倒车，头能伸多长就伸多长。王老师读的书多，读书多不算太大的毛病，但千不该万不该，王老师看了考驾照的书，书上说了，倒车应该看后视镜，不许伸出头。但教练没有看过那书呀，他要求必须画十字，必须伸出头。还要求全组的学员要以王学员为戒，要向黄学员学习——大家看看，这位黄学员的头伸得多长，多有型！

黄老师终于拿下了驾照，但他只习惯于在场地里开车，在路上开车就不习惯，并且开车时会将头伸出窗外，他也发现有些不妥，超过的车卷着风“嗖嗖”地窜呀，一不小心耳朵就会被刮掉！但训练场人家不让去了，黄老师只好利用周末在教师家属院的一角练车。有一个地方视野不好，一位年轻的同事驾车从外边回来，黄老师把油门当成了刹车，脚下一使劲，“咣当”一声，把人家的车撞矮墙上了。那部车晃晃悠悠，倒向哪边呢——倒向左边？不妥，那边是教学区，影响学生学习；倒向右边，也不妥，那边是生活区，影响老师生活。这么一犹豫，这部车就撞墙头上了。从此，黄老师怕驾照丢了，每天都把它稳稳实实地锁在抽屉里；也担心把别人的车撞墙上，所以再也不驾车了。

我考中博士以后，离开了县二高。县里按照干部组织管理程序，罢免了我的副校长职位，这实不足惜；但这肖委会主任，我真有些恋恋不舍。因整天攻读海德格尔、胡塞尔、黑格尔的著作，人变得索然无味，“肖”方面水平下降，于是被肖委会罢免了主任一职，由县教育局局长接任。肖委会秘书长仍由黄老师蝉联，其时，这位黄老师已被县委组织部任命为副校长，但我拿不准，在黄老师的心里，县二高副校长与肖委会秘书长孰轻孰重。

（2008 年 9 月 20 日，上蔡县二高一稿；2019 年 1 月 24 日，河南大学 22 号专家公寓修改）

耘桃李，振家邦

县二高校长岗位空缺，县委组织部原拟由县教育局下派我担任，被我婉拒了。于是，县二高校长就被县委组织部纳入18个竞争上岗职位之一。我读本科时的上一届师兄，时任县二高副校长的李老师拍马杀出，一路过关斩将，被县委组织部任命为县二高校长，可谓实至名归。

李校长善于用人，自己却甘居幕后，好像全校都是大将，就他不起眼似的。大家攻城略地，玩命似的干活。与李校长共事过程中，我才感觉到我当时拒任校长而改任副校长是多么明智。有的人天生就是一把手的料儿，比如李校长；有的人天生就是二把手的料儿，比如刘副校长；有的人天生就不是当官的料儿，比如区区在下。

我本来是因为在县教育局写材料工作太忙，有碍考博，才改任副校长的。与校长搭班子后，不好好工作感觉对不起这个英明的校长和班子。但李校长对我说："全县师生都指着师弟考博呢，工作嘛，我们顶着。"好家伙，这个道德绑架让我上得去下不来了，只有拼命一搏。校内分管的工作果然是靠大家帮衬着，也算中规中矩，没有掉链子。

按照校党委分工，我分管校办，我明白，就是让我好好考博。我顺手领一帮人，尤其是一位小刘老师，办起了校报，建起了校网站，发起了一年一度的校园文化艺术节，我填写的校歌又在校歌征集中侥幸中选。《上蔡二高校歌》歌词曰：

女：芦冈绵绵，蔡河泱泱，钟灵毓秀源远流长。
　　莘莘学子，意气飞扬，奋发进取笑傲寒窗。
男：崇德敬业，弘毅自强，艰辛换来满园芬芳。
　　书山觅径，学海扬帆，琢玉成器百炼成钢。
合：人生梦想从这里开始，我们的明天洒满阳光。
　　人生梦想从这里开始，我们的明天洒满阳光。

女：啊，上蔡二高！

男：啊，上蔡二高！

合：陪我进步伴我成长。

男：啊，上蔡二高！

女：啊，上蔡二高！

合：青春托着希望飞翔。

男：芦冈莽莽，蔡河汤汤，人文荟萃再创辉煌。

莘莘学子，意气飞扬，奋发进取笑傲寒窗。

女：崇德敬业，弘毅自强，艰辛换来满园芬芳。

书山觅径，学海扬帆，琢玉成器百炼成钢。

合：人生梦想从这里开始，我们的明天洒满阳光。

人生梦想从这里开始，我们的明天洒满阳光。

女：啊，上蔡二高！

男：啊，上蔡二高！

合：陪我进步伴我成长。

男：啊，上蔡二高！

女：啊，上蔡二高！

合：青春托着希望飞翔。

飞翔，飞翔，飞翔……

说实在的，来县二高之前，我对大家真的不熟悉。来县二高之后，我越来越喜欢他们。乐莫乐乎新相知，人生若只如初见，白头如新，倾盖如故，又见于今日。

李校长知道我被人称为古蔡四大才子之一。似乎这才子一定是四大才子，而景致一定是某某八景。刚好一位书法家校友回校探望老师，我到校长办公室讨茶喝时，正遇他们高谈阔论。刘副校长也在座，刘副校长正是这位书法家当年的恩师。

这位书法家姓冯，书法家只是其业余身份，其本职身份是军中实职少将。其书法颇张醉素，看似东倒西歪，据说自成一派。好吧，我承认，我对书法远未“略懂”。冯将军拿出墨宝，我看不懂，就说：“吓，好看好看！”

没想到这马屁拍马腿上了，人家冯将军的书法那叫以怪取胜，以丑为美。你若说他的书法好看，是损他呢！我哪知道这些江湖道道儿呀，被人家面刺其非，只好落荒而逃。离开好远，还听见冯将军说："没文化。"估计，不，是确定，他说的没文化的人，正是区区在下了。

第二天，李校长给我下达了一个死任务，为他写一篇诗文，他请冯将军书写，张挂在他办公室的墙上，斯为博士（师兄是唯一一个自始至终从未怀疑过我能考中博士的人）诗文、将军书法。

当年温庭筠填词常"手八叉"，我不敢与古贤争先，凡作诗填词，必"手九叉"。即填《江城子·赠李校长》词曰：

芦冈莽莽蔡河长，浛汪洋，李家郎。青鬓临风，冉冉看朝阳。笑对千山迎万浪，君虑计，九书囊。

书生意气欲飞扬，一开腔，一情觞。学者联肩，众志著华章。敢执教鞭辛授业，耘桃李，振家邦。

冯将军怎么也不相信这阕词是那位"打篮球的"填的。他命战士"笔墨侍候"，之后一仰脖，狂饮半斤白酒，援笔在手，睥睨整个卷轴，说时迟，那时快，突然出手，文不加点，一挥而就，长出一口气，笔随便一扔，自有战士收拾。"张旭三杯草圣传，脱帽露顶王公前，挥毫落纸如云烟。"（李白：《饮中八仙歌》）冯将军是草圣张旭的活标本！

之后，他突然扑向我，搂着我，使劲拍打我的背，说："知音啊知音啊，王兄！"得，"没文化的"成了"王兄"了。谢谢"吾王千岁千千岁"。

刘副校长也在旁边，欣赏了书法创作的整个过程。与我相商，要我也为他写一首诗或填一阕词，也让这位冯将军书写。我已黔驴技穷，抱歉而去。

第二天，轮我值日。大家都知道高中教师是"天底下最辛苦的人"——起得比鸡早，睡得比狗晚，吃得比猪差。但大家可能没有想过，高中教师中有一类人更为悲催，那就是高中校长、副校长，他们更加不如上述三种动物。其余不说，每周带班这一项任务，就要求高中领导班子成员必须是全校第一个起床、最后一个入睡的人，而且手机一天二十四小时不能关机。一次冬晨，严格讲是冬夜，我看错了钟表，早起了两个小时，冒着风雪去学校。那年的那天，风雪好大呀。风嘶吼了半夜，后半夜风小了些，雪却成团成团地往下砸，压断了多少常青树的枝干。从我家到县二高必须经过县委前的东西大路，路两边尽是女贞树，从女贞树边行走，断枝残叶屡屡阻断人行道，让人心疼生命的流失——植物的生命，也是命呀！到了办公室，发现钟点搞错了，早起了两个小时，遂捧读诗书。俯而读，仰而思，突然诗兴大发，给刘副校长的诗一挥而就。诗曰《晨读抒怀》：

晓来鸡唱缘底事？坐拥书城正无眠。
虹桥霁雪增逸兴，寒梅小雀共欢然。
古圣西哲似晤面，吴腔越侬胜拂弦。
八极万仞瞬间至，云蒸霞蔚几时还？
颔首微笑后学意，仰面轻叹先贤言。
或有陈论难苟同，信笔勒红掷旁边。
毋须劝酌相对饮，只宜独卧醉南园。
心追手摹自涂鸦，短歌未就不许看。
偶得绮语亦淋漓，剑舞清袂疑为仙。
胸吐豪气千丈远，风侵白壁半尺寒。
抚膺展眉一长啸，曦光已透碧纱间。

在全校8000多名师生的支持下，在全县160多万人民的祝福中，终于在调入县二高的第二年——其实满打满算不到一年，2008年，我考上了博士！这是上蔡县有史以来第一位在职人员考上博士者。后来县二高新校区启用，他们仍为我开辟了一间办公室，但我再没有回去过。我十分想念大家。听说，大家也十分想念我……

（2008年9月16日，北京交通大学博士生宿舍楼）

我心之事出君手

2008年，我经过7次考研未中、3次考博未中之后，终于在第12个年头以同等学力隔过硕士研究生，一举考上博士研究生，以38岁的“高龄”重新进入高校。博士一年级课程繁多，学习于我有些紧张。

读博近一个月后，接到本科同学聚会邀请。我已16年未见大部分本科同学了，十分思念。但学业为重，无法分身，未能赴信阳参加聚会。

要说也奇怪，我本科考入信阳师范学院，之后曾到河南大学攻读在职硕士课程班，之后一博三后，读过的高校共六所，但自己想及母校，或别人问及我的母校时，我心中的母校只有一所——“信阳吃饭学院”——哈不，是信阳师范学院。

同学聚会玩得很嗨，吃喝玩乐之余，复又诗词唱酬。20世纪80年代，全民皆诗人，尤其是大学生，每人必存数册诗集，汪国真、席慕蓉、北岛、杨炼、舒婷、海子、顾城等，是我们常常谈及的诗人，他们的诗作也经常被我们吟哦。可能本科时我们班读诗最多、背诗最多、写诗最多的，就是区区在下了。我记得那时我常在厕所写诗，概因一间小小的宿舍住了八位兄弟，歌哭笑傲，人声鼎沸，宛如置身于闹市之中。旁边是公用厕所，北向是大窗户，我常依窗望着外面近处的女贞林和远处的谭山包，诗兴来时，信笔摇曳。我是真不管这支笔，也管不住它，它到哪儿我跟到哪儿，似乎诗不是写出来的，而是跟出来的。是故，我的大部分诗作自然奔放，清水芙蓉，绝少雕琢。但也有些篇章临文不讳，写一些“你爱我，我爱你”这些无聊的诗篇。

到了2005年，我将积年写在数十册日记本中的原创诗词认真地誊写下来，随即将日记本全部付之一炬。检点所誊写的诗词，竟有厚厚18册。我当时颇为自矜，向内子炫耀。内子一一翻阅，不禁大怒，将18册诗集一火焚之，把纸灰尽倾门前溪流。我咎由自取，怪不得内子，人家捍卫爱情，何错之有？只是，哎，那些数不清的诗作，连同那些青春记忆，皆随雨打风吹去。

2005年，县委两次“挖”我，把我从县教育局调入县委组织部、县委办公室。我当时虽被称为古蔡四大才子之一，但县委“挖”我却是因为我的篮球技术。我高中和本科时皆是校篮球队的主力队员，当时我司职控卫，负责盘活全队的进攻，攻必克，守必固。就像杜甫笔下的公孙大娘，“观者如山色沮丧，天地为之久低昂。霍如羿射九日落，矫如群帝骖龙翔。来如雷霆收震怒，罢如江海凝清光”（《观公孙大娘剑器舞》）。

由于我的出色发挥，加之三军用命，在全县一年一度的篮球赛中，县委篮球队屡屡被县教育局队挑落马下。于是，他们决定釜底抽薪，许以“高官厚禄”，直接把我“挖”走，让我担任县委篮球队的分卫，负责得分。

县教育局自然不甘心，把我再“挖”过来。第一次赴县委组织部工作，三天后局长找到我，提拔我担任县教育局办公室副主任。我说：“这不重要，我看中的是县委让我使用电脑，而咱局总共才两台电脑，我没有机会使用。”局长一拍胸脯说：“给你买一台人类历史上最好的电脑。”于是乎，我返回县教育局，一台新电脑放在了我的办公桌上。从此，我将写的诗词定名为“生命诗语”，将每天写的诗词都及时整理进文档，妥妥地存在硬盘的深处。文件夹也被我巧妙地设计成“三个代表重要思想”“先进性教育”等，免得内子删除。后来，县委又用更大的力度挖我进入县委办公室打篮球兼“抱大材料”，县教育局又以一台笔记本电脑把我反挖回来。我的“生命诗语”的写作越来越正常化，一年一卷，第一个文档是“生命诗语2005年卷”，最新一卷是“生命诗语2019年卷”。积少成多，翻检已逾1.1万首诗词。当年陆游要求自己“六十年来万首诗”，看来不是自诩和吹牛，似乎我也能做到。

2008年10月1日，同窗分别16年后重聚，我因故未能参加，且愧且惜。当晚22时，收到李海军兄短信，内有长诗一首，极言聚会之盛，意颇绸缪。呜呼！人生能有几个16年？

李兄在短信中说，同学毕业16年后相聚，大家诗词唱酬，聊着聊着就聊到了我。有同学说：“可惜王定功没来，若是他来，定有好诗。”班长说：“咱将诗作发给他，让他隔空唱和。”李兄当年与我相知，常纹枰对坐，手谈数局。他现任郑州市登封市第一高级中学校长，才华横溢，稳健干练，已不复当年的青涩懵懂。当年不会说话只会脸红，现在也许只会说话不会脸红了，哈哈。海军兄遵班长之命把全班诗作于当天22时发来。

李海军兄《同学聚会即兴》诗曰：

同学二十年，弹指一挥间。
虽已经沧桑，恍若在昨天。
分手十六年，时时梦中见。
偶像含羞笑，室友粗犷谈。
恩师学识广，宏论记心间。
谭山多翠秀，浉水更温柔。
南湖荡飞舟，独立雄鸡头。
历历如在昨，伴我度春秋。
融入血液里，代代谱新曲。

这首《同学聚会即兴》诗笔清空一指，已情深如斯。16年，在人生长河中自然不过弹指一挥间，但对于“一日不思量，也攒眉千度”的诗人来说，由于思之念之，想之盼之，魂魄与之，鬼神通之，20年竟如此漫长！我再三吟哦，不觉技痒，心慕手追，遂成一首长长的“顺口溜”《读海军同学〈同学聚会即兴〉有感》，曰：

前年雪夜读杜诗，连天烽火草木悲。
去年春和吟柳七，伫立危楼风细细。
今晨喜赏海军词，临窗异峰腾奇气。
携手相寻琅苑路，且惊且疑几回眸。
怪道一揖成挚友，此君原为前世俦。
琴趣透露春消息，我心之事出君手。

同窗自能作奇语，剑气纵横公孙舞。
粹火成就百炼钢，情愁清浅绕指柔。
沉雄豪放凌山岳，纤巧浪漫入丝竹。
千寻松岭横天底，十丈红尘铺地绉。
风尘九万鹏腾抟，浪海三千鲲沉浮。
高台书空几长啸？幽谷抚膺一杯酒，

君笔如檩刚出锋，捷才压倒百万兵。
桃花一枝碧溪上，春雷乍响天宇中。
当其下手风雨快，笔锋所指鬼神惊。
独孤九剑本无谱，惊鸿一瞥何娉婷！

奇文缘自奇儿女，丰神秀颀笔绮丽。
端庄跳荡相杂糅，风健婀娜一时稀。
短长肥瘦各有态，淡妆浓抹总相宜。
青山踏遍真峥嵘，春花采来妩媚生。
清壮顿挫大夫词，气象高华意深沉。
境界多在云霓里，别有山歌与林笛。
临溪照影真国色，牵萝补屋待雨霁。
胸怀丘壑景自远，字挟风雷绽绮思。
停琴贮月平常事，申城合能约有期？

请君同观古今词，一卷在握低语时。
足迹屡往霜林醉，坐看山山笼落晖。
词曲之祖忆秦娥，可惜敦煌无人说。
花间几多伤乱意，南唐后主词中帝。
延巳格调意绸缪，独立小桥风满袖。
有井水处念柳七，漫调写尽离别意。
长亭只与知己别，凝噎还向萧娘泣。
易安慵整纤纤手，巧笑小舸弄红藕。
寻寻觅觅南渡后，诗笔如魂人孤独。
苏辛自是无敌手，落红偏伤秦少游。
吐韵妍和王沂孙，奇透清逸史达祖。
宋人风致衣飘举，余韵绵长一千秋。
明词偏好唐伯虎，一首情词和泪流。
纳兰性德负才情，心性堪与李后主。
书剑飘零龚定庵，和泪长吟苏曼殊。
加之诸君多情致，绝妙好词信手出。

可怜性感点绛唇，难企密意上西楼。
月华如水浴我心，落花有韵闲庭步。
荒山孤灯人不眠，世外又历几春秋？

我无屠龙缚虎手，羞惭未至路路阻。
一击不中须远引，铩羽归来仍青巾。
典衣剩买风亭醉，万事蹉跎囊无金。
只因酒醉鞭名马，唯恐情深累故人。
满腹经纶不忍弃，文章十万作衾枕。
羞作头白济南生，愿为国是展胸襟。
可叹造化偏弄我，徘徊无计意逡巡。
意在魏阙经济策，余事岂足挂予心？
自当日日业余后，捧卷苦读一灯昏。

底事诸君偏怜我？学识才情无一多。
贤山师水几重重？喜无银汉阻春风。
鹤鸣九皋须仰望，玉照百睹且焚香。
海军大作捧心读，得意之处拔剑舞。
也拟疏狂附风雅，指尖流水无平仄。
空有青山花烂漫，叹无远韵石生烟。
今闻同窗语呢喃，直欲寻君浮云端。
君若有闲来相访，门前一树紫丁香。
金龟换馐寒士意，青梅煮酒九首诗。
星眸迷离还相誓：与君世世为相知。

（2008 年 10 月 1 日，北京交通大学博士生宿舍楼；
2019 年 5 月 6 日，河南大学生命教育研究中心）

访了然先生

知了然先生大名，是一个意外的机缘。我雅好诗词书画，然无同好与游。去岁冬尽，雪窗寂寞，遂拨打 114 问文化局："古蔡可有诗友？" 答曰："刘梦鲁，号了然。" 并给了电话号码。于是有了第一次通话。因他退职后在一家私立学校教授国学，课比较紧，又对我不了解，自然不急于见我；我也俗务丛生，百事纷扰，所以相当长时间无缘一见。

转眼春暖花开，惠风和畅，我设宴于蔡河源，专候刘先生。他却匆匆而来，匆匆而去，原来市有关方面邀请他到邻县讲学。这是第一次晤面。了然先生六十岁上下，面容清癯，体态稍瘦，谈吐儒雅，步履轻捷，举止从容，一幅书卷气。还未等话题展开，接他的车到了，他举杯一饮而尽，飘然而去，一"骑"绝尘，消失于女贞树丛那畔。之后，我一为忙工作，二为考博士，三为"稻粱谋"，虽偶在酒醉之时赋诗几首，然无暇推敲，也没能请教了然先生。偶尔看近年习作，仅诗词积累已近千首，一是稍觉自得；二是害怕不成熟的东西不小心被传出去，谬种流传，贻误后人。这一点清醒还是有的——"虽拟疏狂附风雅，指尖流水无平仄"。

转眼读博已一个多月，"十一"归来回到县二高，奉命两头忙。今天公务已毕，翻阅旧作，突然有一种强烈的冲动——拜访了然先生。电询获准，大喜，遂与内子备薄礼前往。其实路并不远，这是一个小小的四合院，门前一树木槿，院内一方石桌，西墙一簇青藤，南屋一张古筝，满架诗词，四壁字画，这便是刘府了。

我是拿着随意打印出的新作的十余首旧体诗词去的。他对照诗律三要素——平仄、押韵、对仗，对我的习作进行了评点，一是"为贤弟的胸襟才气震惊"；二是几乎每一首都毫不留情地打了 2～3 个"×"。他说，作诗意为主，这方面我已达相当造诣；格律亦不可轻视，这方面我似乎还没有多少基础。他重点对我的涂鸦之作《四季抒怀八首》进行了点评。第一首是"春来暂罢江湖行，归卧南山紫云亭。米字临窗拈花写，隔叶黄鹂一两声"。

他说创作好诗不是一件容易的事，要立意高，材料好，用诗语，这首诗就“立”起来了。璞玉浑金必需琢磨，就是要用格律去剪裁。他说我这八首诗分写四季的感受，体现文人雅士情怀，十分难能可贵。可是第一首就不合韵律。首句犯忌“三平尾”，二、三句“失粘”。“江、云、花”必须换成仄字。从古韵“平水韵”看，“亭”“声”不在一个韵部。幸而绝句联语可对仗可不对仗，否则此诗一准又获三个“×”。接着又分析了我的一首七律：“蟾宫折桂又如何？三篇文章费笔墨。几年展卷临风轩，一夜负手听雨阁。腾挪幸有屠龙术，拜谒苦无打狗歌。近来搜寻录取网，喜惧忧虑心事多！”这是我在 6 月份获悉博士入学考试的初试、复试成绩在本专业均居全国第一，但录取尚未定，彷徨无计时的心事流露。他称赞颔联、颈联甚好，又笑问“打狗歌”之“狗”是怎么回事。我赶紧说：“临文不讳，切勿对号入座。”内子呈上她作的绝句：“荒山孤村风雪夜，茅屋小灯独徘徊。情留故园几时去？犬吠诗友一径来。”了然先生也从平仄、对仗（节奏）、押韵三方面进行了点评，并对尾句称赞有加。

既而，了然先生的夫人回来了，她风度不凡，见识高迈，茶道也令人叹为观止。我向来自认为是一介武夫，大块吃肉，大口喝酒，“鲸吞牛饮”，今天还是第一次用紫砂壶、紫砂杯体味文人饮茶的风致，颇不习惯。了然先生的兴致慢慢被逗引起来。他在简述了古体诗的平仄、用韵、对仗后，展开讲解了近体诗的格律：在平仄方面有四个正格、四个变格；在用韵方面有本韵到底、首句借韵、邻韵通押、仄韵诗、和诗用韵等五项要求；在对仗方面有正格、变格、工对、宽对、省略与倒装及对仗的各种避忌；等等。他还详细地比较了“平水韵”30 部和“新韵”14 部的优劣短长。我只有洗耳恭听的份儿，感觉过瘾，也有些紧张，只怕漏掉重要的方面和内容。

了然先生的夫人姓杨。杨老师谈起先生，眉目间流露出掩饰不住自豪。了然先生出生于 1942 年，一生经历可写几部诗集。他学书不专一家，作书恣意纵横，不经意间成了国内闻名、省内顶尖的书法家；他痴迷于诗词，现任驻马店市《天中诗词》主编、霞天诗社社长；他的诗如画，画如诗，为全国知名的画家，只因眼疾（因此改号曰了然，取“一目了然”之意），上月已辍画笔，惜哉！诗、书、画三绝的了然先生，却性格耿介，常常落落寡合。一些有青蝇附骥之想的官员、富豪借请教之名想合影、宣扬，了然先生往往坚拒，并直言不讳地指出他们的“诗作”立意短、文辞浅、格律乱的毛病，所以直到退休，连个科长也没当上，虽则名满天下，也不脱一个“文人瘦”。

因为年纪大了，了然先生已从私立学校辞去职务，专门主编《天中诗词》，管理霞天诗社。所以，今天我们才有时间长谈，也才有可能共谋一醉。薄醺中我“才识庐山真面目”，见了然先生意兴遄飞，旁若无人，一手持酒，一手击节，长吟自己的诗作。《清明》（1980年）：“户户门前柳色鲜，村南村北草生烟。野游坟上看新土，片片飞灰是纸钱。”这首诗写出了河南农村在清明节插柳、踏青、添坟、祭祖的传统文化风貌。《忆旧》（2000年）：“乡心凝蔡地，最忆是童年。春钓河边柳，秋拾郭外田。修城拢黄土，比箭射青天。小友同寻梦，倾杯还闯关。”这首诗则色彩明丽，童趣盎然。《赋小鸟》（1960年）：“小鸟小鸟孤单单，满目黄叶正霜天。昨夜母子哭风雨，今冬何处借屋檐？”这首诗以民歌体曲写黎庶生存之艰，令人心酸。三首诗跨度四十年。他吟诗的样子酷似影视作品中的李白、杜甫，眯眼远眺，好像面前是千山万水、春花秋月，只是少了长须萧萧、古袂飘飘。吟诗后，了然杯酒在手，临窗纵论天下事。我们从华夏文明、中原文明谈到楚文化、蔡文化、李斯文化，从习俗变迁谈到风物更替，从和谐文化之构建谈到国学之复兴，从诗词歌赋谈到琴棋书画。了然先生语出惊人，新论无穷而又旁征博引，言之有据，宏论起处似有天风海雨逼人之势。“相逢意气为君饮”，竟然曾经烂柯人！难得了然先生还保留着这份豪气。

我自幼气即稍有沟通障碍，人群里常默不作声。但今日也变得慷慨豪迈，俯仰之间似旁若无人。宋人刘克庄送王实之赴任广东，夜饯于风亭。刘克庄有词《一剪梅》曰：“束缊宵行十里强。挑得诗囊。抛了衣囊。天寒路滑马蹄僵。元是王郎。来送刘郎。酣耳热说文章。惊倒邻墙。推倒胡床。旁观拍手笑疏狂。疏又何妨。狂又何妨。”今日了然先生与我慷慨悲歌，拍案大叫，也真有风霆惊座、冲决邻墙之势。疏又何妨？狂又何妨！

分手之时，已是归乌倦翅、新月初升了。了然先生赠我旧作、新词共七册，字字都是智慧和心血的凝聚。小巷拐弯处，我与内子相伴回眸，了然先生与夫人还站在木槿树下向这边挥手。他俩的身影在暮烟中变得越来越模糊了，赠我的诗作却越来越重。我用双手将其捧在胸前，与内子相伴踏入晚风中。

（2008年9月21日，北京交通大学博士生宿舍楼）

读赞礼兄

初知赞礼兄其人其名，还是在高中时代，师长嘱我要以这位高我五届的师兄为榜样。后来在上大学时和在工作中，从不同渠道多次听说赞礼兄的动人事迹。自然，各种关于他的信息五花八门，有些是雾里看花，有些是语焉不详，甚至或有冲突之处。近距离地见他一面，一直是我多年来的一个愿望，至于结识赞礼兄并与其结成朋友，则似乎是一个遥不可及的梦想了。

有时，人生推展比人为设计的还要奇妙。今年五月，我带着腿伤在北京交通大学附近的一个小旅馆住了半个月，集中精力备考博士。一天，一个朋友打电话对我说，赞礼兄为考博士也到了北京，来看看我，马上到。我当时很激动，赶紧挣扎着去打扫卫生，瘸着腿去打开水，并请服务人员代我去买水果。这时，朋友又打电话说，赞礼兄就在楼下，因急着赶回郑州，不上楼了。我毫不犹豫地单腿跳着一级级下楼，一瘸一拐地赶过去，终于在交大南门附近第一次与赞礼兄握手。握手的时候我很郑重，为这一握，我准备了二十年。后来，我俩同时被北京交通大学录取为同一专业的博士研究生，报到后又被分到了同一个宿舍。从此，我可以与赞礼兄朝夕相处，随时能够向他请教。这是我考博的“副产品”，从某种意义上讲，这种机缘恐怕比考博还要难得吧！

赞礼兄自幼就是一个标准的“神童”。他的父亲虽然是一个朴实的农民，却对子女期望很高，考大学、“跳龙门”的希望首先就寄托在老大赞礼身上。他十三岁的时候就考取了县重点高中，在全班数十名同学中的年龄最小，入学成绩却在全年级前十名，老师自然对他青眼有加。就在此时，赞礼迷上了看课外书，做起了作家梦。晨昏寒暑都是一卷在握，每遇好书即倾囊相购，《少年文艺》更是一期不落，为此常常节衣缩食，大有“五花马、千金裘，呼尔将出换好书”的豪气。两年积累，盈盈一大木箱，全是与高考无关紧要的“闲书”。语文，尤其是作文成绩自然扶摇直上，其他各科老师讲课于他直如清风过耳、浮云在天，成绩自然可想而知。结果高考前的预选考试没有通过。搬着大木箱回到乡下高中复读，竟也没通过入班考试，还是校长破例“试录”了他。开始，赞礼兄的注意力还在写小说、当作家这方面，任人苦口婆心相劝，效果总不明显。后来渐悟，逐志于学，重返正轨。他的先天优势慢慢地被发挥了出来，成绩“噌噌噌”一个劲儿地提高，在班里遥遥领先，老师、家长都始料不及。高考前，老师还对他父亲说赞礼能考个大专，结果一下子考了528分，那是在1983年呀，那年北京大学在河南省的录取分数线才519分。可能赞礼兄也对自己的成绩估计过低，报的志愿低了许多，虽也被重点大学录取，但毕竟与北京大学失之交臂。好在本科毕业时应届考取了中国人民大学的硕士研究生，获经济学硕士学位；现在又考取了博士研究生，在职攻读法学博士学位。

赞礼兄是一个性情中人，他对基层老百姓有一种天然的深厚感情。本科虽然学理，考研时他却跨专业选择了“农村经济”这一方向，希望学成后回乡振兴桑梓。毕业后先在省农业银行工作七年，又到省委政研室工作八年，再到省农村信用联社工作，今年是他在农村信用联社工作的第四个年头。他说他这小半生最有成就感的时光是在省委政研室的那段日子。他一头扑进“以文辅政”的工作中。很长一段时间，赞礼兄关注农民减负问题。那时从上到下“减负”喊了好多年，但“负”一直没能真正减下来，并且时有反弹。农民负担重，重在哪儿？原因何在？如何做到标本兼治？赞礼兄拧着眉宇扎进了乡村，顶着来自各方面的压力查资料、对账目、访群众、问干部、开“诸葛亮会”，他的足迹踏遍了中原大地的好几个市、县。一份分量极重的调查报告被呈报到了省里决策者的案头上。省委的一位主要领导同志评价说：“问题拿得准，原因分析得透，政策建议可行。”赞礼兄的工作虽然只是农民减负的动力源之一，但没有谁能忽略它的价值。真正的减负在农业第一大省的河南省开始了，后来变成了全国的政策和行动，直至农业税全免，实现了“种田不纳粮”的历史性突破，从根本上对“三统五留”等搭车收费进行釜底抽薪式的剥离，真正把农民减负落到了实处，真正把好事办到了群众的心窝里。赞礼兄在省委的那段日子虽然清苦，但写就了许多份影响党委、政府决策的资料，参与制订了一系列重要政策。他的作品虽少为外人所知，但其实不亚于一曲气势恢宏、窾坎镗鞳的“史诗”。

是金子总会发光的。省委把他定为干部培养对象，并派他赴美国学习考察一年。回来后，恰逢农村信用社管理体制改革。因为他曾在银行工作多年，又对上上下下的情况熟悉，省政府组建河南省农村信用联社的时候，领导慧眼识荆玉，选调赞礼参与筹建工作。那又是一段“战斗”的岁月啊！信用社系统各级领导机构和工作机构的组建、股份制的改造、国有资产的清理、干部的考察任用、人员的甄别分流，赞礼兄参与的工作林林总总，事繁任重，几乎每周都要积累20多厘米厚的材料。短短半年，全省的农村信用社管理体制及运行机制都被理顺了。参加工作20年，直如弹指一挥间，赞礼兄虽没能实现中学时写小说、编故事的梦想，但他却实实在在地做了“小说”里、“故事”里的主人公。

有人说“英雄见惯亦常人”，我并不这么看。与赞礼兄为同窗，为朋友，但我更敬其为师。愿我保持对榜样学习的敏感性，把赞礼兄当作一门博士学位课程来“读”，日有所学，夜有所悟，时有进益。三年读博同窗时光是我向他学习的绝好机会，虽不敢奢求见贤思齐，但高山仰止，景行行止，虽不能至，心向往之……

（2008年9月21日，北京交通大学图书馆）

室友考上了大官

晚11时，宿舍里的电话响了一声就断了，我怕耽误重要电话，就打开了手机。两条短信如期而至，是赞礼兄在联系我。我急忙打回去，没联系上，不知何故。翌晨，吃早饭时，接到赞礼兄电话：他接到了贵州省委发的调令，调任他为贵州省农村信用联社副主任，春节后上任。这是一个令人特别高兴、特别振奋的消息。

不禁想起与赞礼兄初为同窗的日子，那时我俩在学校朝夕相处，他在为学、为人、为官诸方面给我树立了榜样。“万人丛中一握手，使我衣袖三年香。”交往两年有余，“如入芝兰之室，久而不闻其香”，而自己可能已经不知不觉“微香”了。

贵州是个神奇的地方。记得本科毕业开始工作后，我“嫩嫩地”欲以研究山歌为业，内子竟也“英雄所见略同”。时有走遍贵州之志，只因最喜欢的那首民歌即是贵州民歌：

太阳出来照半坡，金花银花滚下来。
金花银花我不爱，只爱情哥好人才。
太阳出来照白岩，金花银花滚下来。
金花银花我不爱，只爱情妹好人才。

翻检旧诗，其中有一首诗是写给赞礼兄的，也忘了到底给了没有。这首诗写于2008年10月8日，诗为：

文名官声早有闻，校友楷模人共钦。
世间十年求识面，京中一见即论心。
才子如鲫虽纷乱，微言成诗谁赏音？
闻道西山秋容好，相邀联袂试同寻。

后于2009年6月25日核校格律，修改如下：

官声道耳始甘临，校友标杆挚伴钦。
众里千寻求识面，京中一见即倾心。
文人细鲫虽纷乱，贝叶微言恁赏音？
报得西山秋韵酽，相邀联袂隐丘林。

哎，同窗如此优秀，我却平庸如斯，想来惭愧。但愿能如期写出论文，有机会赴贵州拜访赞礼兄，也能饱览南国风光。

（2011年1月26日，北京交通大学图书馆）

美女博士马冰星

倘若在北京交通大学做一个这样的投票选举：谁是外表最不像博士，实际上“最是”博士的人？恐怕熟悉情况的人会不约而同地把目光投向马冰星！在她这儿，大部分人都会犯经验主义的错误：这人该去做模特，读什么博士呀！

其实好像也没有规定说美女就不能读博士，但我心里一度有一个顽固的偏见，博士个个是怪物，女博士更是怪物中的怪物，在重点大学学哲学的女博士应该是“怪物的四次方”！她们应该个个戴着厚厚的眼镜，不是太胖就是太瘦，绝对不苟言笑，生活在思想中而与现实格格不入。所以，今年博士研究生录取结果在网站上一公布，我一看本专业共录取的十名博士中有六名是女子，心想，这三年该怎生相处？负笈进京时，被录取的喜悦中掺杂着一丝丝忧虑。但是，我的同学们彻底颠覆了我对博士的误解和偏见，其中，马冰星以她的“美、慧、善、达、雅”给了我一次又一次震撼、一次又一次教育、一次又一次惊喜。

博士班第一次集中上课时，导师要大家相互介绍一下。第一排的一个女同学转过身来，说：“我一站起来，大家对我的印象可能就深刻多了。其实我也不是很高，光着脚也就一米七五，但就是特别显个儿，有时高得恐怖，对不起大家了。但博士的高度取决于思想而非身高，以后希望各位同学多多赐教！”我一抬头，天啊，博士怎可如此“美”！苗条，清丽，眼神里没有沾染尘世的痕迹，目光不设防地、温存地直视着你，周围似乎有一丝光圈，这一切让人想起人世间那些美丽的、美好的事物、语汇和情感。后来，她的一位旧友告诉我，她在主持晚会时是如何风华盖世，如何光彩照人！我突然想起复试时似乎见她从眼前飘过，当时轩窗阳光充足，她的剪影无法逼视，只感觉一丝淡雅，满眼都是春天的消息。一下子，我突然打开了思路，对于复试抽中的题目知道了如何作答。后来，同学翟媛丽说，参与主持复试的杨蔚老师（其实也是我上一届的师姐）对我的回答“很感动”。马冰星，谢谢你的美丽，是你的美丽拯救了我并将继续拯救这个世界！

马冰星的“慧”，厚重、真纯，有时也俏皮、灵动。她总是不放过自嘲的机会，她的智慧没有让她与他人格格不入，她总能与他人比邻而居，不愿独处琼楼玉宇而高处不胜寒。一次，荆教授在回复我的邮件中指导我要注重向马冰星学习。她说：“不会吧，荆老师不是一直主张同学们学好的吗？”一次，一个同学说：“马冰星，这三个字的每一个笔画都那么好。”她回答：“笔划单看倒是不赖，组装在一起就不怎么样了！”她谦虚也是有智慧的谦虚——她看书“看不好，瞎看”，她写文章“写不好，瞎写”，她感冒发烧也“烧不好，瞎烧”，其实，她书看得倍儿棒，文章写得倍儿好，发烧也烧得很有水平，哈哈！她敏捷的才思常如电光石火，让人细想之后不觉起立鼓掌。那次集体爬香山，下来时一老兄问马冰星：“山顶是东南风还是西北风。”她答曰：“东南西北风。”“这是什么风呀？”我和那位老兄同时思索。“东南西北风，那是旋风呀！嘻嘻！”有时，她的智语，我三天后才明白，为此常常在暗地里感到狼狈不已。她的智慧影响了周围的许多人，“马门弟子”越来越多。昔日诸葛亮躬耕南阳，能让周围十里的人都会唱“凤兮凤兮”之类的歌。现在，马冰星似乎也能，一些学友讨论问题的时候会不自觉地引用像“烧不好，瞎烧”“吃不好，瞎吃”这样的“马式名言”，常令人“执手相看笑眼，竟无语喷饭”。在课堂讨论时，我常迅速记录下她的发言，她的发言深刻、严谨、幽默、生动，有独到的见解，虽不喜欢引经据典、咬文嚼字，但发言中的睿智和创意往往让人眼前一亮、耳目一新。她有时也用赞赏的目光鼓励别人发言，托着腮看着你，眼神仿佛在说：“忽悠，接着忽悠。”别看她平日里完全是一个小鸟依人的小女生，从来不拿学问吓唬人，但熟悉她的人慢慢地都知道：她是一个真正有潜力的学者。

一则寓言说：冬天，太阳与寒风比赛，看谁能让人脱掉厚厚的棉衣，结果太阳赢了。这样的问题永远不会困扰马冰星，她很自然地扮演了冬日暖阳的角色而不自知，她的“善”是她抵御世事纷扰的一件“武器”，总能让不和谐的音符销声匿迹，让不善良的人缴枪投降。读博前居家之日，她常常收养别人遗弃的病猫、病狗，与她不相干的苦难故事每每让她唏嘘流泪，在别人需要帮助的时候，她总是不吝出手且毫无居高临下的优越姿态。她喜欢听别人的倾诉，就那么静静地坐着，就那么温柔地看着你的鼻翼，她的目光不知不觉变得悲悯起来，就好像她面前坐着的就是那只走失的病猫、遗弃的病狗。那时她是一名教师，她的身边总是围满了学生，并且许多时候这些学生来自外班、外校及至外地。她总是设身处地为别人着想，随时随地能够发现这个世界中的真、善、美，她似乎永远不相信人世间有罪恶。她宁愿把周边的人当作理所当然的好人，而结果是大家也不太好意思做坏人了。这是美与德的力量！她因此也获得了甜蜜的爱情和真挚的友情。她是一位妙龄美女，人们相信，即使她不再处于妙龄，她仍会是一名美女，哪怕是七十岁、八十岁！

“达”是指她心态豁达、平和，有时简直就是随遇而安，她的心地永远如一片江风山月。当一件事情不如预期时，她往往选择降低期望值而不再选择继续勉强。她的择业、择友、恋爱、生活无不彰显出这一理念，因此，她总能快乐起来。有一分热发一分光，哪怕独善其身、呵手自暖，能力外的不再奢求。照说她的娘家家境殷实，珠帘画栋、香车宝马伸手可得，但她宁愿与爱人共同经营数十平米的爱巢，宁愿孤馆寒窗、一卷在握、独立黄昏。她笑着说：“在北京我要房有房(宿舍)，要车有车(自行车)，要老公有老公(老公虽不多，只有一个，但几位闺中密友却多数离婚了，一个总比零个多吧)，夫复何求？”她常常素面朝天，傻哈哈地大嚼青菜，意兴遄飞，旁若无人。她也曾坐十几站的公交车去“淘”便宜服装，经自己这么一改，那么一扮，立马变成时装。再说她“要模样有模样、要身段有身段”，恐怕是“蓬头粗服”也难掩国色，何况她并非不注意修饰，并以此作为尊重世界的方式。在书斋，她是指点江山的博士，顾盼之际，她是遗世独立的美女；而在家里，她又变成了温柔婉娈的主妇，与夫君头抵着头吃饭的时候，她能让一盘水煮萝卜变成美味佳肴。

马冰星的“雅”永远不需要刻意装扮，那是一种“泉眼无声惜细流”的自然之态。我有幸拜睹她的一组照片，那是一家影楼为她拍的模特照。不同视角下，她都展现出了惊世之姿。有的妩媚动人，有的清丽脱俗，有的俏皮可爱，有的娇慵可怜，有的醇醇如酒，有的淡淡如菊，共同点是一个字——雅，并且是那种让人感到既亲近又景仰的“雅”。于是，我又想起与马冰星及众同学共赴香山的情景。我当时诗兴大发，赋诗十首赠予她，表达了全班同学对她共有的倾慕之心、敬仰之情。现在仍依稀记得有这样的诗句：“依松枕石何娇慵，指点风烟梵呗声。轻叹诗兴何须觅，君是诗中主人公”，“香山云路十八重，无人考证谁之功。忽见君袂拂云朵，惊觉已到最高层”，“最是回眸可惊鸿，枫叶薄襦相映红。星君挥袖云锦里，笑问天下谁争锋”，“枫树椽子已朦胧，梦里一叶一星星。吟秋狂态我负手，临风之姿君从容”。

昨宵伊人又入梦，“临风之姿君从容”……

（2008年11月30日，自京返豫的火车上）

我的演讲体会

第一，厘清学术演讲的价值。立场方面：不为权贵背书，不为流俗辩护，而宜坚持"底层视角，平民立场，生命关怀"。形式方面：不当"标题党"而大言炎火，而宜设身处地、悲天悯人；不逞才显能而跑题，不攻击别人以自矜，不自说自话而怨尤，而宜中庸、风雅、文质彬彬。内容方面：不指望授人以鱼（因为难以保证新鲜美味），大部分情形下也不指望授人以渔（因为难以保证合适敷用），只是希望能给听众带来思考和启迪，推动他们自己去获得"鱼"和"渔"。岳飞曾说：阵而后战，兵法之常；运用之妙，存乎一心。针对每一次演讲，均宜认真研究，就演讲内容勾勒和撰写学术论文，不断修改，最后逐一发表。以此将演讲与科研结合起来，也以此把"学术报告"与"鸡汤演讲"区别开来。

第二，博采众长，自成一家。广泛阅读，分别收集文字、图片、视频等不同形式承载的紧密相关的、富有学术品位的、富有教育意义的趣闻、案例、美文、诗词、格言警句等，尤其是哲学家、教育学家、典型人物的真人真事。也宜学习和借鉴先进的演讲范例，平时养成整理、学习这些资料的习惯。

第三，了解演讲单位、人群的基本情况，并将其穿插在演讲的导语、正文和结语中，亦即每一次演讲都是"定制版""专属版"。我与目标单位和人群形成同一个生命共同体。课大于天，人大于天。

第四，精心撰写讲稿，哪怕是备而不用，也宜全面预设，并为生成留下足够的空间。讲稿宜有品（学术、思想）、有味（文雅、诗意盎然、美）、有料（无法比新，就比旧、比深，比如民国教育家趣闻、西方哲学家趣闻或以另外的角度观察先贤等）。既借鉴先进，又有自己的特色。我能做到古今中外的诗词随手拈来，并且习作诗文数千首可资引用。当代教育学者难及于此，而诗词学者又无不熟悉教育内容，这一点有可能成为我的演讲的一个特点。

第五，精心制作PPT的初稿，之后呈行家里手改正，但最后还宜由自己调整到“专属”程度。

第六，提前试讲，不断调整，以臻完善。演讲前一天要保证充足的睡眠，演讲前要沐浴更衣，静坐冥思。演讲时要提前到达地点，熟悉场地和主持人，调试设备。

第七，演讲时要控制节奏和声音，让自己安适、愉快、激情、理性；要在保证完成演讲任务的前提下尽量多地与大家互动，让大家有参与感、获得感。不要不怀好意地“虐”人家，故意让人家哭。也不要一直让大家傻笑，到时候老师们笑傻了，中学校长找我算账；我笑傻了，完不成演讲的学术任务，回来学院院长又“皮”我。

第八，演讲后，主办方可能会给一些钱，给多了要退还一部分，给少了或者忘给了也不要在意。开展公益演讲，宣扬生命教育，这是我作为一名生命教育学者的本分。演讲前或演讲后，主办方常常会邀请我吃饭，这是向他们学习的好机会，不要埋头苦吃，像猪一样。饮酒要节制，“李白斗酒诗百篇”，重点是后三字。照相宜“正颜杀”，而我的侧面、背面过丑，宜秘不示人。照相时多想想诗和远方，乱七八糟的想法要暂时放一放，要做到“眸子正”。合影若请研究生PS时，一定要将合照中的每一位都PS一下，并将最丑的那一位（一部分情形下自然是区区在下了）刻意PS得美一些。

第九，演讲归来后要发微信及微信朋友圈，由衷地对主办方领导、主持人、邀请者表示钦敬和感谢。之后要及时反思演讲的成败利钝，及时深化思考、调整内容，以利将来。

第十，别人若有批评意见，那一定是憋都憋不住了才说的，因而一定是真实的，所以宜聆听、深思、改正；别人若表扬，那多半是出于礼貌或偏爱，要感恩但不要飘飘然。

我素有沟通障碍，从小到大在公开场合总是三缄其口。2016年春被“绑着”在深圳开讲，之后时断时续，越来越多，以至在北京师范大学、河南师范大学、郑州师范学院、郑州大学、河南大学、国家教育行政学院、石家庄一中、兰州一中、新乡一中、商丘中学及全国性、区域性学术活动中做演讲，并越来越享受这种演讲。这于而言我是一个奇迹！但学术演讲之路漫漫，止于至善谈何容易。哎，我的演讲要是能达到刘铁芳教授、冯建军教授、朱小蔓教授、王定华教授等学界先进人物以及我的三位博士后导师顾明远先生、周洪宇先生、刘济良先生的一小半，让人们走心地赞一句：真学者当如是也。我也就满足了……

（2018 年 2 月 8 日，新乡讲学返回开封途中）

逻辑之问及灵性之思的双重逼仄却将我推上了『生命价值论』这方悲风四旋的无人高地。于是，我冒着『推不出』『此题无解』的风险继续探究求解，依据自身『生命体验』调整言说姿态，在『两难选择』处相机抉择，在『理论夹缝』中艰难拓展，在芊芊莽莽的思想丛林里磕磕绊绊地寻觅着已然嗅到花香的小径……

——本辑导语

第3辑 拟向穆豹问不朽

为危改放歌

太多的情愫，我想倾诉；太多的故事，我想叙说；太多的人，我想执手相谢；太多的理由，请允我长诗当歌。

这是一片神奇的土地，文明的足音在这里回响：伏羲蓍草画卦，孔子授徒设帐，“书同文、车同轨”，“千古一相”。“状元红”醉倒八方多少游客？“上蔡八景”美轮美奂，令人神往。

惜哉！上蔡县至今尚属贫困县，财力薄弱，经费不足，办好学校梦难圆，危房改造困难重重，举步维艰。

“破屋子，破凳子，中间坐个破小子”，这是什么样的歌呀？“要找学校不用问，破院破房只管进”，这又是什么样的谣？1975 年 8 月洪水之后建起的简易校舍啊，怎经得起三十年的虫噬蚁啄雨残风剥？雨雪霏霏本来多有诗意啊，一些孩子却只能离校在家中自学。

“绝不能让一个家庭失去用教育改变命运的机会”，中共驻马店市委副书记兼上蔡县委书记郭瑞民如是说；“绝不能让一个孩子在危房里上课！”上蔡县人民政府县长李海洲没有丝毫犹豫，没有丝毫退缩。县委、县政府一锤定音：实施农村中小学危房改造！

“啥重要？”“危改最重要！”“啥紧迫？”“危改最紧迫！”

风起云涌，怒涛排壑，古老的上蔡县焕发出青春的风采。机器隆隆，遮掩了鸡鸣犬吠。脚步匆匆，踏碎了晓风残。

自力更生，不拖、不等、不靠，纵横捭阖，畅通“八个渠道”；科学规划，确定 209 所项目学校，实事求是，建设坚固、够用、实用的校舍。

经济学上讲，资金总流向利润高的地方；我却要说，暖流也总流向最需要温暖的心窝。资本的属性是，有利皆至，无利不往；我却想，义务教育关系千秋万代、民族兴亡！

让上蔡县的子孙后代不要忘记，上蔡县设立危改专项资金始于 2003 年。更请孩子们永远记住，2003—2005 年，上蔡县消除危房面积为 96 万平方米，新建校舍面积为 10 万平方米，投入危改资金为 3000 万元。

专项资金，专户运行，“一分都不能少”；政策优惠，收费减免，“一分都不能多”；“四个统一”，规范管理，工程有序实施；“六路出兵”，雷厉风行，项目如期交工；严把“六关”，质量为先，确保新建校舍使用寿命达 50 年。

杂花生树，无暇欣赏；绿树阴浓，没有乘凉。西风吹送，好清爽；天寒地冻，人正忙。

变了，上学之路不再泥泞；变了，校门围墙好齐整。变了，教室明亮又坚固；变了，蝴蝶翻飞花圃中。

笑了，听孩子们欢快的歌声；笑了，看孩子们的欢呼雀跃。笑了，辍学的孩子们回到了久违的校园；笑了，村支书的眼里笑出了泪花。笑了，教育质量如“芝麻开花——节节高”；笑了，笑了……可为什么，人们笑着笑着，却又沉默了？

忘不了县委、县政府专题会议室那不熄的灯光；忘不了上级领导亲临一线，亲手挥镐；忘不了白日里乡亲们义务劳动，全力相助；忘不了雨夜中村干部值班巡逻，护工护料；忘不了“危改办”同志眼中那也许再也消不去的血丝；忘不了施工队劳动竞赛的号子震山河！

如今，在上蔡县，最动听的声音，是琅琅的书声；最漂亮的身姿，是孩子们的欢跳；最亮堂的房子，是我们的教室；最靓丽的风景，在我们的学校。

危改——我向你喝彩，危改——我为你赞叹，危改——期待古蔡平安崛起，危改——党的恩惠永记心间！

（2005 年 11 月 11 日，上蔡县教育局）

生命如酒

——《草原上的承诺》推介

草原上的花儿，多么动人！那些含苞欲放的、娇艳欲滴的，或者枯萎凋零的花儿，娇美、绮美或凄美，怎一个美字了得！电影中的花儿是一位草原上的额吉（母亲），她有着花儿般美丽的容颜、花儿般美丽的心灵，生命的温情和美丽在大爱中绽放异彩。

这是一部由真实事件改编的影片，该影片艺术地展现了草原姑娘花儿照料汉族“孤儿”巴图的故事。故事开始于风僝雨骤的“文化大革命”末期，热恋中的建国和红艳为逃避迫害而参加了内蒙古建设兵团。谁料红艳意外怀孕，难产而逝，建国以流氓罪锒铛入狱，孩子一出生就不幸成了“孤儿”。建国临行托孤，花儿抱起了孩子，取名巴图，含辛茹苦将其抚育成人。千金一诺，生死相依，纵酸甜苦辣，大爱依然。

建国刑满寻子，驮着巴图“开飞机”的场面感人至深。情愫在建国、花儿胸中悄悄萌生。恰高考恢复，建国考中，敖包一别，天各一方。酷爱歌舞又有天赋的花儿考取乌兰牧骑，但为照顾巴图而放弃。一母一子，相依为命，转眼又是十六载，巴图高考时需生父在出生证明上签名，花儿带巴图南下宁波，找到了大学毕业后留校任教的建国，之后母子重返草原。柔情几许，欲语还休，待建国忙完论文到草原拟与花儿完婚之时，花儿已为人妇，建国只能借奶酒一杯祝福。不知建国伤心几许，只知建国此生未娶。云走风飞，花儿六十大寿之时，子孙绕膝歌舞，建国去世。骨灰撒在草原，影片定格在花儿盛装送葬之处，千里草原正是日落黄昏之时。

在所谓商业大片驰突奔竞、观众渐显浮躁之时，《草原上的承诺》就像从草原吹来的一股清风，唤起了人们对人间真情、真爱的珍视，使人们重新思索对真、善、美的追寻和对承诺的守候。影片中，在动人音乐的伴奏下，风雨雪霜、草青草黄、敖包相会、奶酒敬人、歌舞叙事、少年赛马、结婚送葬依次呈现，草原风情让人如痴如醉，更兼“天苍苍，野茫茫，长野夕照日昏黄”的雄奇壮阔，让人看完影片许久，还沉浸在剧情之中。

影片推荐指数：★★★★★

（2010 年 11 月 28 日，北京交通大学博士生宿舍楼）

博士后研究方向

我的博士论文题为《人的生命价值研究》，获全优，但求职时却辗转来到河南大学教育科学学院。从哲学转向教育学，还是有很大跨度的。于是，我做了三站教育学博士后。首站即赴北京师范大学师从顾明远教授，做比较教育博士后研究。

2010 年 9 月 26 日，在国家社会科学基金教育类项目主持人培训会上，我有幸聆听了顾先生作为“80 后”的学术演讲，段段嘉言，字字珠玑，不觉神为之夺，肃然起敬。随后我追随数百米，当面向顾先生提出想师从于他做博士后研究的申请，受到他的鼓励，随后斗胆正式提出进站申请，按要求向教育学部刘丽同志投递了个人简历。

我想，若有幸被批准进站，拟在以下三个方面向顾先生求教，并根据顾先生的意见及研究的推进情况，最终确定一个方向进行深入研究并发表系列论文，形成出站报告，出版相关专著。

一、生命教育学理研究

生命教育似乎已经耳熟能详，究其学理则不甚了了。对生命教育进行追根溯源式的学理研究正是博士后的当行本业。这项研究将从问题回溯，追寻生命教育滥觞之源，对中、西、马相关诸论剖而析之，援哲、社、心入教，淡学科界限，戒先入之见，融炼于一炉，对生命教育“弄弄清楚”，指明方向。

我承担的“青少年生命教育有效性研究”（2010 年国家社会科学基金教育学课题，第二参加者，主笔）及“青少年生命教育缺失与供给研究”（2010 年教育部规划课题，主持）对生命教育进行了一些研究，但侧重对实践现象的描述、解读和策划，其学理尚待深究。国内生命教育虽“摸着石头过河”，却以一种沉着坚定的力量悄然而深刻地渗入了校园之中，转眼间竟具席卷天下之势，较当年“素质教育”有过之而无不及，“理论跟进”“理论补课”以及对其进行反思和指导迫在眉睫。

二、生命教育国际比较研究

拙作《青少年生命教育国际观察》《青少年道德教育国际视野》已分别于 2011、2012 年出版。这两本书是我在撰写博士论文《人的生命价值研究》过程中形成的资料汇编，编辑很喜欢，我在博士论文的后记中也写道：“晨昏寒暑独坐窗下，条分缕析，剪裁伸缩，苦心经营，恐拙文流传，贻误苍生。”其实研究并未充分深入，学术性不强纰病悄然自知。

生命教育国际比较研究是很严肃的一件事。宜对研究前提进行界定，对研究工具进行择优，对研究对象进行筛选，对研究方法进行规范，对研究结果进行检测，基于此审慎得出结论，以资辅政。从这一标准评断，《青少年生命教育国际观察》只不过才叩响门环并初窥前庭而已，“庭院深深深几许”，真正的研究尚待展开。

三、生命教育话语体系构建研究

对话和独白是生命教育可能选择的话语策略，体现的是不同的生命意识和教育理念。生命教育在这里是一种理念，它渗透于教育的全过程之中。这方面的研究才刚刚开始，尚没有成果，只是感觉这个课题可能会有价值。

前期研究已触及了以独白性为基本话语特征的中国传统生命教育策略的基本理论，并梳理了现代性生命教育历程中以启蒙为中心的话语模式和言说姿态，借以澄明独白性教育理路在当代的延续与走向对话之路的艰难。一方面，独白性教育传统在当代社会生活中的影响至深，一些教育者不甘于教育威权的失落，动辄以威权者的身份教训、控制、裁决、褒贬学生，不尊重学生人格的独立性及其生命价值与尊严；另一方面，当代社会中的个体对人格独立自主的诉求不断高涨，对威权性教育的反抗有可能最终导致对教育本身的拒绝。

从神谕走向圣言，再到众声喧哗，教育言说姿态的平民化趋势凸显，对话是生命教育的呼唤。消解传统的教育威权，反对简单的灌输、独白，关注生命个体的理性自觉，关注生命个体的我在性言说，营构自由的生命融通情景，走向积极的交往对话，在生命个体积极参与的过程中唤起生命的尊严，乃是建构当前生命教育理论的基本思路。

或许，追求真理、醉心科研是我的优点，但必须向顾先生直陈我在研究方面的诸多劣势，以助顾先生在招收博士后时进行全面权衡。

其一，我出生于1970年，超龄，按照全国博士后管理办公室要求，需要教育学部向学校呈一份报告，需劳顾先生亲自签名。

其二，我自1992年本科毕业后，先后在政府及教育行政部门担任文秘人员，在高中从事管理工作，硕士研究生是在河南大学教育学院读的课程班读的且未取得学位，所以，本科毕业后有16年没有真正处在科研状态，我所有的5本著作、8篇论文、4个项目都是在2008年读博后才弄出来的，学术积淀很是不够，若招我进站，则指导我科研的工作量将是巨大的。

其三，我虽立志弃政从研，但良好的科研习惯还未真正养成，坦言之，整个研究还多处于文本研究阶段，创新不足。我深知科研是严肃的，科研规律至深至奥，教育科研更干系重大，若研究有误，则谬种流传，罪莫大矣，我对自身教育科研能否登堂入室并无十足把握。

家兄与我都是顾先生的学术“粉丝”——他或许能称得上“粉条”。当年他报考顾先生的博士，因指标限制，被顾先生转荐给与他齐名的大学者滕大春先生，兄长对顾先生至今感恩至深，也留下了一丝遗憾。我若蒙顾先生招收，必会深感荣幸并珍惜做顾先生“及门弟子”的机会，力争不辱师门；若未被录取，我会继续努力做好顾先生的“著录弟子”，认认真真教书，勤勤恳恳研究。

（2011年3月1日，北京交通大学博士生宿舍）

攻玉需用他山石

——写于《青少年生命教育国际观察》入选“百优”之后

《青少年生命教育国际观察》入选“2011年最受中国中小学教师欢迎的100部优秀图书”（2011年12月26日《中国教育报》），我十分高兴。谢谢参与投票的教师同仁，谢谢他们对拙著的欣赏；也祝贺其他入选作品的作者，拙著能与这些伟大作品同列，我深感荣幸。这些天，尊长、研友的电话不断，要我谈谈心得，我一时恍然如梦，不知从何说起。

就从“统摄”开聊吧。雅斯贝尔斯的一系列论证正是基于这一思想。这一思想可以从一个日常事实言说。爬山，这几乎是每一个人都有过的经历。登高望远，我们欣赏到了平日里看不到的远方；再高一些，更远处的景物进入了视线，所谓视线，是一个以自己为圆心的圆；更登高一些，我们看到了地平线以及地平线围绕的壮丽山川；随着高度的增加，这个地平线在向远处推移，更多的事物进入了我们的视线。感知所及，即为“统摄”。“一斑窥全豹”究竟是容易失误的，我们的视野越开阔——用雅氏所言，即进入“统摄”的事物越多，我们越逼近事物的本质。拙著《青少年生命教育国际观察》正是试图扩展读者对生命教育的感知“统摄”，使诸君明了域外先行者所然，以及所以然。

一般认为，中国传统文化的内核是性命之学，但究其实，真正现代意义上的生命教育反倒是“舶来品”。第二次世界大战以后，欧美国家在医治战争创伤、恢复经济和发展科技方面成就斐然。然而，与此相伴而生的却是整个社会道德滑坡，青少年伦理观念、生活方式、人格健康和生命价值观受到严重挑战与威胁。针对于此，“生命教育”被欧美国家明确提出，从理论到实践，他们均走在了我们的前面。我们的近邻国家日本、韩国以及我国的港台地区也已着先鞭。他们在生命教育的理论和实践方面均已做出了十分有价值的探索，筚路蓝缕前进，成败利钝交织，展开了一幅千姿百态的教育画卷。翻阅此书，与作者一起徜徉其间，或“跳出庐山”景外观景，我们就容易对世界范围内生命教育的来龙去脉、锦绣蕴藏多些了解，多些感悟。

《青少年生命教育国际观察》“观察”到了各国生命教育体现出的民族性、阶段性、全面性、独特性，并突出了对各国生命教育的反思和批判。不同国家的民族文化传统是生命教育的思想基础，譬如，美国建立了以民主、自由、平等、法制、人权等价值观为核心的道德价值观体系，而日本的文化传统对家庭观念、团体意识、民族心理等集体潜意识的强化根深蒂固。这样，生命教育表现出对文化传统的反动与顺延、突破与继承的“扭力”和“张力”。事实上，各国开展生命教育的现实背景、文化渊源、思想基础各不相同，生命教育的影响因素中的历史变迁、政治背景、社会结构、制度和政策环境分别起着不同程度的作用。于是，各国生命教育的目标和内容体系、教材编排和设计、实施路径、评价机制、教育培训和社会参与机制自然也各不相同，甚而生命教育本身的称谓也有死亡教育、道德教育、公民教育、生存教育等不同的名称。之所以认为我国实施生命教育具有后发优势，就在于我国可以借鉴先期实行生命教育的国家和地区的成功、挫折两方面的经验，在优秀传统文化与人类优秀文明成果的双重滋养下生根发芽、开花结果。

随曲而歌，应节而舞。本书的出发点和落脚点正在于为国内即将全面展开的生命教育提供助力。生命教育“应然”如何？值得每一名教育者沉思，学界更不应回避。有的学者从孔孟的“人之异于禽兽者，几希”进行推举衍射，有的学者却对国学进行调侃甚而谩骂，以至于两类学者吃饭都坐不到一个桌上；有的学者崇尚理性，有的学者独尊非理性，常常是“公说公有理，婆说婆有理，天下无公理”；有的偏执一端，“虽千万人吾往矣”，有的讲“和谐”，试图“持两用中”，结果这两类学者也屡屡颉颃。甚至还有一些“伪学者”学南郭先生加入“合奏”，一味对东拼西凑的资料进行“翻翻炒炒”，经过一夜捣鼓就敢端上一桌半生不熟的“菜肴”，发文著书甚而问鼎教材。之所以众说纷纭、莫衷一是，主要是因为理论基础、研究视角不同。学问自然需要“如切如磋，如琢如磨”，但如果都在半空中刀光剑影，火星乱溅，热闹固然热闹，恐怕终难定论。其实，“理论是灰色的，实践之树常青”，也许老老实实地做些实地调查，老老实实地做些文献梳理，扎扎实实地下些功夫，对先期开展生命教育的国家和地区的相关做法和正反经验进行一些挖掘和反思，虽不惊世骇俗，但“他山之石，可以攻玉”，倒也是不失为切入生命教育科研的一个途径。

我国青少年生命教育已实施有年，但青少年生命问题有增无减。有的地方随着教育主管领导的变更而上马、下马，有的地方以运动的形式大轰大嗡，有的地方只挂几条横幅，刷几条标语，“雨不湿地皮”，有的地方把生命教育结结实实地变成了“增负”的又一来源。还有一些地方的管理者和教师主观上已十分努力，但效果却似缘木求鱼、南辕北辙。

现在，政府、学校、校长、教师、社会贤达都在寻思：生命教育到底应该怎么搞？为什么其有效性屡为人诟病？如何整合教育学、心理学、社会学、哲学及其他相关学科对生命教育的研究并付诸实践？要不要像语、数、外那样普遍开设一门课？或者怎样将其渗透到现有课程中而不破坏其固有逻辑以至于变成“四不像”？或许，我们可以从《青少年生命教育国际观察》中得到一些启发。该书静静地“叙事”，波澜不惊地展现各国生命教育的全貌。因果轮转，变迁不居，各国生命教育不是挂在墙上的画，而是流在河里的水。《青少年生命教育国际观察》考察了各国生命教育的思想渊源与社会背景、生命教育目标的厘定和内容的设计、生命教育的路径选择和制度安排，最后对照我国当下的国情、教情，审慎得出启示和对策。此书言说的姿态是平视的，不是俯瞰的；是对话的，不是规训的；是微笑着的，而不是声色俱厉、唯我独“马”的。

（2012 年 1 月 16 日，河南大学苹果园）

《生命价值论》付梓之前

对于我们很多人来说，生命价值论既熟悉，又陌生。说熟悉，是因为没有一个人不曾对生命价值或多或少、或深或浅地做过思考；说陌生，是因为学界对生命价值进行系统学理探讨的成果还不多见。这项研究从我读博的第二年正式开始，历时三年。我首先从学术史研究入手，对前人相关研究成果进行梳理、归纳，对缠缠绕绕、枝枝蔓蔓的概念和学说进行学术清理，试图在马克思主义人学、西方浪漫哲学、中西生存论、生死哲学、价值哲学、教育哲学所形成的五彩斑斓的迷宫中，去寻找生命价值论的理论天地，以此推进对中国古老生存智慧的系统再现、对西方哲学生命思想的西学东渐，以及对马克思主义人学思想的具体运用。这项研究得出了一系列有价值的结论，也做出了不少有份量的理论创新。

我在生命价值论方面的所有研究，都基于一个理论假设——正是对生命价值的视而不见、误读误判、拒斥放逐，才导致生命中的不自由、不和谐、不快乐、不幸福；才导致这人世间的虚假、丑陋、邪恶、庸俗；才导致出现了一系列生命问题。这些问题可以分为两大类，一类向内指向自身；另一类向外指向外界。向内的问题，比如自轻自贱、自暴自弃、自戕自杀；向外的问题，比如一语不和即挥刀杀人，“毫无必要”地贪腐搂钱，违法、犯罪无不折射出生命价值观的扭曲。

这个理论假设还有另外的一面。我认为要解决上述问题，诚然需要法律去挞伐或护持，需要道德去灌输或濡染，需要政治的保障和经济的支撑，但归根到底，需要人们对生命价值去追寻和探问、肯认和服膺，需要就生命价值问题达成一些最基本的共识——我要活着，也要让别人活着；我要好好活着，也要让别人好好活着；我要幸福地活着，也要让别人幸福地活着。我充满诗意地祈求：诚如此，则自杀不再，犯罪消弭，社会和谐，人民幸福，天下大同！

正是上述三点基本共识对应着生命价值论研究的三个层次——活着；

好好活着；幸福地活着。《生命价值论》即是第一层次的研究，本书也将是系列专著的第一部。这三个层次大体上是顺次提高的三个层次。当我们的目光逼视“生命价值论”这座至大至美的佳构华栋之时，眼睛立刻就会被它的华彩所模糊——三个层次并不分明，诸多因素相互勾连，诸多论证循环往复。当将这些探讨置于当代中国语境中时，问题就变得更为复杂。在生命价值论的论域里，对一个问题的追问，常常会引发对所有相关问题的追问；而对一个问题的解答，也往往依赖于对所有相关问题的解答。我为此迷惑，也为此兴奋。

博士论文初稿洋洋57万余字，征求导师和我哥的意见时，这些过来人都给出了善意提醒甚至提出了严肃批评。剑锋非只一朝磨，板凳要坐十年冷。要解决上述三个层次的各种问题，绝非朝夕之功所能奏效，挖十个浅坑不如掘一口深井。事实上，我的博士论文在正式命笔前，仅从国际比较研究角度就生命道德、生命教育问题进行了一些资料整理，就撰写和出版了两部专著，分别是《青少年生命教育国际观察》《青少年道德教育国际观察》。但是，为学之道自有其内在的硬性约束。徘徊了几个月后，我最终还是选择从善如流，集中精力于有限的议题，苦心孤诣，深入钻研，披荆斩棘，艰难跋涉，终于完成了《生命价值论》这一研究性著作，实现了诸多有价值的理论创新。

通读《生命价值论》一书，读者可以清晰地体味到我在原稿的基础上运用“奥卡姆剃刀”进行删减时的那种“忍痛割爱”之情。我整章整节地去掉了许多有价值的内容，更主要的是集中对部分章节予以拓深和扩充，于是，生命价值论的论域已被凝缩到有限的议题上，即对生命的基本关切——纾解死亡焦虑、克服自杀诱惑、肯认生命意义。这是实在不能不面对的最基本层面的问题，是上述生命价值论应然观照的依次提高的三个层次中的最底层，是对生命价值的本论。

基于这种考虑，纾解死亡焦虑、克服自杀诱惑、肯认生命意义，这三个问题就作为对生命价值的基本关切进入了问题域。围绕这些问题倒推，则是生命价值论对生命异化的审视；再倒推，审视生命异化的前提有赖于对生命价值的本体论构建；再倒推，是生命价值论提出的背景和依据。而正向向前推论，则是生命价值论的教育路径。这就是《生命价值论》的各章内容的推演逻辑。

我的博士论文凝聚了我的导师路日亮教授的心血。论文送审意见超出了我的预期，我上一届博士的八份审阅意见中有三个优秀已被评为校优秀论文，没想到我的八位审稿专家的评阅意见都是优秀，其中，外审专家中央民族大学哲学学院院长贺金瑞教授（担任我这一届的博士答辩主席）还送出了他从未送出过的“特优”，还有三位匿名专家的评审意见都是优秀，文科博士论文获此评价实属不易，我为此感到自豪。为了扩大该研究的社会效益，我将论文修改成学术专著，该专著被纳入“河南大学生命教育系列研究丛书”。

我还应感谢一位大学者，他是河南大学常务副校长赵国祥教授，他一直在科研方面对我寄予厚望。记得还是十多年前，我俩第一次见面。当时，他因临时参加一个紧急会议，所以将与我见面的的时间推后了半小时。见面时，他注意到我随手翻阅的“闲书”是海德格尔的《存在与时间》。他对我说，一般出差休闲时能阅读《读者》《译林》，就差不多算是学者做派了，足见我阅读品位之高与用功之勤，何况我当时是教育行政部门的一名干部，并非高校教师或科研人员，所以感觉更是难得。后来，他又向我的哥哥（也是博士、教授、博导）推荐我，说在与我交谈之中，觉察我逻辑明晰，表达流畅，无论作诗作词、做人做事，似乎都有一种无可遏止的激情。他感觉我应该能成为一名出色的学者，当时为我没有走学术这条路而深感惋惜。

在基层工作十多年后，2007 年，我赴北京师范大学教育学部教育学原理博士课程班学习；2008 年，我终于考入了北京交通大学人文学院，师从哲学家路日亮教授攻读博士学位；2011 年，我又进入了北京师范大学教育学部博士后流动站，师从著名教育家顾明远先生从事博士后研究。近几年，我全力投入对生命教育的研究中。我有一个长远的计划，在博士课程班学习期间主要从教育学原理角度切入生命教育，在博士学习期间主要从生存哲学角度切入生命教育，在第一站博士后学习期间主要从教育哲学角度切入生命教育，在第二站博士后学习期间主要从教育史角度切入生命教育，在入职高校的教育学院后主要从课堂教学论角度切入生命教育，从不同角度向生命教育“包抄”过去，对生命教育的源与流、理论与实践都“弄弄清楚”，为中国正在迅速展开的生命教育提供助力。《生命价值论》就是我读博的成果汇报，也是我进入学术主力军团的一张“名片”。

（2013 年 2 月 17 日，河南大学图书馆）

书生报国一支笔

对生命价值的研究兴趣似乎源自夙缘。我自幼习读诗文，觉察其深刻之处正在于对生命的深层触摸和温暖抚慰。一些人习焉不察的生命问题却常使我激动和震撼，寒暑晨昏漫步林间，赏景觅诗之余，每每思索生命的意义。读博以后，对生命价值的关注更是萦绕心头。2009 年秋叶飘飞时节，我偶然读到导师路日亮教授的学术论文《试论人的生命价值》，感到十分兴奋和激动，“夫子之言，于我心有戚戚焉”。此文对我的研究起到了仙人指路的作用。于是，经导师同意后，我遂决定把研究人的生命价值问题作为学位论文的研究方向。

坦率地讲，对于我的学术积淀和功力而言，选择研究生命价值论是一个很大的理论冒险。有人说，所谓哲学就是躲在黑幕后的一只黑猫，任谁也看不到它的踪迹，突然有一个人高喊“我捉住了这只黑猫”，那么这个人就是哲学家。我不敢自矜为哲学家，但也试图去追寻这只“黑猫”。经验、技术、科学皆有定论，信仰无须追问，而哲学本来就被掩盖在“黑幕”之中，生存哲学、价值哲学隐藏得更深，而生命价值论这只“黑猫”似乎更加“瞻之在左，忽焉在右”，无从捉摸。任何一个概念都会有“一千个哈姆雷特”式的理解和争论，任何一种判断都会受到激烈的诟病和驳斥，所以，对生存哲学和价值哲学的纠结处——人的生命价值的研究，似乎一直是一个理论禁区，开创性地提出生命价值论到底会不会为学界所认可？

但逻辑之问及灵性之思的双重逼仄却将我推上了“生命价值论”这方悲风四旋的无人高地。于是，我冒着“推不出”“此题无解”的风险继续探究求解，依据自身“生命体验”调整言说姿态，在“两难选择”处相机抉择，在“理论夹缝”中艰难拓展，在芊芊莽莽的思想丛林里磕磕绊绊地寻觅着已然嗅到花香的小径……

应该坦承，博士论文的难度大大超过我的预想。我曾在党政部门和教育行政部门做过多年的文秘及管理工作，撰文写稿也有数百万字了吧？原想一二十万字的博士论文不在话下，谁料此文非彼文，一字一句殊非寻常。业师荆学民博士三年前的教导常如暮鼓晨钟在耳边回响：只有在某一狭小的领域内做到当世第一，博士毕业才有可能，否则怕要终老斯乡了。然而，翻看海德格尔、雅斯贝尔斯、福柯和我的导师顾明远先生（博士后导师）、周洪宇教授（博士后导师）、路日亮教授（博士生导师）、汪基德教授（硕士生导师）、李宏斌教授（本科辅导员），以及朱小蔓、叶澜、张曙光、周国平、孙正聿，还有较我稍稍年长的赵国祥、刘志军、高宝立、刘桂华、石中英、靳凤林、郑晓江、刘济良、刘慧、肖川，与我同龄的刘铁芳、冯建军、李政涛、王鉴、李桂荣、杜静等，甚或比我年轻的魏宏聚、王振存、王灵伦等该领域中外学术大家的著述，感觉他们像一座座高峰一样难以超越。若能忝列其间、敬陪末座，则快何如之；即使陋巷饮水、曲肱而眠，又何足道哉！但许多时候科研一度受阻，透过国图轩窗呆看京华风云变幻，手指毫无意义地在键盘上空击，竟是半天敲不出一个字，“常听邯步无风雅，亦叹毫端忘古今”啊！现在终于打完了最后一个字，按下“ctrl + s”键，回眸时却还是一阵阵心旌神荡，自豪与后怕交织。

孤独是我最亲密的伴侣，但许多时候我并非独行。路日亮教授让我明白了什么叫“导师”，他对我的影响是立体的：胸襟、学识、范式、态度以及无法尽述的科研成果。每当我文思枯竭、似乎江郎才尽之时，总是经路教授点拨、启发，我才从“山重水复疑无路”走向“柳暗花明又一村”；每当我“精骛八极，心游万仞”“下笔千言，离题万里”之时，总是经路教授提醒，我才勒住思想的野马，回到主要的论题上；每当我一味用强、辗转书斋、项酸背疼而效率低下之时，路教授每每命我随行红果园，纵论“交汇古今，通达天下”的交大精神，臧否学术前沿，以扩展我的学术视野，使我重回正常的科研状态。由于常为弟子们审阅论文，临屏而坐的时间太长，导师迎风流泪的病情加重了。平素我和一二同窗到导师家求教兼而蹭饭，饕餮大嚼，顾盼自若，毕业后回头细想，方觉导师对我的帮助竟如此之大，大恩大德让学生难以为报。

衷心感谢我的博士后导师、北京师范大学资深教授顾明远先生对我研究的关怀。顾先生年高德劭，学通中西，为人谦和，一贯奖掖后学。我十分庆幸在一次学术会议上有机会聆听顾先生的学术报告。那是第一次与顾先生见面，动人场景在我脑海里一再重现，成为激励我从事学术研究的强劲动力。进站后，顾先生嘱我从哲学到教育哲学再到教育学一路追踪下来，对当下生命教育“弄弄清楚”，为中央及教育部指导全国生命教育的开展提供助力。后来，我的博士论文修改付梓时，顾先生欣然亲作序言。顾先生所作序言高屋建瓴，要言不烦，鞭辟入里，情真意切，不但为河南大学生命教育系列研究点题指向，也对全国生命教育理论研究和实践探索寄望殷殷。

衷心感谢在博士论文选题、开题、中期检查、预答辩、答辩时提出建设性指导意见的各位专家，尤其是我敬爱的北京交通大学师长林建成、荆学民、杨蔚、卜伟、魏发辰、陈树文、韩振峰、刘秀萍、颜吾佴教授及中央民族大学贺金瑞教授、中国矿业大学陈勇教授等；衷心感谢中国教育科学研究院储朝晖教授、万作芳博士后对书稿的审读，尤其是储教授提交的审读报告竟达 13 页之多，储教授因审稿而诱发严重眼疾，让学生又是感激又是抱歉。

衷心感谢北京交通大学的博士同学们、北京师范大学博士课程班的同学们、北京师范大学的博士后研友们、河南大学教科院的同事们给我的启发和帮助。这种帮助大多时候表现为弥足珍贵的科研合作，偶尔也表现为令人愉快的学术竞争。博士论文研究过程中参阅了国内外马克思主义人学、诗化哲学、生存哲学、价值哲学、语言哲学、教育哲学、生命教育、现象学、诠释学等方面的重要文献，我已经在引用处一一注明。但前贤思想已经融入了我的脑海与血脉之中，所以行笔之间常常不自觉地受其思想引带，并在个别地方表现出某种思想的相契性，所以在此要特别地向以上领域的前贤和专家一并致以深深的谢意。

另外，还要特别地、衷心地感谢敬爱的各位读者朋友。一位学者最希望看到的是有人关注、喜爱或抨击他的研究成果；最不希望看到的是仅仅有作者和审稿人通读全书，而在学术界和社会上波澜不起。再则，每一个人都是生命价值的思考者和践履者，都有资格对本书提出质疑。所以，真诚期待读者朋友对本书提出直言不讳的批评，并对我的进一步研究多提宝贵意见。

家人对我的爱以及我对家人的爱，是我做研究的最大动力。尤其是“牵手”高爱荣或在家孝亲教子，或相伴游学南北，有时责谬指非、虎视眈眈，有时猜书分茶、浅笑盈盈，感恩执手走过的岁月。感恩父母、兄嫂、姐妹和令我自豪的孩子们，也感恩生命际遇中给我期待、关爱以及默默给我鼓励的亲朋师友，感恩抽出时间阅读本书的读者朋友，也感恩一同走过这个美丽温暖人间的陌生人。“书生报国无他物，唯有手中笔如刀。”我将以恭谨之心对待学术、对待学生、对待读者、对待世人，以全部的奋勇和挚爱回报这个世界。

莫问长安何以道？由心按辔我徐行。
闲观雪厚迢迢路，拔步唯聆哒哒声。
——拙诗《四季抒怀之八》

（2013 年 2 月 17 日，河南大学图书馆）

抢救回来的文字

我并非专业诗人文士，只是一名普通教育学者，在北京交通大学读博，在北京师范大学做博士后研究，担任河南大学生命教育研究中心主任，兼任洛阳师范学院生命教育首席专家。平素著书撰文多为岩崖高耸的高头讲章，写诗作词只是业余爱好。但随着学术研究的深入，我越来越感到诗词创作与生命教育研究有着天然的契合。晨昏寒暑信步行于校园林间，或周末假日驱车驰于山坡水畔，诗兴常常不请自来。当此之时，树叶正背正宜记录心事，小腿大臂亦可题写新辞。之前随写随丢，近年则有意积累并及时输入电脑。所积诗文其质不知高下，而其量倒还算丰富。有新体诗词（含歌词）、格律诗词以及随笔散文等，差不多有数十万字吧！

近年来，我虽偶有作诗填词之举，但很少尝试作小诗。记得初中时，同窗曾赠我《繁星》《春水》，当时未尽解其隐衷。近日偶于旧书摊淘得以上二书而于樽前咏之，不料触动衷肠，以至诗兴泛滥，情难自已，一任诗笔倾泻。中夜开窗，似闻呼喝疾行之声；瞑目之际，只觉天风海雨逼人。数日间已草就数百短章，之后戛然而止，悬笔壁间，又返学术之域了。诗兴来如春梦，去如秋霜，竟然不知所之矣。将这些文字集中起来竟觉爱不释手，遂有一种呈于大家的想法。

诗兴迅如疾马，无暇设计题目，故以小诗的形式呈现。这些句子一下子就跳进了我的脑海，我随手写了下来——其实自己读着写下来的文字，感觉当时的思想已经丢失了不少，只“抢救”回来这么一小部分，其余文字不知逃向了哪里。我将不断地把这些文字整理出版，呈于诸君案头，不知能否令一二同好，于明月之下，清风之前，心动怦然，烦累暂息吗？

（2016年10月10日，河南大学苹果园）

诗，应成为国人的信仰

生命教育的研究，应该容许有多种姿态；生命教育的表达，也应该容许有多种形式。生命教育的成果，可以是学术论文和学术专著，以此对应项目、奖项、团队、平台、职称、基地等；也可以是讲座的讲稿、课堂的实录、经验的汇编、调研的数据、内参的报告，分别有其工作用途。唯独诗文最贴近生命教育的文体，却一时还不被学术界重视和理解，也可能为个别善作高头讲章的岩崖高耸的学者所不擅长。白衣飘飘，漫步江湖；一卷在握，独立黄昏，在“专家”的眼里总是有些怪怪的。但有什么关系呢？师生喜欢，“上帝”喜欢，这就足够了。

我担任主任的河南大学生命教育研究中心内设8个研究室，面向不同学者和研究生开放；同时该中心与校内外、省内外、境内外、国内外的学者、教师开展横向合作，聆听、对话，切磋、砥砺，执手同行。在我的眼里，是不是“中心人”“教科人”“河大人”“河南人”“高校研究者”“中国人”“马克思主义者”，基本上没有多大区别，天行健，地势坤，协同共创、和衷共济才是成事正道。学者无长无少、无贵无贱，只要是研究或践行生命教育，追求真、善、美、圣而反对假、恶、丑、俗，我都视为同路人。我个人也习惯于同时以多种姿态对生命教育做出多维表达，对于未进入学术评价系统的诗词，更是从心眼里偏爱有加。因此，我个人在撰写《生命价值论》《生命教育学》《生命课堂论》的同时，也将十余年所积诗文整合成数部诗文集，以此作为整个河南大学生命教育系列研究的组成部分。

我私下里认为，诗词——不论是阅读、吟哦，还是写作，均与情怀之超越同向而行。细想这其实一点也不奇怪，真正的诗歌和哲学（不包括伪诗歌、假哲学）无不直指人的内心，关切人的生命。

艾青的诗云：“为什么我的眼里常含泪水，因为我对这土地爱得深沉。”（艾青：《我爱这土地》）人无法选择自己的母亲，也无法选择自己的时代和祖国。与其哀叹当下国人无信仰、无底线，倒不如思考如何推动使大家有信仰、有底线——尽管这实在是一项任重道远的任务。但明知不可为而为之，不正是我辈知识分子的精神诉求吗？当下国人应有信仰，这是毋庸置疑的；而信仰什么，却是值得大家商榷的。

信仰是有层级的，其中，个体的、集体的、族群的、政治的、社会的目标都有可能成为一个人、一群人的持续时间或长或短的信仰。那有没有一种东西有可能成为当下国人的具有普遍意义、终极意义的信仰呢？

若有，其为诗乎？！

我国素有学诗的传统，古之书生“不学诗，无以言”。即便是当今以汉语为母语的孩子，三岁无不会吟“鹅，鹅，鹅，曲项向天歌”；十岁无不会诵“欲穷千里目，更上一层楼”；一进入青春期，个个都成了小诗人，写一些与“红豆生南国，春来发几枝”的同款诗歌；成年后，诗却在大部分民众的心灵深处安睡了，奇了怪了！无信仰的人们因缺乏自律而易放弃底线，恣意妄为，即便国家实施严刑酷法，也最多只是“不敢”“不能”，而与“不愿”“不屑”相差何可以里计！

我们伟大的祖国在走向富强的同时，也正在走向民主。与之同步，新一轮的文化启蒙运动正在酝酿，且必将到来，我们已经隐隐听到了它前行的胎噪风声。如果说一百年前的新文化运动是散文革命的话，那么新一轮的文化启蒙运动应该是诗的革命、诗的回归。它需要每一位国人的推动和参与，尤其是知识分子应该率先报告“春江水暖”的讯息。书生报国无他物，唯有手中笔如刀。本人三尺微命，一介书生，智不足拒盗，力难以缚鸡，但也想用纤笔一支微效愚忱，与天下同人一起努力，使得一声声微弱的呼唤终能汇成窾坎镗鞳的洪流，涤荡假、恶、丑、俗，激扬真、善、美、圣，促使伟大的东方民族重新皈依于对诗意的敬畏、尊重、认同、践履，促使凯歌行进的国家清风鼓荡，诗意斐然。

（2016年10月12日，河南大学苹果园）

教师节写给老师的诗

您拓荒，在芊芊莽莽中踏出学生前行的路，击垮触目惊心的文化苍凉。

您编织神话，指点学生仰望星空，偕饥肠辘辘者寻找精神食粮。

您回眸过去的时代，检点那些险径，率领学生发掘薪与火的根苗。

您展望新的世界，抉来秋水洗净学生的双目，创造那本应属于人类的荣光。

您勇猛，就像狂飙，扫荡文化里的一切衰败、腐朽、残破和凋零。

您温良，伴着这清风、这明月、这花香，将一切真、善、美、圣带到美丽的校园。

啊，老师，我的诗句只能写在纸面和电脑之上，而您的诗篇却永远立于大地之上！

（2018年9月10日，河南大学生命教育研究中心）

思之思之，又重思之；思之不得，鬼神通之。慢慢地，我的目光聚焦到一个词上面，那就是『生命教育』。

——本辑导语

第4辑 联翩天马谁为首

山中不知岁月老

我个人对生命教育的研究有一个曲曲折折的过程。1992 年，我毕业于美丽的信阳师范学院，先后在驻马店、武汉的学校执教和服务 8 年。其间教过初中、高中、中专、大专，教过政治、数学、英语、体育，做过民办大学校长、民办中学校长、公办高级中学副校长；在县教育局写材料写了 8 年，兼任办公室主任、机关团委书记。目睹过我国基础教育的大发展、大普及，也遇到过许多似乎“此题无解”的难题。课堂里有一头“大象”，大家视而不见，这头“大象”就是教育的真实、教育的本源、教育的本来面貌。如何回到源头、重新出发，如何纠偏指向、重返正轨，如何关注生命、促进成长，如何面向未来、健康发展，诸如此类的问题时时萦绕心头。“求之不得，寤寐思服。悠哉悠哉，辗转反侧。”（《诗经・关雎》）思之思之，又重思之；思之不得，鬼神通之。慢慢地，我的目光聚焦到一个词上面，那就是“生命教育”。

我决定先从哲学角度切入生命教育，于是在 2008 年离职重新做回学生，赴北京交通大学人文社会科学学院攻读法学博士，师从哲学家路日亮教授，那年我已 38 岁“高龄”。四年后完成博士论文《人的生命价值研究》，后以《生命价值论》为书名出版，获 2014 年河南省教育科研优秀成果奖特等奖和 2016 年第五届全国教育科学研究优秀成果奖三等奖。

之后，我从比较教育角度切入生命教育，于 2011 年赴北京师范大学比较教育研究院做博士后研究，师从顾明远教授。顾先生生于 1929 年，我博士后进站那一年，他已经 82 岁了，当时顾先生命我不要急于出站，安安稳稳地做他的“关门弟子”，于是我从容地出版了《青少年生命教育国际观察》《青少年道德教育国际观察》两本书。

我于 2016 年——全国博士后管理委员会限定的最长在站时限到来之时，才依依不舍地出站，提交的博士后报告是“大学生生命教育研究”，那是因为我于博士后进站的同时入职河南大学教育科学研究院，执教“大学生生命教育”这门课程。大学生即将奔赴社会担当重任，我谨以此课为其“壮行”。还由于《青少年生命教育国际观察》《青少年道德教育国际观察》已正式出版，不能重复提交，于是另以《生命课堂论》作为博士后出站报告。

事实上，生命教育最关切的还是基础教育。我重新将研究视角转向基础教育，转向课堂。我主动承担了硕士研究生的“生命课堂研究”课，协助刘济良教授面向大教育学方向博士生开设“生命与价值教育前沿问题研究”课；在讲义的基础上，撰写《审美生存论》《生命教育学》《生命课堂论》三本书，《审美生存论》已交由社会科学文献出版社并将于2019年底出版，另外两部可能会在2020年完稿并付梓；并与刘济良教授共同主编“大学生生命教育研究”三卷，主编“生命教育研究”（第2辑）。

为了让生命教育理论影响到基础教育教学，发挥高校研究者的社会服务作用，河南大学生命教育研究中心做了三方面的工作：一是开展生命教育公益演讲。河南大学生命教育研究中心不断筹措经费，邀请国内外相关学者面向公众开展公益演讲，目的是让生命教育走向社会，并将视经费情况努力逐步扩大公益演讲的受众范围。二是开展生命教育实验。这次河南大学与郑州经济技术开发区联合发起“生命教育课堂改进及区域提升战略合作项目，沿着生命课堂构建、卓越教师联合培育、学生学习力唤醒、生命化校园建设等四个维度进行深入研究和实验，推动基础教育实现区域跃升。三是编著和推介生命教育教材。我与“生命化教育”首倡者张文质先生共同主编了一套生命教育教材，本来是为河南省编著的，后因故转到山东的济南出版社付梓并在山东省部分中小学校使用。这段时间，河南省教育厅工作部门及河南人民出版社又与我对接，拟重新由我主编一套河南版的生命教育教材。河南大学生命教育研究中心编著生命教育教材，整体想法是：每年级一册，共八次课，利用班会或思想品德课的时间上课，一学期集中授课或活动两次，分散阅读两次，目的是帮助中小学生树立正确的生命观、人生观、价值观。

科研、教学、社会服务、文明传承，是高校学者的四大职能。在文明传承方面，我常常将对生命教育的零零星星的所思所想、所悟所得随手写下来，我称它为“生命诗语”。这些所谓的“生命诗语”于2005年单位为我配备电脑后一直保存着，近来一看，竟有百万字之多。

我虽忝居河南大学生命教育研究中心主任一职，也于2018年被聘为博士生导师，并被洛阳师范学院、郑州师范学院等校聘为兼职教授，但实际上，在河南大学生命教育研究中心及兼职学术团队之中仅仅敬陪末座而已，我周边的学者纷纷从不同维度、用不同方法推进生命教育的科学研究、课堂教学、教育实践、社会服务工作，做出了一系列足以彪炳史册的伟大贡献。

个中辛甜，我自知之。此中妙处，不足为尊者道也！

正是：

清风明月长栖处，一寸光阴。霜鬓谁侵？犹作疏狂拟苦吟。
相逢不语平生赞，月照蓝襟，踯躅何寻？漫步书山自浅斟。

——拙诗《采桑子·赠马冰星博士》

若从2010年博士论文选题算起，我闯进生命教育学术领域已近十年。我曾对我指导的研究生说，也曾对自己的孩子说，只要沿着某一领域专注研究十年，定有收获。就我自己而言，这十年来，我焚膏继晷，兀兀穷年，有时食不甘味，寝不甘枕。不为功名利禄，不为千载功名，只为把生命教育“弄弄清楚”。我先后从生存哲学、教育哲学、课堂教学、比较教育、教育史、教育诗学等不同维度切入生命教育，终有所学，终有所悟。“山中不知岁月老，壶尽棋半已黄昏。”

“知止而后定。”现在，我知道了自己要做什么。写好《生命价值论》《审美生存论》《生命教育学》《生命课堂论》《教育诗学》以及每日的“生命诗语”，能教出来几名好学生，能给后人留下一些没被污染的文字，我就满意了。

人的一生何其有限呀！我还剩下多少日子呢？“立德”有些虚，“立功”有些晚，“立言”传世，死而不朽，我之愿也。我要加油！

（2019年5月5日，河南大学22号专家公寓）

指点江山日同驾

我在写博士论文做文献综述时，最关注的就是江西师范大学郑晓江教授的研究。郑晓江著有《穿透人生》《拷问人生》《中国死亡智慧》《祸福之门》《生死智慧》《善死与善终》《超越死亡》《生命终点的学问》《中国生命学》《生死学》等著作。他认为，中国的生命教育事业要有正常且积极的发展，关键在于让生命教育走出“生命安全教育”的背景，突出生命教育目标及内容的独特性、不可替代性，以及特别的意义与价值。回归原点——生命教育是关于生命的教育，但主要的不是关于人之自然生命如何被保护的教育，而是关于人之人文生命的性质、价值与意义问题的寻找、开掘、确立及光大的教育。

我与郑晓江结识是一个特殊的机缘。2011 年 4 月 1 日，国内首家体验式生命教育主题馆——中华青少年生命教育馆正式对外开放。这是中国宋庆龄基金会生命教育专业委员会发起的项目，郑教授的女儿郑瑶正是该专业委员会的秘书长。该馆及系列活动的设计者正是郑教授。该馆共四层，包括宏观展示区、出生体验区、青少年成长区等七大功能区域，围绕人与己、人与人、人与环境、人与生命四方面内容，引导参观者从各个角度了解和探索生命的意义与价值。

驾车赴首都机场接到郑教授，于开馆仪式前半天到会。那是我第一次见到郑教授。他敦实质朴，步履轻捷，自信从容。中华青少年生命教育馆设在茂陵的天寿陵园。安顿后，他约我一起在陵园走一走，以邂逅林黛玉，不，是邂逅“86 版红楼梦”中林黛玉的扮演者陈晓旭女士的埋骨之所。其未设墓碑，只设一座汉白玉雕像，雕像前摆满了人们敬献的花束和花篮。玉像皎洁，花骨宛然。我与郑教授不禁感慨万端，不觉已是泪眼矇胧。花童递来鲜花，郑教授欣然买下，而我阮囊羞涩，谨以一诗作祭。

本是琅環客，何须阆苑回？
阴阳今日隔，挽悼暗嗟杯。

——拙诗《赠陈晓旭》

2013年2月17日早晨7时左右，郑教授在南昌市某住宅区内1栋18楼顶层坠楼离世。那天是我生日，我一早收到了郑教授的祝福短信；9时，我收到了郑教授女儿的电话，她说："您是先父最后联络的人，请问他还向您说了些什么？"我一下惊住了，如遭电击，几乎不能呼吸。

2018年9月，拙著《生命教育诗语》三卷出版，教育家朱小蔓在序言中写道：

江西师范大学生命教育研究专家郑晓江教授辞世，定功独坐书窗三天不食不语，那段时间他的QQ签名也换成了"愿我的死，换他的生"。而他俩见面不过三次而已！

而在拙著《生命价值论》出版时，我在跋中写道：

生命教育登陆国内时日不长，但如雨后春笋，转眼间竟欲席卷天下。有志于生命教育的专家或奔走鼓呼，或投身实践，或著文探究，或襄赞决策，令人感佩。对于生存哲学、生命教育的当世大家，我都待以师礼，"俯身倾耳以请"，一起做项目，搞研究，为国效力。同声相应，同气相求，共同的学术追求让我们的手握在了一起。其中，与我联络最多的当数江西师范大学郑晓江教授，他年纪较我稍长，学问较我颇大，却委自枉躯与我兄弟相交，几度"指点江山日同驾，切磋学问夜连床"，倾盖如故，莫逆于心。郑兄骨子里只是一介书生，对生命教育的研究和推广却有着宗教般的执着，曾数次邀我加入他的团队。他的道德文章素让我折服赞叹，我心里其实是十分乐意并深感荣幸的，但虑及导师辈分太高，几度逡巡尚未请示导师。可惜，郑兄不幸在其居处南昌市红谷滩新区普瑞花园18楼顶层"坠楼"身亡。呜呼哀哉！我失去了一位良师、益友和值得敬重的竞争对手。凭栏南望，天地苍茫。在这个万物萌生的春日里，郑兄是否已然化蝶，翩翩南国乎哉？探问郑兄逝因劝阻世人相继亦将成为我推进生命教育研究的动力之一。

（2013年2月24日，河南大学生命教育研究中心；

2019年5月26日，河南大学生命教育研究中心）

我的心在刘博士那里

刘慧教授现任首都师范大学初等教育学院院长、教授、博士生导师，儿童生命与道德教育研究中心主任，国家《小学教师专业标准（试行）》研制组核心成员，教育部中小学幼儿园教师培训课程标准研制工作综合指导专家组成员。中国陶行知研究会生命教育专业委员会常务副理事长，兼任澳门城市大学教育学硕士、博士研究生导师。可惜的是，其代表作《生命德育论》《陶养生命智慧：社会转型期教育的一种价值追求》均为21世纪初所著，近年来，她的研究似乎没有突破巅峰时的水平。究其实，这个世界上不缺院长，而缺“生命德育论”“生命智育论”“生命美育论”。

刘慧教授于2002年毕业于南京师范大学教育学院，导师是朱小蔓教授。她提交的博士论文是《生命道德教育——基于新生物学范式的建构》，后以《生命德育论》为名出版。刘慧博士判断，生命道德教育是在新生物学范式的视野下，在对人、生命、道德教育及其关系再认识的基础上探讨道德教育问题，它是反思现代范式的道德教育，借鉴、吸收多学科的研究成果，用哲学的方法尝试建构的一种道德教育理论。它是立足于人的生活世界，对个体生命的深切关怀，并基于自己的生命感悟之作。它是一种行动性研究。

刘慧教授认为，生命道德教育是指回到生命之中、遵循生命之道、关爱生命、生命有爱的教育。其中，成为优质自己是它的价值追求，关爱生命是它的主题，生命叙事是它的主要存在方式。关爱生命在学校教育中的落实主要有两个方面：生死教育和教师之爱。生死教育突出强调帮助学生学会珍惜，做到“不后悔”，记住“不要紧”，学会放弃，接受“不足”，积极生活；教师之爱具体体现为教师对学生的尊重、理解、期望、信任、宽容、激励与帮助。生命道德教育的主要特征是生命性、开放性、感动性、促进性和叙事性。

刘慧教授的另一名著是《陶养生命智慧：社会转型期教育的一种价值追求》。她在这部书中立足于当代人类社会转型期，对教育应如何变革这一问题进行了思考，试图跳出科学主义与人文主义两大范式之争，回到生命本身、生存本身来理解教育，阐明生命智慧教育是当代教育变革的一种可能性、一种价值追求。

《陶养生命智慧：社会转型期教育的一种价值追求》的基本理论有三：一是回到现实，即回到当代社会转型期的现实，探寻人们生存方式的变化和现代教育存在的现实问题；回到当代"生命""智慧""智慧教育"正在凸显的现实，反思现代教育现象及其可能走向；回到人们对智慧、生命智慧的认识的现实，来考察生命智慧的内涵与教育的可能性。这一部分主要是通过现象考察与理论探究的方式完成的。二是立足科学，即借助脑科学、动物行为学、心理学、人类学等研究成果，来阐发生命特性、生命本能的含义与价值、大脑的结构与功能、身体的特性与功能。三是寻求意义，即寻找社会转型对人、对教育的意义，寻找当代生命对教育变革的意义，生命智慧对人的生存的意义，以及教育对人的生命智慧的意义。

刘慧教授后赴浙江大学，师从田正平先生做博士后研究，与刘济良同门；博士后出站后，被引进到首都师范大学初等教育学院。为发挥学科优势，给有志于从事儿童生命与道德教育的研究者搭建学术平台，2012 年 12 月 7 日，她推动的首都师范大学儿童生命与道德教育研究中心的揭牌仪式在首都师范大学校本部举行。国内知名教育专家朱小蔓、中国青少年研究中心副主任孙云晓、北京师范大学心理学院教授伍新春、河南大学生命教育研究中心主任王定功等专家学者，首都师范大学校领导、中心实验学校代表及相关教育媒体出席会议。儿童生命与道德教育研究中心研究团队由儿童文学、心理学、教育学、人类学等多学科背景的高层次研究人员组成，该中心将以"敬畏生命、关爱儿童、体验生活、践行道德"为宗旨，拟在小学儿童生命特性与教育、小学儿童健康与教育、小学儿童游戏与教育、小学儿童习惯与养成教育、小学儿童成长的支持系统等领域展开深入研究。

我与刘慧教授的第一次会面，是在宋庆龄基金会中华青少年生命教育馆开馆仪式及生命教育高峰论坛上。当时台湾的生命教育专家纪洁芳教授在会间茶歇时发起了一个即兴的小型互动活动，她向围拢过来的与会专家各发一个气球和一个轻巧的、可粘在气球上的心形饰章，这个活动似可称作"腾空心房，放飞自我"。先发气球，人手一个，刚刚好；在发心形饰章的时候，发到刘慧教授那儿，没了。我与刘慧教授相邻，于是就顺手把我的"心"给了她。

气球升空，我的那个气球飞得最快、最高。纪洁芳教授“煽情”道：“大家看呀，飞得最高的是哪一位专家的气球？他 / 她今年会一帆风顺，万事顺遂。大家为他 / 她鼓掌！”我悄悄向纪教授说：“是我的气球，飞得快，飞得高，是因为我没有‘心’。”纪教授惊问：“你的‘心’呢？”刘慧教授拊掌大笑曰：“定功的‘心’，在我这儿呢。”

（2019 年 5 月 1 日，河南大学 22 号专家公寓）

于慈悲、柔软中重获教育的勇气

1979年，张文质入读华东师范大学中文系，很快成为中国高校四大诗人之一。当然，关于另外的三大诗人，有两个版本：一说是分布于全国；另一说是文质先生的三位室友。文质先生首先是一位诗人，我也喜欢写诗。但我的诗是顺口溜，都能看懂；他的诗是天书，我看不懂，但大致明白他想要表达什么。他的诗中有一种压抑着的生命呐喊，他的生命想挣脱某种束缚，想生长，想占领天空。

比如，这首《反克诗歌》：

第三只眼睛一直藏在额上
当它疼痛，另两只
就开始流泪，
当它感到羞耻，
夜抽打说话的嘴。

看你到最后的心页，
你的牙齿变软，
脸上写满笔画，
在这里，你活过来，
十二次暴露自己的膝盖
第十三次为窗下的白蜡烛，
收回的光，聚拢着飞行者。

本科毕业后，他先后任教于数家中学，但均不太适应，教育厅就把他留在厅里了，让他从事电教教研和管理工作。他女儿读了幼儿园。一次幼儿园老师请家长，建议他带孩子回去测一下智商。文质先生大怒，说："这孩子是我亲自生的，怎么可能智商不高？”于是，文质先生开始关注和研究幼儿教育，这一下子可不得了了，他竟成了幼儿教育专家；孩子读中小学，他研究基础教育，成了生命化教育的首倡者、教育基本理论专家，从此人称文质先生；孩子读本、硕、博，他研究文化、文明等议题，思考“中国的知识分子应怎样炼成”。等于说，他有一个导师，这个导师正是他自己的女儿，他的研究天然地就不是学院派的，并且天然地就具有“儿童导向”“问题导向”“实操导向”。

2001年前后，文质先生提出“生命化教育”这一概念，除在全国做了数千场演讲之外，他还率队在学校或区域开展生命化教育课题实验，影响很大。“生命化教育”课题实验并非国家社会科学基金项目或教育部规划项目，也不是任何级别的纵向项目，而是以文质先生为首的生命化教育共同体自命的题目。但这又有什么关系呢？只要这个课题能够推动教师进步，推动教学改进，推动教育变革，那就是好课题。该实验先在福建省城乡学校开展，后又向全国各地的一些学校逐次开展。“民间立场、草根情怀、田野作业、逐步推进”和“开展智慧、润泽生命、缔造名校、成就未来”……该课题实验中的这些鲜活、虚灵与真挚的教育信念闪耀着耀眼的思想光芒与动人的实践魅力，渐渐地为越来越多寄希望于教育的人们所关注。近年来，开展该课题实验的学校遍布十几个省、直辖市，而更多教师也以个体名义参与其中。

（2019年5月1日，河南大学22号专家公寓）

钱塘小小是乡亲

何仁富教授因发起海峡两岸大学生生命教育高峰论坛而声名远播，现任浙江传媒学院“生命学与生命教育研究所”所长，开设“生命哲学与生命智慧”课程。他的才学博大精深，但给我印象最深的是两件事：一件是他的热情慷慨；另一件是他的至情至性。

2014 年，我与爱人、儿子共同陪伴我的父亲“壮游东南”。那是老人家第一次坐飞机，那年他已是 82 岁高龄，必须凭体检证明才能坐飞机。一行四人飞厦门，听“鼓浪屿四遭海茫茫，海水翻起波浪。我的家遥对着台湾岛，那里是我的家乡”；再向北泉州，那儿是当年郑和下西洋开辟万里波涛的起点；之后到福州长乐吃海鲜，到宁波拜访南海观音菩萨，到上海游东方明珠和上海交通大学、华东师范大学，再到苏州访园林，最后终于到了杭州。绕了一大圈，阮囊羞涩了。父亲发现，“咦，原来都是四菜一汤，今天怎么就一个菜呀？”我决定蹭饭，天下学界是一家，不吃白不吃，吃了也白吃，白吃谁不吃。

吃谁的呢？当然是何仁富教授的了。何教授享受国务院津贴，工资过万，不吃他的吃谁的呀！只是有一点稍觉尴尬，就是我俩并不相识，也从未谋面，但这构不成障碍。辗转打听得他的电话，沟通后，他请我到西湖边饮茶。

“西湖美景三月天，春雨如酒柳如烟。”我与内子顺湖边向孤山方向行进。自行车只有一辆了，我们租来自然由内子骑，我在后面推。边骑，边跑，边聊：

“老大，您说杭州何以成名？”
“你说呢？”
“一个湖，一个人。”
“何湖？何人？”

“湖是西湖，人是苏小小。”

这位苏小小是南北朝南齐时期的钱塘名妓，一位品貌出众而又多情多义的才女。年十九咯血而死，终葬于西泠之坞。白居易《杂曲歌辞·杨柳枝》云：

若解多情寻小小，绿杨深处是苏家。
苏家小女旧知名，杨柳风前别有情。
剥条盘作银环样，卷叶吹为玉笛声。
叶含浓露如啼眼，枝袅轻风似舞腰。
小树不禁攀折苦，乞君留取两三条。
人言柳叶似愁眉，更有愁肠似柳丝。
柳丝挽断肠牵断，彼此应无续得期。

苏小小之才貌，若搁当代，比肩当红女星之流又何足道哉！可惜年代久远，唯余传说。相传这首《同心歌》就是苏小小所作：

妾乘油壁车，郎骑青骢马。
何处结同心？西陵松柏下。

接着，我们来到了西泠桥畔，前有石碑，题曰“钱塘苏小小之墓”。墓上覆六角攒尖顶亭，叫“慕才亭”，据说是苏小小资助过的书生鲍仁所建。亭上挂了整整 12 副楹联，其中稍稍可读者有 5 副：

桃花流水杳然去，
油壁香车不再逢。

金粉六朝香车何处，
才华一代青冢犹存。

灯火疏帘尽有佳人居北里，

笙歌画舫独教芳冢占西泠。

几辈英雄拜倒石榴裙下，
六朝金粉尚留抔土垄中。

千载芳名留古迹，
六朝韵事着西泠。

哎，“生在西泠，死在西泠，葬在西泠，不负一生爱好山水”曾是苏小小的遗愿，西泠桥畔的埋香之所，既了却了佳人遗愿，又为西湖山水增色。

怅立苏小小墓前，回首前尘云烟，谁能不感慨万端呢？

一阵云雨飘来，我想起了唐人李贺梦见苏小小后醒来所作的《苏小小墓》：

幽兰露，如啼眼。
无物结同心，烟花不堪剪。
草如茵，松如盖。
风为裳，水为佩。
油壁车，夕相待。
冷翠烛，劳光彩。
西陵下，风吹雨。

——李贺：《苏小小墓》

还了自行车，内子与我默立于苏小小墓前。墓前鲜花如烟，绿草如茵，似见苏小小翩跹而至，依旧裙裾飞扬，美丽可爱，只是盈盈的泪水如同凝聚于幽兰花上的晶莹露珠，一滴一滴落下，永世不尽，绵绵不绝……

拜谒苏小小墓之后，我与内子均已意兴阑珊，无意再拜见何教授，相携默然而归。

当然，拜访朋友不见而返，不独内子与我，王子遒雪夜访戴安道早有先例。

王子遒居山阴，逢夜雪，忽忆剡县戴安道，即时登舟往访，经宿始至，及门而返，人问其故，王曰："吾本乘兴而来，兴尽而返，何必见戴？

——《世说新语》

这位王子遒是《兰亭序》作者王羲之的儿子，也是东晋时期的一位大才子，为人风雅倜傥，气质飘逸。传说他甚爱竹子，《世说新语》中就有不少关于他的小故事，其中一则便是说他尝暂借人空宅小住，便令种竹。别人问他："暂住而已，何必这么麻烦嘛？"他沉吟良久才说："何可一日无此君！"一时传为美谈。李白曾写道："昨夜吴中雪，子猷佳兴发。万里浮云卷碧山，青天中道流孤月。"说的就是王子遒雪夜访戴安道的事。

世人或以为王子遒矫情、造作，我不以为然。我认为除了与其生性旷达有关之外，此举还与其对待友情的心态有关。那晚，王子遒因为对《招隐士》一诗中意境的欣羡而迫切想见戴安道，这是一个美好的愿望，但经过那么漫长的雪路以及一夜寒冷和劳顿，兴致已尽，即使进去也无兴致与友人高谈阔论。勉强而为，或许伤了心中美好的怀想。见戴安道来日方长，不必拘于一时。王子遒精心呵护朋友之间那种难得会心的感觉，于此可见一斑。

友人的感情是弥足珍贵的。佛说世间种种，皆有定数，无非因缘。朋友之事，大抵也是如此吧！人生漫长，过目之人何止千万？擦肩而过尚需如许因缘，那于这千万人中，独与这区区数位性灵相吸，彼此言语可亲、喜忧在心，遂成了朋友，那又是何等的因缘呢？故而良足珍惜。

佛陀本生故事中有一则《佛说孛经》。在这则经文里，佛陀自言于前世行菩萨道时，曾做国师，佐国王治国十二年，被四个佞幸进谗加害，国王悔悟后挽留国师，佛陀便为王说世间一切善恶道理。论到朋友时，谓朋友可分四品：如花、如秤、如山、如地。附贵弃贱，是为花友；敬与慢无，是为秤友；富贵与人，是为山友；施给仰护，是为地友。我等市井男女，不求闻达，布衣蔬食地生活着，因着机缘，交几位知情解意的山友、地友，时时得着熨帖，很生欢喜之心。

这位何教授就是我的山友、地友，我与他的友谊虽不"浓情蜜意"，但如风行水上，自然而然。那次在杭州擦身而过，又是数年未曾谋面。何教授发起了海峡两岸大学生生命教育高峰论坛，多年来一直坚持做这件事情。第六届海峡两岸大学生生命教育高峰进行预通知时，何教授又一次盛邀我与会。我俗务缠身，无法前往，就开玩笑地说："要不，来我这儿开会吧。"结果，竟促成了这次峰会在河南举行，由于会场冲突，经我沟通后在洛阳师范学院举行。其时，我受聘兼任洛阳师范学院生命教育团队首席专家。那次论坛上，生命教育领域群贤必至，少长咸集，牡丹花开，流觞曲水，直可"吹笛到天明"。

何教授在浙江传媒大学思教部执教思政课。为彰显思政课的育人本质，他一直坚持将生命教育的理念、形式、方法融入课程教学中，让学生在生命开放、性情活跃的状态下体会和思考个人生命中的一些重大问题。"生命化""性情化"的思政课教学，让他在教学过程中感受到"生命与生命相遇"的美好。而"性情化"教学所用的两个绝技"手语歌""情景剧"，是何教授向夫人学得的。

这位夫人是汪丽华教授，她与何教授青梅竹马，可惜在青年时期两人风流云散。数十年后，他俩在一次学术活动中重逢，于是破镜重圆，成就一对生命教育学界的神仙眷侣。二人合作完成一系列研究，尤擅唐君毅生死观研究。他们主张，人既宜优生，亦宜好死，死亡教育是国人宜补学的一堂大课。

（2019年5月2日，河南大学22号专家公寓）

枬红荻白，云肥风瘦

首都师范大学儿童道德与生命教育研究中心成立，中心主任刘慧教授正是朱小蔓教授当年在南京师范大学指导的博士生。中心邀请生命教育研究者列席观礼，我忝居其列。简单的挂牌仪式后，朱小蔓教授做了一场题为“陶行知与生命教育”的演讲，提出陶行知是中国生命教育的肇启者。此说发人未言，深得我心。

受朱小蔓教授的教诲和启发已有多年。2008 年，我在备考北京交通大学人文与社会科学研究学院博士生考试，但其时，我已在职攻读北京师范大学教育学部博士学位。一次，教育科学出版社发起的中央教育科学研究所（现已更名为“中国教育科学研究院”）青年读书会，机缘凑巧，我也前往参加，竟无意中聆听到了时做中央教育科学研究所所长的朱小蔓教授的演讲。

朱小蔓教授向大家问好，然后说：

在教育科学出版社发起青年读书会，这个倡议我从心里赞同，两个月前，我见到了他们的倡议书，因为 SARS 的缘故，这个活动一直推迟到现在才能举行。读书对今天的青年人很重要，读书对中央教科所的文化建设也很重要。我是怀着一定要建设一个好的央所文化、一定要带出一支队伍、培养出一批像样年轻人（像我在南师大培养研究生的感觉那样）的信念和热望，期待着做好这件事的。我建议他们先读教育科学出版社出的书，先读自己编辑加工过的书。我希望他们从编辑文字的机械和麻木（如果他们做编辑会变成那样的一个不幸的话）中跳跃和超脱出来，像读书人那样，依然敏感、热情、醉心于书的内容、文字的思想内涵和意趣，去领略其中的文化力量，去感受与工作同在的读书的快乐。

朱小蔓教授接着说：

读书是快乐的，它让人好奇、如饥似渴，让人兴奋、一见如故，它让人体会心领神会的愉悦、亲切可人的温馨。释疑解惑，有如走进愈渐宽广、敞亮的大道，当然有时也相当沉重，甚或是悲凉、无奈……林林总总，但这却都是有助于人的精神成长的积极的情感。我常常想，人若没有这五彩缤纷、波澜起伏的情感体验，生命将是那样干枯，生活将是那样暗淡，而有着这些情感充盈的生命和生活又是那样让人感到满足、享受和向往。

那次读书会，我未敢凑前，朱小蔓教授公务繁忙，讲话期间就有数人来催请，讲完向大家微笑致意后，被数人簇拥而去。

这次在首都师范大学再次见到朱小蔓教授，聆听其演讲，中午又有幸与其一起餐叙。那种大学者的风范让人心仪折服，由于正在北京师范大学师从顾明远教授做博士后研究，无法正式拜朱小蔓教授为师，但我从心里已尊其为师，敬礼求教。

拙著“生命诗语”系列诗文集相继付梓，呈请导师顾明远教授和朱小蔓教授作序。朱小蔓教授在序言中提及第一次见到我的情景：

王定功博士是我国生命教育研究团队中的一名重要学者。他是著名教育家顾明远先生指导的博士后，我愿意视他为同侪和知音。在首都师范大学儿童道德与生命教育研究中心成立大会上，我与定功博士首次相遇，那天我做了一个关于陶行知生命教育思想的演讲。而首都师大新成立的这个中心，其主任是由我指导的博士生刘慧担任的，当时她已是初等教育学院的副院长、教授、博士生导师。午餐时，定功博士与我相邻而坐。那段时间，我的健康状况不是很好，定功博士不知怎么就看出来了，他关切地建议我：“枏红荻白，云肥风瘦，正是中秋时节，建议先生出去走走，比闷在家里要好。”他穿着虽稍稍寒素，但谦和温文、儒雅脱俗，简直像是从唐宋穿越而来的！

我虽年纪不小，但由于进入学界较晚，实际上完全是一个学术“小萝卜头”，得到朱小蔓教授如许称赞和期许，我受宠若惊。后来朱小蔓教授的博士生刘慧教授对我说：“您知道吗？您向朱老师发邮件求她作序时，她正在南京就医，那一阵子她的病情凶险反复，人不时昏迷过去。断断续续为您作序，竟用了近一个月，她不让我告诉你，怕你担心。”

我竟不知，我竟才知！朱小蔓教授竟然对我这位编外弟子如此青眼有加，那字字珠玑的序言原来是在病榻之上完成的。怎不让人心疼、砥砺继而奋发！

我谨以心香一瓣，祝福朱小蔓教授：

为国珍重，花香相随！

（2019 年 5 月 4 日，河南大学 22 号专家公寓）

樱花自是满城香

在生命教育研究方面，我的感觉是：既解一惑，遂生三疑。所以我一直在行走。不久前，教育部中南高校师资培训中心发来入学通知书，批准了我赴华中师范大学进行高访的申请。

从下周起，我又将赴华中师范大学教育学院访学一年，师从周洪宇教授，排除干扰，系统研究“生活·实践教育学”，拟与周洪宇教授合著《“生活·实践教育学”论纲》作为访学成果，并以此为河南大学生命教育学术工作丰富视角，增加动力。

寒假之时打球受伤，跟腱断裂，因伤不便行走，故我请一位研究生代为打印申请书，呈递教科院，教科院领导有些疑惑。通过微信询问我为何访学，为何到华中师范大学访学，为何师从周洪宇教授访学。

在申请书中，我如此设定访学的学习内容：挖掘“生活·实践教育学”理论背景，理清“生活·实践教育学”渊源流变；深入中小学进行调查和实验，洞察“生活·实践教育学”现实关涉。

我计划系统研究“生活·实践教育学”的一个宗旨、两个重点（两个目标）、三大领域和三商并举、四个特征、五全理念（五大法则）、六育并举、七大行动、八大经验、九大转变、十大主张，初步完成“生活·实践教育学”的学科建构。同时，完成河南大学生命教育研究中心发起的“生命价值论－生命教育学－生命课堂论－生命诗语”的学术架构。

在申请书中，我如此填写访学的学习目的：

提高自身教育学素养，推进河南大学生命教育研究。河南大学是国内生命教育研究肇启单位之一，本人忝居生命教育研究中心主任之职。近年来，国内相关研究峰起，以周洪宇教授之“生活·实践教育学”和叶澜先生之“生命·实践教育学”为盛。尤其是周洪宇教授学贯中西，周学水到渠成，周洪宇教授开创陶行知学、教育活动史、“生活·实践教育学”，不唯当世第一，置身于中外教育史，颉颃中外教育大哲也毫不逊色。对周学的简单考察借鉴已然不足，只有拜其门下，全职访学，才可能详其堂奥。昔日黄侃之拜章太炎、刘师培君子，我独不可拜周公乎？

2006年12月，周教授领衔建立国内较早的教育智库——长江教育研究院，致力于教育智库、教育治理、教育决策的研究，提出“全球视野，中国立场，专业能力，实践导向”的主张，在全国智库界产生了重要影响。

周洪宇教授的研究有五大领域：陶行知学、教育活动史学、炎黄学、教育智库、“生活·实践教育学”。其中，在第一、二、三、四个领域，周学均居全国第一，唯独第五个领域虽也极具特色，并在全国独一无二，但较前四个领域似乎尚需人手。我刚好在第五个领域可以融入周学，共同推进基础教育理论研究，构建“生活·实践教育学”学科和学派。

一个大学者向另一个大学者学习，这不应是一句客套话，而是要真学。若想尽学其学，只有一条路，就是拜其为师。

民国学人中有三个著名的“疯子”，一个是被黄兴称为“章疯子”的章太炎；一个是刘师培；还有一个就是被称作“黄疯子”的黄侃。有意思的是，这三人不仅都是民国时期的国学大师，而且章太炎、刘师培与黄侃还是师生关系。章太炎、刘师培、黄侃三人学问各有所长，如三峰耸峙，三星聚会。但后人奇怪的是，黄侃为什么拜章太炎、刘师培为师。这是民国学术史上的一段佳话。

黄侃拜章太炎为师的说法有两个版本。一种说法是：当时章太炎与黄侃都在日本留学。某晚章太炎正于寓所著文，忽然窗外黄色之水天上来，中间还夹杂着一股腥味，原来是楼上有人图方便，就地解决内急。“章疯子”仰头大骂其“王八”，楼顶那人不甘示弱，从斜刺里闪出，与他对骂。此人正是“黄疯子”，于是两个“疯子”骂作一团。骂毕攀谈，“黄疯子”才知道得罪的是大名鼎鼎的“章疯子”，于是纳头便拜，执弟子礼。另一种说法是：一次黄侃与人拜谒章太炎，见其壁间大书：“我若仲尼出东鲁，大禹长西羌，独步天下，谁与为偶？”觉其人太狂，难以接近，遂退。后来章太炎见其文，“大奇之，即以书约见，遂许为天下奇才”。两人开始相识，黄侃成为章门大弟子。

后来，章太炎被袁世凯软禁于北京东城钱粮胡同，黄侃时在北大任职，又冒险前往探视。他见老师处境艰难，且孤苦伶仃，于是以“研究学何”为名前往侍奉。数月之间，他白天出去应酬，晚上与章太炎伴宿，切磋学问，其乐融融。之后不久，黄侃曾被迫出任直隶都督赵秉钧的秘书长，据说也有以此举来缓和袁世凯加害乃师之意。

黄侃执礼甚恭的，除了章太炎，还有一位老师，就是刘师培。黄侃拜刘师培为师，同样也有几种传说。

一种说法是，黄侃在日本时结识了同时亡命于日本的刘师培，刘师培与章太炎那时的关系也是极好，他比黄侃只大两岁，本在师友之间，“三君相与筹商革命，并共论学，交往甚密”，可谓无话不谈。后来黄侃发现了一个机关：刘师培与章太炎在谈经学时，一有他在，刘师培就不开口了。他猜到刘师培的心思，是要他拜师，“才肯传授经学给我”。于是，他挑了一个只有他们两人在的时候，包了束修，正式磕头拜师。刘师培便把经学传授给了他。

这一说法来自黄侃自述，是他后来对弟子杨伯峻说的。那时，杨伯峻本是新式青年，不想按黄侃的老规矩办事，叔父杨树达力劝，才封金磕头，做足礼节。黄侃收了他做徒弟后，就向他说了这个故事，还得意地告诉他，自己拜刘师培为师后，“太炎师的小学胜过我，至于经学，我未必不如太炎师，或者还青出于蓝。我的学问是磕头来的，所以我收弟子，一定要他们一一行拜师礼节”。

还有一种说法是，家学渊源颇深的刘师培逝世前，感来日无多，担心“吾家四世传经，不意及身而斩”，黄侃安慰他：“君今授业于此，勿虑无传人。”刘师培失望地说：“诸生何足以当此！”黄侃问：“然则谁足继君之志？”刘师培人之将死，其言也善：“安得如君子而授之。”黄侃拜道：“愿受教。”于是，次日，黄侃摆香案，行大礼，正式拜师。

黄侃拜刘师培为师，人们也多不能理解，因为论年龄、学问，他与刘师培均相近。章太炎问他：“你的‘小学文辞’比他还好，为什么要拜师？”黄侃答：“余于经学，得之刘先生者为多。”黄侃还对别人说：“《三礼》为刘氏家学，今刘肺病将死，不这样做不能继承绝学。”对这位老师，黄侃一样侍奉，礼节周到。

刘师培自知不起，临死前唤来黄侃，以手抄本一册相赠，并嘱：“苦心二十余年，仅得有此，此学非君不传，君其保之。”黄侃拜谢。刘师培去世后，他撰《先师刘君小祥英文》以慰悲情，云："悲哉小子，得不面墙，手翻继简，常泪浪浪。"他还把刘的墓志铭拓片，挂在书斋，以"朝夕面对，如见师恩"。

黄侃既拜章太炎、刘师培为师，我独不可拜周公为师乎？

2019 年 3 月 24 日，我驾车赴武汉求教周教授。当时我还架着双拐，需要常常将伤脚抬高，否则就会肿胀，肿胀时间一长，可能需要截肢。所以我只好"逢三进一"，就是每过两个服务区后，我被迫驶进第三个服务区休息片刻，把座椅调至最后，把伤脚抬至工作台上回血。

2019 年 3 月 25 日周一晚，周教授与我一起在武汉东湖畔的"汉代刘家"茶社饮茶。周教授给我上课。我在 2012 年全国教育史年会（长沙）上有幸拜识周教授，先生"周公吐哺"，求贤若渴，对我青眼有加，拟招我做第二站博士后研究；可惜我在北京师范大学的博士后研究于 2016 年才结束。其时，早已超龄，无法再次办理进站手续。蒙周教授同意，从那天起，我就成为周教授指导的"永远在研的博士后"；并及时走程序赴华中师范大学教育学院师从周教授做高级访问学者。

周教授素以学术立身，对我的授课全是"干货"。周教授回顾近 20 年主要做的工作，并用一句话概括——"教书育人做研究，参政议政谋国是"。一方面，他在学校当老师，教书育人，从事研究；另一方面，他又先后在政府与人大从事行政实务，从一名基层干部成长为一名省领导；还担任过省级民主党派主委，带领 5000 多名民进成员履行参政党职责；同时担任过四届全国人大代表以及一届全国人大常委会委员，在全国人大这个国家最高权力机关履行法定职责。换句话说，这 20 年他是一身而五任：既是大学教师，又是智库学者；既是机关干部，又是党派主委，还是人大代表，每天都在不同的时间、地点、环境、背景下扮演着不同的角色，从事着不同的工作，发挥着不同的作用。

周教授总括了近 20 年在学术上主要做的五件事：一是培养人才，建立华中研究团队；二是探索创新，努力创建陶行知学和教育史学新体系；三是从事现代化与文化、文明史研究，努力打通现代化与文化史、教育史的联系，使文化现代化有新的生长点，也使教育史有新的高度、厚度和宽度；四是组建教育智库，开展教育政策研究，积极建言，推动教育改革；五是开展基础教育实验，探索新型教育理论。基本思路是：回溯历史，立足现实，着眼未来，打通历史、现在与未来的联系，为中国教育和文化现代化找到出路。

那一晚，我俩把盏而谈，披襟相见；那一晚，我俩臧否古今，纵论天下；那一晚，我俩以指作笔，蘸茶为墨，以桌为纸，勾勒“生活·实践教育学”的学科构建和学派建设。昔日，柏拉图庆幸生活在苏格拉底的时代，今日，我也庆幸生活在周洪宇的时代。

（2019 年 5 月 5 日，河南大学 22 号专家公寓）

附　录

清澈如水王定功

——我所了解的先生本人

如果说有一种人生华丽而不刺眼，铅华洗尽，返璞归真，历尽世间百态仍清澈如水，那么这种人生非王定功莫属。

人在少年时，他是东岸镇边一"淘气顽主"，常常带领玩伴儿"攻城略地"；步入青年时，他是上蔡城中出众的翩翩公子，风流儒雅，气度不凡；跨至中年时，大家自然会想到他这位才华横溢的博士生，他曾说："人，找到自己喜欢的一条路，不容易；找到了，就要坚定不移地走下去，虽千万人吾往矣。"现在，上海交通大学出版社正与他磋商，对一本即将出版的书共同进行修改。大忙人啊！关于上学，他的体会是这样的：本科需要学习；硕士需要学习与质疑；博士学习只是前提，主要是质疑与创新。

先生严谨而不拘束，他以前的老领导说，先生做事有一个特点，那就是"做一样，像一样"。曾经，执教期间，他脱下西装，换上暗色夹克，穿上黑色平底鞋，为人师表一丝不苟。他的好哥们儿、网站制作高手"心悦使者"曾形象地称"中年时的文学园地，差不多被他走遍了"。

他的文学成就为校园文化注入了新鲜的血液，他的文风兼具婉约豪放之长，而题材之博大，内容之深广，实为突起异军，超越才贤。从此，这个爱办实事的副校长使我校有了自己的信息平台——网站，校刊、校报和文学社也相继成立，举办的第一届文化艺术节更是取得圆满成功。连他不经意间的一个创意——“为每个教师过生日”也被当作一个传统一直延续至今。

他严谨而美学化的教育精神为这个浮华的社会注入了一剂清新的空气。他的人生充满了传奇色彩，他是大家心目中绚丽之极又归于清澈如水的典型人物。

他，作为我的师尊和好友，我崇敬他！

问渠那得清如许？为有源头活水来……

作者：张雪丽，上蔡县第二高级中学

2008年10月29日

逐梦诗意远方
——听王定功“诗意栖居”演讲有感

开学前夕，我有幸聆听了一场由南华实验学校组织的有关生命教育的专题讲座，听后感触颇多，受益匪浅。不仅在教学理念上给予了我深刻的启迪，而且为我指引了今后人生的努力方向。

王定功博士以“诗意栖居”为主题，为我们呈现了一场诗意的课堂，他以一个诗人的姿态，研究着诗意的生命，过着诗意的生活。对我们来说，工作是一场充满硝烟的战争；而对他而言，工作是一幅引人入胜的画卷，他在工作岗位上默默地耕耘，辛勤地劳作，时而拍手笑疏狂，时而本为琅嬛客，在豪放和婉约之间活出了应然的姿态，不得不令人抬头仰望。在生活中，他与家人、朋友题诗逗趣，言笑晏晏，羡煞旁人！

自从读过海子的“面朝大海，春暖花开”后，我的心中便有了诗意的远方，这次听了王定功的以“诗意栖居”为主题的课，仿佛看见了航行的灯塔。我认识到了教育领域是遗落在人间的伊甸园，教育工作就是一场诗意的远行，教育人自然也就是背上行囊跨越千山万水的诗人。

陶渊明曾在他的《归园田居》中写道："种豆南山下，草盛豆苗稀，晨起理荒秽，带月荷锄归。"南华实验学校作为一块教育的领地，能够远离尘世的纷扰，作为老师而言，这是一片净土，更是一片乐土。我们既可以扎根于此深耕细作，桃李满天下，培养出一代代卓越的南华学子；又可以以梦为马，在自己的精神领域里纵横捭阖，仰望满天星斗，实现自己的理想价值。王定功对当前的教育叩问："老师，你为什么这么累？"尔后做出诗意的解答："如果教育人把教育工作当成一首诗，把学生当作一个个美的意象，那将是一场诗意的旅行！"

印度诗人泰戈尔说过，"生如夏花之绚烂，死如秋叶之静美"，不仅仅工作充满诗情，生活甚至生命更是载满诗意。从《致女儿》《致儿子》《致妻子》《致陈晓旭》《致苏小小》的一系列诗作中，可以看出王定功对生活细节和个体生命的关注，每一个拂晓和黄昏，每一处河谷与山岗，每一轮亘古的明月，每一扇扣响的窗扉都倾注着他兼济的目光。他能听到冰雪下万千生灵痛苦时的低诉，也会醉心于阳光下万物的咏歌。他将它们编织成一句句优美的诗行，凝聚成生活的诗章。

司马迁说："人固有一死，或轻于鸿毛，或重于泰山。"作为一名学者，王定功对生命的意义和价值提出了追问，当一个人的灵魂在宇宙中孤独无助、飘忽不定时，其该怎样找到回家的路？那便是要：拈花微笑，上下求索，清风明月长归处，漫向书山独自斜！

诗意的栖居给了我一缕诗意的曙光，燃烧起我对教育工作的热爱、对诗意生活的笃行，以及对旷达人生的追求。愿在每个清晨，我操纵犁铧，在田畴上写下美丽的诗行；愿在每一个黄昏，我撒下渔网，在水湾捞起一网网金光！

作者：邓艳[1]，成都南华实验学校

2018年10月9日

① 女，南华实验学校语文教师。教学风趣幽默，对学生要求严格，工作耐心细致，善于沟通，深受家长和学生的欢迎和好评。教育格言：以幽幽之书香养己，用拳拳之爱心育人。

跋：竹香入酒赋新诗

生命如此令人惊诧！清晨第一缕阳光照耀这个我们生于斯、长于斯亦终将逝于斯的星球，松涛低吟，柳丝婆娑，虫鸣蛙鼓，兔走隼落；带露牡丹娇艳欲滴，含愁丁香惹人垂怜。所有的生命各依其序而又驰突奔竞，万千生灵应节而舞，界、门、纲、目、科、属、种在大化运行中如此和谐。整个世界明晰美丽，流畅丰富，生机勃勃。所有的生命都在呐喊，所有的生命都在歌唱！生命，让人不由去关注和研究，并从中获得和谐的心境和充盈的生命力。

在所有的生命中，人的生命是那抹最动人的色彩，是那缕最耀眼的光芒。人是万物之灵长。正是因为有了人生命的观照，才使这个世界更加缤纷多彩，才使同一轮明月照耀下的古人今人对时光流逝、人生短暂发出同样动人心旌的声声喟叹。

人的生命价值是这个世界上至高无上的价值。人的生命价值是价值问题的核心，是对人生命的深度追问和终极关怀。在一些文化语境里，只有人具有"神"性、"佛"性；而"上帝死了"之后，人更理所当然地成了这个世界的真正主人。

我有时试着想象自己摆脱自身，负手立于太空的某一角落，俯瞰这个蓝色星球的芸芸众生，欣赏那冷色的、意味深长的运动着的美，观察那生和死川流不息的合而分、分而合，遥看生命的嬗变升腾、变迁不居，指点那关乎生命的激动人心的价值求索激荡起的绚丽浪花。

人的生命价值应然如何？也许没有人能给出确切的答案，

我们都正走在“朝圣”的路上。这正是人生中最动人的地方。我深信：一切科学、哲学、信仰的东西，都由同一个共同的源泉哺育——对于未知事物的憧憬和心泉聆听的返回。我并不相信迷信意义上的灵魂不朽和具象化的万能上帝，也无法准确说出人的生命价值到底是什么，但我相信人生命价值的不朽和精神生命的永恒。于是，对于横倒斜歪在通向生命价值求索之途上的障碍物，我试图通过科学真理和生活经验的总括来清理；而对于远在前方的生命价值之鹄的，我试图通过哲学的沉思、审美的愉悦、灵性的震颤、信仰的笃定来触摸，试图以此走向一个明晰而和谐的思想世界。

在我们之前，一代代哲人接踵而来，送给我们思想的种子；我也努力摸索着去打开一扇又一扇通向生命价值的追寻之门，踏上幽暗魅惑、曲折迭环的林间小径。我高擎生命中全部真善美圣凝聚而成的“阿拉丁神灯”，勇敢地做世人寻找生命幸福的向导。

作为一位起步较晚的生命教育学者（学者在此指的是“学习者”），我近年来从生存哲学、教育哲学、课堂教学、诗学等不同维度先后切入生命教育研究，叩问生命的价值和意义，溯源教育真蕴，寻求实践路径。在研究过程中，我感觉有些内容适合写成岩崖笋峙的高台讲章，于是我撰写《生命价值论》《审美生存论》《生命教育学》《生命课堂论》《生命教育诗学》等数十部著作；有些内容适合写成规范严整的学理短章，于是我在

《教育研究》《课程·教材·教法》《中国教育学刊》等期刊上发表了数十篇论文。但还有些内容似乎更像是生命教育研究过程中的吉光片羽，是“林间路”上散落的珍珠，是掩卷远望时的灵感造访。我习惯于把这些想法也写下来，有时写在一片纸上，有时写在胳膊、腿上，有时狠狠地在脑子里“过几遍电影”，一如李贺之故事，之后尽可能及时敲进电脑。这样的文字，我称之为“生命诗语”，并分别形成“生命诗语2005年卷”“生命诗语2006年卷”直至“生命诗语2019年卷”。2005年我开始使用个人电脑，近年更是笔记本电脑不离身，这些“诗语”因此得以记录下来，积年竟逾百万字；而2005年以前的“诗语”，数量还真是不少，但已全部散失。

生命诗语的发表和出版，原来一直没有提上日程。2018年7月我打篮球受伤，养伤时在根据生命诗语整理三部诗集，随后在教育科学出版社出版，分别是《有所思》《白衣醉》《马蹄错》，合起来组成《生命教育诗语》系列。中国教育学会名誉会长、北京师范大学资深教授顾明远先生和中国陶行知研究会会长、北京师范大学教授朱小蔓院士奖掖后学，视诗语为生命教育研究的重要成果，饱含深情地为我的系列诗语写下了两篇序文及推介语。顾先生是我的亲导师，朱先生是我的虽无导师之名但有导师之实的老师。河南大学年终绩效考核时，也视《生命教育诗语》为重要学术成果。我深为感动，深受鼓舞。检点积年所作，发现已出版的这三卷只是积年诗语之十一。2019年

早春我再次打篮球受伤，这次是跟腱断裂，伤情较重，那学期的课被迫请同学们退选了，病床临窗，正可从长计议撰文著书。于是，我闭门谢客（我未“双肩挑”，本来就门前冷落，所以谢客并无难度），集中整理生命诗语四组共十二卷，为了与已出版的《生命教育诗语》稍相区别，我将新书命名为《生命教育私语》《生命教育丝语》《生命教育释语》《生命教育思语》。这十二卷全都是以诗文的形式表达生命教育的学术致思。卷目为：

1. 生命教育诗语　卷一　有所思（小诗集）
2. 生命教育诗语　卷二　白衣醉（小诗集）
3. 生命教育诗语　卷三　马蹄错（歌词集）
4. 生命教育丝语　卷一　聆听（散文诗集）
5. 生命教育丝语　卷二　对话（散文诗集）
6. 生命教育丝语　卷三　同行（散文诗集）
7. 生命教育思语　卷一　门卫三问宜深思（哲学卷）
8. 生命教育思语　卷二　大象无形课堂里（教育卷）
9. 生命教育思语　卷三　书生报国一支笔（生活卷）
10. 生命教育释语　卷一　山居
11. 生命教育释语　卷二　田园
12. 生命教育释语　卷三　江南
13. 生命教育私语　卷一　吉光片羽圆旧梦（小诗集）
14. 生命教育私语　卷二　林间自是少人行（学术随笔集）
15. 生命教育私语　卷三　多少楼台烟雨中（生活随笔集）

我平日的工作和爱好没有严格的界线，工作即爱好，爱好即工作。我北京师范大学博士后导师顾明远先生说，教育的本质是生命教育；我华中师范大学博士后导师及高访合作导师周洪宇先生说，生活·实践教育是教育的真蕴。据学生浅见，无论是顾先生团队起草并纳入《国家中长期教育改革和发展规划纲要（2010－2020年）》的"生命教育"，还是周先生沿夸美纽斯、斯宾塞、卢梭、杜威、陶行知一路走来提出的"生活·实践教育学"，还是华东师范大学叶澜先生及其高足李政涛等提出的"生命·实践教育"，南京师范大学朱小蔓先生提出的"生命–情感教育"，均直指人的"life"。"北顾、中周、东叶、南朱"以及朱永新、刘济良、冯建军、刘铁芳、王鉴、刘慧、张文质、肖川诸君子的相关研究，异曲同工，殊途同归，各臻其美、美美相应。这构成中国教育跃升的强大动力。而我理解广义的"life education"其实也包括诗意栖居——我平时受邀讲学最常被点将的题目正是"诗意栖居于教育生活"。个人浅见，诗意栖居应成为生命教育的寻常生活贯彻，生命诗语应成为生命教育的重要表达方式，登临送目、诗书吟啸、酱醋琴棋、饮啄笑傲，无一事不关联生命教育，无一处不寄寓生命情怀。

无论"诗语""思语""丝语"还是"释语""私语"，都是从我每天写作的"生命诗语"中辑录出来的，都是我对生命教育的真情实感之表达。其中《生命教育诗语》三卷之《有所思》《白衣醉》《马蹄错》书名由导师顾先生亲自题写。先生书风入于颜平原之浑厚博大、字势开阔，出乎唐六如之妍美流畅、气韵天成。铁画银钩，人书俱老，瞻之令人肃然起敬。另外十二卷一并付梓，新体诗文各卷由书法家冯明威老师题写，格律诗词各卷由书法家韩云老师题写。冯老师行书平和雍容、冲虚散淡，韩老师隶书古朴凝重、清雅俊逸，二君子书法均落笔有绪，灵气扑面，妙笔生华，令人好生喜欢。

我学习格律诗词有年，习作近万首（阕），虑及格与律诸般要求，故少有格律诗词发表、出版。自2009年至今，指导我格律诗词学习和创作的老师有三位：第一位是台北的吕慧薇，网名婵娟；第二位是福建的罗增富，网名三少爷的微笑；第三位是上海的王轶君，网名雅典娜。在《生命教育诗语》跋中，我误将吕老师的名字写成了李慧薇，在此纠正并向吕老师致歉。吕老师的台式"国语"燕语莺声，动听而难辨，我竟未听出吕、李之别。他仨比我年龄小很多，但在格律诗词及楹联方面皆是奇才，堪为吾师。"吾师道也，夫庸知其年之先后生于吾乎？"三位老师本来只教我格律诗词和楹联创作，但这次除对我创作的格律诗词联推敲斟酌之外，还对我以白话表达的诗语倾情倾力予以雅正，常常焚膏继晷，以至于衣带渐宽。

十五卷诗语插图数百幅。这些插图有的来自我求学和奉职的单位——信阳师范学院（学士）、河南大学（硕士、博士后及奉职）、北京交通大学（博士）、北京师范大学（博士及博士后研究）、华中师范大学（博士后及高访）、洛阳师范学院（河洛

学者特聘教授）；有的来自文朋诗侣旅友所赐摄影作品，其中，北京汉服公司“如梦霓裳”（创始人为我的词友月怀玉）和郑州“最美瑜伽庄园”（创始人为我的瑜伽师父韩雨欣）提供了很多精美的图片；还有一些图片是我家的积年照片。

更应感谢此刻阅读本书的您。我研究生命教育，深知对于一名学者而言，读者就是他的上帝，对读者我从心眼里尊崇和感恩。一桌饭菜好不好吃，美食家的评判固然也重要，但更重要的还是食客的意见。对于“上帝”怎可轻忽？生命诗语撰稿之时，指尖流水，文思泉涌，在思想的王国里淋漓醉墨、纵横恣肆；整理成书之际，却是战战兢兢地反复推敲，大改者九，小改者百，只恐谬种流传，贻笑大方。初始临窗整理诗卷之时，飞雪弥空、琼瑶满地，此日徘徊小径，竟已榴红照眼、枇杷果熟，时光匆匆，太匆匆！

书稿既成，振袂长啸。是时斋外有庭，庭中有竹，竹边石几一条，几上清酒一觥，竹香入酒，诗意氤氲。灵犀相通的朋友啊，不知您此刻身在何方？您若与我同代，请莅临寒斋把酒言欢，可好？您若千百年后才在故纸堆中偶遇此卷，则我已成古人。穿过岁月风烟，字里行间还觉心跳滚烫吗？石上酒杯仍留竹香如许吗？

2019年6月1日

王定功“生命诗语”系列

生命教育诗语

◎ 有所思

◎ 白衣醉

◎ 马蹄错

生命教育丝语

◎ 聆听

◎ 对话

◎ 同行

生命教育思语

◎ 门卫三问宜深思

◎ 大象无形课堂里

◎ 书生报国一支笔

生命教育释语

◎ 山居

◎ 田园

◎ 江南

生命教育私语

◎ 吉光片羽圆旧梦

◎ 林间自是少人行

◎ 多少楼台烟雨中

教育的本质是生命教育

丙申初冬　顾明远书

国家社科基金（教育学）一般项目
“生命教育学学科建构研究”（BAA140017）

生命教育思语

大象無形課堂裏

王定功 著

科学出版社
北京

图书在版编目（CIP）数据

生命教育思语. 大象无形课堂里 / 王定功著. —北京：科学出版社，2019.9

ISBN 978-7-03-062218-1

Ⅰ.①生… Ⅱ.①王… Ⅲ.①生命哲学-教育思想-中国-文集

Ⅳ.①B083-53

中国版本图书馆CIP数据核字（2019）第187923号

责任编辑：付　艳 / 责任校对：贾娜娜

责任印制：徐晓晨 / 封面设计：铭轩堂

编辑部电话：010-64033934

E-mail：edu_psy@mail.sciencep.com

科学出版社 出版

北京东黄城根北街16号

邮政编码：100717

http：//www.sciencep.com

北京虎彩文化传播有限公司印刷

科学出版社发行　各地新华书店经销

*

2019年9月第　一　版　开本：720×1000　B5

2021年1月第二次印刷　印张：10 1/2

字数：170 000

定价：168.00 元（全三册）

（如有印装质量问题，我社负责调换）

序一：教育的本质是生命教育

我对生命教育没有研究，但是我觉得教育的本质就是生命教育。教育是传承文化、创造知识、培养人才的社会活动，是人类生存发展、超越自我的重要途径。人类和其他生物一样，一要生存，二要繁衍，三要发展。要生存就要解决衣食住行的问题；要繁衍就要生儿育女；要发展就要教育、学习，把前辈的生产经验、生活经验传授给下一代。而这三者也是分不开的，人类只有不断发展、创新，才能战胜恶劣的环境，获取更好的生存、繁衍的条件。可见教育在人类发展进程中的重要性。人类发展的历史就是人类通过教育不断学习、不断创新、不断超越自我的历史。因此，我说教育的本质就是生命教育。

其实，自古以来的教育家都在追求如何使下一代的生命得到更好的发展。虽然东西方的教育理念不同，但其理一致。无论是西方的苏格拉底、柏拉图，还是东方的孔子、孟子，都追求人的身心的健全发展。但由于人类进入阶级社会以后，一方面，教育被统治阶级所利用；另一方面，被统治阶级接受不到应有的教育。教育的本质被掩盖了，教育成了各种利益集团获取利益的工具，忽视了人的生命的发展。

及至文艺复兴，社会批判了神的统治，打破了神权，提倡人权，儿童发展问题逐渐得到教育家、思想家的重视，特别是夸美纽斯、卢梭等启蒙思想家都关注儿童的自由发展。

20世纪以来，美国进步主义教育家杜威主张“儿童中心主义”，提出“教育即生长”“教育即生活”“学校即社会”，再一

次引起了社会对儿童生命发展教育的关注。陶行知先生从他的老师杜威那里得到启发，在中国创建“生活教育”，并且把老师的教育理念反转过来，提出“生活即教育”“社会即学校”“教学做合一”。两者的理念是一致的，都是关注儿童的生命发展，只不过在方法途径上不同。

至于“生命教育”的概念是何时由何人最先提出来的，已无从考证，也不重要，重要的是如何理解、如何实施。我觉得近几年“生命教育”之所以热起来，是因为现在的教育弊端实在太严重，违背了教育的本质，压抑了儿童的发展。学生为考试而学习，不是为发展而学习，每天十几个小时埋头于繁重的作业之中，身体健康受到伤害，思想品质得不到提高。现在正要再一次发出“救救孩子”的呐喊！所以，有识之士提出“生命教育”的呼声，是很自然的事。因此，生命教育不是一个教育模式的问题，而是一个教育理念的问题。我们要通过生命教育来转变教育观念，更新教育方法，使我们的孩子幸福生活，健康成长。

但是对生命教育怎么理解，怎么实施，确是需要认真研究的问题。河南大学一批学者较早地开展了这方面的研究。尤其是近几年，河南大学在刘志军、刘济良、汪基德等教授的带领下，逐步设立了生命教育方向的硕士点、博士点，并将其作为博士后研究的重要方向，生命教育已经成为河南大学“大教育学”科研、教学尤其是研究生培养工作的一个特色和亮点，且经过多年的研究已取得了重大成果。河南大学生命教育系列研究的数套丛书展示了他们的研究成果。我想广大读者会从中更深刻地理解生命教育的意义和本质，从而更新观念，同时获得开展生命教育的方法和途径。

我无法通读系列丛书的全部内容，但我深切地感受到生命教育的重要性，我支持他们的研究，赞赏他们的研究，感谢他们的研究。是为序。

顾明远

北京师范大学英东楼

（顾明远，中国教育学会名誉会长、国家教育咨询委员会委员、北京师范大学资深教授）

序二：生命教育的诗意言说

广义的生命教育的源头，可以追溯到孔子和苏格拉底的时代，千载绵延，代代损益，薪尽火传，生生不息。孔门弦歌施教，“浴于沂，风乎舞雩，咏而归”描绘的不正是生命教育的唯美情景吗？苏格拉底一袭敝袍赤脚站在雅典街头用“助产术”指导雅典青年，柏拉图降尊纡贵追随寒门老师，亚里士多德与逍遥学派师生漫步苹果园纵论天下大事，不也正是生命在场的教育故事吗？一定意义上说，一部中西方教育史不过是生命教育与非生命教育在不同时空的对垒、演变与抗衡。在我们看来，不断健全完善的生命教育才是真正的教育。

现代意义上的生命教育大致始于20世纪初，美国哲学家、教育家杜威教授提出了系统的实用主义理论，其中“从做中学”的系列观点就包含着杜威的“生命整体存在论”、“经验方法”及“探求逻辑”等诸多关乎教育当事人生命发展的观点。陶行知先生是中国现代意义上的生命教育研究和实践的首倡者。20世纪初，陶先生师从杜威教授，1917年学成归国，在国内首倡“life education”，直到1946年辞世，他将全部精力投入其中。但出于种种考虑，先生当时并未将其翻译成“生命教育”，而是翻译成“生活教育”，他的思想也被后来的研究者们概括为“生活教育理论”。其实，无论“生命”还是“生活”，在英文语境里大致都表述为“life”，在汉语中“生活”也无异于“生命”的展开过程，从来也没有外在于“生活”的“生命”。深味陶先生生活教育理论，其间所包含的生存教育、健康教育、养生教

育、社会责任教育、完满人格教育、终生教育等思想，无不折射着生命教育的理论光辉。杜威教授提出“学校即社会”，试图吸收社会的所有方面并将其融入一所小小的学校；陶先生提出“社会即学校”，寻求的是将学校的所有方面延伸到大千世界。杜威教授提出“教育即生活”，主张“做中学”；陶先生提出“生活即教育”，主张“教学做合一”。陶先生提倡教师“千教万教教人学真”，提倡学生“千学万学学做真人”，直接触摸到师生生命发展的脉搏。在《从烧煤炉谈到教育》一文中，陶先生满怀深情地写道：“教育的使命是什么？不是放茅草火！不是灭茅草火！是要依着烧煤的过程点着生命之火焰，放出生命之光明。中国教育的使命，是要依着烧煤的过程点着中华民族之火焰，放出中华民族生命之光明。”

20世纪末21世纪初，生命教育在我国渐渐热了起来。生命教育本应有许多切入维度，也可有不同称谓，但其思想主旨相同或相近。国外如此，国内亦如此。我看重并倡导的生命教育突出了情感教育这一方面，1990年起不断强调情绪情感是生命的基本表征，是生命的重要机制以及一个人生命素质的“内质性”保障。我以此为学术基础和教育理念，分别在供职南京师范大学、原中央教育科学研究所以及担任中国陶行知研究会会长期间，以很大的热情推动生命教育的研究、实验与普及（包括宽泛和专指意义的）。我的第一位博士生刘次林1997年撰写“幸福教育论”，我的另一名博士生刘慧2000年撰写“生命德育

论”，后来不断有博士生的论文选题都与“情感—生命”的基本概念、命题相关。与此同时，叶澜先生提出“让课堂充满生命的活力”，创立了“生命•实践”教育学派，与她团队的李政涛、李家成、卜玉华等学者把生命教育研究与中小学教学实践做了很好的对接。朱永新先生提出“新教育”，主张“聆听窗外的声音”，推动构建书香校园。周洪宇先生发起“阳光教育”实验，生活•实践教育学派与生活•实践教育学学科呼之欲出。刘济良试图构建“生命教育论”的理论体系，刘志军、王北生、李桂荣的研究指向生命教育的视域扩展和校园关涉。张文质、冯建军、石中英、黄克剑等提出“生命化教育”。王鉴、夏晋祥等提出构建生命课堂的思想。刘铁芳、肖川、郑晓江、欧阳康、何仁富、汪丽华、赵丹妮、袁卫星以及港台地区的孙效智、纪洁芳、钮则诚、林绮云、吴庶深、张淑美、郑汉文、汤锦波、何荣汉等学者也从不同维度对生命教育进行了深刻的研究，提出了一系列有价值的思想。

中华大地，藏龙卧虎；十步之内，必有芳草。各地学者和一线教师对生命教育的研究和实验风起云涌，怒涛排壑；千帆竞发，百舸争流。这一切必将载入中国生命教育的发展史册。顾明远先生提出“教育的本质是生命教育”。教育的变革和发展永无止境，对生命教育的探索和践履也永不停歇。

生命教育的研究和表述可以有也应该有多种维度。王定功博士试图从诗学的角度切入生命教育，以诗歌的语言对生命教

育进行表达，这是一件十分值得鼓励的事情。

王定功博士是我国生命教育研究团队中的一名重要学者。他是著名教育家顾明远先生指导的博士后，我愿意视他为同侪和知音。在首都师范大学儿童道德与生命教育研究中心成立大会上，我与定功博士首次相遇，那天我做了一个关于陶行知生命教育思想的演讲。而首都师大新成立的这个中心，其主任是由我指导的博士生刘慧担任的，当时她已是初等教育学院的副院长、教授、博士生导师。午餐时定功博士与我相邻而坐。那段时间我的健康状况不是很好，定功博士不知怎么就看出来了，他关切地建议我“枫红荻白，云肥风瘦，正是中秋时节，建议先生出去走走，比闷在家里的好”。他穿着虽稍稍寒素，但谦和温文、儒雅脱俗，简直像是从唐宋穿越而来！

我慢慢了解到，王定功博士是一名厚积薄发、大器晚成的学者。他曾做过16年的中小学教师、教育行政官员。2007年，他赴北京师范大学教育学部教育学原理博士课程班学习；2008年，他考入北京交通大学人文学院，师从哲学家路日亮教授攻读博士学位；2011年，他又进入了北京师范大学教育学部博士后流动站，师从著名教育家顾明远先生从事博士后研究。近几年，定功博士十分专注地进行生命教育的研究和教学，先后从不同维度向生命教育“包抄”过去，对生命教育的源与流、理论与实践都“弄弄清楚”（顾明远先生语），为中国内地方兴未艾的生命教育提供助力。

王定功博士于2011年在上海交通大学出版社出版专著《青少年生命教育国际观察》，这部书被《中国教育报》评为“2011年影响中国教师的100本图书”之一；2012年在上海交通大学出版社出版专著《青少年道德教育国际观察》，这部书使作者进入“上海交通大学出版社建社30周年作者墙”；2013年在教育科学出版社出版专著《生命价值论》，这部书被评为河南省2014年教育科学研究优秀成果奖特等奖和2016年第五届全国教育科学研究优秀成果奖三等奖。他独著及担任第一作者的著作、教材已见书34部，包括此次积十数年功力整理推出的《生命教育诗语》《生命教育丝语》《生命教育思语》《生命教育私语》《生命教育释语》共十余部。按这样趋势看，著述等身于定功而言并非夸张。这些著作是一脉相承的，即分别从生存哲学、教育哲学、课堂教学、诗学等不同维度切入生命教育，体现出一名睿智学者的学术自觉。

王定功博士在学术上具有多方面的兴趣和成就。最难得的是，在生活中他洁身自好，对真、善、美、圣有着虔诚的信仰和坚定的追求，不啻“浊世佳公子，翩翩一书生”。尤其是他在科研合作中低调从容，“重言勿泄，少任敢专”，“重情重义，生死相许”（台湾同行纪洁芳教授语）。江西师范大学生命教育研究专家郑晓江教授辞世，定功独坐书窗三天不食不语，那段时间他的QQ签名也换成了“愿我的死，换他的生”。而他俩见面不过三次而已！

承蒙不弃，定功将“生命诗语”各个系列均送我审读。由于健康的原因，我时断时续地阅读，读得不多，但越读越喜欢。“生命诗语”以一种生命共同体的视角直面“天地人神四方共舞”的世界，歌咏自然万物，赞美成长着的事物，吟唱人间的美好情感，探问生死哲思理路，展示书生报国情怀，褒扬真善美圣，表达生命教育的学术致思。若用一句话评价“生命诗语”，那就是：天地人心的深情探问，生命教育的诗意言说。

其实，生命教育关乎每一个人，每一个人都在用自己的方式践行生命教育，发出生命诗语。我本人自1986年进入道德情感、情感教育研究之后，便对情感与道德、情感与生命的关系越来越敏感和在意。用情感——生命之“眼”去看教育、观道德教育、做教育研究竟成了我的个人学术偏好。回想自己从40岁起，就有不同的肿瘤疾患不断来袭，饱尝了大手术和化疗之苦。可以说，30年来如何对待生命，如何处理生命与工作的关系，一直是我个人真切的人生课题。生命之脆弱与生命之坚韧这相左相反、交相混合、反反复复的复杂情绪感受总是随着身体状况的起落变化，每每考验着自己最真实而无法逃避的生命态度。我似乎是懂得了生命实在值得珍惜，的确应当珍爱生命！可珍爱生命并不是惧怕死亡，也不一定真能做到不惧怕死亡。自觉的死亡教育在我们这里还是十分缺失的。癌症给人带来的不只是痛苦——尽管那痛苦常如剜心蚀骨，它还会让人零距离地直面生死大限，思考“生从何来，死向何去，我是谁”

的问题，思考如何把握生命每一天，把最值得做的事情做好，尽最大努力提高生命的质量（肉身的与精神的）。因此我特别感谢生命教育和现代医疗，前者给了我对生命的认知和勇气，后者给了我身体有效的疗救和保护。不久前，我又度过一次生命危机，现在出院了，重新走在阳光下，坐在书斋里，享受生活的馈赠。

恰逢此时，看到王定功博士奉献生命教育大作，捧读、吟哦“生命诗语”，是一件令人愉悦的事情。天地春回，鸟儿叩窗，丁香快要开放了吧？我从心底里感恩生命，感恩所有热心生命教育、给无数人们带来生命智慧和力量的人。

斯为序。

朱小蔓

南京师范大学随园

（朱小蔓，中国陶行知研究会会长、俄罗斯教育科学院外籍院士、北京师范大学教授，曾任南京师范大学副校长、原中央教育科学研究所所长兼党委书记）

目录

MULU

教育的本源是『引路』，无论是学校教育还是家庭教育，无论是社会教育还是自我教育，我们的教育都应回到『人』，回到『人的生命』而『重新出发』。

——本辑导语

第1辑 生命教育学理探赜

碧水清风一枝莲

嵩山少林寺里有一幅被称为“碧水清风一枝莲”的壁画，其寓意是“白藕红花青荷叶，三教由来是一家”。

而贯穿儒、道、释三教的共同思想，正是对人的生命价值的共同关切。不管是道德自觉的儒家、自然无为的道家，抑或是缘起性空的佛家，在对待人的生命的问题上，其基本旨趣都是希望人们正视痛苦，摆脱痛苦，提升生命的精神层次和整体价值。

正是由于对人的生命的共同关照，对生命价值的共同追求，中国传统的儒释道才在相互折辩中又相互包容，在相互分立外又相互补充，形成了中国人“进退”相宜的生命价值的三维结构，千年流变，风起云涌，共同描绘了中国传统主流文化的动人生命图景。

就人类整体而言，人要面对和解决三大关系：人与自然的关系、人与社会（人）的关系和人与自身的关系。就生命个体而言，其也同样要面临和解决这三大关系。在个体生命中，人与自然的关系表现为“我从哪里来”；人与社会的关系表现为“我该如何做”；人与自身的关系表现为“我到哪里去”。中国传统文化中的道家、儒家、佛家分别就上述三大问题进行了回答。

从道、儒、释三家对生命问题解答的核心内容和精神旨趣上看，道家侧重解决的是个体生命与自然的关系问题；儒家侧重解决的是个体生命与社会的关系；佛家侧重解决的是人与自身亦即是人自身的精神问题。道家认为，生命之道就是自然之道，由于自然之道是最高的“道”，那么，个体生命理应成为“最贵”，所以，“贵生”就成为道家文化的主基调；儒家认为，个体生命价值得以完满实现的先决条件是妥善处理好各种复杂的社会关系，而处理好各种社会关系的关键在于个体具有良好德性，因此，“贵德”就成为儒家文化的重要内涵；佛家认为，现世个体生命中的一切都是虚妄的，只有人的灵魂（精神）才是真实不灭的，因此，“贵心”也就成为佛家文化的核心。

儒、释、道三家文化对个体生命问题的解决方案，构成了几何中的三维结构。其中，儒家的“德性”是三家文化的主体和核心，既代表中国文化方向的主流，又是个体生命价值的正统；道家的“道心”、佛家的“佛性”则是对它的补充与完善。

这种个体生命的三维结构具有“自给自足”的特征，这种特征表现在两个方面：第一，个体生命自身就具有道德的一切要素，自身就是道德的源泉，这就是所谓的“自给”；第二，个体生命自身就具有克服主体内在的人生矛盾和外在的人伦矛盾，以及实现自我满足、自我平衡的机制，这即是“自足”。自我中心、自我圆满、自我满足是这种结构的内涵。

从个体生命三维结构的内在关系上说，个体生命内在的“自给”主要是由德性实现的，而道心与佛性则主要是外在的平衡，是对德性的补充与完善，三者的结合才是个体生命完整意义上的“自给自足”。因此，这种个体生命三维结构既具有自我进取的性质，又具有自我保护的性质。此种自我进取是一种道德性的进取，即持续的道德修养，持续的人格生长。在这种修养与生长的过程中，道心与佛性则是一种自我解脱与自我超脱的机制，因而对个体生命的平衡又起到某种保护作用。

这种结构的实质是向内追索，既是由内而外地寻找道德的源泉，又把各种内在与外在的矛盾归于主体自身，在反求自身之中实现精神的平衡与社会的和谐。而与其他两家文化的不同之处是，道家是通过精神与肉体的分裂，即精神上的清高脱俗与肉体上的随波逐流达到这种平衡的。在这种内在追索的形态中，个体生命三维结构成为一个无所不具、无所不能的道德性的小宇宙，使个体生命无论在怎样的人生境遇中都能找到安身立命的基地。

由道家的道心、儒家的德性和佛家的佛性所构成的“自给自足”的个体生命价值观构成了三维结构模式，该模式有利于建构现代人的生命价值体系。社会主义核心价值体系在中国社会价值体系中居于核心地位，决定着整个价值体系的性质和方向。总体上说，人们的主流价值观是积极的、健康的、乐观的、向上的，能正确认识生命的存在，珍惜自己的生命并尊重他人的生命。但是，由于社会环境的复杂性，当今时代又是一个价值多元化的时代，正处在生命价值体系的构建阶段，人们容易受各种不当利益、错误思潮的影响，因此，在当今社会中，部分人出现了混乱的生命价值认识、失落的生命价值心理和冷漠的生命价值行为，具体表现为缺乏责任意识，抵抗挫折的能力低下，缺乏对人生进行科学合理的规划，认识不到每个人的生命只有一次，在遇到挫折与困难时，就采取自杀、残害同类生命等方式来否定生命。关于上述问题的原因，学术界多从社会的、个体的外因等方面进行分析，很少有人从个体生命三维结构的平衡视角探讨生命价值观问题。而合理的生命价值系统应当是“进退”平衡的系统。

从现有的个体生命三维结构的设计来看，在“进”的方面，其确实给人们提供了生命价值实现的途径、方法和理想；但在“退”的方面，现有的生命价值体系设计却是有缺失的。在这样的体系设计下，人们只有前进的道路，却没有后退的余地，殊不知，人生不如意十有八九。当人们在顺境时，现有的生命价值系统的优势就表现得十分突出；当人们在逆境时，现有的生命价值系统的弱点也会暴露无遗；当人们遇到挫折时，其往往采取极端的方式否定生命，此行为就是这种生命价值系统设计不合理的突出表现。

中国传统文化中，由儒、释、道三家所构成的个体生命价值的三维结构体系，之所以能使个体生命无论在怎样的人生境遇中都不失安身立命的基地，就是因为在这个体系中的“进”和“退”始终是平衡的。无论顺境与逆境、得志与失志、成功与失败，人们都能够获得生命价值实现的取向，正所谓“穷则独善其身，达则兼济天下”。在构建社会主义生命价值体系的过程中，损益地继承中国传统文化中的个体生命价值的三维结构体系中的合理因素，具有十分重要的意义。

（2012年1月1日，河南大学苹果园）

以“道”为引领　凸显生命价值

儒家、道家及中国化的佛家思想，在千年流变中，虽流派纷纭，学说杂采，但三教中都赫然有一个大写的“人”在站立着，无不把人的性命作为观察自然、社会、人事的前提，对人的生命的关怀是三教学说的“一贯之道”，也是各家贯穿一切理论的红线和维系一切学说的纽带。

儒家将包罗万象的宇宙最高原理和终极真理看成是“一以贯之”之道。“一贯之道”一分为三，一曰天道（或乾道）。《周易·乾》曰：“大哉乾元万物资始，乃统天。”人与天地生命皆能充其量、尽其类、致中和、育万物、位天地，尽性发展，止于至善。二曰地道（或坤道）。《周易·象》曰：“坤厚载物，德合无疆，含宏光大，品物成亨。”即顺承乾元天道的创造力而成就之，厚载万物而持养之，使乾元的创造力得以绵延久大，赓续无穷，蕲向无限圆满之境。三曰人道，即“孔孟之道”。“孔孟之道”就是忠恕之道。孔子对曾参说：“吾道一以贯之。”（《论语·里仁》）曾子曰：“夫子之道，忠恕而已矣。”（《论语·里仁》）邢昺解释说：“忠，谓尽中心也。恕，谓忖已度物也。言夫子之道，唯以忠恕一理，以统天下万事之理，更无他法，故云而已矣。”（邢昺：《论语注疏·正义》）这段话的意思是说，忠是指尽其衷心，或者说是诚心诚意；恕是指以己来忖度其他事物。这是一种较宽泛意义上的理解，但就忠恕之道的核心意义而言，则主要是处理生命个体与他者生命个体及群体关系的根本原则。“己欲立而立人，己欲达而达人”谓之“忠”；“己所不欲，勿施于人”谓之“恕”。虽然中庸之道为天道，忠恕之道为人道，但是，天道与人道“彻上彻下”，“下学而上达”，所以，人道可上达天道，人道并不低于天道，从上下贯通的意义上讲，人道即天道。因此，儒家以博大的同情心去看待万事万物，特别是看待人。人处于不同阶层、不同状况之中，以体谅的心方能真正做到“理解万岁”，犹如“车尘马足富者趣，酒盏花枝贫者缘”，每个人既能“自得其乐”，也深知“家家有本难念的经”。如果我们不能依据真诚的同情心去理解别人，那就会产生种种偏见，造成对他人生命价值的漠视和遮蔽。因此在儒家看来，整个的家庭、社会、宇宙都成为广大同情的领域，每个人都能设身处地以各种观点体察各种人在不同境界中的问题，如此使天下之所有境界纵之而通、横之而通，贯穿起来成为统一的系统。

道家的“一贯之道”是指宇宙的最隐秘密、最真道理和最高价值。老子提出“道可道，非常道；名可名，非常名”（《老子·道经·第一章》），人应去追求不可言说、玄之又玄的“众妙之门”。具体途径是“为学日益，为道日损”，这样才能发现宇宙的最高真理——“道”。可见，老子的学说并不消极，而是一心向上，努力追求宇宙的最后真相、最高价值。庄子同样追求宇宙的最高价值，但他将老子所提出的超越价值拉回到现实世界中进行体验，在儒家与道家之间寻求一条折中的道路。且不管道能否道、名能否名，其中都隐有一个去“道”、去“名”的生命主体；庄生化蝶也好，蝶化庄生也罢，其中也都有一个鲜活的生命主体，离开这一生命主体，一切都没有意义。道家追求的“大道”，是人超脱解放之道。道家虽不否认人类社会的价值，但提出“人法地，地法天，天法道，道法自然”（《老子·道经·第二十五章》）。道家并不满足于儒家所追求的人类社会的价值系统，并不满足于这种相对的、并非最高的价值，而是要在儒家所主张的人类社会价值标准之上再向上追求。因此，道家所讲的“道”，是超脱解放之道。儒家讲“下学上达”，但最终还要落实到现世践履上，所以，儒家追求的价值必然要受到时代的限制，而道家则追求不受时代限制的、永恒的最高价值，这体现了道家的哲学智慧。

佛家的“一贯之道”就是将人的精神提升到超越的境界，放下执着，放弃偏见，以此来把握宇宙的最后真相、最高价值，以这样的精神高度，视宇宙为旁通统贯的整体。这一点与道家颇为相似，正是因为本土的道家思想先一步于精神层面给外来的佛家思想铺平了道路，佛家思想才得以在中国生根，从而促使了中国大乘佛学的产生。道家和佛家的“一以贯之”都是在对超越界的追求、对宇宙最高价值的追求之中形成的。

大乘佛教追求的是“菩提道”。他们认为，人在生活中之所以感受到精神痛苦和困惑，最主要的原因在于人类的愚钝、缺少知识、更没有智慧。因而，大乘佛教育人如何本着“最高的智慧”看待人生，将人从痛苦和困惑之中解放出来，此即“菩提道”。它虽看透现实人生，但也不会像小乘佛学那样对现实人生持消极、悲观的态度，在“人生实苦”的唉声叹气中放弃对现世的努力，而是以高度的智慧勘破轮回构成的原因及其解放之道，悟出人生的理想和价值，追求精神上的自由和解放。

可见，儒、道、佛三家的求“道”方式虽异，实则殊途同归，都追求宇宙人生的根本之“道”，都是关于“道”的探索和阐发。儒家、道家、大乘佛教都没有把宇宙当作与人无关的孤立系统，而是把宇宙看成“属人”的宇宙，虽其“一以贯之”的表现方式各异，但其实质都是“把多元对立的系统化成完整的一体”①，“总是要说明宇宙，乃至于说明人生，是一个旁通统贯的整体”②。宇宙是天地万物浑然一体的整体，人与自然、人与人、人与社会都处于彼此相因的交感和谐之中。这就是儒、释、道的“一贯之道”，这就是中国哲学的“一贯之道”。

（2012年1月2日，河南大学苹果园）

① 方东美. 原始儒家道家哲学 [M]. 台北：黎明文化事业公司，1985：27.

② 方东美. 原始儒家道家哲学 [M]. 台北：黎明文化事业公司，1989：45，50.

以生命为本　肯定生命价值

生命的自然价值是人作为生命存在的物质载体和本能性的存在方式对于生命本身所具有的意义，这是考量生命价值的最基本的尺度。生命的自然价值是生命价值的其他形态存在的基础和前提，失去了自然生命，谈论生命的其他价值也就失去了意义。儒、道、佛三家对生命价值的关注就是以对人的生命的自然价值的肯定为前提的。在中国人的宇宙观中，人们把宇宙分为天、地、人三个层次，并认为天、地、人是一个有机联系的和谐整体，这就是“天人一体”。三者之中，人处于核心的主体地位，人是万物之灵，只有人的存在、“人道”的弘扬才能实现“天道”和“地道”。

儒家认为，人居于宇宙之中，秉持天地的创造性和顺承性，在生生不已的生命发展中厥尽参赞化育之天职。天道有“大生之德”，地道有“广生之德”。人之外的生命虽然可以存在，可以延续，但是，唯有人能够赋予生命以意义和价值，唯有人是这个世界上唯一“能思想的苇草”。“他在意义同价值上面求真善美，把人类的精神价值向上面发展，向上面提升，在立体的境界中，表现人生的意义同价值！”[①]儒家把人看成宇宙的中心和主体，把人类社会的价值看成宇宙的最高价值。人凭借昊天之创造力、大地之孕育力得以生存繁衍，并执着地追求自己的价值理想，实现人生的意义。因此，“天道”和“地道”最终都需落实于“人道”的实现。人承受天地的“生生之德”，发扬创进不已的生命精神，追求崇高的价值理想，此即谓“立人极”。

道家对人的自然生命价值的肯定尤为突出。如果说儒家对生命的自然价值的肯定是侧重于“心”的话，那么，道家对生命价值的肯定是侧重于“身”的。“全生保身”是道家关于对生命的自然价值的肯定最突出的表现。为实现人的生命的自然价值，老子主张“无为”，他以“无为”为人类活动的准则，并以“无为”为人类的本性或最高品质。“常道无为而无不为，侯王若能守之，万物将自化，化而欲作，我将镇之无名之朴，夫亦将无欲，不

① 方东美. 方东美演讲集 [M]. 台北：黎明文化事业公司，1989：45，50.

欲以静，天下将自定。”[①]“无为”既是道德本质，也是人的本性，保持生命的“无为”就能达到生命的“无不为”。要达到生命的“无不为”，就要“贵柔”，柔者,“弱”“和”“静”“慈”也。老子的“柔道”真谛是以柔克刚,“人之生也柔弱，其死也坚强，万物草木之生也柔脆，其死也枯槁，故坚强者死之徒，柔弱者生之徒。”[②]庄子继承了老子的“无为”思想，并把它引向了脱离社会的出世主义，为了实现“全生保身”而避世、隐世甚至玩世。庄子的“全生”主要是试图使自己的人生价值得到实现，包括对个性、个体价值、个体自由意志的追求；其“保身”主要阐释的是如何在纷乱的时世中保护自身免遭伤害。前者是心的自由，后者是身的保护。庄子对生命的自然价值的肯定，可以用一句话来表述：在失去自我中实现自我。道家人生观虽然有许多消极的东西，但总体而言，其对生命的自然价值的肯定还是可取的。

佛家对人的自然生命价值的肯定主要集中在对人们解脱现实痛苦的关注上。佛家认为“人生皆苦”。佛教“四谛”（据说是释迦牟尼由于人生的痛苦和烦恼得不到解决而悟出的道理，后成为佛教的基本教义。四谛包括苦谛、集谛、灭谛、道谛。苦谛表示现实生活中的种种痛苦现象，所谓“一切皆苦”；集谛表示造成各种痛苦的理由或根据；灭谛表示作为佛教最高理想的涅槃；道谛则是实现佛教理想应遵循的手段和方法）就提出来人生的八苦：生苦、死苦、痛苦、老苦、怨恨苦、爱别离苦、求不得苦、五盛蕴苦。这是佛教对人的生命存在关照所做出的价值判断，也是佛教人生观的基础。佛教提出人生皆苦的目的不在于说破人生之苦，而是将这种苦的人生改变过来，达到“常乐我净”的境界。为使人们达到“常乐我净”的境界，佛教借助“轮回报应”的禅机，肯定人生有三世的存在，精神、灵魂世世代代不灭；并以大慈大悲的情怀，自度度人，普度众生，这种慈悲大及整个人类，小及蚊虫小鸟，故“不杀生”为佛家第一戒律。

（2012 年 1 月 3 日，河南大学苹果园）

① 朱谦之．转编诸子集诚•老子校释 [M]. 北京：中华书局，2000：14.
② 朱谦之．转编诸子集诚•老子校释 [M]. 北京：中华书局，2000：13.

以修持为径　实现生命价值

以“仁”为核心的“德性”或“德心”是以孔子为代表的儒家对生命价值的精神追求。人要完成对这一生命价值的追求，就要“克己复礼”。儒家围绕“克己复礼”这一总纲给出了八个具体的条目：一是格物，二是致知，三是诚意，四是正心，五是修身，六是齐家，七是治国，八是平天下。其中以修身为本。“自天子以至于庶人，壹是皆以修身为本。”[①]“知所以修身，则知所以治人；知所以治人，则知所以治天下国家矣！”[②]在八个条目中，前四者是“修身”的途径和方法，后四者是“修身”的归宿和目的。围绕“修身”总纲，儒家在生命修持的过程中提出了许多格言式的经典，这些格言式的经典凸显了儒家奉行生命主体的自觉性和内在超越性的基本思想特征。

“吾日三省吾身。”“吾日三省吾身”（曾子）是检验自己的言行是否符合伦理道德规范要求的自我检查方式。另外，像“见贤思齐”“见不贤而内自省”（孔子），“有人于此，其待我以横逆，则君子必自反”（孟子）等，描述的正是有品德修养的人应该恪守自省与自反的修炼方法。同时儒家还主张，一个君子在经过自省、自反之后，如果真的发现自己有了过失，就会严格地责备自己，不会推诿，更不会嫁罪于人。“躬自厚，而薄责于人”[③]，说的就是这个道理。

“慎独。”关于高尚的思想、感情、言论和行动，人们在公开的场合下是容易做到的，而在无人监督、个人索居独处的时候恐怕未必能够轻易做到，欲使有人在场和无人在场都一样，就要强化“慎独”之功。“所谓诚其意者，毋自欺也。如恶恶臭，如好好色，此之谓自谦。故君子必慎其独也。”[④]所以，“慎独”被儒家看成是“立诚之始”“成德之基”。

“慎言谨行。”儒家学派还要求修养自己品格的人要说话谨慎，即做到慎

① 朱熹．新编诸子集成•四书章句集注 [M]. 北京：中华书局，1983：16.

② 朱熹．新编诸子集成•四书章句集注 [M]. 北京：中华书局，1983：17.

③ 程树德．新编诸子集成•论语集释 [M]. 程俊英，蒋见元，点校．北京：中华书局，1990：54.

④ 朱熹．新编诸子集成•四书章句集注 [M]. 北京：中华书局，1983：17.

言。孔子说："君子一言以为知，一言以为不知，言不可不慎也。"《论语·子张》所谓"慎言"，首先是"言必忠信"，不宜多说，说了就能够实行；其次是"达意而已"，说话要看对象，要有分量，时间要合适等。在"慎言"的同时，还应该做到"谨行"。所谓"谨行"，就是行为谨慎，即踏实认真，笃敬诚信，言行一致，用事实取信于人。"言忠信，行笃敬，虽蛮貊之邦行矣！言不忠信，行不笃敬，虽州里，行乎哉！"[①]其意在告诫人们，一个说话忠诚信实、做事笃厚谨慎的人，不管走到哪里，都是行得通的。反之，其恐怕在本乡本里也会遭到唾弃，更别说走遍"南蛮""北狄"之地了。

除上述几项修持方法外，儒家还有"克己""节欲""忠恕""学与思"等诸多实现生命价值的"修身"途径。

道家同儒家一样，十分注重修身养性，但道家的修身不是像儒家那样修道德之身，而是在"贵身""全身"的宗旨下保全自己的身；道家的养性不是养仁义道德之性，而是养纯朴未分的自然之性。道家的修身目的是养性，即最终复归于这种自然之性。具体表现在以下几个方面。

"少私寡欲。"老子给修身养性开的第一副药方就是"见素抱朴，少私寡欲"[②]。他认为，寡欲是消除人际争端、恢复人的善良本性、实现自然无为的途径。老子的少私寡欲实际上是鼓吹禁欲主义，目的是保护个人的生命不受损害，以生为贵。

"绝圣弃智。"老子认为，要复归人性，除了少私寡欲外，还必须绝圣弃智。绝圣，并不是说不要成圣，而是说不要为做圣人而做圣人，不要执着于仁义道德的虚伪说教，只要"无为""不德"，复归于自己的清净本性，自然就能成圣。在老子看来，知识、智慧同样会干扰人们的清净之心、复性之"道"，故他得出结论："绝学无忧。"[③]

"涤除玄览。"老子把人心看作是一面玄奥的"镜子"，认为只有把这面"镜子"打扫干净，使其不染尘埃，人的心也就能与道合一了。他对此具体展开说："致虚极，守静笃，万物并作，吾以观复。夫物芸芸，各复归其根，归根曰静，是谓复命，复命日常，知常曰明。不知常，妄作凶。"[④]这是万物

① 程树德．新编诸子集成·论语集释[M]．程俊英，蒋见元，点校．北京：中华书局，1990：55.

② 朱谦之．新编诸子集成·老子校释[M]．北京：中华书局，2000：15.

③ 朱谦之．新编诸子集成·老子校释[M]．北京：中华书局，2000：12.

④ 朱谦之．新编诸子集成·老子校释[M]．北京：中华书局，2000：15.

的法则，懂得了这一法则，人就聪明；反之，妄自造作，人就要碰得头破血流。这里，老子提倡的是一种内心体验的修养方法，认为如果心能保持虚静的状态，一切欲念也就不会发作，人的善良本性便会得以体现。

“心斋坐忘。”此是庄子提出的主要修养方法。“心斋”指心遵守的斋戒；“坐忘”是静坐而忘掉一切。庄子说：“若一志，无听之以耳而听之以心；无听之以心而听之以气。听止于耳，心止于符。气也者，虚而待物者也。唯道集虚。虚者，心斋也。”[①]虚就是心的斋戒，其内容是去除一切的有为与无为，这就是所谓的“坐忘”。最彻底的“坐忘”，是连自己的身体也忘掉。这种“坐忘”的境界，庄子称为“撄宁”，后来又被称为“不动心”。它对学、思、行等都持否定态度，不仅排斥感觉活动，而且排斥理性思维活动，只孤守内心的虚静状态。这种强调清净以养心的斋戒方法对人的精神修炼和升华有一定的作用，然而，它却走向了既与实践脱离，又排斥理性思维的极端，最终只能使精神进入高度麻木的境界，使此种方法成为逃避现实生活的幻想，既没有主观依据，也没有客观基础。庄子的虚己以游世、形志与心身分离为特征的修养方法，易使人形成“形随俗而志清高，身处世而心逍遥”的双重人格，在中国古代产生了较大的影响，特别为消极颓废者、穷途没落者、失败主义者所欣赏，以此作为自我安慰的麻醉剂。

“佛”或“成佛”是佛教生命价值的最高精神境界。中国的佛教一直关心如何成佛、在什么条件下成佛等实践问题，亦即人的生命最高精神价值的实现途径问题。隋唐是中国佛学的鼎盛时期，成佛的途径主要有“定慧双修”“理事无碍”“顿悟成佛”。

“定慧双修”是天台宗提出的修养方法。天台宗的智顗从解脱论的角度，提出止观并重、定慧双修的主张。“定”就是通过修行使主观的心定了，就能消除妄念而获得解脱；“慧”即他的“圆融三谛”说。他认为，一切事物都是因缘和合而生，没有自性，所以就是“空”，而人们又给各种事物以假名，所以，一切法也都是“假名”。当人了解到诸法既是空又是假名，这就达到了“中道”，即达到了最高认识。空、假、中是佛教三谛，“三谛圆融”就能使人得到佛的智慧，就能把人从俗世苦海里解脱出来。

“理事无碍”是华严宗提出的成佛的基本路径。“理事无碍”企图统一

① 王先谦．新编诸子集成・庄子集解 [M]. 北京：中华书局，1948：30.

现实世界与涅槃世界，侧重说明现实世界是完美无缺的，不应被变动。它把现实世界分为“四法界”，即事法界（现实世界）、理法界（本体世界）、理事无碍法界（差别性的现象与统一性的本质的统一）、事事无碍法界（现象之间相互包容）。华严宗认为，“理”是事物的本体，“事”是理的显现，两者相互依存，统一无碍。四法界有一个统摄者——“一真法界”，“一真”就是“一心”，它既是精神性的本体，又是人的主观精神，只要守心为一，“事”和“理”就可在人的精神中完成。

“顿悟成佛”是禅宗解脱成佛的方法和内容。其内容有二：一是无念；二是顿悟。禅宗以“无念”为宗，“无念法者，见一切法，不著一切法”[①]。“法”即外境，当人们接触外境时，心境不受任何影响，就是“无念”。禅宗把佛家的修行统统归为修心，而修心的目的又在于无念，达到了无念，就达到了佛的境界，这就叫“见性成佛”。“无念”说在逻辑上必然能导出顿悟说，因为佛性既是善，又是智慧，那么佛性就只能是一次性被把握的，而不是渐进达到的。同时，既然消除“妄念”是靠良知，那么，只要“一念相应，便成正觉”[②]。由此可见，凡人只要在一刹那顿悟了，便可由凡入圣，立地成佛。正如慧能所言，“迷来经万劫，悟则刹那间”，“前念迷即凡，后念悟即佛”[③]。

（2012 年 1 月 4 日，河南大学苹果园）

① 慧能．中国佛教典籍选刊・坛经校释 [M]. 郭朋，校释．北京：中华书局，1983：5.

② 慧能．中国佛教典籍选刊・坛经校释 [M]. 郭朋，校释．北京：中华书局，1983：5.

③ 慧能．中国佛教典籍选刊・坛经校释 [M]. 郭朋，校释．北京：中华书局，1983：5.

以超越为旨归　提升生命价值

儒家的生命思想突出人本视角和人格道德，以“人”为本位，侧重从“人”的视角来观照人生、社会和自然，重视人的生命意义与价值。儒家积极入世，乐天知命，从容豁达，追求内圣外王、刚健自强、济世救民、人文化成。当生命存续与道德价值发生冲突、不可调和之际，宁可通过“杀身成仁”“舍生取义”“以身殉道”来成就和实现其生命的道德价值。个体生命价值的超升在儒家思想中表现为如下途径：常人一士一贤一圣。儒家追求圣贤理想，主张“立人极”，认为人应该不断地提升自己的人格境界，个人应当卓然自立于天地间，不断地、无止境地追求自我实现，朝着“圣”的目标攀登。尽管并非人人都可以达到这种境界，但人人都应该在精神上确定这个目标，并且在行动中为此而努力。原始儒家的这种精神，后来被宋明新儒家所继承和发扬。宋儒从周敦颐开始，就主张“士希贤，贤希圣，圣希天”，大讲“圣者气象”。这正是继承了原始儒家“博厚配地，高明配天”的人格理想。①

道家的安命、生命思想强调以“自然”为本位，超越现实，侧重以自然的眼光来观照人生、社会和宇宙，主张顺应和回归自然，飘逸超越，逍遥天放，呈现完美、真实、自由的人格。道家所说的生命价值的超升，则是个人应当追求永恒之逍遥与超越，朝着“博大真人”的理想境界提升自己的人格。道家所谓“不离于宗”，就是向着天人、至人、神人、圣人的境界提升自己的人格。

至于佛家讲的生命价值的超升，则有一个预设，那就是认为现实的人是一个颠倒的人、愚昧的人。因此佛家提出，个人应当不断地求净化、求超越、求解脱，除去尘世的重重束缚，历经种种境界而“超凡入圣”，成为菩萨、阿罗汉、大菩萨，然后再成佛，如此，把人性发挥到一个最高的、最光明的精神阶段，禅定佛性。大乘佛教以解脱的坐标观照人生，怀着对人的迷

① 周敦颐．周敦颐集 [M]．长沙：岳麓书社，2002：28.

惑、烦恼、痛苦、死亡的真诚关怀，指出了解脱的方法和途径，从而为众生提供一种宗教的精神依托。每个人只要能唤醒他内在具有的佛性而返归平常，则执着可解，本真可得，行住坐卧无不真如。

上述分析表明，儒家、道家、佛家都主张把人格从现实的境界提升到理想的境界。个人生命的价值在于不断地提升自己的生命精神，追求人格上的更高层次。中国哲学诸家都主张人在现有的知能、才性的基础上，努力培养真、善、美的人格，即理想化与圆满无缺的人格。这种理想化的人格，就是儒家所谓的“圣人”、道家所谓的“真人”、佛家所谓的“觉者”。

比较而言，儒家入世而治世，道家隐世而治身，佛家出世而治心。儒家入世，故心在庙堂之上；道家隐世，故情在山水之中；佛家出世，故心在灵山之上。三者融汇，形成了生命价值互补、融合的三维结构：达则兼济天下，穷则独善其身，苦则可以解脱。

（2012年1月5日，河南大学苹果园）

“炁”：道教生命观的内核

一般认为，中国传统主流文化由儒、释、道思想和合而成，关切生命是三家思想共同的理论内核。当然，儒、释、道三家切入生命的角度大相径庭，观点自然各有侧重。所谓的“道”，并非理所当然地仅指先秦道家，从时间跨度上看，“道”主要不是指先秦道家，而是指在道家思想基础上发展的一个中国本土宗教——道教。

道教的生命观独树一帜。这首先就体现在，道教的生命观统由一个上位概念生发，这个概念就是“炁”，即“元气”。“炁”是“道之为物”，即“道”是可被人真实感知的东西。道教的生命观认为道生万物，人的生命自然也就是道的一种变化了，即个体生命体内也有“身中之道”，所“善行道者，求之于身”（《庄子・人间世》），这事实上就等于说将形而上的“道”引入形而下的人的身体，据此提出“生道合一”，并追求长生久视、肉体飞升的理想境界。道教生命观的所有思想均建基于“炁”，由此生发，道教对人的生命的诸方面均有独到的认识和主张。

对生命的本原进行阐释是任何宗教都不能绕过的话题，与儒家的天命说不同，与佛家的空幻说也不同，道教坚执生命的本原是“道”所派生出来的“元气”。元气运化而生阴阳中和之气，阴阳和合才产生人的生命。所以，“炁”是有形质的真实存在，是精、气、神结合为一体的产物。“形者，气之聚也。”（《云笈七签・七部语要部・卷一》）所以，道教认为生命的本原就是这个“元气”。“炁”即“道”蕴涵在人体之中的生命潜能，是精、气、神等在人体身心发展中的整合。所以，道教“重人贵生”，对肉体生命十分关注。《元气论》认为，真精、元神、元气均须臾不离身体，此即谓生命。《太上老君内观经》也认为，“气来人身谓之生”，“从道受生谓之命”，气为生机本源，“气人形体，从道受生”，是为生命。《太平经・令人寿平治法》认为，精、气、神三者共存于生命之中，神乘气行，精居其中，相助共功，方为生命。

在探讨生命的本原的基础上，道教展开了对人体结构生态性质的研究。

《中藏经》认为，天地有阴阳五行，而人有血脉五脏。五行即金、木、水、火、土，五脏即肺、肝、心、肾、脾。金生水，水生木，木生火，火生土，土生金，所以，自然的养成之道循环往复以至无穷。而肺生肾，肾生肝，肝生心，心生脾，脾生肺，所以，人体的上下荣养亦无休息。人体之五脏对应自然之五行，相生相成，流转不息，无始无终。在此基础上，《中藏经》得出了“肉体飞升”的结论。该经文说，五行运转于天地阴阳之中，而人体内亦合乎五行之道，人在修行的至高境界，就可以掌握阴阳之数理，夺天地之机枢，悦五行之要旨，与天地同时运化，没有开始，也没有终了，这样的人就成了不死的神仙了。《元气论》也说，人一生下来，就禀有天地的元气，这种元气既构成人之神，亦构成人之形。脑若实，则神全；神若全，则气全；气若全，则形全；形若全，则百关调和于体内，八邪消失在体外。元气若充实了，则髓凝就会变为骨，肠胃吸收的养分就会化为筋和肉，真精、元神、元气须臾不离开身形，所以能够长生不老。这种思想表明，道教在认识生命本原与形、质以及自我生命规律和追求长生久视之道方面，具有朴素而实际的蕴涵；人体生命本源于“炁”，是有形有质的真实存在，这是道教生命观的又一特征。

道教在对待人生的态度上与儒释两家大相径庭。道教诸经典明确提倡“我命在我，不属天地”（《老子西升经》），极力弘扬“重人贵生”的教义。从一定意义上讲，道教欲超越天命，抗争自然，穿透生死，跳出造化的主宰，开拓“神形俱妙”“长生住世”的人生道路。葛洪认为，造化生万物，人在其中最为灵贵，这种“灵”得其浅者，即可役使和利用万物；这种“灵”得其深者，自然可以长生久视。追求长生不老的念头，是当时人们的普遍想法（《抱朴子》）。其实，长生不老不一定非要飞升不可，那种想当然地认为飞腾必然胜于居住在尘世的想法颇值得商榷。如果留家居常、饮啄笑傲之间就可以长生不死，那么又何必非得追求“羽化而登仙”呢？

道教也试图建构“长生住世”的理论与践行方法，即为“生道合一”的理论体系和“性命双修”的修炼方术。生命是上天之予的最大的恩德，是大地最大的快乐，是人们最大的幸福，所以，一定要通过修道来珍惜生命，保全生命。因此，道教认为，修道全生的渠道有修炼内丹、修炼外丹、服气导引、炼气行蹻、吐纳胎息、休粮坐忘以及修炼内家武功等。

与道教的基本生命思想和修炼方术一脉相承，儒释两家还强调修炼者尊重宇宙万物，恪守“天人合一”观念，笃信“天地与我并生”，“万物与我为一”，树立宇宙万物相生互利、整体协和的观念。道教认为，依照这种观念修炼，就会逐次提高修养的境界。一个人在修炼的初期，其重点应放在自我的内在心性的修养上，追求一种清静自正的境界；一个人在修炼的中期，其重点应放在抵制俗尘社会的欲海烦扰上，追求一种精神超越的境界；一个人在修炼的后期，其重点应放在正确认识客观外在自然环境上，做到顺应自然秩序，维护自然和谐，达至与天地同途的境界。当然，这三个层次的修炼是相互贯通的，尤其是内在心性的修炼是始终持续的。修炼的至高境界是做到天、地、人，也就是自我、社会、自然三方的协和一致，此时的修养方可称为功德圆满。

从以上分析中可以看出，道家生命观从形而上的“炁”出发，草蛇灰线，逐渐铺陈，以致得出“天人合一”的结论，整个主张一气贯注，一脉相通。概而言之，整个道教的生命观就是：明心见性是要求，形神合一是关键，尊道贵德是基础，顺应自然是根本。

（2013 年 8 月 11 日，河南大学苹果园）

通过教育改变命运的机会从哪来

2015年的政府工作报告中强调“让每个人都有机会通过教育改变自身命运”。这既表达了政府的教育理念，同时也是对教育做出的郑重承诺。要做到“让每个人都有机会通过教育改变自身命运”，不是一件简单的事，而是需要整个国家、民族为之倾情倾力、不懈追求的宏伟目标和系统工程。这句话应当如何解读？笔者以为，至少关涉四个方面的重要问题。

我们首先要问，能改变人命运的是什么样的教育？笔者以为，教育的本源是“引路”，无论是学校教育还是家庭教育，无论是社会教育还是自我教育，我们的教育都应回到“人”，回到“人的生命”而“重新出发”。仅就学校教育而言，如果从幼儿园入园算起，一个人接受完整的学校教育，常常需要十几年甚至二十几年的时间。学校教育不仅需要为受教育者将来的发展做准备，更重要的是，它应当成为受教育者当下乃至永远的美好生活的温馨记忆。当下迫切要做的一件事就是，教育工作者应以清醒、勇敢、坚强的姿态对戕害生命、拔苗助长的各种伪教育、反教育现象说“不”！

那么，谁有机会通过教育改变命运？答案是“每一个人”。每一个人都有权利知晓自己的教育机会到底在哪儿，每一个人都有条件选择和接受适合自己发展的教育。这一点不该因民族、区域、贫富、性别、职业以及社会阶层的不同而有所差别。产生教育机会差别的唯一原因，应是受教育者自己的勤奋程度和天资水平的不同，除此不应有其他缘由。教育不但应重效率，更应首重公平。这种教育公平包括人人平等地享有教育权利，人人平等地享有公共教育资源。要实现这一目标，公共教育资源的配置要向社会弱势群体倾斜，以此来促进整个社会公平程度的提高，保障每个人发展的起点公平，消除知识鸿沟以迎接知识学海的挑战。

接下来，通过教育改变什么样的命运，又追求什么样的命运？我们通过教育追求的是“吃得苦中苦，方为人上人”吗？是“朝为田舍郎，暮登天子堂”吗？“千军万马过独木桥”式的拼杀可以休矣。相较之下，通过更适合自己的教育途径成长为更好的自己，这才是受教育者应当追求的生命目标；通过教育成为一名合格的公民，应成为每一名受教育者追求的生命底线。我们应不断重温和全面落实党的新时期教育方针，牢固树立“坚持教育为社会主义现代化建设服务、为人民服务，把立德树人作为教育的根本任务，全面实施素质教育，培养德智体美全面发展的社会主义建设者和接班人，努力办好人民满意的教育”的思想。

是谁“让每个人都有机会通过教育改变自身的命运”？是教育当事人。教育当事人包括各级党委政府、教育行政部门、广大教师和社会各界，当然更包括受教育者本人。各级党委政府和教育行政部门应做好发展教育的顶层设计，做到继续坚定不移地优先发展教育事业，努力让每个孩子享有更公平、更美好、更适合自己的受教育的机会。社会各界的每一个人都不外在于教育，都应做中国教育发展的积极支持者和主动参与者。广大教师需要更加自觉地承担起立德树人的光荣使命，做学生健康成长的指导者和引路人，成为业务精湛、学生喜爱的高素质教师，为发展具有中国特色、世界水平的现代教育做出贡献。亿万青少年应高度重视砥砺品德和掌握真才实学，把学习作为首要任务，作为一种责任、一种精神追求、一种生活方式，树立梦想从学习开始、事业靠本领成就的观念，依靠自己的努力，牢牢把握改变命运的机会。

（发表于 2015 年 3 月 13 日的《中国教育报》）

在大教育学框架内建构生命教育学

生命教育学的建构可以提上日程了，它应成为大教育学学科群组里一门重要的中观学科。当然，一门学科初建之时，一些最基本的问题不容回避。比如，生命教育学成为一门独立学科的依据是什么？生命教育学在整个学科群组的学科坐标在哪儿？生命教育学的学科目标是什么？生命教育学研究的主要内容包括哪些大的方面？生命教育学理论研究最主要的原则有哪些？对这些问题的回答可能会引起学术论争，这是好事。事实上，生命教育关乎每一个生命个体，生命教育学的学科构建也应成为每一名学者关注的事情。

一、关于建构生命教育学的必要性和可能性

第一，教育行为中以生命意义的消解来呼唤生命教育的应然回归，而何为真正的生命教育，应由生命教育学来诠释。我们遗憾地发现，在当下一些地方的教育实践中，生命意义隐而不彰，教育行为常常在“不能输在起跑线上”等口号下失去了应有的生命意蕴，变成了阻碍生命发展的外在强制因素，“救救孩子”的呐喊需要再次响起，异化的教育需要溯本清源，重返关注生命、敬畏生命、尊重生命、珍爱生命、欣赏生命、成全生命的光明大道。

第二，现代性“去魅”后的社会信仰的空白需要生命教育来填补，生命教育学应为“修身”“齐家”的必修课。曾经，工具理性宰制天下，价值理性受到忽视和戏谑，但物极必反，“寻找生命，寻找人本身”已是潜流涌动，对人的生命价值的追寻正在成为当代人们的自觉。

第三，国家执政方略需要生命教育来支撑，生命教育学应从一开始就同时以“治国”“平天下”为己任。中国自改革开放以来，直至今天，“中国梦”成为人们的口头语，以人为本成为国家执政方略，以人为本的内核是以

人的生命为本，这就需要面向全民的生命教育来唤醒、促进和保障。

第四，生命教育研究亟待建构生命教育学来加以引导。现在，各地生命教育的理论研究和实践探索弥足珍贵，但“摸着石头过河”的隐忧渐显。生命教育“应然”如何，值得每一名教育者沉思，学界更不应回避。

二、关于生命教育学的内涵

顾名思义，生命教育学应该研究生命教育，这不应该成为一个有争议的问题。很容易引起讨论的是如何理解生命教育，生命教育不是像语数外、理化生那样的一门独立的学科，生命教育不是像小学、中学、大学那样的一个学段，生命教育也不是 $X+Y=Z$ 这样的一个单独的问题，它应该是贯穿和指导教育的各个形态、各个学科、各个阶段和整个过程的一个总的指导原则和总的教育理念。从这个角度讲，任何真的教育无不关乎生命，戕害生命的教育根本就不是教育。于是，生命教育学的内涵就应该是指生命教育这一原则和理念到底应包含哪些内容，以及这一原则和理念应如何被贯穿到教育实务中去。

三、关于生命教育学的学科坐标

生命教育学的研究应坚持思想开放性和学科规范性并重。这里说的开放，应是多维的开放，地域开放、历史开放、学科开放、由外向内开放、由内向外开放，都是题中应有之义。应汲取历史各阶段、世界各地区、学科各门类相关的知识和经验，借鉴教育发展的思想史、制度史、学科史、活动史，为建构中国的生命教育学服务。比如，在展开生命教育的国际比较研究时，应该“东窗”“西窗”“南窗”“北窗”一起打开。比较研究不是为了比较而比较，更不是“舶来”“移植”就完事了，而是要以“我”为主，为“我”所用，借以探索中国生命教育学科建设和生命教育实践发展的应然路径。借鉴中国传统文化的生命教育资源，以及西方生命哲学和生命教育思想资源自不待言，同时还要借鉴大教育学的各个具体学科，哲学各相关门类及流派，诸如价值哲学、生存哲学、人学等，以及心理学、社会学，还要包括一些新兴的交叉学科的相关思想。与坚持思想开放性同样重要的是恪守学科规范性。构建生命教育学应在教育学的学科语境之中进行，一鳞半爪的只言片语，蜻蜓点水的浅尝辄止，众说纷纭的“公婆之争”，对于整个生命教育学的构建而言只能是补充，不能是主体；整体而言，宜在大教育学的框架内构建生命教育学，主要应该利用教育学现有的学术工具和学术规范，认真梳理生命教育资料，思考生命教育问题，研究生命教育理论，得出一些有价值的结论，不断壮大教育学这一大的学科。

四、关于生命教育学的研究内容

第一，生命教育的“元研究”。生命教育不是像学前教育、初等教育、高等教育这样的教育阶段，也不是像语文教育、数学教育、思政教育、道德教育这样的教育科目，而是涵盖和指导全部教育阶段和全部教育形式的一个原则、一个理念、一个最根本的要求。这就是说，好的教育关乎生命教育，真正的教育必须与生命教育相关联，本质意义上的教育必须促进人的生命成长。

第二，生命教育的“史研究”。中国、欧美以及世界其他国家和地区的生命教育的渊源流变，都应该被纳入生命教育学的研究视野中，包括中外生命教育的学科史、思想史、制度史、活动史等，这些都对构建当代中国的生命教育学大有裨益。

第三，生命教育的“哲学研究”。与生命教育“相遇”的关键词有很多，比如，生命的内涵、生命的外延、生命的特性、生命的结构等；比如，生命的有限性、开放性、审美性、普遍性、整全性及其教育意蕴等；比如，生命价值、生命意义、生活幸福、生命和谐、生命之美、生命异化、死亡、自杀、暴力犯罪等，对这些议题的研究都可以也应该成为生命教育学科体系的一个分支，如此，生命教育才有道不完、说不尽的议题，也才能为教育学的学科建设乃至和谐社会的建设做出更为积极的贡献。

第四，针对不同人群进行的生命教育研究。概而论之的生命教育固然也需要，但更重要的是针对不同人群分别展开研究。这里说的不同人群，既包括不同的年龄段和学段——幼儿、小学低年级、小学高年级、初中、高中、本科、研究生等，也包括不同社会身份的人——不同的职业、不同的行当、不同的阶层、不同生命际遇的人，比如，流浪人群、失学儿童、病人、垂死者、遗属等，他们都是生命教育的当事人，生命教育不应忘记任何一个人。

第五，生命教育的对策研究。此类应研究怎样将生命教育理念落实到学校教学、管理、服务、德育活动等环节的原则、方法、方式、途径上，尤其是应研究怎样将生命教育理论渗透到各级各类教育机构的每一门学科中。

五、关于生命教育学的研究目标

生命教育学的系统研究就围绕一个目标：在大教育学的框架内建构起中观的生命教育学的学科体系。分解开来包括以下几个议题：第一，研讨生命的世界、生命的伦理、生命的规划等议题，目的是唤醒人们关注生命；第二，研讨生命的信仰、生命的意义、生命的归宿等议题，目的是唤醒人们敬畏生命；第三，研讨关乎生命的尊严、生命的权利、生命的关怀等议题，目的是唤醒人们尊重生命；第四，研讨关乎生命的安全、生命的健康、生命的责任等议题，目的是唤醒人们珍爱生命；第五，研讨关乎生命的情感、生命的艺术、生命的审美等议题，目的是唤醒人们欣赏生命；第六，研讨关乎生命的自由、生命的价值、生命的幸福等议题，目的是唤醒人们成全生命。

六、关于生命教育实施途径的研究

丰富学校日常德育活动的生命蕴涵，应成为学校进行生命教育的主渠道。在课堂设计时，从源头上论证生命教育的单列课程及渗透课程何者为宜。在具体的课堂教学中，探讨如何在第一课堂和第二课堂中体现生命教育理念；探讨如何将生命教育理念在学生日常生活、班级管理、学校服务中一以贯之；探讨如何开展社会层面的生命教育，构建生命教育的“大生态圈”。

七、关于生命教育学的研究方法

教育学普遍的研究方法应被充分地运用于生命教育学研究中，当然，其前提是牢牢把握生命教育的“个性”，始终把促进生命教育诸当事人的生命成长作为第一要义。在坚守这一原则的前提下，历史研究方法、元研究方法、田野研究方法、比较研究方法、实验研究方法、案例研究方法都将在生命教育学的研究中焕发出新的活力，呈现出新的色彩。

八、关于生命教育学研究的原则

生命教育学作为大教育学框架内的一个中观学科，首先要遵循教育学研究的所有原则。同时，作为一门有着鲜明特点的新兴的中观学科，它应有一些独特的研究原则，包括现实性原则、超越性原则、整体性原则、生成性原则、开放性原则、主体间性原则、和谐性原则、幸福性原则、美的原则等，这些研究原则决定了生命教育学的学科特色。生命教育学研究还有一个最大的原则，也是一切社会科学研究的一个共性原则，那就是理论联系实际。任何理论研究都要建基于并指导对应的实践，生命教育学的理论研究更应始终牢牢地建基于丰富而鲜活的教育实践之上。

生命教育学研究有超越的维度，也是切实和切已的维度，所以要“顶天立地”。所谓“顶天”，就是应有仰望星空的情怀，有高屋建瓴的视角，有理论超拔的高度。但更要“立地”。所谓“立地”，就是要始终接着地气，始终与中国当下的教育实践相伴相生。现在，我国已经对生命教育学进行了探索，积累了宝贵的经验，也暴露出了不少深层次的问题。这些经验和问题从正反两维对生命教育学的构建提供了支撑。这样才能使生命教育学走出“象牙塔”，脚踏实地地为正在迅速展开的生命教育实践做一些有益的工作。关乎生命教育学的学科建构，将会有越来越多的议题不断地被纳入问题域中。教育的实质是生命教育，文史哲、政经法、数理化、天地生，没有一门学科不是关乎人、关乎人的生命、关乎人的生命成长的。生命教育学应开放胸怀，以悲悯的目光看待人，看待教育，看待这个世界。如此构建起来的生命教育学才能真正指导生命教育实践，才会真正契合人的生命，才能真正与每一个人的生命成长彼此投缘，相摩相荡，氤氲化醇。

（发表于2013年第9期的《课程·教材·教法》）

探究生命教育之所以然

生命教育从2004年开始在中国内地受到关注以来，虽“摸着石头过河”，却以一种沉着坚定的力量悄然而深刻地渗入校园，转眼间竟具“席卷天下之势”。但从其实施情况看，生命教育所要解决的问题有增无减，在一些地方反而因加重学生的课业负担而受到学生的抵制，整体而言，生命教育的有效性为人诟病。学界对这一问题从不同角度和层面进行反思和求解，心理学、教育学、社会学、伦理学分别开出了大相径庭的“药方”，于是，人们又不得不把“药方”本身当作反思的对象。比如，以前教育界判断，心理健康问题是导致学生轻生的首要原因。现在心理学和病理学的研究发现，心理健康问题与学生自杀虽然有共同的诱因和表现，但二者更多的是并列关系；心理健康问题在所有导致学生自杀的原因中所占的比重并不大。于是，在学校普遍开设的心理咨询室存在的合理性就大打折扣。再比如，依靠生命教育来弘扬生命价值一度被认为已经可以包打天下、包治百病，但进一步研究发现，即使狭义的生命教育已经尽善尽美，无懈可击，却依然与弘扬生命价值的真正目标相去甚远。生命就像阿拉伯神话中的豌豆公主，不是随随便便就能打发得了的，恐怕需要实施包括政治保证、经济支撑、社会浸润、文化滋养在内的系统工程，当然，学校教育和社会教育自然是不可或缺、不可替代的重要方面和重要环节。

生命教育“应然”如何？这值得每一名教育者沉思，学界更不应回避。有的学者从孔孟的“人之异于禽兽者几希”（《孟子·离娄下》）推举衍射，有的学者却对“国学”调侃甚而谩骂，以至于两类学者一见面就觉得尴尬；有的学者崇尚理性，有的学者独尊非理性，常常是“公说公有理，婆说婆有理，天下无公理”；有的学者偏执一端，“虽千万人吾往矣”，有的学者讲究“和谐”，试图“持两用中”，结果这两类学者也屡屡颉颃。甚至还有一些如南郭先生一般的“伪学者”加入“合奏”，一味地对东拼西凑的资料进行“翻翻炒炒”，一转眼就敢端上一桌半生不熟的“菜肴”，发文著书甚而问鼎教材。之所以众说纷纭，莫衷一是，主要是因为理论基础和研究视角不同。学问自然需要如切如磋，如琢如磨，但如果都在半空中刀光剑影，火星乱溅，热闹固然热闹，恐怕终难定论。

那么，什么才应该成为支撑生命教育的理论原点？什么问题才是引出生命教育的始基问题？这就要求我们逆流而上，回到逻辑的源头，从哲学的角度对各相关学科关于生命的前提、过程和结果进行再深思，探究生命教育、生命生成、生命发挥的真正的价值缘由和价值追求。

（2014年1月6日，河南大学苹果园）

生命教育“四路出兵”

河南大学是中国生命教育研究的肇启单位，刘济良教授是中国生命教育研究的首倡者。虑及于此，笔者在2012年博士毕业时向河南大学求职。蒙学校不弃，在精减校级研究机构的背景下，还于2014年7月成立校属科研机构——生命教育研究中心，任命我为中心主任，并聘请刘济良教授担任中心首席专家。河南大学生命教育研究自此有了一个稳固的学术平台。

生命教育研究中心（以下简称“中心”）确立了“四路出兵”的科研规划，即沿着生命教育，在科学研究、课程教学、教育实践、社会服务四个方面想办法，做工作，出成果。

中心“四路出兵”的“第一路兵”体现在科学研究方面。中心组织校内外、境内外、国内外专家和本校研究生展开了生命教育学理研究、生命教育教学研究、生命教育比较与政策研究、幼儿生命教育研究、教师生命教育研究、青少年极端行为干预研究等，并在有些方面已经取得了重大突破，比如，我在《教育研究》上发表论文《生命课堂的基本特征和建构路径》，这是学校认定的唯一的教育学A类期刊；我申请获批国家社会科学基金教育学项目“生命教育学学科建构研究”，这是文科所能申请到的最高级别的科研项目；魏宏聚教授荣获国家级教学成果奖，这是国家设立的教学的最高奖项；中心研究员杜静教授荣获高等学校科学研究优秀成果奖（人文社会科学），这也可称得上是人文社会科学研究所能获得的最高奖项；我与我的研究生齐彦磊同学获得第五届全国教育科学研究优秀成果奖三等奖，这是教育科学研究所能获得的最高奖项；我与生命化教育的首倡者张文质先生共同主编的《生命教育》系列教材已经“杀青”，这是国内目前体例最完备、质量最高的一套生命教育的专门教材；等等。成绩虽令人瞩目，但整体而言，生命教育科学研究才刚刚展开，急需年轻学子的加盟，新鲜血液的融入，携手共图大业。

中心“四路出兵”的“第二路兵”体现在课程教学方面。中心同时面向本、硕、博三个学段分别开设生命教育课程，并作为博士后合作研究的一个重要方向。面向各专业的本科生开设“生命教育”博雅课程，主要探讨当代大学生密切关注的关乎大学生成长发展的相关人文社会的重要问题；面向教育学硕士生开设“生命教育研究”课程，主要探讨教育关乎生命的本真意蕴、课程改革的成败得失，以及生命化教育建构路径；面向教育学、德育论、体育学博士生开设“生命与价值教育前沿问题研究”课程，主要探讨生命教育、价值教育的来龙去脉，以及深度课改的策略对策。师生、同侪之间“如切如磋，如琢如磨”，相互聆听、对话，携手同行。

中心“四路出兵”的“第三路兵”体现在教育实践方面。中心拟与学校的学生处、团委、学生会及学院配合，开展丰富多彩、富有生命教育意蕴的教育实践活动。然而现在的情况是，我校的教育实践活动确实已经丰富多彩，但中心的参与程度不够，这是需要我个人及团队应该深刻检讨和改进加强的地方。

中心“四路出兵”的“第四路兵”体现在社会服务方面。在这个方面，中心已走出了可贵的第一步，正在做四件事：第一件事是开展“生命教育百行百业百堂课”公益演讲活动，面向社会开展公益讲座，唤醒公众的生命意识，培养社会的生命情怀；第二件事是为各级各类学校编著一套生命教育教材并大范围地推广使用，进而改进基础教育生态，推动国家基础教育课程深化改革；第三件事是深入基层、学校开展生命教育课堂改进及区域提升的合作项目，以改善课堂教学面貌，推进生命教育；第四件事是直接参与办学，一如陶行知的故事。

（2016 年 9 月 20 日，郑州师范学院部分讲学内容）

生命成长的课程

生命教育是陪伴我们成长的课程。在生命教育里，我们一天天长大。而随着我们长大，世界在我们面前慢慢地展开一幅五彩斑斓的画卷。

生命真是奇妙！我们每个人长相不同，体质各异，但我们都很棒。我们都在进步，有的人稍快一些，有的人稍慢一些，正是所有前行的脚步，才汇成这动人的交响乐。我们身处其中的大自然也是千姿百态，万千生灵应节而舞，每一个生命都不可替代。同学们，让我们一起去探索世间的神奇吧！为生命点赞，也为自己喝彩！

生命需要成长！黄昏树影拉长，清晨阳光穿透楼角，新的一天开始了；秋天草儿变黄，春天花儿绽蕾，新的一年来到了。嘀嘀嗒嗒的时钟在催人前行，同学们要珍惜光阴，自己阅读和思考，相互聆听和对话，勇敢地面对自己、他人、社会和自然，追寻生命中的真、善、美。

生命实足宝贵！因为生命属于我们，唯有一次。安全是生命得以保存、发展的前提和保障，我们都应注意交通安全、消防安全、卫生安全还有其他方面的安全。我们要牢记安全常识，形成安全习惯，掌握必要的自护和他护能力，敬畏生命，爱护生命，健康成长。

《生命教育》系列教材提供了丰富的信息，值得我们认真阅读和思考。同时，在教师的指导下，积极参加各种有趣的体验和互动活动，是学习这门课的更好方式。我们认真参与这些活动，就能将书本中的知识融入自己的大脑中，变成自己的生命智慧。

教育的目的是向人类传递生命的气息。期待每一堂教学都充满生命的活力，每一个学生都怀揣生命的感动，每一名教师都飞扬生命的激情，每一位家长都感受生命的欣悦，每一所学校都蕴含生命的气象。

（2016年4月16日，拙编《生命教育》系列教材前言）

所谓『生命课堂』，就是生命教育理念指导下的课堂，就是『生命在场』的课堂。在这样的课堂中，通过师生、生师、生生多向交往共进，系统知识得以生成，智慧和能力得以内化，身体在紧张与安适之间保持平衡，心理处于健康的阈值区间，灵性日臻丰富而非衰微，课堂生活成为师生共同学习与探究知识、展示智慧与发展能力、交融情意与养育人性的殿堂，成为师生生命价值、人生意义得以实现与提升的场所。

——本辑导语

第2辑 生命教育课堂教学

生命在场：生命课堂的基本特征

目前，基础教育领域的生命教育研究和实验渐趋丰富，但其着力点尚需得到进一步明确。生命教育是一种教育理念、一种教育原则和一种教育生态，应该贯穿于学校教育的各个学段、各个学科以及学校生活的各个环节、各个方面。学校教育的主渠道是课堂，实施生命教育的主渠道自然也应该在课堂，这样的课堂就是生命课堂。生命课堂以贯彻生命教育理念和原则，呈现生命教育生态，唤醒师生的生命意识，激发师生的生命潜能，提升师生的生命境界，促进师生的生命发展为根本目的，因而具有厚重的人文关怀品质和鲜活的教育学意义。

所谓“生命课堂”，就是生命教育理念指导下的课堂，就是“生命在场”的课堂。在这样的课堂中，通过师生、生师、生生多向交往共进，系统知识得以生成，智慧和能力得以内化，身体在紧张与安适之间保持平衡，心理处于健康的阈值区间，灵性日臻丰富而非衰微，课堂生活成为师生共同学习与探究知识、展示智慧与发展能力、交融情意与养育人性的殿堂，成为师生生命价值、人生意义得以实现与提升的场所。这样的课堂不仅为学生的未来发展和教师的专业发展做准备，而且正成为师生当下的美好生活状态和未来共同的温馨回忆。生命课堂所倡导的“生命在场”理念主要表现在以下三个大的方面。

一、课堂价值取向的“生命在场”

“生命在场”贯穿生命课堂的始终，并内在于课堂价值的取向上。

第一，以“生命在场”的视角规划整个课堂活动。在这样的课堂中，书本知识被师生以生命发展的视角去审视和再创造，知识的授受和学生能力的培养以生命的润泽为出发点和落脚点，学生积极主动地将新接触的知识纳入已有知识的“坐标系”中并予以重新建构和创造，形成属于个人的知识和能力，积累丰富的生命体验。在这样课堂中，师生是一个个完整的、具有个性的活生生的人，师生、生师、生生共处于一个基于生命关联的生命共同体之中。

第二，以“生命在场”的原则统摄教学目标的制定。生命课堂以促进学生的全面发展为培养目标。在这样的课堂中，师生均以整全生命投入课堂活动之中。认识发展固然是生命课堂的重要任务，而学生的情感体验、意志品质、合作能力、行为习惯及交往意识与能力等多方面的发展任务亦有其独立的地位和价值。这些既相互关联又相对独立的内容及价值的统合，构成学生生命整体的发展。生命化教师能够把握课堂的内在逻辑，了解不同学生之于预设目标的不同回馈，愿意并善于对预设目标做出调整，从而对学生进行因材施教。

第三，以“生命在场”的理念推进课堂文化的建构。生命课堂关注影响课堂教学师生状态的各种关联因素，理解课堂教学中师生活动的全部丰富性，开发课堂教学的生命潜力。在生命课堂中，师生围绕教学内容共同创造和发展教学的生命场域，在学习中共同成长，共同发展。在生命课堂中，那种充分体现师生个性与风采的课堂文化得以倡导和弘扬，师生的心灵感悟和价值欲求得到彼此的认可和尊重。

二、课堂过程的“生命在场”

较当下课堂而言，生命课堂的整个教学过程的内涵更加丰富，边界更加宽广，影响更加深远。

第一，在教学内容上，生命课堂同时面向知识世界、生活世界和心灵世界开放。课堂向知识世界开放，意味着课堂围绕学科知识有目的、有计划地实施一系列教学行为，传承人类的文明，启迪学生的智慧。课堂向生活世界开放，意味着将课堂作为一个范例，借此与学生一起打开通向历史和世界的窗户，使学生透过教材和教室，看到宽阔无比的知识海洋和气象万千的真实生命。课堂向心灵世界开放，意味着生命课堂最终指向的是师生心灵世界的丰富和扩张，帮助学生从“十步之内芳草”，体味“六经之外文章”，通过“有字的书”把学生的兴趣引向外部广阔的世界这一“无字的书”，促进师生生命的整全发展。

第二，在教学方式上，生命课堂倡导教学设计的严密性、科学性和教学操作的生成性、开放性，并由教师以一种成熟的教育智慧来实现其间的整合。生命化的教学是一种技术含量很高的创造性劳动，要求教师具备完成教学任务相应的专业素质和课堂经验，并据此对课堂教学做出整体规划、阶段安排和环节设置。这种教学设计有赖于系统的专业训练和深入的教学研讨，这样的教学设计对于从业时间不长的年轻教师来说更为必要。只有经过充分设计的课堂，教师执教起来才有可能驾轻就熟，游刃有余，而没有经过专业训练和充分准备，教师拎着参考书随便登上讲台，信马由缰、随性由之的教学，往往连最起码的教学任务也完不成，这样的课堂与生命课堂风马牛不相及。生命课堂所要求的教学设计本身就充分考虑了课堂的生成、开放和真实，为师生的对话和互动预留了空间。在生命课堂里，整个教学既有章有法，严谨科学，又灵动不羁，真实自然，体现了课堂本应具有的动人魅力。

第三，在教学的呈现形态上，生命课堂追求的是一种使学生处于“愤悱”的状态。“愤者，心求通而未得之意；悱者，口欲言而未能之貌。”[①] 在这种教学气氛中，通过教师对学生的“愤而启之，悱而发之”，学生的求知欲望得以激活，良好的学习习惯得以培养，情感个性更加丰富，心灵世界更加健全。这样的课堂既会有活跃的对话互动，也会有沉默的屏神凝思，更会有“真刀真枪”的思维交锋。教师既不直接授学生以“鱼”，也不一定非得授学生以“渔”，在更多的情形下，“鱼”和“渔”全由学生独自或结伴寻找。

三、师生关系的“生命在场”

在“生命在场”的课堂里，师生、生师、生生的多向交往有助于达至生命的互动和共融，唤起教育当事人对美好事物的欲求。教学成为师生共同参与、共同被教学情境引领的活动。师生共同进入教学情境之中，一起观察和思考，一起好奇和发问，一起分享和陶醉，彼此激励，共同成长。

第一，在生命课堂中，教师进入或远离学生的世界，行于当行，止于当止，能够准确地把握师生距离。教师自身的生活融入学生的课堂生活之

① 朱熹 . 四书章句集注 [M]. 北京：中华书局，1983：95.

中，教师成了学生的“自己人”、大朋友、和蔼可亲的“出谋策划者”和聆听者。在生命课堂中，教师用母亲般的眼睛时时刻刻准确无误地从孩子的眼、嘴、额的动作来了解他内心情绪的每一种变化，以此与学生建立起亲熟感、信任感以及为学生所能真切感受到的安全感，帮助学生自由成长。教师的成熟个性在生机充盈的课堂里让学生共享，开启、点化、引领学生健康个性的逐步形成。这是一种人道主义的教育立场。

第二，在生命课堂中，学生对教师的积极回馈，有助于使教师感受到教育生活的美好和三尺讲台的吸引力，从而不断激发教师从业的幸福感和坚持下来的热情。课堂生活往往是教师，尤其是中小学教师日常生活的最重要部分，课堂生活质量的高低对教师整个生活幸福与否至关重要。在生命课堂中，“儿童成为教师、教育者、家长在对他们进行教育、教学、教养和形成他们的个性中的自愿的、有利害关系的战友、志同道合者，成为教育过程的平等参加者，成为对这一过程的成果抱关心和负责态度的人”①。作为教师，最幸福的情形往往是在生命课堂里，看到学生专注求知的神情，听到学生发自内心的笑声，觉察到学生全身心的投入，自己的辛劳、智慧和汗水获得积极回馈，自己独特的才情、气质、个性得以显露，英雄有了用武之地，这时教师就会真切感受到课堂教学的魅力和教育生活的美好。这种“课堂真好”“学校真好”“教育真好”的感觉有助于为教师的专业成长和生活幸福提供美妙的空间，抑制甚至消弭教师的“柴米油盐酱醋茶”式的日常烦恼，激励教师向教育的更深层次推进，向教学的更远道路进发。

第三，在生命课堂中，同窗共读的同学之间也会在学业上相互帮助，在价值上相互影响，在生命上相互润泽，帮助学生在“蓬生麻中，不扶则直”（《荀子》）的良性循环中健康成长。在生命课堂中，同窗共读的同龄朋辈正好可以填补他们因家中同辈匮乏而可能导致的心理孤独。较来自成人世界的帮助而言，同学之间的帮助有其不可替代的积极作用。在生命课堂里，同学们各自带着自身生活的经验进入一个生命共同体之中，心胸向着课堂情境开放，相互对话和聆听，彼此回应和欣赏，披襟相见，坦诚交流。这是一种理想的教育场景。

建构生命课堂，需要中国教育尤其是基础教育进行一场轴心式的“生

① 陶行知．陶行知文集 [M]. 南京：江苏教育出版社，2008：817.

命教育革命”，重新把课堂的出发点和落脚点放置到润泽师生的生命上，真正请“离场”的生命重新“返场”。“生命返场”固然任重道远，但不断吐故纳新地转换教学理念，并由每一名教育当事人在教学实践中从我改起，从现在改起，从能够改变的地方改起，则必然能够积小胜为大胜，逐步将生命课堂从理想带进现实。

（2016 年 11 月 10 日，商丘中学）

树立生命立场的逻辑起点

生命是教育的起源与基础，也是教育的根本目的和最终归宿。人类的一切教育教学活动其实都是为一代代人的生命成长与发展服务的，教育与人的生命本应息息相关。

第一，应把“为了人，为了发展师生的生命”作为生命课堂的出发点。教育的实施需要诉诸于每一个独特而鲜活的生命个体。没有他们的真情投入和热情实践，教育教学活动的效能就很难得到最低程度的保证。课堂的准备、进行和课后的反思，都应该将师生的生活经验、生存状态、生命价值、心理世界以及文化素质一并纳入课堂视野中，从生命教育的高度予以关注。

第二，应把“通过人，通过师生的生命融入”作为生命课堂的支撑点。“儿童不仅在准备走向生活，而且他现在已经在生活。”[①]事实上，缺乏足够社会阅历的儿童，关注点不在未来，而在当下生活的快乐和满足；而且，唯有通过当下生活的快乐和满足的实现，学生才能模糊地看到未来的愿景。所以，真正的教育总能够把未来提携到现在，把未来生活的幸福与当下的课堂生活关联起来，将远天五彩斑斓的霞光铺成脚下的道路，将隐匿起来的教育目的的种子移植到儿童的心田。这会吸引学生带着对未来生活的憧憬融入当下的课堂生活中，成为乐意接受教育的人。

第三，应把“生成人，生成师生的整全生命”作为生命课堂的落脚点。学校教育的培养目标应围绕学生发展的理想目标来设计，而学生生命发展的全面性应成为学校教育培养目标体系的重要组成部分，以及贯穿目标体系其他部分的红线。某一类的教学活动，或者以某种内容为主的活动，最终都应落脚到为学生的全面发展服务这一总的目标和根本任务上来。无论是教师还

① 阿莫纳什维利，朱佩荣．合作教育学的基本原理（下）[J]. 外国教育资料，1990，(6)：24-34，23.

是学生，都是以整全的生命投入课堂教学活动中的。以润泽生命为重要目标的课堂，自然也不应局限于向学生传授科学文化知识，更重要的是培养学生德、智、体、美、劳等方面的整体发展，从而使学生的“生命气象”得以全面敞开，摩荡升攀，氤氲化醇。

（2016 年 11 月 11 日，商丘中学）

搭建生命视角的解释框架

生命课堂从关切生命的视角和层次来重构课堂的逻辑，彰显课堂的生命气息和精神，搭建生命视角的解释框架。

第一，突破将课堂主要当作特殊认识活动的解释框架。当下课堂最受诟病之处，就是将课堂窄化为特殊认识活动的解释框架。“把丰富复杂、变动不居的课堂过程简括为特殊的认识活动，把它从整体的生命活动中抽象、隔离出来，是传统课堂观的最根本缺陷。”[①] 这种将课堂过程窄化为认识活动的课堂，势必会沦于机械化、沉闷化和程式化，从而缺乏生机和趣味，缺乏对学生智慧的激发和对学生好奇心的唤醒。师生的生命力在课堂中得不到充分发挥，这样的教学本身也会成为导致学生厌学、教师职业倦怠的因素。生命课堂必须突破这种沿袭已久、根深蒂固的课堂解释框架和组成方式，以生命的眼光重新打量课堂，以关切生命的角度重构课堂的逻辑，展现课堂关切生命的本真意蕴，彰显课堂的生命气息和精神，使其成为观照师生思想聚合与生命养成的场域。

第二，把对教学本质的认识从认知领域拓展到生命领域。学生不是也不应该沦为现成知识的“容器”，而是各自具有不同的知识基础和生活经历，有保持和发展各自独立性和能动性的需求，有血有肉，充满智慧和活力，富于想象和情感，集生活、学习、审美为一体的完整的、活生生的人。课堂应成为师生生命经历的重要场所，课堂教学应复归师生应有的生命、生存、生活的本然角色，课堂的非理性因素与理性因素应恰切地结合起来，并统一到发展生命的根本目标之上。这是课堂的本来面貌，也是教学的本质。

第三，教学的目标由知识层次提升到生命层次。引导学生对知识加以理解、掌握和运用是十分重要的，知识目标是课堂目标的基础层次；同时，

① 叶澜．让课堂焕发出生命活力——论中小学教学改革的深化 [J]. 教育研究，1997，(9)：3-8.

对学生个性的砥砺、情感的培养和生命的润泽更为重要，这是课堂教学目标体系中的高级层次，即课堂目标的生命层次。课堂目标体系是一个不可分割的整体，其基础层次的部分为生命层次的部分提供前提和支持，生命层次的部分为知识层次的部分提供指导和旨归。在富有生命意义的教学中，课堂成为师生生命中不可或缺的一部分，师生一起去经历、感受、体验、探索、反思、创新、提高，共同实现课堂的过程性目标，并在全过程中体验着一种生命的意义，获得生命所需的知识技能和生命涵养，成为孜孜向学之人、对社会有用之人，更重要的是成为幸福之人以及传播幸福之人。

（2016 年 11 月 12 日，商丘中学）

重构课堂的精神维度

生命课堂的空间同时包括了三个维度，即课堂的物理维度、精神维度和现实维度，每个维度居于不同的层次，分别有其独立的价值和意义，但三个维度浑然一体，须臾不可分离。课堂的物理维度和现实维度早已为教育当事人所熟知和重视，建立生命课堂需要重构课堂的精神维度。

第一，警惕课堂的精神维度的遮蔽。精神维度的课堂空间无法被直接观测和量度，只能依赖课堂主体的内审而觉察，通过课堂主体的课堂行为来把握，通过课堂的物理空间和现实空间来表现。失去课堂空间的精神维度，我们根本无法理解现实的教学境遇，无法理解师生的课堂生活、课堂感受和课堂思想，甚至无法理解课堂教学的真实存在和运行方式，课堂的物理空间和现实空间也将完全失去存在的意义和价值。

第二，把握课堂精神空间的构成和特征。知识和信息是课堂空间精神维度的基本层次，教师不是“瓢”，知识也不是“水”，学生更不是“容器”，教学不能依靠灌输。整个教学过程时刻离不开学生对知识的精神认同、主动吸收和自主再造，知识和信息的传承首要的是一个精神过程。思维居于人类精神活动的较高层次，想象伴随思维而发生。思维和想象帮助学生对知识加以理解、接受，并将其同化于已有的生活经验和自主建立的思维系统中。想象在很大程度上又让教学过程有可能具有浓郁的精神气息。师生的情感和态度更是教学行为背后的主要推动力，师生情感和态度的激发构成了丰富师生精神生命和情感世界的主要途径，这在很大程度上保证和提高了课堂的精神品质。

第三，将课堂空间的精神维度拉入现实。让课堂焕发出生命活力的实质，首先在于丰富课堂空间的精神维度，而要将课堂空间的精神维度拉入现实，不但需要不断言说，更需要现实的实践策略；不但需要教育当事人树立生命教育的价值取向，共同体悟教育精神和境界，更需要教师实实在在地提高自身主导营造课堂精神空间的能力。在生命课堂中，课堂当事人同为心情愉悦的对话者，各自向对方的精神敞开并彼此接纳，价值与价值共享，思维与思维共振，情感与情感共鸣，课堂洋溢着应有的生命色彩，充盈着应有的生命活力，散发着应有的生命魅力，重新充满着无穷无尽的可能性。

（2016年11月13日，商丘中学）

形成生命关怀的语言样态

不同的语言样态蕴含着不同的思想观念、思维范式和教育学意义，也导致不同的课堂实践。生命课堂注重建构一种富有生命教育意味的话语体系，打造一种崭新的、富有人文关怀的语言样态。

第一，生命课堂研究应回归课堂生活本身。课堂生活包含全部的教学事件，课堂教学只是师生生活体验的一部分。出生是生命的起点，死亡是生命的结束，生活是生命的全部。课堂教学不仅是师生之间的知识授受，更重要的是，师生在学校所要经历的是生活的一部分，当“教”与“学”不断地交融时，话语实践才能产生真切的情感性、真实的碰撞性和真正的生成性。

第二，生命课堂要求的语言是一种诗意的言说。教师以美的语言进行诗意的言说，在言说中把枯燥的公式与生动的形象联系起来，把深奥的道理与熟悉的经验结合起来，将节奏与色彩、情感与期待全部寄予教学语言之中。学生也在诗意的言说里表达着自己存而未决的疑问和焦虑、奋发钻研的刻苦和体悟、寻找和发现后的兴奋和愉悦，师生双方的诗意言说和真诚对话共同构成了教育的动人场景，也形成了教学永恒的魅力。

第三，生命课堂要求的语言是师生生动交往的语言。其间，每一个生命个体均凭自我理性与生活经验发出“真的声音”。“不同声音组合成众声的合唱；每一种声音的个性，每一个人真正的个性，都能于此得到完全的保留。”[①] 在对话里，师生敞开心扉，展示彼此的生活，超越有限的经验，驰骋于广袤的思绪。在眼下的基础教育新课改实践中，一些新型的课程语言，如“交往”“协商”“分享”“探究”“反思”“表达”“审美情趣”“建设性讨论”“开放性质疑”“批判性思考”“对话性实践”“学习共同体”等悄

① 巴赫金．文本，对话与人文 [M]. 白春仁，晓河，周启超等译．石家庄：河北教育出版社，1998：356.

然走俏，反映出生命课堂的基本价值取向和实践诉求。从语言样态的转换来看，它其实也反映了课堂对学生主体性地位的尊重，以及对其身心健康发展的深层关怀。

（2016 年 11 月 14 日，商丘中学）

呈现开放生成的教学过程

生命课堂需要教师突破教学预设，呈现开放生成的教学过程，更好地为学生的生命成长服务。

第一，生命课堂并不排斥教学预设，而是主张教学设计必须遵循学生生命发展的特性与教学动态生成的本色，并且这种教学设计应贯穿于课前、课中、课后的全过程。生命化的教学设计方案（即教案）不仅要注重预设，更要注重课堂教学的生成设计。教学方案需要在课前提前做出来，有时需要准备数套方案，这就需要教师依靠自身的专业素养、教学经验和学生的生命发展相机做出调整，并在每节课的课后修改教案。相对完善的教案无法在课前全部完成，而是在课中不断对其进行调整，并在课后的反思阶段仍继续对其进行修改、补充和完善。

第二，生命课堂根据教学过程的生成性相机做出抉择和调整。课堂情形千变万化，变动不居，教师应该“运用之妙，存乎一心”（《宋史·岳飞传》），根据生命教育这一大的原则，利用独特的教育智慧，沉着应对课堂中的任何变化：当学生精神不振时，教师如何引导他们振作起来；当学生兴奋过度时，教师如何引导他们归于平静；当学生百思不解时，教师如何引导他们自主寻找和发现；当学生信心不足时，教师怎样唤起他们自信的力量；从学生的眼睛里，教师怎样读出热切的愿望；从学生回答中，教师觉察哪些进步和变化……[1]正是在这些鲜活的教学情境中，教师的创造才能和主导作用才得以激发；正是在课堂的具体推进过程中，教师的教学智慧才得以丰富。

（2016年11月15日，商丘中学）

① 叶澜．让课堂焕发出生命活力——论中小学教学改革的深化[J]．教育研究，1997，(9)：3-8.

从游：师生关系的本真意蕴

“学校犹水也，师生犹鱼也，其行动犹游泳也，大鱼前导，小鱼尾随，是从游也。从游既久，其濡染观摩之效自不求而至，不为而成。”[①] 在生命课堂中，师生关系是基于平等、民主、协商、互助关系之上的学习共同体，是师生生命相互摄入、彼此对话、进而共享生命智慧和生命意义的有机过程，也是师生精神相契合的过程。

第一，从游而学。教师是最大的课程资源，好的教师走到哪里，生命课堂就“搬”到哪里。处于职业角色中的教师，应发挥“大鱼前导”的作用，成为学生课堂学习的范型。教师的这种前导作用不但表现为知识的授受和智力的激发，更表现为价值的唤醒和生命的润泽。处于学生角色中的儿童，应利用好“小鱼从游”的机会。真正意义上的学生，其前提在于积极向学的特性。学生不仅代表着一种身份，更代表着一种生命成长的趋向和过程。比“学会”更重要的是“会学”，比“会学”更重要的是“愿学”。激起学生的求学之愿、向学之心，才有真正的教育，才有真正的生命教育。因此，培育健全的生命气象，可谓今日学校教育的根本使命。

第二，幸福互动。在“从游”过程中，学生的积极回馈可以促使教师保持职业的热情和从教的幸福感。教师处于职业状态之中的一言一行、一举一动固然影响学生的发展，同时，学生处于角色之中的举手投足、一颦一笑也无不影响教师的状态。作为教师，最幸福的情形莫过于看到学生专心致志的神态，听到学生纯洁而阳光的笑声，觉察到学生对美好事物的欲求，自己的期待与付出得到学生的积极回馈，自己的才华与抱负得以彰显。这样，教师就会切身体验到教师职业的幸福与美好，缓解甚而消弭职业倦怠和生活压力。

第三，教学相长。学校作为一个学习共同体，不但包括学生的发展，也包括教师的发展。“教长也，学亦长也，无论教抑或学，皆可促进发展。”[②]“教学相长”虽不是学校生活的规范要求，却是教师专业发展的基本

---

① 梅贻琦. 大学一解 [J]. 清华大学学报（自然科学版），1941，（1）：1-12.

② 梅贻琦. 大学一解 [J]. 清华大学学报（自然科学版），1941，（1）：1-12.

原则。陶行知说过："做教师的人，必须天天学习，天天进行再教育，才能有教学之乐而无教学之苦。"[①] 作为教师，需要不断地增加和更新学科知识与教育知识；需要不断地拓展在学习目标的设定、教学过程的安排、问题探讨的启发、考核评价的实施等方面的技能；需要不断地形成向学、崇善、反思的品性。同时，教学是一种极其重要的知识学习方式和教育实践途径。只有通过教学活动，教师才能发现自己的知识不足或经验缺乏之处，进而不断进行自我反省和自我提升。教师的发展不仅是自学体验，也是教人所得；不只是一个专业化的历程，也是一个专业化水平不断升级的历程。

第四，同侪共进。在"从游"过程中，同学们朝夕相处，学习互相促进，价值彼此熏陶，生命相互滋养，有利于同侪共进，健康成长。在"从游"中，不但有"大鱼"的前导、"小鱼"的尾随，还应有"中鱼"的示范与"小鱼"的陪伴。进步稍早、稍快一些的同学对进步稍晚、稍慢一些的同学会起到同侪示范效应，与教师的影响相比，学生更容易接受同侪学习和成长的正反两方面经验。同时，同学之间的彼此陪伴也可以部分地消除学生与家中长辈因代沟、缺乏交流而可能产生的孤独心理；同学之间的帮助还有助于丰富学生的内心世界，减轻成人世界对儿童世界的过度影响。

第五，独立发展。在"从游"过程中，教师不仅应以言传身教影响学生的生命成长，同样也应给学生留下独立发展的空间。教师应准确地把握对学生施加影响的限度，以成熟的教育智慧主动融入或及时远离学生的生活世界。融入学生的生活世界，教师可以更好地了解学生的所思所想，并建立师生之间必需的亲熟感；远离学生的生活世界，是为了保障学生独立生活和独立思考的必要空间。说到底，教师教育学生并不是为了让学生成为教师的复制品，而是为了让学生成为与众不同的生命个体，最终走出对教师权威的崇拜，陶冶独立精神，成为真正的自己。

总之，"从游"的过程是师生"生命在场"的过程。师生、生师、生生之间多向交往，共融于一个美、善的学习共同体、生命共同体之中，彼此聆听、对话，共同成长、进步。

（2016 年 11 月 17 日，商丘中学）

① 陶行知. 陶行知文集 [M]. 南京：江苏教育出版社，2008：817.

完善课堂教学评价办法

生命课堂承担着引导学生对完整、健全人格的追求以及人文精神的自我培育的重任，相应的教学评价为这一目的提供了支撑。

第一，对应生命课堂的教学评价应将课堂评价改革贯穿于教学改革的研究与实践的全过程。许多教育管理者和教学从业者早已熟悉那种一套由“专家”制定的评价指标体系，一套有“科学依据”的测评方法，一个由专人负责的专门评价过程。这样的评价也易于操作，但这种惯常的教学评价体系无法对生命课堂进行有效评价。生命课堂的步骤过程、内在结构、教学范式的适宜与否，需通过持续的课堂实践、观察、评析、反思，才能不断丰富、清晰并最终形成。尤其是在没有基本逻辑和方法论差别的形成性评价与总结性评价之间如何进行相机抉择和有效组合，整个教学评价如何浸润生命教育的核心理念并显化为可实施的标准，还需进行进一步研究。

第二，生命课堂的教学评价的最大特点是全程浸润着生命教育的核心理念。生命课堂对应的教学评价的价值取向和评价理念仍然重视学生知识和能力的发展，同时更加倾向于以人文精神为导向，更加重视对学生情感、态度、价值观的评价，主张尊重学生的个性差异并“因材施评”。随着教育理念、教育思想的进步，新的教学评价技术、方法和手段将不断呈现，这会推进课堂教学评价体系的整体发展。教学评价本应具有的发展、激励和改进功能，也会反过来为新的教学方法的出现提供动力。国家课程、地方课程、校本课程、生本课程的丰富，增加了教学评价的主体，在教育管理机构、教育科研机构、教师继续担任教学评价主体的同时，学生个人、家长、同学也将成为重要的评价者，相应地，教学当事主体之间也将成为互评者。

第三，对课堂教学评价的视角要扩大至课程，教学评价的改革需要国家、学校和教师等各个相关层面形成合力。在国家课程层面，继续推进并最终建立起较为完备的基础教育新课程教学评价体系。应根据十多年来新课程标准实施的经验，对其细则进行修订，尤其是对学生学业评价的质量标准予以补充、分解和细化，以此克服现行的国家课程标准对教学进行终结性评价的倾向，打通课程标准与学业评价的关卡，在分解课程标准的基础上制定学习表现性标准，建立学业质量绿色评价指标体系，从宏观层面为生命课堂的建立提供优良环境。在学校层面，建立目标更为具体的课程体系。应对课程标准加以细化，制定出学年、学期以及模块、单元的教学目标，形成目标具体的学科课程体系。考试目标应明确，考有所依，教师的课堂评价应自然、方向清晰，评有所据。在教师层面，课堂评价的设计与实施不仅是教学技能的问题，也是知识结构的问题。应丰富教师关于课程、教学尤其是教学评价的相关知识结构，促使教师的日常课堂教学行为有明晰的学习目标，有科学的评价标准，有适时的反馈与指导，克服一味“教大纲”“教教材”的做法。提高教师的教学评价能力，必须进行长期规划，通过培养、培训和制度引导，分清轻重缓急地予以妥善解决。

（2016 年 11 月 18 日，商丘中学）

“生命课堂实验”项目的三点创新

“生命课堂实验”项目在肯认“一校一策”“百花齐放”的同时，提出构建生命课堂的“八个主张”，以此形成生命课堂的基本样态。

该项目目前还处于“日日新，再日新”的动态生成之中，主要在三个方面实现了突破。

第一，项目选题创新。该项目处于教学改革发展的大潮之中，直面我国当代基础教育的最核心问题，提出建构生命课堂的原理与路径，推动课堂改革从“零敲碎打”走向整体改变，推动素质教育走向生命教育，推动能力课堂走向生命课堂，推动“能者为师”走向“觉者为师”。

第二，成果内容创新。该项目提出课堂要让“生命在场”，并以“生命在场”的视角规划整个课堂活动，以“生命在场”的原则统摄教学目标的制定，以“生命在场”的理念推进课堂文化的建构，以“生命在场”的要求重构教学内容、教学方式、教学呈现形态和师生关系，以此实现基础教育课堂在教育目标、教学模式、教学方法、教学手段、组织形式、教学评价以及课堂教学管理诸方面的全面升级。

第三，工作机制创新。该项目实现了“高基贯通”——专业学者与前线教师结成了工作伙伴；“理实结合”——从课堂中来，到课堂中去；“合纵连横”——推进了中小学生命课堂从区域实验趋向全面实施；“学科构建”——完成了《生命教育》系列教材（共8册，涵及义务教育一至八年级）的编著工作，尝试建立“生命教育学”学科。

（2016年11月19日，商丘中学）

“生命课堂实验”项目的四个阶段

河南大学生命教育研究团队正在与地方政府及中小学校合作实施的一项课题，叫“中小学生命教育课堂改进暨区域提升 UGS 战略合作项目”。这项研究直指中小学课堂教学，其学术愿景是：推动中国基础教育课堂生态的全面变革。

该项目自开展以来，走过了曲折路径，历经了四个发展阶段，在第四个阶段越来越显现出其应用效果。

第一阶段（2000—2008 年），理论一头重，实践一头轻。我们的研究团队自 21 世纪初，在我国内地率先开展对生命教育的研究。团队的学术路线图是从生存哲学、教育哲学、比较教育学、课程教学论等不同维度相继切入生命教育研究，渐次聚焦到中小学生命课堂研究。其间，团队发表论文、出版专著以及获批项目的数量和层次在全国各高校及科研机构中均居第一，也在华人世界及国际生命教育学术界发出了“中国声音”“东方声音”。其间，团队学者仅零星自发地赴中小学校调研，团队研究虽因之获得了必要的数据支撑，但整体而言，团队反哺基础教育的力度不够，对中小学课堂改革做出的贡献菲薄。

第二阶段（2009—2010 年），理论与实践并重，其间尚待耦合。随着学术路线图的推进，团队的研究重点渐渐进入了课程教学论与生命教育的交叉地带，于是，中小学生命课堂研究成为团队的学术主阵地。在这一阶段，走进基层，走进学校，走进课堂成为团队学者的共识。但在这一阶段，团队研究者与前线教师的合作还是一种可被称为“资料收集的协议”，在这一类合作中，团队研究者主导包括设计、开展、报告的整个研究过程，学校或教师被当作数据源，研究者的角色是反思，实践者的角色则是行动。

第三阶段（2011—2012 年），开展专题生命课堂研究合作。将前线教师纳入团队之中，专业学者与前线教师围绕中小学课堂中遇到的实际问题进行有针对性的科研合作。这种合作可被称为“诊所的伙伴关系”。这一合作模式主要是通过前线教师与高校研究者的合作，解决中小学生命课堂教学实践中的某一重大问题。研究过程由高校研究者与前线教师共同完成，前线教师作为实践者既要行动，也要反思，研究成果在于帮助教师解决问题。

第四阶段（2013 年至今），围绕中小学生命课堂理论研究与实践建构开展全面合作。双方学术权力相对平等，形成了“共同学习的协议”。双方共同反思和开展系统探究，实践者和研究者都卷入了行动和反思的过程中，本团队成员中的大学人员与前线教师均具备双重身份，即研究者与实践者，并且这两类身份之间的界限相对模糊。真正把项目做到了“田野”里、教室中、学科内、课堂上。

该项目由河南大学生命教育研究中心主任、洛阳师范学院河洛学者特聘教授王定功博士主持，河南大学、洛阳师范学院、郑州师范学院、洛阳市教育局、开封市教育局、郑州市教育局、深圳市教科院等单位相关人员共同参与。

该项目先以洛阳师范学院附属中学、河南大学附属小学、郑州经济开发区的部分中小学校为试点，取得经验后，向河南省中小学及黑龙江、山东、四川、重庆、广东、福建、湖北、安徽等地推广，已经收到良好成效。“生命课堂”已成为推进我国基础教育课程改革、促使中小学教学生态伟大变革的关键词之一。

（2016 年 11 月 20 日，商丘中学）

生命课堂合作的七个方面

第一，在项目组的推动下，实验区树立了“生命课堂的大问题意识”。这个大问题指向“生命在场”，具体由前线教师自主设定。实验学校各学段、各学科以及第一课堂、第二课堂均由生命课堂的“大问题”引领。“大问题”是学科和学科教学的核心问题与基本问题，超越了具体知识的授受，也超越了具体学习方法的指导，直指学科的本质，直指教育中师生关系的本质，引发学生寻找独立及合作思考问题和解决问题的意识和素养。

第二，项目组提炼出了“生命课堂的实施及评价标准”（试行）。一级指标共3项：教师行为（40分）、学生行为（42分）、教学效果（18分）；二级指标为12项，分别对应上述3项一级指标，共设15项评价指标。实验学校在实际操作中，生命课堂以自评为主，互评为辅。

第三，项目组分学段、分学科、分课型总结出了生命课堂教学模式。其采取“田忌赛马”的形式，面向全国1000余所实验学校开展“生命课堂教学模式”大赛，分学段、分学科评出“生命课堂教学模式”共36种。项目组从生命课堂的理论建构、教学目标、教学流程等方面对这些“粗坯型”的教学模式进行加工提升，变为动态建构的“修改型”模式，之后再经过为期两年的实践修改，最后建构成相对“稳定型”的生命课堂分课型的教学模式，并通过项目组资料库分享给全国实验区、实验学校。这些课堂模式不但遵循了“自主、合作、探究”原则，恪守教学规律，同时也体现了不同学段、不同学科、不同课型的特点，展示了不同教师的教学个性。当然，这种生命课堂的分课型教学模式仍是开放的、生成的，项目组提倡教师在模仿、借鉴的同时，要更注意创新、提高。

第四，项目组推行了“生命课堂校本研修模式”，以此作为促进课堂教学改进和教师专业发展的实践策略。较之传统的校本研修，项目组倡导生命课堂校本研修应做到“三个教学”（为了教学，在教学中，通过教学）、“四个转向”（从技术取向转向文化生态取向，从主要研究教材教法转向全面研究学生与教师的行为，从重在组织活动转向重在培育研究状态，从关注狭隘经验转向关注新理念的更新与文化再造)、“七个流程”[课堂观摩，观课议课（实话实说)，主题沙龙，课题研究，观点展示（头脑风暴)，热点评说，读书交流]、“四化研修”（研修内容主题化，研修过程系列化，研修形式多样化，研修对象全员化)，同时明确了生命课堂校本研修的研修方向(每 2 ～ 3 年明确一个）、学期主题（每学期研究 1 个）、具体问题（每月研究 1 ～ 2 个）。

第五，项目组与实验区教研部门联手开展了扎实有效的生命课堂教学技能培训活动，重点构建了基于视频的教学技能训练程序。具体办法是：利用微格教学的原理和方法，以参与教师本人的教学录像视频为生命课堂的研究材料，以视频为媒介，以教学诊断、示范、模仿、整合和熟练为教育技能训练的五个步骤。该方法具有具体明确的操作程序与方法，有效提高了目标区域教师建构生命课堂的能力。

第六，项目组建立了“生命课堂资源库”。通过多年的比赛、挖掘、总结、提升，项目组建起了相对完整的生命课堂资源库，包括“生命课堂相关理论”“生命课堂实施策略”“生命课堂教学模式”“生命课堂视频实录”四大部分。在生命课堂资源库里，资源丰富，功能强大，借鉴方便。资源库已有上传、下载、互动、更新功能，资源及资源呈现的方式还将越来越便捷、科学、丰富、有趣。

第七，项目组推动了实验区课堂生态的实际变革。经过十多年的学术合作，尤其是经过 2010 年以来逐步达成的全面合作，目前，项目组已在全国建立成片的实验区 6 个，实验区外还建立全面合作的实验学校 100 所（其中河南省有 50 所、省外有 50 所），另外还建立专题合作及理念传播的实验学校若干。同时，项目组编著并即将付梓的《生命教育》系列教材已被河南、山东、陕西、贵州等地作为地方教材纳入征订目录，再过一年实验期以后，将会有更多省份使用此套教材。

让生命真正成长，让教育真正发生！

（2016 年 11 月 21 日，商丘中学）

生命课堂研究需要理论与实际结合

理论联系实际，实为生命课堂研究前路的基石。为此，我们应关注和遵循以下几点。

第一，生命课堂理论研究应从课堂教学的鲜活实践中来。生命课堂的提出是基于对实践领域中的“知识课堂”与“智能课堂”的反思，因而，生命课堂研究从起始阶段就具备了深刻的实践烙印。生命课堂理论富含实践智慧，并针对学生的需要提出了不同阶段的价值追求，其中，“基础价值追求是让学生掌握基本知识，核心价值追求是开发学生智能，终极价值追求是培养学生健全的心灵”①。生命课堂理论研究是对真实的生命化课堂进行内在机理的探索，也就是研究真实的生命化课堂实践中各种教育因素如何相互联系、相互作用，生命课堂理论研究本身就具有实践的属性。因此，在生命课堂理论与实践相结合的过程中，要做到“目中有人”。

生命课堂理论研究不能仅仅出自书房，还应该始终建基于活生生的真实课堂。在书斋里无法想象课堂的全部丰富场景，理论无法穷尽实践中发生的全部情况。“实践终归是实践者的实践，实践者也是处于各种复杂的客观因素之中的，并不是纯粹的理性主体。理论工作者要想很好地理解实践、解释实践、为实践服务，不深入实践中去，不亲身实践是不行的。”②所以，与一些所谓的“纯理论”不同，生命课堂始终需要理论与实践的“执手同行”。

第二，生命课堂理论研究的唯一存在意义就是指导课堂教学实践。从课堂教学实践中来，到课堂教学实践中去，是生命课堂研究的基本原则，也是生命课堂理论充满活力的关键所在。生命课堂理论不是关于理论的理论，而是与课堂教学和师生生命息息相关、紧密相连的、以实践为指向的理论。生命课堂理论应当始终坚持为课堂教学实践服务的特质，以回归课堂教学本身为准则，注重解决课堂教学生活中师生生命的异化问题。

---

① 夏晋祥．论生命课堂及其价值追求 [J]. 课程·教材·教法，2016，(12)：91-92.

② 石中英．论教育实践的逻辑 [J]. 教育研究，2006，(1)：3-9.

生命课堂理论研究应避免将课堂教学实践对象化和符号化，不能根据逻辑上的教育实践去谈论活生生的课堂教学实践。生命课堂理论的工作者在指导课堂教学实践的过程中，应注意方式方法，避免引起一线教师的反感。虽然一线教师的专业发展迫切需要生命教育理论的指导，但也要看到教师发展具有独立性，不能一味地用理论去束缚教师的自由发展。

第三，生命课堂的实践探索应超越“摸着石头过河”的初级阶段。近些年来，中小学生命课堂实验试点在全国遍地开花，取得了一系列的实践成果，极大地丰富了生命课堂研究的实践领域。然而，生命课堂的实践探索并没有达到预期的程度，研究大多来自中小学各学科教师对课堂教学实践经验的简单总结，并未形成系统的理论成果和普适性的操作模式。生命课堂实践探索进展的速度缓慢，存在严重滞后于理论研究的现象。

生命课堂的探索在初级阶段仅限于一线教师的“单打独斗”，并未与理论研究形成实质性的联系，这是不合理的、不科学的。生命课堂探索的后续研究亟须超越目前不成熟的发展阶段，要主动向理论研究靠拢，建立实践探索与理论研究互相关涉的稳态机制，最终走向实践探索与理论研究互相统摄的高级阶段。

第四，生命课堂研究应做到理论与实践的相互转化。生命课堂的研究路径应是由实践到理论再到实践的封闭循环。生命课堂的理论与实践的关系是辩证统一的，两者之间是可以相互转化的。无论是实践的简单总结还是理论的自说自话，都撕裂了理论与实践的密切联系，都违背了生命课堂研究的基本路线。在生命课堂的研究过程中，理论研究应保持自身具有的实践品格，避免对实践的抽象反应，拒绝唯理论与伪理论；实践探索应避免对理论的片面理解，积极支持在实践中检验和发展理论。研究过程中理论与实践的相互转化是一个循序渐进的过程，需要理论研究者与实践工作者的共同努力。

（2016 年 11 月 5 日，商丘中学）

生命课堂研究需要高校与基础教育贯通

高校研究基础教育的学者，应主动与基础教育的一线教师联合，两者应处于同一课题组、同一学术共同体，真正做到“高基”贯通。

第一，“高基”贯通需要高校学者主动走近中小学校，为一线教学服务。在中小学课堂的研究中，高校的基础教育研究学者往往具备比较深厚的专业素养，掌握了系统、科学的研究方法，擅长从专业角度透过课堂教学现象追寻中小学课堂本质，并善于做出明晰、深刻、完整的教育表达。他们可能从生存哲学、教育哲学、比较教育学、教育史、课程教学论等维度切入中小学课堂，综合运用相关学科工具，对中小学课堂的一般原理进行整体建构，撰写出严密科学的学术论文和著作。

高校学者通常是以理论指导者的姿态面对中小学课堂的，作为中小学课堂的理论工作者，“应变‘指导者’心态为‘接受检测’的虔诚态度”。许多高校学者心中都有一种私密的愿望，就是希望自己的著作能够“藏诸名山，流传后世”。但实际上，理论若不能服务于实践，其价值必然大打折扣。一线教师丰富的课堂教学实践不仅能够检验高校学者中小学课堂理论的适切性，而且是高校学者深化中小学课堂理论的唯一真正的源泉。

高校学者在与一线教师学术交往的过程中，应尊重一线教师，虚心求教。有学者认为，高校教师对学术交往的价值认识很高，但交往的意愿相对偏低。因此，高校教师应积极主动地与一线教师进行合作交流。日本东京大学的佐藤学教授从1980年以来，坚持每周两天造访学校，观察课堂，在长达数十年的与一线教师的合作研究中，深切感受到教师研究的分量。苏联著名教育家苏霍姆林斯基在帕夫雷什中学任教长达33年，在与一线教师的合作研究中，提出了真正的教育理论。

第二，“高基”贯通需要中小学一线教师主动向高校学者学习，成为科研型教师。中小学校长、骨干教师长期置身于真实的课堂之中，往往具备丰富的教学经验，他们知道实践需要什么样的理论，师生需要什么样的课堂，所以，他们对于寻觅中小学课堂的建构路径更有发言权。

研究主体在合作中具有平等的地位，但也不应忽视一线教师与高校学者在研究水平上存在的差异。一线教师应正视高校学者的研究能力，接受生命课堂研究方法的培训，积极向高校学者的研究趋近，努力成为一名研究型教师。一线教师应向高校学者学习经典的生命课堂研究方法，学习中小学课堂实践研究的操作策略，学习如何撰写中小学课堂实验研究报告。一线教师与高校学者合作的目的是让自己熟悉生命课堂研究的基本操作程序，从而轻车熟路地进行生命课堂研究。

第三，“高基”贯通需要高校学者与中小学一线教师成为地位平等、真诚交往、资源共享的合作者。生命课堂研究主体之间的理想状态应是高校学者与一线教师彼此互相认可、切磋琢磨、平等交流、合作共进。这种心理认同是搭建生命课堂研究合作平台的基础，是保障高校学者与一线教师进行稳固的、长期的合作交流的前提。生命课堂研究需要高校学者与一线教师，只有研究主体之间互相重视、尊重对方的研究成果，保持团结合作的态度，才能实现生命课堂研究主体之间的“高基”贯通。

高校里的基础教育研究者与中小学教师都是基础教育的教育当事人。生命课堂研究既需要高校中的基础教育研究学者挑起大梁，也需要中小学教师的普遍参与。并且，高校学者和中小学一线教师对中小学课堂的研究和探索也应全程“接榫”，不宜一味地“自说自话”。

第四，“高基”贯通需要搭建稳态的合作平台。由于地域分散，高校学者与一线教师的合作交流需要研究平台的支撑。搭建合作平台是构建生命课堂研究长效合作机制、实现“高基”贯通的基本途径。这需要做好两方面的工作：

一方面，搭建生命课堂研究项目合作平台。高校学者与一线教师共同申请生命课堂研究课题，开展生命课堂研究项目。在研究过程中，研究主体不能孤立地完成某一项子课题，而是有交叉、有合作，通过思想的碰撞，形成有效的成果。项目研究成员应定期通过线上线下的方式举办生命课堂研究研讨会，以便研究主体之间能及时交流意见。

另一方面，搭建中小学课堂学术讲座平台。中小学课堂学术讲座不仅要在高校举办，更要在中小学举办。中小学课堂学术讲座不仅应该邀请生命课堂研究领域的专家，而且更应该欢迎中小学校长、教师。通过学术讲座，高校学者和一线教师可以对各自的研究成果进行辩论，真理往往是越辩越明。

第五，“高基”贯通需要促进高校学者与一线教师的身份互换。根据生命课堂研究的需要，在符合相关规定的前提下，高校学者直接赴中小学并挂职校长、科研副校长，全程深入教学第一线，以主人翁的身份观察课堂、研究课堂、改善课堂，同时推进自身的教育科学研究。

同时，对生命课堂研究精深的中小学一线教师，在不违反相关规定的前提下，也可以根据需要和可能，赴高校开课，担任研究生导师，以主人翁的身份加入高校的教学和科研工作中来。

（2016年11月6日，商丘中学）

生命课堂研究需要“合纵连横”

生命课堂研究应对外开放，不但应向世界开放，也应向历史开放，以此获得足量的研究智慧。

第一，“合纵连横”，需要放眼世界，借鉴国外诸多教育学派的教学理念与技术手段。“生命课堂就是在课堂教学中，不仅仅是为了知识而教学，而是为了人的发展而教学。”[①]关注教学过程中人的发展与师生生命的成长，显然不是生命课堂的“专利”。纵观世界，我们不难发现，诸多教育流派已然成为关注师生生命的“先行者”。日本学者佐藤学提出“以学习为中心的教学创造”，努力“创造合作探究的教学”；认为师生是“个体与个体的链接”，师生关系应从“相互倾听的关系走向合作学习的关系”；倡导学校成为“儿童合作学习的场所、教师作为专家相互学习的场所”，成为“学习共同体”的学校。对话与合作是学习共同体构建的关键，也是学习者生命共润的基础。师生合作学习只是课堂教学领域的一种范式，而课堂教学中师生能否产生共鸣，则取决于教师对学生的生活体验的理解。[②]加拿大学者范梅南认为，教育者应具备“教育机智”，具体表现为：克制不良情绪，耐心地对待孩子的成长；对孩子体验的理解，开放地理解孩子历经的事情；尊重孩子的主体性，从孩子的立场出发去思考问题；关注课堂教学生活中的细节，有效地利用教师“润物细无声”的影响；对情境的自信，展现教师对突发事件的掌控力；教学就是即席创作，教师应具备临场的天赋。[③]无论是合作学习，还是教育机智，抑或是其他教学理念，都是世界其他文化体系对于课堂教学的思考与总结。生命课堂研究应积极与国外诸多教育学流派展开有意义的交流与对话，并在交流与对话中构建具有自身特色的理论内涵与实践策略。

第二，“合纵连横”，需要立足国内，广泛吸收“生命化课堂”研究的

---

① 刘铁芳．沉重的书包与教的权力 [J]. 清华大学教育研究，1994，(4)．

② 佐藤学．教师的挑战——宁静的课堂革命 [M]. 钟启泉，译．上海：华东师范大学出版社，2012：30-145.

③ 马克思·范梅南．教学机智——教育智慧的意蕴 [M]. 李树英，译．北京：教育科学出版社，2001：196-209.

有益成果。近年来，“生命化课堂”研究愈发得到国内学者的青睐，并取得了一系列丰硕的成果。其中,“新教育实验”提出构建“完美教室”，主张把“教室作为师生生命共同在场的场域，并基于这个场域，师生共同书写一段生命传奇，实现知识、生活、生命的深刻共鸣，从而实现一种幸福完整的教育生活”。教室作为承载师生校园生活的主要场所，理所当然地成为“新教育实验”关注的焦点。通过对“完美教室”的解读，使得“生命化教室”的应然面貌更加清晰。此外，“情感－交往”型课堂以情感教育为基础，营造有生命质量的课堂教学，“注重课堂教学中教师、学生等个体间情感关系的顺畅、生命联系的牢固以及整个课堂教学环境的积极健康，最终指向包括个体情感在内的整体人格的健全发展”。师生之间情感的贫瘠是师生关系异化的主要原因之一，“情感教育”以情感为核心，以交往为方式，着重凸显健康的师生关系对于师生生命健康发展的重要性。当然，“生命·实践”教育学派也对“生命化课堂”进行了有益的探索。“生命·实践”教育学派始终追求让课堂焕发出生命活力，坚持生命与实践的双向关照，不断增加关怀师生生命的力度。除上述课堂教学研究之外，国内仍有诸多学者的研究成果值得学习与借鉴。面对国内系统而丰富的“生命化课堂”研究成果，生命课堂研究应秉持“扬弃”的原则，取百家之长，补自身之短。

第三，“合纵连横”，需要在生命教育学的框架内形成生命课堂研究合力。生命课堂研究应坚持思想包容性和学术规范性并重。这里所说的思想包容性，是没有学科要求、历史限制、地域区分的多维的吸收与融合。应借鉴不同历史时期、不同国家和地区、不同学科门类相关的有用的内容与方法，建构生命课堂的国际比较研究。生命课堂的国际比较研究要坚持以我为主，为我所用，拒绝简单的比较和单纯的移植，力求在广泛的交流和借鉴的基础上探索实施生命课堂的应然路径。思想的开放性与包容性可以为生命课堂研究提供大量的资料和素材，但是如何落实研究目标，找准研究定位，还需要坚持生命课堂研究的学术规范性。综合来看，生命课堂研究应置身于生命教育学视域之内，利用生命教育学已有的学术规范和研究方法，认真梳理生命课堂资料，思考生命课堂问题，研究生命课堂理论，探索生命课堂实践，不断增强生命课堂研究的科学性和严谨性。

（2016 年 11 月 7 日，商丘中学）

生命课堂研究需要“思古通今”

第一，“思古通今”，需要溯本追源，进一步把握生命课堂的本质。生命课堂的相关思想源远流长，历史上，中国和西方的教育家都曾提出过相似的观点。“不愤不启，不悱不发”是孔子提出的教学方法。“启”与“发”是结果，“愤”与“悱”是目的。孔子倡导学习者经历由困惑到明悟的过程，在此过程中，“愤悱”能够激发学习者的求知欲，使得学习者直接或间接地获得成长。学习者在“愤悱式”课堂中可以通过自我认知直接获得启发，也可以通过教育者的点津间接获得启发。“愤悱式”课堂的关键是要促使学习者进行独立思考，学习者思考的过程即是个体完善与灵魂升华的过程。同样是为了帮助学习者获得真知，与孔子同时期的古希腊教育家苏格拉底则提出了产婆术。“产婆术的规则是：使自以为知者知其不知，再以自以为不知者知其所知。”[①] 因此，苏格拉底倡导“对话式”课堂，采用问答法，通过连续质疑，让学习者在与教育者的对话中进行自我反思。虽然“对话式”课堂与“愤悱式”课堂都强调学习者的努力思考，但两者有着明显的不同。“愤悱式”课堂以学习者为主，侧重于学习者的独立思考，而“对话式”课堂则以教育者为主，侧重于教育者与学习者之间的思维交锋。虽然两者之间的侧重点不同，但最终指向都是为了学习者生命内涵的丰富与生命质量的提升。回归教育史，我们不难发现多样的有关“生命课堂”的教学方式，但殊途同归，目的都是促进学习者生命个体的完善。

第二，“思古通今”，需要把握课堂发展的历史脉络，明晰生命课堂的坐标定位。我国传统社会对应的是传统教育、知识课堂、知者为师，现代社会对应的是素质教育、能力课堂、能者为师，而社会演进的大趋势以及基础教育变革的总体走向则是未来社会、生命教育、生命课堂、觉者为师。随着社会的发展，我国中小学课堂发展的未来方向越来越清晰起来，那就是将

---

① 陈桂生. 孔子“启发”艺术与苏格拉底“产婆术”比较 [J]. 华东师范大学学报（教育科学版），2001：9-15.

“知能课堂”升级为生命课堂。

第三，“思古通今”，需要找寻“知能课堂”终结的原因，明确生命课堂研究的问题与方向。新课改自1999年正式启动至今已有时日，课改理念反复“翻转”渐成共识，这一共识指向生命教育、生命课堂，即课堂教学应为师生成长服务，教学应让学习真正发生。在实施生命课堂的过程中，应看到知识课堂存在的误区，应轻理性认知，重生命体验，提倡课程内容多元化，鼓励教师发挥创造性，树立健康的师生观。与生命课堂一样，能力课堂也是对知识课堂的变革。实施能力课堂的过程中所遇到的诸多问题对于生命课堂研究更具有借鉴意义。生命课堂研究应充分剖析形成应试教育的各方面因素，应分析实施生命课堂会出现哪些问题，会受到哪些方面的制约和阻碍。无论是“知能课堂”，还是生命课堂，都只是课堂历史发展进程中的教学理念之一。此外，生命课堂研究应分析“知能课堂”的优点和缺陷，批判地吸收其优点，但更为重要的是要对其缺陷进行深入的探讨，为生命课堂研究提供警示，避免生命课堂重蹈覆辙。

（2016年11月8日，商丘中学）

生命课堂研究需要“顶天立地”

第一，“顶天立地”，需要国家从立法层面来颁布实施准则与课程标准，并出台一系列推进生命课堂实践建构的政策措施，以保障生命课堂成为基础教育的课堂常态。目前，中小学在落实生命课堂理念上还存在诸多困难。要想解决困难，实现课堂教学变革，离不开政府强有力的支持。没有政府政策的保障，学校、教师和学生都会因课堂教学变革带来的压力而拒绝甚至抵抗变革。因此，生命课堂教学变革需要政府自上而下地为生命课堂研究提供顶层设计。变革设计应从国家课堂教学模式发展的宏观层面出发，制定简明、普适的核心理念与目标，避免出现理念混淆和目标不一致的现象。变革设计也应从学校课堂教学的微观层面考虑，明确学校课堂教学发展的方向，形成学校的特色制度与文化。

第二，“顶天立地”，需要回归生命本身。生命课堂研究对教学目标、教学内容、教学过程、教学结果、教学评价的每一环节的探索都应立足于生命课堂的本质。其中，关怀师生生命是生命课堂研究的“立身之本”，本立方能道生。首先，生命课堂研究应回归课堂生活本身。课堂生活包含全部的教学事件，课堂教学只是师生生活体验的一部分。出生是生命的起点，死亡是生命的结束，生活是生命的全部。课堂教学不仅是师生之间的知识授受，而且也是师生学校生活的一部分。应把课堂教学当成生活体验，应将课堂生活的眼光放长远，应关注师生在生活中的真实情感，为师生的幸福着想。其次，生命课堂研究应回归到每一个个体生命本身。生命课堂教学的目标不是为了让学生获得好成绩，不是为了让教师升职加薪，不是为了实现家庭的希望，也不是为了实现社会的进步，而是为了让每一个生命都能够生活得更健康、更快乐、更幸福。生命课堂回归每一个生命，都是要宽容地对待每一个孩子，尊重孩子的差异性，相信每一个孩子都具有生命发展的可能。

第三，“顶天立地”，需要及时建构生命教育学。课堂改革实践呼唤生命教育学的诞生。我们不禁追问和研究：生命课堂论独立存在的学科依据是什么？生命课堂论在整个教育学中的学术坐标在哪儿？生命课堂论的学术目标是什么？生命课堂论研究的主要内容包括哪些大的方面？生命课堂论研究的最主要原则有哪些……无论如何，生命课堂论研究不仅应有仰望星空的情怀，有高屋建瓴的视角，有理论超拔的高度；也要始终接着地气，始终与中国当下的基础教育课堂改革相伴相生。因此，研究生命课堂的学者宅坐书斋是不合适的，应该到基础教育的第一线去，与基层的广大师生、家长、教育管理者交朋友，真诚地向他们学习，与他们合作，先做小学生，再做大先生。

生命课堂研究取得的成绩证明了坚持推进中小学落实生命课堂教学理念的正确性。面向未来，我们应矢志不渝地探索生命课堂研究的未来空间，树立为改变基础教育课堂生态而研究的雄心壮志。

（2016 年 11 月 9 日，商丘中学）

大树在生长，花儿在开放，鸟儿在歌唱，清风拂过这座美丽的校园，晨曦里琅琅的读书声即将响起——而这一切，只有早起的人才能体味。

明晨，我将第一个醒来。

——本辑导语

第3辑 生命教育社会服务

教育，永远是一个褒义词

我的导师顾明远先生曾说，“教育的本质是生命教育”。[①]广义上生命教育也许可以追溯到教育的源头，生命教育本就应与教育同步。孔子杏坛设教，有类无类，因材施教，弦歌不辍，“浴于沂，风乎舞雩，咏而归”（《论语·侍坐》）描绘的不正是一种生命教育的唯美情景吗？苏格拉底常着一袭敝袍，赤脚行走在雅典街头，用“助产术”指导慕学青年“认识你自己”；柏拉图降尊纡贵，追随寒门老师；亚里士多德与逍遥学派师生漫步苹果园，纵论天下事。这些不也正是“生命在场”的教育情景吗？生命教育思想在教育史上时彰时隐，千载绵延，代代损益，薪尽火传。中西方教育发展史正是生命教育与非生命教育争夺教育思想阵地的战场。

教育不是一个中性词，而是一个“好词”、一个褒义词，真正好的教育无不关切人的生命成长。不关切生命成长的教育并不是真教育、好教育，而是打着教育的旗号而进行的假教育、反教育。

既然教育的本质是生命教育，那我们为何还要大张旗鼓地推行生命教育呢？顾明远先生判断：“我觉得，近几年生命教育之所以热起来，是因为我们现在的教育弊端实在太严重，违背了教育的本质，压抑了儿童的发展。学生为考试而学习，不是为发展而学习，每天十几个小时埋头于沉重的作业负担之中，身体健康受到伤害、思想品质得不到提高，学生的生命受到摧残。现在正要再一次发出‘救救孩子’的呐喊！所以有识之士提出‘生命教育’的呼声，是很自然的事。”[②]

正是因为在现实的教育教学过程之中，有不少违背学生进步节律，戕害学生个性，扼杀学生兴趣，阻碍学生整全生命进步的思想、做法。所以，我们才振聋发聩地提出全面实施生命教育。

我曾是一名安静的学生，读书、打球、赋诗，临窗远眺。历经小初高、

① 顾明远. 教育的本质是生命教育 [M]. 课程·教材·教法，2013（9）：85.

② 顾明远. 教育的本质是生命教育 [M]. 课程·教材·教法，2013（9）：85.

本硕博，这么一晃，数十年就过去了，至今在心底里仍然认定自己是“学生一枚”。我相信每天都能通过教育而进行自我“雕刻”，希望自己目光清亮，步履坚定，心底里有碧水流淌，心泉中有风荷绽放。

我曾是一名安静的教师，读书、写书、教书，凭栏吟哦。曾执教初中、高中、本科，也曾指导硕士生、博士生、博士后，与我的学生们一起在课堂上研讨，在校园咏歌，于“孔颜乐处”共享心灵的愉悦，一转眼也已过去二十多年了。但我仍相信教育能够推动每一个生命个体对真、善、美、圣的敬重、服膺、肯认和践履，我愿与天下同志者一道努力，唤起一个民族对美好事物的欲求。

一周前，我以特聘教授的身份重返中小学校园，兼任中学校长一职。作为一名研究生命教育的学者，“教育”曾无数次潜入我的笔下。但是，笔下的教育哪有现实的教育那样真切感人、丰富生动？置身于“教育故事”的第一现场，真切地感受这幕教育大剧的摇曳多姿、深情激越、起伏跌宕。只是，这一次，我没有再安静地坐在台下，而是一不小心闯进了剧中，在言之、歌之、舞之、蹈之的同时，还兼任了这幕大剧的“导演”。

置身于这座美丽的校园里，尘声渐远，书声渐高，内心沉静如水，胸间激情如火。全体师生倾情倾力，共襄盛举。

（2016年7月21日，商丘中学）

商丘中学校长就职发言

尊敬的杨中位董事长，尊敬的各位董事和各位同事：

上午好！

我叫王定功，十分荣幸能够入职商丘中学，自此咱们就是一家人。特向大家报到！

商丘中学是一所承载着光荣与梦想的学校，一位位同事入职商丘中学，逐步成长为优秀的教师；莘莘学子入读商丘中学，健康成长，最后考入理想的高校；董事会和学校管理干部务实、创新、勤奋，学校各项工作既有条不紊，又日新月异。请允许我向在座各位并向全校师生员工和家长，向支持和推动商丘中学发展的各界人士表示最衷心的感谢和崇高的敬意！

我于1992年毕业于信阳师范学院，获法学学士学位；于2002年结业于河南大学，获教育学硕士课程班结业证；于2008年结业于北京师范大学，获教育经济学博士课程班结业证；于2012年毕业于北京交通大学，获法学博士学位。这是我的求学经历。

本人先后执教初中、高中、中专、大专，先后在教育行政部门、高中从事管理工作，在政府部门从事文秘工作，现在河南大学执教本科生、硕士生、博士生的生命教育课程，并指导博士后研究人员，同时，自己也正在北京师范大学师从顾明远先生做博士后研究。现任河南大学生命教育研究中心主任、洛阳师范学院生命教育首席专家、河南大学博士生导师组成员。这是我的工作经历。

这两天通过电话以及与董事会成员、部分教职工和学生面谈，我初步了解了商丘中学的领导班子和师生的一些情况。刚才听了分管业务口、各分部负责老师的发言，我深感振奋。我们的领导班子是团结的，是能打硬仗的，是可以寄予信任的；我们的教师是在进步之中的，是愿意干事创业的，是富于成长潜力的；我们的孩子们从整体而言是向学的，是追求进步的，是成长着的。正是这些可爱的孩子们，才让我们的工作乃至生命富有价值和意义。置身于这朝气蓬勃的校园里，见证成长的力量，我感到十分振奋！

我的研究方向是生命教育，有的同仁可能对这一词汇感觉有些陌生，我稍加解释，大家就会明白，这是一个关涉中小学每一名教育当事人的研究领域。我所说的教育当事人，包括每一位教育管理者、从业者、受众和研究者，当然，这些角色是交叉的，每一名教师都在从教，每一名教师也都在受教。前不久，河南省教育厅主管基础教育的副厅长刁玉华博士约我面谈，我俩达成了这样的共识：教育应从或者说正从知识教育，经素质教育，走向生命教育。简而言之，素质教育是一座桥，桥的那畔的广阔区域，正是生命教育。

生命教育是基于教育当事人生命成长节律的教育，是为教育当事人的生命成长服务的教育，也是使教育当事人置身其中的教育。我的导师顾明远先生曾经撰文认为，教育的本质是生命教育，生命教育正是教育，教育也正是生命教育，违背生命要求的教育不是教育，而是借教育之名的伪教育、反教育。生命教育可能也会有一些评估指标，但有一个指标恰在每一位教育当事人的心中，那就是"我感受到了，这种教育不是生命教育"，或者"我感受到了，我从事或我接受的教育正是生命教育"。

我对生命教育的研究也有一个逐步变化的过程。在读博士期间，我是从中西方生存哲学的角度研究生命教育的，著有《生命价值论》一书，该书探讨的是什么样的问题呢？昨天我自河南大学来到咱们商丘中学，门卫老师问我"你从哪儿来，你到哪儿去，你是谁"，这正是我数年来研究的哲学问题。"生从何来，死向何去，人为什么活着"，这是我研究的议题。现在看来，这是在研究"屠龙术"，世界上并没有龙，如何屠龙的问题离我们比较遥远。入职河南大学之后，我的研究方向慢慢地指向了中小学课堂教学，尤其是从去年开始，我和我所在的团队开始集中研究中小学生命课堂的一般原理与建构路径。不久前，我在《教育研究》上发表了一篇论文，题目就叫《生命课堂的基本特征和建构路径》，文中，我提出生命课堂就是"生命在场"的课堂，是课堂本来应有的面貌。生命课堂的特征基本表现在课堂价值取向、课堂过程、师生关系上的"生命在场"。生命课堂需要树立生命立场的逻辑起点，搭建生命视角的解释框架，重构课堂的精神维度，形成生命关怀的语言样态，呈现开放生成的教学过程，建立互助同行的学习共同体，完善课堂教学评价办法。

当下课改风起云涌，我们自然要充分参与、科学借鉴、取长补短，更重要的是，基于本校、本班、本学科的实际情况，创造出行之有效的商丘中学经验、商丘中学模式、商丘中学现象。现在，华东师范大学的叶澜先生和她的弟子李政涛教授、卜玉华教授、李家成教授等组成“生命·实践学派”，推行“新基础教育”；苏州大学博士生导师朱永新教授等吸纳南京师范大学冯建军教授、苏州市教育科学研究院袁卫星老师等推进“新教育”，主张“聆听窗外的声音”，构建“书香校园”；华中师范大学博士生导师周洪宇教授等发起阳光教育实验，构建“生活·实践教育学派”；生命化教育的首倡者张文质先生和小学数学教研员张爱华推行“生命化教育大问题教学”；孟国泰老师等推行“高快三标课程”及“从个体出发的新教育”等；《中国教师报》在洛阳师范学院设立基础教育课程研究中心，褚清源记者、王占伟老师及中心主任张欣等专家推行“农村学校整体提升计划”。但是，中国太大了，教育太大了，各地藏龙卧虎，百舸争流，有的成功了，有的失败了，无论如何，他们都应成为我们的一面镜子，正面的经验，我们学习，失败的教训，我们汲取，更重要的是，走好自己的路。

我个人缺乏中小学管理经验，更主要的角色是一位基础教育的研究者。由于我还是河南大学的在编教师，所以，我无法像常见的校长那样，端坐在校长办公室，“一支将令往下传，叫一声镇北的将军，名魏延”，这些工作主要由教学副校长韩昊典老师来做。我可能做的更多的是，在董事长和董事会领导下，与各位校长及在座各位一起做出学校发展的顶层设计，构建生命教育的学校文化，改善课堂教学生态，提高教师在新课改背景下的教学能力。总之一句话，就是着力于如何提高教学质量，如何帮助每一名孩子成长进步、实现自己的梦想。

课堂里有一头“大象”，可是我们常常却视而不见。这头“大象”就是“生命在场”。我们的课堂研究和实践所要做的工作，就是要牵出这头“大象”，将它置于人们的视域之内。传统的学校管理和课堂教学中有着宝贵的经验，我们应继承和发扬；校内外、区内外、市内外、省内外、境内外、国内外的教学改革中也有许多先进的思路和成功的做法，我们应学习和借鉴。然后通过我们商丘中学人的集思广益、商丘中学人的扎实实践，推出富有商丘中学特色的新课程、新课堂、新文化、新管理、新质量，成为声名远播的优秀教育的一面旗帜，成为师生的学园、家园和乐园，成为家长心目中的教育圣地。

我们都是现实主义者——因为构筑生命课堂的复杂、曲折和艰难的情形不可低估，生命课堂的理论基础、呈现样态、实践策略，尤其是教学评价还有待进行进一步厘清，相应的基础教育课程改革还有待向更深层次推进，所以，生命课堂的建构任重道远。商丘中学虽然已经取得了令人瞩目的成绩，但与董事会期待的目标相距甚远。

我们又是乐观主义者——杨董事长今天向我赐教，说一靠用心，二靠恒心，商丘中学从无到有，从小到大，从弱到强，筚路蓝缕地打下这片江山。那么今天，随着学校不断有新的力量、资源、理念的加入、发酵、整合，随着学校发展的思路越来越清晰、学校管理越来越科学、课堂教学越来越优化、文化建设越来越丰富多彩，咱们大商丘中学的发展将前路宽阔，鹏程方远！

谢谢大家！

（2016年7月27日，商丘中学）

清晨，我将第一个醒来

我以河南大学生命教育研究中心主任的身份兼任商丘中学校长，这是教育研究与中小学教学“高基”结合的探索。商丘中学校长履职至今，刚好一周。看了学校宣传材料中关于我的介绍，我诚惶诚恐。宣传自有其可以理解的“规矩”，那些文辞虽字字是真，但也仅限于正面宣传，关于我的弱点只字未提，连照片都经过了稍稍的“美颜”。连日来，漫步菁菁校园，我深知，眼前的一花一草，凝聚的都是奉职于此的全体同事的心血；宣传橱窗里的成绩，凝结的都是全体师生的辛劳和汗水；我可能稍稍擅长于撰文著书，但真正伟大的教育“文章”不是靠闭门书斋皓首穷经做出来的，身处校园之中、课堂之上，才能“立起”真正的大作。

之前虽有在中小学任教的经历，但我近年来的主要身份已是“清纯”的教育学者。我在河南大学执教本科生的生命教育选修课程，以及教育学专业硕士生、博士生的生命教育研究课程，并参与指导教育学博士后的生命教育研究。平日里，我在看书、写书、教书之余，一卷在握独立黄昏，诗词文赋篮球越野，歌哭笑傲随性由之，过着一种“闲暇出智慧”的高校教师生活。现在，我的天空“风云突变”，受部分同事召唤和董事会聘请，我于2016年7月13日开始担任商丘中学校长之职，一下子从教育研究的小书斋走入了教育实践的大战场。

做中学教师的时候，我偶有机会聆听教育专家的讲座，始而景仰，继而商榷，终而质疑。后来自己做了“教育专家”，始而从生存哲学角度切入生命教育研究，继而从教育哲学、比较教育学角度切入生命教育，终而从课堂教学角度研究生命教育。我及我的生命教育研究团队将视域聚焦于中小学生命课堂，试图促进中小学课堂生态的伟大变革，在中小学构建生命化课堂，打造生命化学校，与天下同志者执手同行，推动中国基础教育从知识教育，经素质教育，走向生命教育。

然而，以校长的身份重新回到中小学校园后，我才真正体味到教育研究与教学实践之间其实真的存在着巨大的“张力”，教育理想和学校现实之间需要建起一座桥，通过这座桥，教育研究与教育实践才能相知，教育理想与学校生活才会相望，学生成长、教师发展、学校跃升才会良性循环，名校战略才能从崎岖山径早日步入康庄大道。

“空降”于此的我，并没有带着满袋子的“锦囊妙计”，并不会对现有教学推倒重来，也不愿端坐在校长办公室“一支将令往下传”。唯民主，方科学。课堂教学应然如何？学校如何提高管理水平和教学质量？应由同仁集思广益，通过民主决策程序形成制度，依章治校；菜蔬是否好看、好吃、有营养，最终还得问问食客——众位学生。学生的学业进步和全面发展才是检验学校管理的硬标准，生命化学校构建的基础还是要落脚到以师生为本上。这篇宏大的文章已经开始谋篇布局，但真正精彩的篇章还有待师生共同书写。

教育研究与学校工作之间的这座桥是什么？它在哪里？让我们一起去探索。请同仁赐教于我——既可通过年级组、各业务口、各分部这样的路径与我进行间接沟通，更欢迎直接当面赐教或通过网络向我赐教。我常常在办公楼四楼左手楼梯的斜对面，但更多的时间是在校园里、课堂中、操场上，至于我的联系方式，只要各位稍稍关注即可获知。我也将与同仁一起寻找这座桥，并为此付出智慧、辛劳和汗水。

越理想，越现实。现在列入我工作日志的事项已有不少——顶层设计、班子建设、教师待遇、文化建设、硬件配备、招生工作、开学筹备等，可谓千头万绪，将来还会有更多的事项不断地被清零和列入。但只要大家相互聆听、对话，一路执手同行，就没有过不去的坎儿，没有闯不过的关，教育理想也一定会一步步地纳入视野，成为现实。

大树在生长，花儿在开放，鸟儿在歌唱，清风拂过这座美丽的校园，晨曦里琅琅的读书声即将响起——而这一切，只有早起的人才能体味。

明晨，我将第一个醒来。

（2016年8月1日，商丘中学）

“书生校长”求教“书生老师”

为了解校情、明确思路、凝聚力量、推动学校的发展，商丘中学新任校长王定功博士拟以如下方式与同事做文字互动交流：

我给校长说个事；

我给校长出个题；

我给校长支个招；

我给校长荐本书。

“我给校长说个事”，校长想据此了解学校发展的光荣历史及经验教训、“故事现场”的典型的人和事，以及进一步发展的SWOT（优势、劣势、机遇、威胁）；“我给校长出个题”，校长想据此了解关涉教师专业发展、晋级晋职、目标管理、奖罚落实、社会保障、困难困惑等方面的情况；“我给校长支个招”，校长想据此了解同事对学校发展的顶层设计、常规管理、品牌建设、招生工作、培优工作、课堂改革、学生教育、文化建设等关乎学校、教师、学生发展的意见建议；“我给校长荐本书”，校长想据此了解同事认为对做好本职工作、促进自身发展最有价值的书籍，建一个小型的“校长书屋”，校长与教师一同读书交流，做“君子之交”“书生之交”“精神之交”，做好搭档、好朋友！

互动方式：建议将您的问题、数据、意见、建议、书目整理成文字材料，可以通过校长办公室转交给王博士，也可以通过网络与他交流（校长办公室在行政综合楼4楼，校长邮箱为××××，校长微信为××××，校长QQ为××××，校长手机号码为××××），也期待同事当面与他交流情况、交换意见。欢迎在稿件中署上您的姓名、工作分工、执教年级、执教学科、联系方式、电子照片等信息，亦可隐去个人的部分或全部信息。

谢谢！

商丘中学办公室

2016年8月2日星期二

（2016年8月2日，商丘中学。此文以校长办公室名义通过教师微信群发出）

让校园充满生命的气象

如今，我入职商丘中学担任校长一职，已满两周。两周以来，我安排校办发起“我给校长说个事”“我给校长出个题”“我给校长支个招”“我给校长荐本书”的文字互动交流，向同事初步了解商丘中学何来、何为、何往，以及教师所喜、所乐、所忧、所虑。加之实地查访，多方求贤问计，我初步明白了我校发展面临的优势、劣势、机遇、威胁。

为理想，而现实。美好的前景是由智慧、辛劳和汗水凝结成的，世界上哪里有不劳而获的果实？商丘中学的发展，需要每一位教育当事人的共同努力。许多同事问我有何良策，我哪有什么良策，有的只是相关的研究和思考，而且都是在我校一线教师和服务人员的实践智慧的基础上提炼而成的，“版权”属于全校教职工。我不揣浅薄，将这些智慧归结为“三个层面”的工作，谨陈于后，呈诸君求教。

第一个层面是“狠抓常规教学”。这是办学兴教的治本之策，任何时候都不能放任、不能放松，以此保障每一名进入我校入读的学生都能在原有的基础上逐步提高学业成绩，并获得全面进步。这是学校工作的基本面，也是我们教师教书育人的本分。我对这一层面的工作可能会有一个相当长的熟悉过程，所幸有“翩翩佳公子，温润一书生”的“数学大王”李希玉老师担纲高中部，有精通课改、大胆稳健的韩适霞老师担纲初中部，有“未明觉历”的杨慧芳老师担纲小学部，有卢校长、孙校长，有各分部、各业务口的同仁，尤其是有年高德劭、经验丰富的老教师，有敢打硬仗的中青年骨干教师，有科班出身、冲劲儿十足的青年教师，各项工作都有人顶上去，担起来，工作用我，用我必胜！

第二个层面是“实施北清战略”。这虽是逆取顺守的治标之举，但也可能是建立名校的当务之急。为此，需要解放思想，创新方法，“法无禁皆可行”，放手一搏，“以正合，以奇胜”。力争在两三年里，帮助我校学子考入北京大学、清华大学等一流学府，早日促进学校发展的良性循环。第一策，办好“北清班”，做好自主培优工作。“北清班”每班遴选学生 20 人许，集中最优秀的教师、最优秀的学生，瞄准北清，心无旁骛地组织教学。此外，学校对于“北清班”启动有效的激励机制，吸引教师争做“北清教师”，吸引学生争做“北清学生”，变“要我教”为“我要教”，变“要我学”为“我要学”，在全校中形成“矢志北清，舍我其谁”的拼搏氛围。取法乎上，帮助有志学子叩开北京大学、清华大学、“985 工程”高校、“211 工程”高校、“双一流”建设高校等高等学府的大门。第二策，招收“特优生”，启动联合培优工作。做好初三优秀生和高三复读生的排查、认定、招录工作，争取以优惠政策动员中考成绩在 ××× 分以上的学生报考我校高一年级，以优惠政策动员高考成绩在 ××× 分以上的学生来我校复读。这些特优生除被编入我校“北清班”之外，还可根据需要与衡水中学、北京师范大学附属中学、郑州市第一中学等优秀高中展开横向合作，利用国内基础教育最优秀的师资，对其进行联合培养。第三策，做好自主招生的相关工作。第四策，做好体、音、美等体育、艺术生的教学工作，帮助有志向、有才华的学生通过这一途径考入名校。第五策，适时开办“国际班”。第六策，与国内名校联合办学，以培养“高质量”“硬棒棒”的学生来获得社会认可，推动商丘中学走出商丘，走出河南；吸引四方学子走进商丘，走进商丘中学。

第三个层面是“构建生命校园”。这也是教书育人的治本之策。

以上三个层面的工作并无先后顺序，宜通盘考虑、沙盘推演，民主决策、科学实施，自愿参与、不求一致，保持低调、不轰上轰下。学校改革发展的一切工作，其进退行止唯提高教学质量“马首是瞻”。但是，依靠教学质量立足，学校不是车间，教师不是工人，我们面对的是蓬勃生长着的年轻生命。那么，勉精历操、晨兴夜寐所为何来？我们的回答是：让每一堂教学都充满生命的活力，让每一个学生都怀揣生命的感动，让每一名教师都飞扬生命的激情，让每一位家长都感受生命的欣悦，让每一座校园都蕴含生命的气象！

（2016 年 8 月 8 日，商丘中学）

拿下前面的“滩头阵地”！

——在商丘中学2016年秋季高一军训动员大会上的讲话

尊敬的各位教官，亲爱的同学们：

上午好！

今天，我们在这里隆重举行2016年秋季新生军训大会，以这种方式开启同学们的高中学习生活。我们的全体教官、全体教师，欢迎同学们参加军事训练！同时，也请允许我代表商丘中学的7000名师生，对各位教官的莅临执教表示真诚的感谢和崇高的敬意！

同学们！我希望你们要珍惜这次难得的军训机会，在短短的三天内，虚心向教官学习队列、队形等基本技能，学会进、退、行、止等基本军姿，提高身体、心理素质，培育“特别能吃苦，特别能战斗”的顽强意志，养成“令行禁止、步调一致”的团队精神。文明训练，严格训练；耐得了辛苦，耐得了枯燥；严守纪律，争当标兵。同时，也希望你们要学习校规校纪和中学生行为规范，养成良好的学习和生活习惯，为自己的成长进步打下坚实基础。

同学们！人生的路非常漫长，但紧要处却只有几步。高中就是人生成长的关键期，是学习发展的分水岭。翻过这座“大山”，有的同学将继续深造，成为国家的栋梁；有的同学可能早早地进入社会，成为普通的劳动者。一个人的成功，不但会改变自己的命运，还一定会改变一个家庭乃至一个民族的命运。愿承载光荣与梦想的商丘中学成为同学们学习进步和全面发展的学园、家园和乐园。

人生中不中，关键在高中！我们的背后，是父母、老师深情的目光；我们的前面，是必须拿下的“滩头阵地”。我希望各位同学要志存高远，务实拼搏；仰望天空，脚踏大地；焚膏继晷，厉勤厉黾，以心血、智慧和汗水谱写人生最华彩的篇章！

最后，我还要郑重地向各位教官道一声辛苦！祝愿并坚信本届军训定能成功！

谢谢大家！

（2016年8月24日，商丘中学）

辛 “甜”

——第32个教师节慰问信

尊敬的全校教职员工：

三商天地，流光溢彩；桂枝摇曳，梨香醉人。在这美好的中秋时节，我们迎来了第32个教师节。商丘中学党总支、董事会、校委会向辛勤耕耘、默默奉献的广大教职员工致以节日的问候和崇高的敬意！向为商丘中学的发展做出贡献的各界贤达和全体家长致以亲切的慰问和诚挚的谢意！

忆往昔峥嵘岁月稠，瞻未来鹏程万里远。学校取得的每一项业绩，无不凝聚着你们的辛勤汗水，无不凝聚着你们的智慧和才华！学校发展的每一段征程，无不牵系着你们的深情目光，无不寄寓着你们的衷心期待。

现在，我校已擎起了生命教育的大纛，争做生命化学生、争做生命化教师、构建生命化课堂、构建生命化校园已蔚然成风。学校的发展正继往开来，乘胜前进。

教师在人类的教育事业中居于核心和关键地位。一个人遇到好老师是人生的幸运，一个学校拥有好老师是学校的光荣，一个民族源源不断地涌现出一批又一批好老师则是民族的希望。老师的责任心有多强，人生的舞台就有多大，有为才会有位。希望我校广大教职员工以主人翁的姿态，厉勤厉黾，汲汲孜孜，为学生传道、授业、解惑，帮学生追梦、筑梦、圆梦，用爱培育爱、激发爱、传播爱，以高尚的品德、扎实的学识、仁爱的心灵立身施教，教书育人。

商丘中学是每一名师生员工的家，是每一名教师干事创业的舞台。教育生活艰辛且甜蜜，我们将携手奋然前进！衷心祝愿全体教职员工节日快乐，诸事顺遂，身体健康，阖家幸福！

商丘中学党总支 董事会 校委会

2016年9月10日

（2016年9月10日，商丘中学）

择 善 固 执

尊敬的各位老师，亲爱的同学们：

大家上午好！

今天，我们在这里隆重举行2016年秋季开学典礼。我代表商丘中学党总支、校委会，向各位老师、各位同学致以亲切的问候和美好的祝愿！

商丘中学自建校以来，在董事长杨中位老师及历届校委会的带领下，筚路蓝缕、以启山林，由小到大、由弱到强，一路高歌猛进，一路风雨兼程。以睿智和奋勇，以“走心”和“持恒”，创下了今日的成绩，其中饱含着广大教职工和学生的心血和汗水。很不容易，很不简单！发生在学校发展和师生教育教学中的动人故事，就是三天三夜也讲不完。就任校长的这一个多月里，我时时在感动中度过。尤其是刚才，学校隆重表彰了先进单位和优秀老师、优秀同学，初中部白效竹老师、高中部301班祁悦同学分别代表全校优秀教师和优秀学生做了典型发言。他们的经验值得学习，他们的事迹可感可佩！请允许我代表本届校委会，向今天受到表彰的先进单位和先进个人表示真诚的祝贺，希望你们再接再厉，永攀高峰！希望所有老师和同学见贤思齐，敢于超越，后来居上！同时，也借此机会，向为商丘中学的发展尽心尽力的董事会成员，向历届校委成员，向全体教职工和学生，以及关心支持商丘中学发展的社会各界贤达和全体家长朋友，表示衷心的感谢和崇高的敬意！

现在，学校的发展又一次站在了一个伟大机遇的路口。新一届校委会已经成立，学校顶层发展思路已经确立，一大批优秀教师来此任教，四方学子云集于此，教师比教书、学生比学习的教学氛围越来越浓，美丽的商丘中学正在掀开气势恢宏的新篇章。

各位老师，着眼实际情况，经过认真研究，经过三上三下的民主决策程序，学校已确立了发展的根据方略，那就是：精细化管理，生命化办学，跨越式发展。

第一个层面是“精细化管理”。这是办学兴教的治本之策，教学工作、德育工作、安全工作、后勤保障工作都要立足实际，创造性地开展。这段时间，部分师生向校方反映了就寝问题、餐厅问题、用水问题等。对于这些问题，学校相关部门要高度重视、分工追责，长期规划、分步实施，密切配合、恪尽职守，务求学校的各项工作都做到精细化，保证师生能正常生活、正常教学、正常活动。工作态度要一丝不苟，工作质量要达到高标准、严要求。每一名学生都是我们教师的“心头肉”“掌中宝”，都是我们教师的“亲孩子”，学校工作需要我们全体师生使出“洪荒之力”。学校管理的各方面、各环节工作，尤其是安全工作，包括饮食安全工作，在任何时候都不能放任自流，任何时候都不能放松，任何时候都不能心存侥幸。以此保障每一名学生的教育权利。这一层面的工作要“狠”一些，“严”一些，为此宜建立激励约束机制，凝聚教学力量和资源，稳定教学秩序，逐步推进课堂改革，不断提高教学质量。

第二个层面是“生命化办学”。咱们学校已成为河南大学生命教育实验基地，办一所生机勃勃的学校是我们的目标。因此，学校正研究制定生命化学生评估标准及评估办法、生命化班级评估标准及评估办法、生命化德育评估标准及评估办法、生命化教学评估标准及评估办法、生命化学校评估标准及评估办法、生命化校长评估标准及评估办法、生命化家长评估标准及评估办法等标准和办法，现拟面向全校师生征求意见，通过集思广益完成定稿，并在不影响正常教学秩序的前提下有序地开展相关实验和建设。现在，学校正发起“学生习惯养成教育月”活动，着力培养学生的五种习惯，即文明礼仪行为习惯、安全行为习惯、学习行为习惯、生活行为习惯、卫生行为习惯等，目的是从规范行为习惯做起，培养学生的良好品质和文明行为。这是端正校风、学风的必要之举，更是同学们进行自我教育和得以全面发展的必由路径，也是生命校园建设的重要内容。总之，我们要通过一系列努力，把商丘中学建成师生教学、生活、成长、进步的学园、家园、乐园。

第三个层面是“跨越式发展”。《孙子兵法》说，“以正合，以奇胜”。对于学校和自身的发展，我们需要解放思想，创新方法，轻装前进，放手一搏。

第一策，全面推进课堂教学改革。打疲劳战的教学方法已经被证伪，“老师辛苦，同学更苦”的局面必须纠转，生命化教学必须实施。课堂教学绝不能违背教学常识，必须遵守教育规律，遵循青少年身心发展规律。课堂不仅要为学生的未来发展做准备，同时，学习过程本身也应成为同学们当下的美好生活，以及十年后、数十年后的温馨回忆。我要求校督研室、教务处创新思路，深入调研，谋定后动，以点带面，吸引越来越多的师生参与到课堂教学的改革之中，全面打造生命课堂。

第二策，做好自主培优工作。集中最优秀的教师、最优秀的学生，瞄准目标孜孜以求。优秀教师、优秀学生都是一个动态的概念，学校将建立有效的激励机制，吸引教师争做优秀教师，吸引学生争做优秀学生。

第三策，启动联合培优工作。根据需要，与国内优秀中学进行横向合作，利用国内基础教育最优秀的师资，对我们的优秀生进行联合培养。

第四策，做好自主招生的相关工作。借鉴兄弟高中的经验教训，做好与北大、清华等名校的沟通协调工作，梳理自主招生的条件，长期规划，分步实施，整合人脉、资源、财力，组织我校特优生参加必要的赛事、集中的培训、考前的辅导等，帮助特优生"缺啥补啥"，以全校之力帮助特优生符合名校、军校、艺校自主招生条件，提高特优生报考北清等名校的"命中率"。

第五策，做好体育生、艺术生的教学工作。我们已办起高考美术班，还会根据需要和可能，在条件成熟时办起更多有针对性的艺术班，帮助有志向、有才华的学生通过这一途径考入名校。

第六策，适时开办"国际班"。推动我校对外开放，建起商丘中学与国外名校对接的"直通车""高速路"。

第七策，与国内名校进行联合办学。通过建成名校分校、高校生源基地、国防教育基地、教育研究基地等多种形式，零距离共享优质管理资源、教学资源、科研资源，为我校教师的培育、培养拓宽路径，为我校学生的学习、升学提供助力，以培养"高质量""硬棒棒"的学生来获得社会的认可。

各位老师，精细化管理、生命化办学、跨越式发展，不是喊几句漂亮的口号就能实现的，而是需要我们全体教职员工落实到工作的每一个环节，不推诿、不埋怨、不抛弃、不放弃！商丘中学是我们人生中一段重要的驿站，是我们干事创业的难得的平台，我们要珍惜这相聚的缘分、共事的机会，把自身的发展与学校的发展一同推进，哪怕历经晨昏寒暑，哪怕拿出"洪荒之力"，哪怕付出心血汗水！

各位同学，刚才聆听了优秀教师代表白效竹老师的诗章，我突然又想起一位网名叫凤儿的老师写给她心爱学生的《生命诗语》，里面有这么几句：孩子 / 我无法给你我的思想 / 只能指示满身的伤痕 / 和来时的险径……

这是凤儿老师分享给她的学生的人生经验。我个人也是一名学生，而且学生的身份可能要持续终生。从小初高、本硕博，到博士后，一路走到现在，我是一名老学生。于做学生的经验，我想来想去，最重要的心得集中起来就是四个字：择善固执。择善，就是选择，选择真善美圣，选择向上之一途。固执，就是坚持正确的选择，思之念之，无日忘之；思之不得，又重思之；思之不通，鬼神通之。

在漫漫人生中，选择是最重要的，坚持也同等重要。我们选择了做一名书生，而不是早早地去社会上打工；我们选择了求学上进，而不是待在家里贪玩啃老。进步的路，无不伴随着艰辛。学习中的酸甜苦辣、苦辣酸甜，局外的人又如何得知呢？

在知识的海洋中，我们都在奋力遨游，苦与甜全在于过程之中。在里约奥运会上，傅园慧用了洪荒之力收获了一枚铜牌，她用一句“鬼知道我经历了什么”来形容多少年来自己在训练中尝到的酸甜苦辣。傅园慧坚持游到了成功的彼岸，她的经历告诉人们：坚持就是力量！

只要有坚强的意志，自然会有坚持的能耐。成大事不在于力量有多大，而在于能坚持多久。在溪水和岩石的斗争中，胜利的总是溪水，不是因为力量，而是因为坚持。

有人说，请不要在最能吃苦的时候选择安逸。来到商丘中学，你也许感到陌生，也许感到很好，也许感到很差，也许感到甘甜，也许感到辛辣。无论你是一种什么感觉，商丘中学终将成为你的人生不可分割的一部分，也终将成为你的精神家园和心灵港湾。在这里，你不仅可以领略到花园学校的动人风姿，享受到与同学“如切如磋，如琢如磨”的愉悦，而且还可以接受名师的垂范和指点；在这里读万卷书，走成才路，实乃人生一大幸事。然而，我也要从另一个侧面告诉你，你可能会感到有很多不如意的地方。比如说，咱们的食宿条件还在改进当中，一些目标的达到还需假以时日，学校会去尽最大努力达到目标。吃饭的问题、住宿的问题、教学的问题、锻炼的问题，都已摆在了老师们的案头上，学校正在按照既定的日程一一办理。但在办成之前，当你遇到这样那样的问题时，你能承受吗？你能适应吗？在家里睡大觉最为安逸，但我们在这里求学不是图个安逸。选择商丘中学，就不是选择安逸，你要提高适应各种各样环境的能力，学会在逆境中适应，在逆境中坚持，在坚持中去应对自己身体和心理上的各种挑战。坚持，不仅身体上要吃得了“三更灯火五更鸡”之苦，还要有“衣带渐宽终不悔”的心灵上的坚忍。

中国女排在里约奥运会上的晋级过程，就是在“能得一分是一分，能接一球是一球”的坚持中，成功登岸。女排精神的实质，不在冠军，而在有时候明知不会赢，也要去坚持；不是看到希望才坚持，而是在绝望中寻找希望，在坚持中看到希望。我们大家都应该以他们为榜样，在学业上，坚持坚持再坚持。当你很累的时候，你可以对自己说，我很累，但一定不要说，我不行。努力不一定成功，但是放弃注定会失败。

同学们，成功没有秘诀，贵在坚持不懈。生活中的苦辣酸甜，学习中的酸甜苦辣，是选择的踏脚石，是坚持的催化剂。选择伟大的事业，成于坚持不懈，败于半途而废。其实，世界上最容易的事情是选择与坚持，最难的事情，也是选择与坚持。说它容易，是因为不管你选择或者不选择，其实就有了选择，不管你坚持或是不坚持，其实就有了另一种坚持；说它难，是因为选择需要智慧，坚持需要能量。法国科学家巴斯德一生中有三大科学贡献，他的名言是：告诉你使我达到目标的奥秘吧！我唯一的力量是我的坚持精神。学会选择，学会坚持，要成为伴随你一生的“左手”和“右手”。选择是智慧，坚持是力量，一旦选择正确，坚持就是胜利！

各位老师，各位同学，大家请看：秋日的天空，格外的明清高远。枬红荻白，云肥风瘦，正是读书的好时节！世界上最美的风景，是老师们深情的目光；世界上最美的声音，是同学们琅琅的读书声。同学们，今天，我对你们没有提太多的要求，只是将“择善固执”四个字送给你们。希望你们能够记在心里，落实到行动中，一天天，一月月，一年年，积小胜为大胜，坚定地沿着选择的道路奋然前行，终会到达成功的彼岸！

谢谢大家！

（2016年9月13日，商丘中学）

如“柒”而遇，从“心”出发

——2017年商丘中学教职工文艺演出及元旦庆典上的讲话

尊敬的名誉校长胡家印先生，尊敬的董事长杨中位先生，亲爱的各位同事：

2016年，依依而别。回首14年前的那个暮春时节，一对寄寓教育情怀的伉俪，开始用双脚丈量梁园的这方热土，创建了商丘中学。就是昨天，在清冽甘甜的豫东风霜里，我又陪市人大副主任胡家印同志和董事长杨中位先生及教育局领导同志，实地查看已规划拟新建的新校区。同时，北京师范大学与我校合作办学的事情也在积极推进，不同领域的教育资源正在汇聚。全体教职工付出智慧、辛苦和汗水而共同搭建的商丘中学这个平台正在日益扩大。

2017，如“柒”而遇。现在，天时、地利、人和兼备，学校的发展面临着难得的机遇，在座每一位同事的个人发展也获得了巨大的希望。随着学校“狠抓学校管理，实施北清战略，构建生命校园”的整体方略的陆续展开，我们有信心、有热望演好学校与个人发展的协奏曲，有决心、有能力开创学校发展和个人发展的新局面！

作为教师，我们的成长总是建立在其丰富、曲折甚至充满艰辛和坎坷的教育教学经历之中。正是我们日复一日、年复一年的努力，才使得庸常的教育生活被赋予神性，黯淡的春夏秋冬焕发出光芒，眼前的黑板折射出别样的意义和价值，自己和学生的世界才因此更美好、更丰富、更辽阔。

今天是一个快乐的日子，我们以举办文艺演出的方式送别2016，迎来2017。今天，我们心爱的学生们也已经离校，就让我们暂时将繁重的工作放在一旁，一起跳起来，一起唱起来，一起举起杯，一起乐开怀！

让我们汇聚在商丘中学这面大旗之下，2017，从“心”出发！

（2017年12月29日，商丘梁园）

在商丘中学校长交接会议上的讲话

尊敬的杨中位董事长，尊敬的各位同事：

今天下午，商丘中学召开校领导班子会议，会议的任务是实现校领导班子主要成员的工作交接。首先，请允许我宣布一则董事会的任命。

兹聘请张全忠同志担任商丘中学校长，聘期自2017年5月4日起。

天元教育集团董事会

2017年5月4日

同时，为我们大家所敬爱的市人大前副主任胡家印同志亲任商丘中学党总支书记，李希玉同志兼任学校常务副校长，其原担任的高中分部校长职务不变，韩昊典同志改任分管政教工作的专职副校长，韩适霞同志、卢启印同志、王鹏宇同志原职务及分工不做变化。杨岚同志担任商丘中学执行董事长。王定功同志即日起不再担任商丘中学校长，改任商丘中学名誉校长。从现在起，以张全忠同志为校长的商丘中学新的领导班子开始进入工作状态。

承蒙杨董事长抬爱及同志们的信任，我于2016年7月13日就任商丘中学校长。但其实，我起的作用无异于名誉校长。这是因为我是河南大学的一名在编在岗教师、河南大学生命教育研究中心的主任，同时也是河南师范大学教育学特聘教授、洛阳师范学院教育学特聘教授，平时科研任务太重。主观上，商丘中学在我心里占据着最重要的位置；客观上，我实在分身乏术，常常身不由己。

于是，大家经常会看到四楼校长办公室的灯常常是关着的、门常常是锁着的。为此，我十分不安，着眼于学校的长远发展，经过郑重考虑，我向董事会递交了辞呈。感谢杨董事长和董事会批准了我的辞呈，改任我为名誉校长。从今以后，我将积极履行商丘中学名誉校长之责，积极整合教育资源、科研资源等为商丘中学的发展服务。

张全忠同志是我的师兄，曾是河南大学的高材生。他长期担任商丘市教育局官员、商丘第一高级中学党委副书记、分校校长，是正教授级中学高级教师，在基础领域教育、教学、管理、科研、服务方面是一位行家里手，是名震豫东、蜚声全省的教育专家。

张校长政治觉悟敏感，道德情操高尚，在数十年工作中，时时处处保持着一位优秀共产党员和优秀人民教师的良好形象。

张校长理论水平高，综合素质强。尤其是对现代中小学管理有精深和系统的研究，在学生教育、课堂教学、后勤保障等方面有前瞻意识，有系统观点，是一位理想的现实主义者，同时，他还利用业余时间笔耕不辍，近期又有一部十余万字的著作即将“杀青”。

张校长工作能力突出，工作业绩令人瞩目。他善于与团队成员合作共事，以身作则，聚力攻坚，敢于胜利，善于胜利。

在以张全忠同志为校长的校领导班子的领导下，我相信商丘中学一定能进入健康发展的快车道，从胜利走向新的胜利。

衷心感谢杨中位董事长、胡家印主任，衷心感谢张全忠校长和各位同仁。我虽然卸任校长一职，但还是商丘中学的一名员工，随时回校求教；也真诚地欢迎张校长和各位同仁莅临河南大学生命教育研究中心做客、考察、指导。我们的心永远是贴在一起的！

谢谢大家。请常务副校长李希玉同志接着主持会议。

再见！

（2017 年 5 月 4 日，商丘中学）

感受到叶芽萌发的希望，体验到花朵丝绒般质感的神奇，甚至感受到树上鸟儿快乐高歌的震颤，从指尖上触摸季节变换的华章，感受晨风中花朵优雅的摆动。

——本辑导语

第4辑

生命教育诗意栖居

重视审美愉悦

审美愉悦是审美生存形成的重要标志。探寻审美愉悦是深入理解审美生存、完善审美主体建构的客观要求。

审美愉悦不同于生理愉悦。审美愉悦是超越实用与功利的，生理愉悦只是对身体欲望的实际满足；审美愉悦是在物我交融中生成审美境域，生理愉悦则完全来自外界的刺激，主体只是被动地得到满足。

审美愉悦既离不开身体的基础，也离不开人的生理感官。视听两种感官是审美愉悦的主要感官，审美愉悦是生理愉悦与精神愉悦的融合。两者之中占主导地位的依然是精神愉悦，审美愉悦中的生理愉悦也包含着精神的因素，如林木如洗让人感觉到清爽，雪花如席让人感觉到兴奋等等。

视听之外的感官所获得的生理愉悦也有可能被渗透到美感之中，加强美感或者转化为美感。如爱人拥抱时肌肤相触的愉悦，欣赏自然美景时习习凉风吹拂肌肤的愉悦，欣赏美轮美奂的宴会大厅时珍馐美味传来扑鼻香气的愉悦，等等。这些生理愉悦都会使得审美的愉悦感得到提升。

在人的审美生存中，审美愉悦覆盖了所有的人类情感，展现了生命整体的内在律动。德国哲学家卡西尔强调审美愉悦绝非单一的情感，而是在生命本身展现的动态过程中的不同情感交互作用的产物，如人是在狂喜与绝望、欢乐与悲伤、希望与恐惧之间动态摆动的结果。在任何伟大的作品中或者生存中，人会体验到情感领域的所有可能性。①

在某些情况下，生理愉悦会在审美愉悦中起到更大的作用。如在聋盲人中，触觉与嗅觉对审美愉悦的作用会较通常情况更加突出。在某些情况下，触觉具有比语言更加强烈的交流效果。美国盲聋作家海伦·凯勒曾经提到，她可以借助触觉体验到许多美好的存在：感受到叶芽萌发的希望，体验到花朵丝绒般质感的神奇，甚至感受到树上鸟儿快乐高歌的震颤，从指尖上

① 恩斯特·卡西尔．人论 [M]. 甘阳，译．上海：上海译文出版社，1985：189-190.

触摸季节变换的华章[①]，感受晨风中花朵优雅的摆动[②]。嗅觉同样可以带来很高的审美愉悦，如金合欢花的香气引发她对其的触摸，从而形成美轮美奂的生存体验。[③]

审美愉悦中的食、色部分与生理愉悦联系最紧密。食、色本是人的生物本能，是为了满足维持个体生命、延续种族生命的需要而存在的两种本能。

当食仅仅是为了满足维持个体生命的需要的时候，审美愉悦是不存在的。但是，随着生产力水平的发展，在开始强调食之美味时，食也就产生了超功利的审美愉悦。鉴于食存在于每天的生活之中，会与人的存在紧密结合在一起。在食的过程中，人的各种存在都可以得到彰显，社会、历史的内容得以展开，就会在某些场合产生审美的意蕴，构成审美愉悦的有机组成部分。

色是性的欲望、行为与愉悦，这是人类种族延续的本能，同时也是审美愉悦的重要组成部分。性的欲望与愉悦本是人的生命力生发的表现，又是提升人的生命力与创造力的途径，也是生成审美愉悦的重要依托。[④]古希腊人认为性愉悦是美感，是审美愉悦的重要内容。人类的性欲是生物本能与文化精神的混合物，性的满足并不仅仅是为了获得生理的满足，也渴望获得心灵的相通与精神的提升。人类的性欲之美在于其从单纯的动物本能的满足欲望上升为追求情与欲、身与心、灵与肉的交融。

生物性性欲与审美性性欲有着重要的区别。生物性性欲只是肉体状态的积蓄与释放；审美性性欲则是对个体意向与行为内涵的体验。前者遵循刺激反应的机械定律；后者则遵循文化精神层面的存在规范。前者最终是满足欲望之后的放松；后者则是对永恒的不断拓展与对自我的持续更新。性欲上升为创造更加丰富存在的活动，成为通向更高存在的阶梯。[⑤]

审美性性欲是引导人追求高贵生存的力量。审美性性欲是一种强大的内驱力，引导人与能够使其自我发现和自我实现的人合二为一，与生存的更

---

① 海伦·凯勒．我的人生故事 [M]. 王家湘，译．北京：北京十月文艺出版社，2005：152.

② 海伦·凯勒．我的人生故事 [M]. 王家湘，译．北京：北京十月文艺出版社，2005：33.

③ 海伦·凯勒．我的人生故事 [M]. 王家湘，译．北京：北京十月文艺出版社，2005：25.

④ 高宣扬．福柯的生存美学 [M]. 北京：中国人民大学出版社，2005：467，477，487.

⑤ 罗洛·梅．爱与意志 [M]. 冯川，译．北京：国际文化出版公司，1987：71，78.

多可能性合二为一。[①]通过合二为一的激情与喜悦的崭新体验，克服个体固有的孤独感，引出共享的新的存在状态，拓展双方的生存深度，推动人超越自身与自我实现。[②]从审美性性欲中，人可以接受并产生对他者的温存感，获得新的生命力，拓展存在的意义维度，体验到激情，唤起激情的极大快乐，甚至体验到天地合一的宇宙感。[③]

审美性性欲的存在，可以使庸俗的世界绚丽起来，使平淡的生活充满芳香，使流逝的时间变成让人神魂颠倒的良辰美景，把人引入诗意生存的境域中，高潮迭起的愉悦为人的生存创造刻骨铭心的欢乐时光。审美性性欲在人的生存中最为震撼人心，它能创造让人窒息的审美情景，会产生欲死欲仙的瞬间永恒，这是审美的高峰体验，也是审美生存的深刻体现。

（2017年6月1日，河南大学生命教育研究中心）

① 罗洛·梅. 爱与意志 [M]. 冯川，译. 北京：国际文化出版公司，1987：72-73.
② 罗洛·梅. 爱与意志 [M]. 冯川，译. 北京：国际文化出版公司，1987：74.
③ 罗洛·梅. 爱与意志 [M]. 冯川，译. 北京：国际文化出版公司，1987：357-361.

发挥移情潜质

审美生存的过程，始终内含着移情的过程。没有审美情感的转移，审美生存是不可能的。当可以移情之时，才会“登山则情满于山，观海则意溢于海”（刘勰《文心雕龙·神思》），移情能够做到“兴体以立”（刘勰《文心雕龙·比兴》）。

移情是审美主体在审美过程中把自己的情感转移到审美客体上来，从而与审美客体产生共鸣的现象。审美主体在审视生存世界之时，设身处地地观察生存境域中的事物，为没有生命的东西赋予意志、思想、感觉和情感，使之变成有生命的东西，借此与审美对象产生共鸣。①审美生存意象世界的创造是借助移情的作用实现的，如云飞泉跃、山鸣谷应，把原本无生命的存在赋予了动作、生命甚至情感，如“天寒犹有傲霜枝”等。②因此，移情能够使无生气的存在充满生气，使无情感的东西充满情感。③

移情可以帮助审美主体从物我两忘进入物我一体的生存境界之中。审美主体的情趣与审美客体的情趣可以交互影响，往复回流。一方面，我的情趣影响到物的呈现，如快乐时山河欢笑，悲伤时花鸟愁苦。“思苦自看明月苦，人愁不是月华愁。”（戎昱《江城秋夜》）另一方面，物的呈现影响到我的情趣，如高山大海令人敬畏谦卑，鸢飞鱼跃令人心旷神怡。“夕阳能使山远近，秋色巧随人惨舒。”（晁说之《偶题》）在审美境域中，审美主体与审美客体之间是交互感应、相互影响的关系，这一关系建立在移情的基础之上。④

审美移情是深入生存世界的方法。当碰到任何外在世界的存在物时，不管它的存在形式如何怪异，都能把自身移植到它的存在中，去赋予它存在的感觉，体验其存在的生命。移情能够超出相似性的要求，不仅可以与动物

① 朱光潜．朱光潜美学文集（第一卷）[M]. 上海：上海文艺出版社，1982：463.
② 朱光潜．朱光潜美学文集（第一卷）[M]. 上海：上海文艺出版社，1982：41.
③ 朱光潜．朱光潜美学文集（第一卷）[M]. 上海：上海文艺出版社，1982：465.
④ 朱光潜．朱光潜美学文集（第一卷）[M]. 上海：上海文艺出版社，1982：41.

一起跳跃，与鸟儿一起飞翔，与鱼儿一起游动，还能够与外界的静物发生关联，如体验幼芽的萌发，感受风中摇曳的快乐，使无生命的存在物充满意义，使死板的存在状态展现出内在的活力，变成充满生命力的存在。[①] 借助于移情，人的生命与物的生命可以相互交融，互相拓展。人完全沉浸到物的存在之中，物也完全进入人的存在之中，人与物融为一体。

审美移情的基本特征有以下三点。首先，审美的对象是能体现主体生命力的存在。物之所以能够成为移情的对象，不是取决于构成此物的质料，而是物的存在形式昭示所呈现的意象。并不是所有的存在形式都能发挥移情的作用，只有能使审美主体充满力量、充盈生命激情的存在形式才有可能。物的生命与物的形式是合二为一的，由此才能构成移情的意象世界。其次，移情的审美主体是进行审美观照的存在，是在物之中体验自身存在的存在，而不是立足于功利实用而与物对立的存在。[②] 在移情过程中，审美主体必须直接感知物的存在，并把自身的生命与经验投射到物之中，体验到审美观照对象中活的生命力，才能体验到审美的愉悦。最后，移情借助于物我合一，把审美主体的生命力灌注到物之中，由此，物的存在展现了审美主体的情感、思想与生命，成为人美好存在的象征。[③]

注重移情能力的培养。审美意象世界的生成离不开审美形式与审美情感的融合与渗透，在不同的审美生存境域中，审美移情的作用强度会存在差异，但不可能离开移情的作用。所谓的审美生存，实际上就是借助于移情的作用消除人与物的隔阂，让人重新获得整体性的生存体验。因此，审美生存离不开移情作用的激发与培育。

注重物我合一的体验。移情发生的核心关键就是物我合一。在审美生存教育中，应注重重构人的存在与物的存在相统一的关系。只有在人与物相统一、情与景相交融之时，物我之间的对立才会消失，审美生存的意象世界才会生成，审美生存才会成为可能。

（2017年6月8日，河南大学生命教育研究中心）

---

① 朱光潜．西方美学史（下卷）[M]. 北京：人民文学出版社，1964：254.
② 朱光潜．西方美学史（下卷）[M]. 北京：人民文学出版社，1964：264.
③ 朱光潜．西方美学史（下卷）[M]. 北京：人民文学出版社，1964：261-262.

拓展审美心胸

拓展审美心胸是体证审美生存大道的通途。对生存本体的观照与认识是审美生存的大道，审美生存的最终境界是把生存提升到合乎大道的要求上。为了认知和体证大道的存在，要先去除一切利害得失的顾虑，让自己产生空明的心境去观照大道，此即谓中国思想家所提倡的"涤除玄鉴""澄怀观道"。

审美心胸的狭隘阻碍了审美生存的实现。平日里，人总是按照利害得失的标准去审视世界，认知世界，心胸被不少鸡零狗碎的事务所充斥，视域被很多琐碎繁杂的细节所牵绊，无法认知审美生存的本真与整体。当人排除内在利害得失观念的干扰，超越了感性的束缚与知识的异化，保持空灵的心境时，其就能做到"无已""丧我"，进入到高度自由的"至善至乐"的审美生存境界，得以"游心于物之初"，才会有"不知所求""不知所往"的自由，创造逍遥自在的本真生存状态。必须脱离利害得失的计较与束缚，才能形成超越功利追求与世俗逻辑的限制。

首先，要保持自然的状态，破除功利之心与分别之心的干扰。功利之心会使人把整个世界视为达成某种目标的工具，使人意识不到世界存在更多的意蕴；分别之心会使人把万物之间的联系斩断，使人体验不到世界存在之间千丝万缕的关联。功利之心与分别之心的存在遮蔽了世界的丰富性与关联性，使人的生存变得枯燥而单调。只有保持自然状态，才有利于发现与体验更加丰富、更加整体化的生存境域。

其次，要保持本真的状态，破除成熟之心与理智之心的干扰。童心就是赤子之心，也就是绝假纯真、一念本心。成熟之心使人沉醉于某种对世界的固定的认知与体验模式之中；理智之心则使人以知识之考量代替了审美之体验，二者都无法使人获得当下生存的真实体验。只有坚守本真的童心，人才能获得对世界的真实感受，也才有可能进入审美生存之中。孟子强调赤子之心，老子强调所谓婴儿状态，就是强调保持自然天性是生存的最高境界，可以使人体验到生命真正丰富、博深的意蕴。约定俗成的思维模式、利害得失的理智顾虑会使本真的生存遮蔽起来。

最后，要保持悠闲的状态，破除忙碌之为与焦虑之意的侵蚀。忙碌是为了追求功名利禄，却使人生陷于患得患失的焦虑之中，心灵也就为外物或者某个特定的目标所占据，无法以空灵、自由的状态承受本真存在涌现出来的各种可能性，人的存在异化为达成功利的工具。保持悠闲的状态，可以让自身从忙碌的活动与焦虑的意志中解脱出来，看到世界中更加丰富的存在，体验到更多存在的可能性。因为“闲来无事不从容”，因为“万物静观皆自得”，所以，悠闲能够让人“道通天地有形外，思入风云变态中”（程颢：《秋日》）。悠闲观照，可以让人超越功名利禄的烦恼，在风云变幻的天地万物中获得美好的享受，享受自由从容的生存状态。

悠闲对于审美生存具有重要的肯定意义。只有在悠闲的状态里，人的所作所为才能够契合物之本性，“静故了群动”（苏轼：《送参寥师》），从而发现物本身的美，同时能够体验到生存的舒展与从容；“空故纳万境”（苏轼：《送参寥师》），以自由、空灵之心胸容纳万境，拓展生命的诸多可能性，享受生存的时光。

拓展审美心胸应该是审美生存教育的重要内容。人之为人，精神生活的重要性不亚于物质生活的重要性，拓展审美心胸是展开人的精神生活的重要条件。只有拓展了审美心胸，人才能够保持自然、本真、悠闲的状态，破除功利之心、分别之心、成熟之心、理智之心、忙碌之为、焦虑之意的影响，体验到生存更加本然、更加丰富的可能性。拓展了审美心胸，人才有可能发现生活中本来的美，让自己具备审美的眼光，并进入审美生存之中。

此外，在审美生存教育中，尤其要注意悠闲状态的培养。人只有学会“忙里偷闲”，有了“闲暇”才会有“闲心”，有了“闲心”才会去审美，才会发现生活中存在的各种美好。只要具备了豁达的审美心胸，人就会从最普通、最平常的存在中发现美，就会做到“过目之物，尽在画图，入耳之声，无非诗料”（李渔：《闲情偶寄》）。

（2017年6月15日，河南大学生命教育研究中心）

提升审美层次

审美生存是对个体有限存在的超越性的精神活动，超越性是审美生存的重要特征，提升审美的层次性是审美生存本身的需要。在审美生存的思想史中，审美生存一度被等同于宗教体验，如罗马时期的宗教哲学家普洛丁认为，审美生存是在清修静观中出现的信仰状态，借助于神性给予的直觉能力，人可以瞥见上帝的绝对之美，并与上帝合二为一。甚至按照上帝的特征，美被界定为光与和谐。[①]或者认为世间之美是上帝之光的反映，审美的神圣性在于借此窥见上帝之美。

审美生存的超越性与宗教体验的超越性有其共性。很多伟大的科学家认为，可以从科学研究中获得审美感与宗教感，视之为自然宗教情感或者宇宙宗教情感。如生物学家恩斯特·海克尔强调，生命的丰富让人赞叹不已，生命的运动让人敬畏不已，宇宙的规则让人肃然起敬，这就是科学研究中的自然宗教情感。[②]如物理学家爱因斯坦强调，科学研究中对不能洞察的存在的认识，对最原始形式中所展现的理性奥妙与灿烂之美，让人保有宇宙宗教情感[③]，这种宇宙宗教情感是科学研究中的根本动力。只有那些真正具有宇宙宗教情感的人，才会做出伟大的成就来，因为他们相信人类的理性可以感受到宇宙的完美，所以，他们才会凭借这种强烈的信念进行不屈不挠的努力，从而达成极高的成就。[④]爱因斯坦所推崇的斯宾诺莎似的对神的理性之爱，就是能够体验到从存在整体的和谐有序中涌现出来的对上帝的景仰[⑤]，

---

① 沃拉德斯拉维·塔塔科维兹．中世纪美学 [M]. 褚朔维，李同武，聂建国等，译．北京：中国社会科学出版社，1991：38-42.

② 恩斯特·海克尔．宇宙之谜 [M]. 上海外国自然科学哲学著作编译组，译．上海：上海人民出版社，1974：325.

③ 爱因斯坦．爱因斯坦文集（第三卷）[M]. 许良英，赵中立，张宣三，编译．北京：商务印书馆，1979：45.

④ 爱因斯坦．爱因斯坦文集（第三卷）[M]. 许良英，赵中立，张宣三，编译．北京：商务印书馆，1979：256.

⑤ 爱因斯坦．爱因斯坦文集（第三卷）[M]. 许良英，赵中立，张宣三，编译．北京：商务印书馆，1979：45.

这是对整体存在的审美体验。

爱因斯坦所追求的审美生存体验包含以下内容：对自然世界如痴如醉的迷恋；对美好事物的洞察，美好事物的神秘感及其带来的体验①；对世界的神奇结构以及宇宙的永恒秘密所呈现出来的壮丽与神奇的好奇，将人从日常生活的体验提升到体征宇宙和谐、万物演化的境界；对宇宙神秘秩序的敬畏与崇拜；对世界宏伟结构的敬畏之心；对生存世界庄严美丽的喜悦；对和谐自然规律的热爱；等等。杨振宁也阐述过类似的观点。他认为自然界中的奇妙现象、不可思议的神奇结构会引发灵魂的触动，使人产生信仰般的情感，让人窥见宇宙奥秘的伟大方程公式，让人体验到神圣、庄严的终极之美。②

审美的确存在不同的层次。最一般的是对生存世界中具体事务的审美，然后是对整个人生、整个历史的审美，最高的是对世界整体、无限宇宙的绝对之美的审美，也就是爱因斯坦等人所强调的宇宙宗教情感。一般的审美让人从现实生活中看出诗意，使人获得审美愉悦，获得精神的慰藉。对人生、对历史的审美，则有利于人站在更高的高度把握自身的生存与活动，有利于实践活动的充分展开与生命存在的幸福喜乐。最高的审美则超越个体存在价值与意义的限制，让人窥视到无限、完美与永恒，在终极完美中获得灵魂的狂欢与超越。

最高的审美生存境界具有更加自由、更加贴近人的存在的特征。首先，审美生存本身就是对审美主体存在的体证，借助于审美意象世界的创造绽放人的存在。传统宗教的超越排斥个体与感性的成分，追求主体消失的绝对精神世界。审美生存的超越则在一定程度上实现了物质世界与精神世界的统一。其次，审美生存的超越是在自由的状态中实现的。传统宗教的超越需要借助于既定的宗教教义，并且需要建立在对上帝绝对依赖的基础之上。因此，审美生存的超越是一种更具自由度、更能绽放人之存在的超越。

尤其是融汇了科学理性精神的审美生存，其审美生存的特性尤其突出。如爱因斯坦就不断阐述，自己所推动的宇宙宗教不是对人和神的信奉，而

---

① 李醒民．爱因斯坦 [M]. 台北：三民书局东大图书公司，1998：427-428.

② 杨振宁．杨振宁文集（下册）[M]. 上海：华东师范大学出版社，1998：85.

是对宇宙整体秩序与和谐的赞叹。大自然宏伟壮观的结构令人谦卑[①]，宇宙秩序中所呈现的无限完美的精神令人敬畏[②]，生存世界所呈现的结构令人赞叹[③]。审美生存的最高境界，让人短暂的生命存在具有了永恒的可能性。

审美生存应具备神圣性的维度。[④]审美生存的神圣性维度体现在人生存的宇宙感上，人能够感受、体验到宇宙整体的无限之美。借此，人可以以微弱个体之躯与宇宙整体相沟通，体验到宇宙的庄严与神圣，在敬畏与谦卑之中体验到灵魂的欢喜。这是审美生存的最高境界，使审美生存达到并超越了宗教信仰的层次。

审美生存的神圣性具有亘古的价值。作为有限的存在者，人天生存在追求无限与永恒的精神需要。随着社会的发展变化，人追求绝对与永恒的具体形式会有所转变，但这种追求绝对与永恒的精神需要却会永远存在。人之为人，正是基于人在无限的超越追求之中才得以实现的。审美生存是更加自由、更加积极的超越，将会在人的生存解放中发挥着越来越重要的作用。

审美生存的神圣性是人的本性的体现，也是人类创造生存境界的源泉。作为有限的存在个体，人却有着追求无限与永恒的精神需要，超越现存的有限性就成为人的本性。审美生存的神圣性超越了主客二分的有限对立，在物我一体中追求天人合一的生存境界，把个体生命融入世界宇宙的大生命之中，也就获得了对有限性存在的超越。这种审美的超越性可以用“凝神遐想，妙悟自然，物我两忘，离形去智”[⑤]概括，这也是审美生存创造的终极渊源。

审美生存教育必须对审美层次有足够的重视，才能提供适当的教育内容，不断提升审美生存教育的针对性。应承认物质生活对人的生存与发展的重要意义，同时也应看到人对精神生活的向往与追求。仅仅为人提供锦衣美食，却无法让人体验到生存的自由与超越，不能超越有限存在的束缚，精神的超越需要也就得不到满足，即使生存也是不快乐的。若能做到敞门开户、

① 海伦·杜卡斯，巴纳希·霍夫曼．爱因斯坦谈人生 [M]. 高志凯，译．北京：世界知识出版社，1984：41.

② 海伦·杜卡斯，巴纳希·霍夫曼．爱因斯坦谈人生 [M]. 高志凯，译．北京：世界知识出版社，1984：44.

③ 海伦·杜卡斯，巴纳希·霍夫曼．爱因斯坦谈人生 [M]. 高志凯，译．北京：世界知识出版社，1984：58.

④ 张世英．境界与文化：成人之道 [M]. 北京：人民出版社，2007：245.

⑤ 张彦远《历代名画记》。

坐堂出室、登高远眺、心游八方，则人能在精神上获得无限与永恒的精神满足，带来生存的极大欢悦。

审美生存教育应重视对存在者超越性能力的培养。超越性能力的培养应从两个方面入手。宏观来说，关键是从主客二元对立转向主客合一。因为在生存世界分裂的境域之中，人被局限在自我的樊笼里，不可能产生真正的自由，也很难进入审美生存的状态之中。然而，在主客合一的状态之下，人能够超越个体的限制，重回与生存境域一体的世界之中，能够在精神上获得真正的自由。微观来说，要注重培养个体超越的审美技能与审美生存意识。如对视听感官审美观照能力的培养，使之能够在有限中看到无限，在平常中看到诗意。如注重对审美超越意识的培养，需要把人的注意力从琐碎的存在转移到生命的神奇与世界的壮观上。

（2017 年 6 月 22 日，河南大学生命教育研究中心）

生存的艺术化

人类文明早期就有比较明显的审美生存的艺术化思想。如在古希腊马其顿时代，就有很多关于生存艺术化的箴言，而且还有大规模的实践。马其顿人自己不承担农业的耕作与经营，其原因是能够把全部的精力都用来使自身的生存艺术化。在他们看来，使自身的生存艺术化是必须全力投入、心无旁骛的神圣事业，是需要不断进行维系、创新与实践的事业。

审美生存的艺术化决定了人的生存品质与审美状态。人应该学会借助于外界存在提升自身的潜在能力，不断提升自身的生存美感和生存品质。生存的核心应该是使自身的生存艺术化起来，所有的地位、财富以及社会环境都应该围绕着这个目的展开。只有这样，才能够把人的生存变成生命沉醉的乐园，把人的生存变成充满美感的生存境域。

生存艺术化是人生存过程中的重要实践。即使是在各种劳动过程中，也存在着生存艺术化的内容。生存艺术化也是人的工作与生存的实践。生存艺术化是生存实践本身的要求，是把生存活动变成具有艺术创作以及审美趣味的过程。生存艺术化并不仅仅是指让自己少犯错误，更重要的是指恰当地处理一切生活事物的生存实践。

生存艺术化是人之为人的重要标志。马克思早年在撰写《1844 年经济学哲学手稿》时已经明确指出，人的生存与动物不同的地方在于，人能够在从事生产劳动以及日常生活过程中坚持艺术化的要求，从而在人的产品中展现人的审美要求与审美精神。生存的艺术化是在永无休止的自我创造过程中追求生存的审美。在人的生存中存在着对审美生存的渴望，同时，审美生存的实现也必须在绵延不绝的自我更新与自我创造中践行。失去了审美的生存，是没有生命力的干枯的框架，使人成为任人摆布的工具。审美超越的程度既划分了人与动物的根本区别，也划分了人与人之间生存品质的区别。只有在审美超越中，人才能实现自身生存与生存境域的双重提升。

生存艺术化是个体生存与生存境域共时互动创造的结果。生存艺术化的能力及其实践程度必须体现在个体生存与生存境域的共时互动的审美提升上，这样才能充分体现生存艺术化的审美价值。人应在生存过程中完成对个体生存自身以及生存境域艺术化的双重创造。生存艺术化是存在的本质性要求，因为人的存在是在世界之中的存在，人的生存状况与生存境域密不可分。生存的艺术化必须将个体的生存与生存境域的完善一起进行。

生存艺术化包含在人与人之间的互动审美超越、人与物之间的互动审美超越之中，生存艺术化也是审美主体关系的艺术化。如何处理个体存在与他者的关系，如何完善个体存在与生存境域之间的互动，是生存艺术化的重要内容。关心自身与关怀他人、善待他物在审美生存中同样重要，以此，才有《道德经》的“常善救人，故无弃人；常善救物，故无弃物”。

生存艺术化是生存与艺术的双向互动。生存是人进行审美超越最直接、最根本的场域。生存的艺术化只有在审美生存中才能够真正充分地体现出来，生存场域是一切审美超越的基地。当然，生存的艺术化并不是否认生存与艺术的区别，而是强调生存艺术化对人的生存以及艺术创造的重要意义。艺术源于生活，只有源自生存境域的艺术才会得到真正的提高与完善。人的生存艺术化能为人以及艺术的发展提供最富有生命力的发展可能性，生存本身的复杂多样与变化多端是审美灵感最为厚重的基础。

生存与艺术是双向互动的关系。生存本身是艺术创造的资源宝库，可以为艺术提供源源不断的思想资源；生存的艺术化又能够为人的生存提供无限创造的自我更新的欲望与动力。借助于生存的艺术化，人可以从自身中解放出来，发现不同于平常所体验到的生存境域，它能够赋予心灵最值得珍惜的自由，把生存变成充满意义的审美创造过程。同样，审美生存的过程也是对生存进行艺术加工与艺术创造的过程，是对生存不断进行艺术化实践的展开。因此，生存艺术化是学会生活艺术化的智慧，是生存技巧与生活艺术的实践经验的结晶。

生存的艺术化要求人能够恰到好处地把握满足欲望、满足快感的程度，选择不早不晚、不快不慢的时间节点。要想让自然的欲望得到适当的满足，同时又能够与他者、他物保持协调的关系，这就需要节制的艺术。

生存艺术化的实践智慧建立在人的个体性经验的基础之上，不同个体之间的实现形式必然有所不同，因此，无需强求所有的生存者都遵循同样的生存艺术化方式，而是要求其学会选择适合自身的方式与容纳别人的方式。

生存的艺术化是日积月累、永不止息的实践创新，需要终生的反复训练、专注体验与不断提升的生存技艺，而非解决暂时生存危机的工具。这就要求在人的整个生存过程中，都要坚持不懈地进行艺术化的努力。

生存艺术化是在关系网络中得以展开的。人的生存活动是在与他人和他物的网络中进行的。生存的艺术化在一定意义上是指艺术化地处理各种关系，达到既能够顺利处理各种关系，又能够挖掘自身的潜力，积累生存的经验，最大限度地获得欲望满足与审美生活。

生存艺术化是在实践过程中反复练就的。审美生存是对生存技艺的创造过程，是反复体会、发掘、决策、尝试、践行的过程，这需要在长期的理性思考与实践生存中反复改进才得以形成。个体只有在亲身体验与反复揣摩中，才能够更加真切地掌握艺术化生存的技艺。生存中的一言一行、点点滴滴都可以且应该成为一种技艺，其关键在于生存者能否将自身的生存变成有意识的创造。

生存艺术化是具体的、特殊的与生成的。由于个体生存以及生存境域的特殊性，每个个体的生存艺术化也是不可通约的，每个人只能依靠自己的体会、总结选择适合自己的审美生存方式，从中形成提升自身生存艺术化的技能。因此，生存艺术化的技艺是批判性的、指导性的，也是存在者不断摸索出来的。

（2017年6月29日，河南大学生命教育研究中心）

审美的实践化

审美生存在本质上是实践的。审美生存是需要通过践行实现的。生存之美需要每个存在者在其生存过程中坚持持续的发掘与创造，在现实的生存过程中对身心的生存进行回味、充实、操练、教育、提升与鉴赏。借助于自身的意志、潜力与想象力，在不同的生存环境中直面不同生存条件的挑战，进行各种理性思考与生存实践；对亲历的经验进行无休止的总结、反思、消化、补充、提升，对存在的问题、缺陷进行及时纠正与克服；对精神、身体、欲望、情感、思想进行全方位的剖析，不断突破旧的生存模式，持续尝试新的生存状态，在自我的革命与自我的创新之中实现生命的超越与生存的审美。

审美的实践化具有重要的意义。首先，审美生存的过程就是将审美理想实践化的过程，只有在时时刻刻的创新游戏与审美冒险之中，在生存主体与生存境域之间的双向互动之中，在复杂多样、曲折多变的生存实践中，才能够促成审美生存的涌现。其次，审美实践决定了人的生存意义。审美的实践化突出了生存艺术化实践的重要性，强调了审美生存的实践是审美生存意义的源泉。最后，审美的实践化强调审美生存是创造力与生命力的展现，必须提高审美的操作性，必须把审美落实到人的日常存在之中，才能够实现人的审美生存。

审美生存借助于实践化的生存得以展现。人是在生存实践中把握自身的意义并创造意义的。审美实践化的逻辑在于，存在者是在实际的存在过程中彰显存在意义的。借助于艺术与语言对各种象征符号的创造过程，彰显生存实践中所隐藏的生命意义，并对彰显的各种象征符号结合生存进行再度创造，来指引人的审美生存实践，从而形成审美的生存过程与形式构建的双向互动，充分彰显人的审美生存。

人是在永恒持续的创造实践中把握个体存在的。审美生存不是自行涌现的，而是需要由存在者创造性的生存实践激发出来的，是审美生存超越的产物。实践伴随着人审美性存在的时时刻刻。不同个体的审美生存过程，形成了不同个体的审美生存实践，以及由此产生的审美生存技艺。审美生存的实现是从生活中的小细节做起的，审美愉悦离日常生活很近。每个个体都能够从朴素、健康的物质基础上，发展出属于自己的生存风格。

审美生存的实践化，主要是通过个体的生存风格得以展现的。生存风格是生存艺术化的具体体现，也是展现审美生存的最佳场域。每个存在者都是依据生存的现实处境以及自身的存在状况选择适宜自身的生存方式，借助于不同的方法途径对自身的生存进行艺术化的处理。这为审美生存的实践化提供了辽阔的场域，并通过不同的生存风格展现生存的丰富可能性。

审美生存实践化的具体展现是生存风格。对不同生存可能性的思考与选择，体现了不同个体的审美生存状态。生存风格取决于以下因素：身体表演的技术力、心灵内涵的丰富度、心路历程的多样性、生存结构的复杂性、内在涵养的技巧性。随着生存经验日益丰富、生存经历日益累积、生存技巧日益深刻，生存风格越来越有特色。实际上，生存风格是身体经验与心灵结构的双重表征，是历史经验与现实境域的互动体现。

生存风格的生成是多样化的存在。存在的特性是“和实生物，同则不继”，生成的生存风格也是多样性、对立性的统一，绝非单纯的以某一种形态统一天下，如快乐舒适与艰难险阻、幸福美满与艰难困苦。实际上，恰恰是在遭遇生存危机的时候，生存风格对于人生的引导与激励作用才会得到凸显。

审美实践化对于审美生存教育有很大启发。一是培养存在者对偶在的正确态度。所谓偶在，主要是说人的存在具有不确定性，充满着许多难以预测的可能性。生存困难与选择错误是人的生存结构中的有机组成部分。因此，应培养存在者直面困难、错误的勇气，提高存在者直面困难的勇气，学会积极应对困难、错误，并努力创造各种新的可能性，解决生存过程中遇到的各种问题。二是培养存在者战胜生存危机的能力。审美生存的实践化主要体现在，人能够以审美的、艺术化的方式解决遇到的各种问题，在直面各种考验中提高存在者战胜危机的能力。这就需要培养存在者解决问题的能力，存在者应学会把注意力焦点转移到生存的积极方面，以此排遣痛苦、面对危机。或者像斯多葛学派那样经过严酷的训练，甚至主动承受各种苦行，通过对苦难的预先沉思做好战胜危机的充分准备。

（2017 年 7 月 6 日，河南大学生命教育研究中心）

超越的整体性

审美生存的超越必须是整体性的超越，这是达到并维系审美生存的要求。为了能够使人的存在得以澄明，必须意识到人的思想的界限，同时又能不断超越思想的界限，不断返回到人的生存本身，在永不停息的思考与设定中超越存在的遮蔽。

审美生存超越的整体性体现在存在的自由与自律上。人的现实的存在总是特定的存在，对现有的限制以及边界的超越不可能一次完成，必须放弃认为超越能够绝对完成的陈旧观念，时时刻刻重新开始。

审美超越的整体性在于人的存在还未能真正澄明起来。虽然经历了多重的启蒙，但人尚未真正成熟。当前，人所需要的不是自认成熟，而是不断超越既然的存在界限，不断积累超越的存在经验，直到生命进入真正本然的存在境域中。

审美生存的超越建立在现实存在意义生成的基础上。在生存意义的生成过程中，存在者借助于对物的形式的体认与观照，能领悟到本真存在的意蕴。生存境域中的意象世界，是在存在者对存在境域的体认与欣赏过程中生成的，审美生成的世界是独立的、自足的、完全的整体。①借助于这种整体性的认知与超越，存在者能够充分地发现生存境域中丰富性的蕴含②，体验到更加丰满的存在境域。

审美生存的超越建基于同时包含感知与想象，能呈现生存的整体境域。想象能够把在场的存在与不在场的存在结合为一个整体呈现出来，能够再现未出场的对象。③依靠想象，任何存在的事物才能成为一个整体呈现出来。如看到一颗骰子，仅靠知觉，只能够感受到一个平面；借助于想象，能把它呈现为一个立体的物体，这是通过想象把未出场的存在与知觉所能够体验到

---

① 宗白华．宗白华全集（第一卷）[M]. 合肥：安徽教育出版社，1994：627-628.

② 恩斯特·卡西尔．人论 [M]. 甘阳，译．上海：上海译文出版社，1985：215.

③ 张世英．境界与文化：成人之道 [M]. 北京：人民出版社，2007：48.

的存在综合为一个整体的结果。借助于想象，我们还可以呈现更多可能的存在：社会风气、动物保护、生命偶然等。骰子存在的整体性，来自在场者以及隐藏的未出场者之间错综复杂的关联。人的存在同样如此，审美超越的整体性就是提醒在超越过程中，既要超越在场，也要超越不在场。

审美存在的生成也是整体性的生成。审美生成能够提供一个意义丰满的生存世界。从生存整体的角度来说，强调存在的澄明必须回归到存在的整体中才有可能，也就是从存在者显现的存在和存在者之为存在者的非存在的结合开始，才能认识到存在者不可穷尽的本性，这是存在者之所以能澄明的根基：想象补充了非存在的部分，使存在以整体的形式呈现。[①]审美存在的生成，是人在生存过程中，从那些与人的存在密切相关的经验中创造出意蕴丰满的意象世界，并在此基础上彰显人的本然生存境域。

作为思想的存在者，人的审美生存借由意志、情感以及思想的推动。而生存的艺术化进程则需要自由展开想象的活动，借此发现生存中存在的诸类问题，并指引审美创造的方向。

想象能够成为建构过去、现在、未来“三位一体”的中介。借助于想象，人可以努力尝试跳出过去的生存境域，减少过去生存的牵绊；通过想象，人可以深思现实存在中的问题及其原因，获得超越现实生存的可能；经由想象，人可以把自身引向尚未存在的生存境域，追求以从未有过的存在方式达成存在的澄明，选择最适合满足自身的存在方式。通过想象对过去、现在、未来的连接，提升自身的审美生存境界与审美生存能力。

梦幻是想象的高阶，是达成审美生存的重要渠道。由于梦幻脱离了实际的限制，充满了更加丰富的内容，更具创造的可能性，是生存境域中不可或缺的补充。敢于直面梦幻的世界，是善于想象的重要表现。梦幻不仅会成为解决现实生存危机的渠道，也承载着存在的真理，更是生存经验的组成部分。梦幻是审美生存整体性超越的重要部分，能够为人的存在赋予理性之外的更多启发，并推动审美生存与审美超越的进展。

重视梦幻对于生存的重要意义。学会运用梦幻在生存中的作用，是审美生存的重要技艺。重视梦幻，就是重视梦幻给予生存的诸多创造性启示，摆脱僵化的生存模式的束缚，使人的生存更具审美化，追求多样化的存在，

① 张世英．境界与文化：成人之道[M]．北京：人民出版社，2007：56.

发掘人的更多可能性。只有借助于梦幻，人才能超越存在的虚空。

重视死亡对于生存的重要价值。虽然死亡比生存更加不可预见，不可把握，但只有了解死亡，才能真正地认识生存。对死亡的认识，能够打开存在的更多可能性。生存本身建立在展现死亡的方式及其可能途径的基础之上。梦能够把人的生存与死亡连接起来，让生存与死亡进行交流，进而超越生死之间的界限，体会生存的真正意义与应有的维度。

（2017年7月13日，河南大学生命教育研究中心）

死亡的生成性

死亡是建构审美生存的重要内容。死亡是建构审美生存必须直面的重要问题，人类的死亡已经嵌入了人类的精神生命之中。现代人对死亡的恐惧尤甚。不直面死亡，人的审美生存无从谈起。死亡是人的生存中不可或缺的部分，并且是贯穿人的生存始终的问题。掌握面对死亡的技艺，绝非只是临死之人的需要，而是人生存中时时刻刻的需要。因为死亡本是生命的一种特殊形态，生存的状态离不开对死亡的意识。死亡犹如悬在每个人头顶的达摩克利斯之剑，时时刻刻都在伴随着我们，渗透到生存的每个细节之中。

死亡是生存中随时可能发生的事情。作为有限者，死亡是每个人最有可能会遇到的问题，也是每个人最经常会遇到的问题，正是死亡使生存本身具有了不可确定性与不可预测性，相对来说，死亡在人的生存中具有更大的现实性。

死亡使个体与群体紧密相关。死亡并不意味着结束，而是对生存进行更加辽阔的延伸，并随时会对当下人的存在产生影响。因此，人类极为重视自身的历史，不断超越个体生命的有限范围，把个体的生存与人类的历史紧密相连。综上所述，审美生存的建构与超越，离不开历史的坚实基础。

死亡是人的内在本性，也是人的生命的本能倾向。人返回或者重复往昔经验的倾向，是有生命存在者的内在天性。因为重复是对生命历程的重复，生命来源于非生命，意味着也会回归到非生命状态的本原状态——死亡——才会获得重生。文化的创造由生存本能与死亡本能之间的相互转化、相互促动所致。

死亡是存在者超越有限、趋向无限的条件。相对于人的有限生存，死亡能够为人提供无限的生存以及无限显现世界的形式，更能够彰显人的存在价值。生存本身就是在有限与无限、生成与死亡的互动中展开的，只有懂得将死亡与生存结合在一起的存在者，死后才能够以象征性的形式在历史长河中延伸自己的生命，从而能够以新的载体回归现实的生存世界。

通过死亡与虚空才能真正理解存在。死亡是生命的起源与归宿，具有更加辽阔的视域，能够在无限的境域中延伸最大的可能性。死亡处于生命最成熟的阶段，其生命制高点的位置使其具有了在生存中的优越地位。死亡使生命有始有终，从而使生命获得了不断重生与无限延续的可能。向死而生，才能够体验到生命的短暂性、连续性与循环性，与世界、历史紧密相连，获得永恒回归般的重生。

虚空是人的现实存在所必需的依赖。人的存在是在生与死、现实与虚空的交错中展开的。人能够借助于无限的虚空与现实进行比对与置换，如此，才能够使人的生存变得更加丰富多彩。审美生存和虚空与生命具有不可分割的联系。人只有通过与虚空的对话与交流，才能够更加了解自己以及生存的境域。通过虚空与死亡，人才能真正认识自己与生存。

死亡与虚空是人存在的基础。人对自身的认识，是在同他者的社会与他物的世界接触的过程中发现的，孤立存在者既不可能认识自身的生存，也不可能感知生存的境域。没有与社会、世界发生关系的人，是不存在的人。人是从自己的不存在走向存在的，是从他者、与他物的交往过程中发现自身的存在并体验到生存境域的存在的。死亡与空虚并没有使人的存在失去激情，反倒激发起人探寻存在奥秘的热忱，在认识自身生存和生存境域的过程中不断创造并超越新的审美欲望。

死亡是审美生存最重要的部分。死亡是人终其一生不断遭遇的存在。只要人存在着，死亡就时刻伴随着，死亡存在于生存的所有轨迹之中，人要一再遭遇死亡。死亡就是人在生存过程中面临的变幻莫测，使人的生存呈现为出生入死的轨迹。

死亡是探索生命可能性的最好场域，是创造生存意义的最佳机遇。死亡是生命的界限与极限，能够展现生命本身的有限性，以及生命面临界限时的痛苦与反抗，借此掏空人的存在，让人进行最深入的反省，并激发人进行最彻底的创造。正是死亡呈现了人审美生存的价值所在，并构成了审美生存的动力源泉。

死亡是审美生存的最高表现。死亡虽然夺去了肉体的生存活力，但是却彰显了审美生存的价值所在以及审美生存的历史意义。因此，向死而生就是审美生存的外在表现。生存者应该在生存中反思死亡，并在生存的实践中探索死亡，将死的技艺融入生的技艺之中，才能够最大限度地体验到生存的审美所在。

死亡把审美生存提升到至高无上的地位。既然每个存在者最终都将死去，人就应该追求最美的死亡；既然人愿意追求最美的死亡，人也应该在平常的存在中坚守审美的原则。只有审美的强大力量，才能够使人从死亡的虚无中超拔。在生命的狂欢里，人才可以最大限度地发挥潜能。虽然人终将死亡，但是人可以利用现实生存的诸种可能性直面死亡，选择自己最喜欢的方式与死亡拉锯，并在与死亡的较量中实现审美生存的创造。

语言是超越死亡的生成通道。语言以象征性的符号建构想象、创作和艺术，模糊了生存与死亡的界限，促进生存与死亡之间的相互穿透、相互补充，拓宽审美生存的视域，无限延展生命的生存空间。借助于语言的生成，人可以把自己的存在融入文化的宝库中，让个体的生命通过人类文化以历史总体化的方式呈现。语言能够把死亡带到生存之前，也能把生存带到死亡之前，在生存与死亡的交互作用中创造人之存在的良辰美景，实现自然生命与文化生命的融合。

语言是实现人类自我生命力更新的载体。语言及其变身，如文字、符号等作为文化的生命载体，可以让生命与死亡对话。真正生存之人，时刻拥有向死而生的勇气，善于利用生存中的语言探索死亡的真义，并追寻重获新生的条件，发现存在更新的奥妙，促成存在的延续与生成，把个体的生存融汇到宇宙天籁的合唱之中。

语言是存在者掌握死亡艺术的重要途径。死亡是对生命本身有限生存的化解，将人的有限生存拉到虚无的深渊中消解，用看不到的象征代替有限的生命。存在者应以更加坚定、更加勇敢、更有智慧的精神进行更加艰苦、更加专注的精神创造与人格修炼，以创造更加富有诗意的生存境域。语言可以将各种精神成分转化为象征符号，使现实世界中的生命能够与过去死亡的生命进行相互交流，活着的人借助于各种象征符号与死亡的生命进行交流，死亡的生命反过来也影响着当下世界中人的生存状态。因此，借助于语言等象征符号，人能够挖掘更加丰富的存在，能够创造更多的可能性。

掌握死亡的技艺，就要学会在现实生活中与死神共舞。思考能够让人更加清晰地意识到存在的本然状态，从永恒回归的生活中看到生命存在的唯一性与不可逆性，激励自己——像第一次，也像最后一次——去生存在每个当下。

死亡作为必然会产生的虚空，是人最富有诗意的、最核心的生存可能的体现。作为不可回避的存在，它使人的一切存在都是可能的。因此，能让人以更加开放、更加自由、更加坚实、更加自在的方式体验到本然的存在。对人来说，学会促成更多可能的存在及其条件是最重要的。

与死神共舞要求人能够对生命的整体过程做出正确的预测。把生命当成不可分割的整体，从整体的角度审视人的存在，肯定人生存的整个阶段，意识到生命存在的任一阶段都具有不可或缺的重要意义，并在整体的视域中审视每个阶段的存在意义，而非孤立地、割裂地审视生命中的某个阶段。

人应该珍惜生存过程中的每个阶段与每个阶段中的时时刻刻，并以积极的生存态度追求生存的最大快乐，要求此身、此时、此地都能尽可能地达到审美生存的目标，以坚定的审美态度与生存实践充实生命。人的生存如同树的萌发成长一样，生命中的每个阶段都不会随着时间的延伸而消逝，而是构成了生命存在不在场的部分，为生命的在场存在提供丰厚的积淀，使生命体愈加完整、成熟与复杂起来。

生命存在过程中的每个阶段都为整全生命的成熟做出了奉献，就像树根萌芽成长为大树之后，作为起点的树根，也随着树的长大而越来越深地向下扎根，以便能为大树提供更加充分的营养。对人而言，从出生到幼儿、童年、少年、青年、中年乃至老年，人生的每个年龄段都终将逝去，但是每一段生命历程都是生命整体不可或缺的一部分，并且深刻地影响着当下的生存状态，每一个逝去的阶段都为后面诸阶段做出了恒久的、持续的贡献。

（2017年7月20日，河南大学生命教育研究中心）

重建崇高之美

在基督教的发展中，崇高是以耶稣、十字架、玛利亚为象征的，神圣的救赎成为崇高的重要内涵。在对无限本体的崇拜之中，强化了奉献与救赎的道德内涵。

进入近现代社会之后，崇高的内涵发生了重大变化。随着欧洲文艺复兴运动的崛起，人从对神的依赖中解放出来，人的价值、尊严与存在得到肯定。欧洲浪漫主义运动的深入，则把人从资本主义拜物教的禁锢中解放出来，以对自然的向往以及理想的追求实现精神对现实的超越，激发起人们对有限存在的现实生活的超越。人成为崇高的主体，并以诗歌与音乐的形式展现出来。如贝多芬的浪漫主义音乐充满了强有力的生命主体意识，将人的精神世界塑造成了辉煌灿烂的崇高境界。

在现代性的意义上，崇高的美学范畴从宗教风格转化为浪漫主义风格，其内容也从上帝精神的主宰变为人的主体精神的自觉。人借助于自觉、主动地追求，主动超越自身的自由意志，使人在有限存在中追求无限的精神，是崇高之美的新义。

崇高之美应能体现出伟大的心灵①，这就需要伟大庄严的思想与激昂慷慨的热忱作为基础②。人天生就有追求伟大、渴望神圣的本能，应培植和挖掘这种不可抵抗的热忱，超越当下生存的局限性，认识到世界整体的美丽与丰富。③

崇高之美的特征是没有特定的形式的，如过大的体积、过多的数量、过强的力量。它们产生的无穷的威力，超出了人类想象力能够把握的范围，唤醒了主体的理性意识，最后理性的观念战胜了对象，肯定了主体存在的价值，主体产生了从恐惧的否定感转变为肯定主体尊严的肯定感的快乐④，人

① 朗基努斯．论崇高//缪灵珠．缪灵珠美学译文集 [M]. 北京：中国人民大学出版社，1998：84.
② 朗基努斯．论崇高//缪灵珠．缪灵珠美学译文集 [M]. 北京：中国人民大学出版社，1998：83.
③ 朗基努斯．论崇高//缪灵珠．缪灵珠美学译文集 [M]. 北京：中国人民大学出版社，1998：114.
④ 康德．判断力批判（上卷）[M]. 宗白华，译．北京：商务印书馆，1985：97-101.

借此实现了在有限的存在中对无限的追求，用主体生存的崇高代替了对永恒实体的向往。

崇高之美的形成是在有限存在之中对无限世界的追求。人的有限存在之中，总是蕴含着实现无限意蕴的前景，但仅能从现实存在中看到有限的局部显现，那种未知的、神秘的、不可把握的存在，构成了崇高之美的深邃场域。在有限的意象世界之中，借助于某些形式达成对无限的意象世界的追求。如巴洛克音乐，如哥特式教堂。借助于绵延不绝的建筑生成宏伟深远的空间感觉，借此获得对时间、对生命的内在体验，从而激发渴望不断超越现实生活、不断完善精神人格的热忱，使人在有限的生命存在中展现无限的创造激情。

在现实的生存之中，崇高之美以灵魂的圣洁之美为代表。这种灵魂圣洁之美，在自然世界与人类社会中广泛存在，并成为提升人的生存境界的重要素材。

如在屠格涅夫的散文诗《麻雀》中，老麻雀为了保护被大风吹落的小麻雀，飞到小麻雀前面，用自己的身体挡住猎狗，并一次又一次地撞击猎狗的利齿，试图用自我牺牲来化解灾难。老麻雀原本可以待在高高的安全的树枝上，却为了爱，把自己抛在绝境之中。爱比对死亡的恐惧更有力量，使生命得到维系和延续。①这种崇高的爱使生命与存在充满了神圣的意味，照亮了人的生存境域。

如一篇文章中写到的：在一个实验室中，一个得了肿瘤的小白鼠为了生养后代，咬掉并吞食自己身上即将夺去自己生命的肿块，以竭尽全力地延长自己的生命，为了能坚持到仔鼠可以离开母乳独立生活。为了达到仔鼠需要21天乳汁才能够独立生活的条件，母鼠从死神那里夺回了21天的生命。②

生命中的崇高之美本质上是一种大爱，是生命的奉献与牺牲，是对超越个体存在的追求与向往。崇高之美是人类进化的重要支撑，也是人类文明的动力所在。正如伟大的诗人但丁所言，“是爱也，动日月而移群星”。崇高之爱激励人们超越个体存在的限制，使人们在有限的生存经验中焕发出无限的精神伟力，光耀千秋。

---

① 屠格涅夫．戴灰眼睛的人——屠格涅夫散文集 [M]. 刘季星，译．沈阳：辽宁教育出版社，1998：199-200.

② 魏强．母爱，超越生命的爱 [J]. 读者文摘，1991（11）.

爱是一种神奇的创造力量：它驱动我们永远向前向上，去追求人类高尚的生存境界；它净化人性中野蛮、阴暗的成分，激发人性中神圣、光明的成分；它点燃完善精神的渴望，使一代又一代人寻找生存的制高点；它使我们保持对于宗教、神圣与艺术的珍贵情愫，并引导我们不断拓展与延伸。爱是生存理想化、神圣化的重要凭借。①

我们应该注重激发对存在者崇高之美的培育。崇高之美能够净化人的心灵，升华人的精神境界，超越日常的平庸与个体的渺小，把人的生存提高到新的高度。虽然我们不能以无边大慈、同体大悲的崇高之美要求每个个体，但是应该使每个个体意识到这种崇高之美对于生存的重要意义。

崇高之美的教化有利于提升人类的终极关怀。所谓的终极关怀是指人类存在中本质性的东西，人可以借此超越"相对的、转瞬即逝的日常生活经验之流"②。借由崇高的审美体验，人可以从有限的主体经验中获得对无限的绝对体验与理解，从有限的存在者转变为无限的存在者并理解存在的崇高价值。人可以超越日常世俗的束缚，超越个体欲求的规制，体验到更加完整、更加宏观的生存感受。

（2017年8月4日，河南大学生命教育研究中心）

① 李斯托威尔．近代美学史评述 [M]．蒋孔阳，译．上海：上海译文出版社，1980：237-238.

② 单纯．宗教哲学 [M]．北京：中国社会科学出版社，2003：378.

接受悲剧之美

悲剧是两种对立理想的对立与冲突。黑格尔对此进行过深度挖掘，他认为，悲剧中各自的立场都符合各自的理性或者普遍道德的要求，都有理由将之付诸实际；但从世界整体的角度来说，各自理想的实现必将与对立的理想发生冲突，这些理想又是不完全符合理性的，这是一种成全一方必然牺牲其对立面的两难困境，会造成某些理想代表的痛苦与死亡。就个体来说，牺牲是无辜的；就整体来说，牺牲是必然的：虽然个体被毁灭，并承受了诸多苦难与痛苦，但个体所代表的理想却没有被毁灭，从世界整体的角度来说是整体存在的胜利。[①]如在索福克勒斯的巨著《安提戈涅》中，安提戈涅埋葬哥哥是出于亲人之爱，遵循了自然法的基本原则；国王克瑞翁下令处死安提戈涅是为了维护国家安全与法律权威，遵循了人为法的基本原则。从各自立场来说，二者都是符合正义的；但是从整体来说，二者又都是片面的，结果是相互否定、共同毁灭。

悲剧是肯定自我与回归世界两种对立性的生命冲动。尼采认为，阐述生命的文化里有两个渊源：生活中的日神状态，是一种宁静安详的状态；沉醉中的酒神状态，是一种狂喜与痛苦交织的迷狂。二者都是人的生命本能的体现，前者是借助外在幻觉肯定自我；后者是否定自我，回归世界本然。[②]二者的结合就是悲剧，但酒神精神是最为根本的因素，因为正是酒神精神激发着整个世界中人的生存活力。[③]悲剧给人以精神上的慰藉，让存在者能够在极短的时间内恢复到原始生命状态，体验到生命本身不可压制的生存欲望与生存快乐。[④]个体毁灭的过程也是回归世界本体的过程，且个体产生与毁灭的永劫回归展示了生命本身源源不绝的生命力量，悲剧就是痛苦之中的狂喜。个体的毁灭如同一滴水回归浩瀚的大海，个体生命的无常显示了生命整

---

① 朱光潜．西方美学史（下卷）[M]. 北京：人民文学出版社，1964：157.

② 尼采．悲剧的诞生：尼采美学文选 [M]. 周国平，译．北京：生活·读书·新知三联书店，1986：3.

③ 尼采．悲剧的诞生：尼采美学文选 [M]. 周国平，译．北京：生活·读书·新知三联书店，1986：107.

④ 尼采．悲剧的诞生：尼采美学文选 [M]. 周国平，译．北京：生活·读书·新知三联书店，1986：71.

体的不朽。[①]

作为理性的有意识存在者，人的行为是自己的选择，要承担自己选择的后果。但在实际生活中，有些灾难性的后果是由人所不能掌控、选择乃至抵抗的力量造成的，这就是命运的悲剧性。本质上是由某种不可抵抗的力量导致的灾难性后果，表面上确实需要有个人承担的责任所造成，这之间的冲突就是悲剧。因此，不能把所有的痛苦与灾难都等同于悲剧，只有那些由个人所不能支配的力量所决定的，同时又需要某个具体的个体承担责任的状况才构成悲剧。

古希腊三大悲剧家之一索福克勒斯的《俄狄浦斯王》能够较为充分地说明悲剧的性质。命运的力量有时是难以抵抗的，当人有意识地为了避免特定命运所采取的行动恰恰会成为实现特定命运的途径，对命运的逃避恰恰使命运得以实现。正是因为人对命运的认识，导致了命运的悲剧：因为人认为借助于认识可以掌握自己的命运，避免生命中的错误，而实际上，恰恰是对命运的认识导致了悲剧的实现。

进一步说，为了避免恶的选择却会带来恶的结果，正是避免恶的行动造成了恶的结果。正如俄狄浦斯在避免恶的动机之下的行动造成了恶的事实，按照动机来说不应当负责任，按照结果来说又不能不负责任，对责任的承担凸显了他品行的高尚，同时也凸显了命运的悲剧。之所以悲剧，是因为他选择了面对命运安排的自主、自决以及自愿承受命运作弄的勇气，这是悲剧之所以撼动人心的地方。

最后，悲剧能够引发恐惧、怜悯、净化三种效果。弱者无法逃脱命运的作弄，大勇敢者、大智慧者则向命运迎面走来；有时命运并不公平，罪与罚也并不对称；好人受罪、坏人受宠司空见惯，这不由不让人怜悯；勇者面对命运并不怨尤，以自主自决的气概与命运抗争，在不可扭转的命运面前保持独立、尊严与自由，使他者接受震撼，不得不让人净化。[②]

古希腊悲剧之所以伟大，是因为认识并凸显了命运的复杂性冲突。古希腊人既渴望实现正义与自由，又要盲目面对现实的苦难与生存；既非常坚定地坚守价值的完美，又不得不直面现实的残缺；既崇拜神的公平，又质疑

① 朱光潜.朱光潜美学文集（第一卷）[M].上海：上海文艺出版社，1982：256.

② 叶秀山.叶秀山文集·美学卷[M].重庆：重庆出版社，2000：802-805.

神的残忍。种种矛盾冲突使其对悲剧性命运的认识异常深刻。[①]

悲剧之美对于人的生存来说，具有重要的意义。人的发展历史，就是从必然王国向自由王国进发的过程。人无法借助于理性完全掌控自己的生命，肯定存在的主观的抉择和努力与初衷南辕北辙的矛盾，悲剧就会出现。只要人还不能完全掌控自己的命运，焦虑、恐惧、绝望与死亡存在，悲剧就在所难免。

悲剧之美可以使人正视命运的残酷与生存的严峻，坦然接受命运的挑战。正是在应对悲剧的过程之中，人可以更加完整和深刻地理解人的生存与命运，从而提升人的生存境域。因此，悲剧标志着人对生存的深刻体认，并能够勇敢坚强地承受命运赋予的一切。[②]

悲剧所产生的审美生存是内在的觉醒。所谓的悲剧之美是指人在突然洞彻人生之虚无与命运之强悍时而产生的情感体验，是一种对生存的审美情感。命运之强悍所产生的压倒一切的巨大力量使人存在于恐惧之中，但正是借助于这种恐惧，人才能体验到日常生存中难以感知的生命活力，体验到自身的渺小感与无力感，从而升起对生存的敬畏与惊奇。[③]这种神秘莫测而又无可避免的被命运操纵的体验，使人生发出一种对命运的恐惧感。[④]这种恐惧感来源于对命运无常的冷酷所带来的普遍性的悲剧[⑤]，力度非常强烈但面目模糊不清，正是命运的不可更改与神秘莫测，不带任何明确的对象与内容，使人对自身的渺小与无力感到异常深刻。但其中总有一些令人感觉到动心的东西，总有一些激发柔情的东西[⑥]，让人看到生命的亮色。

重视悲剧审美教育有利于增加人的生存动力。悲剧唤醒人对命运的斗争，使人在神秘莫测的命运之中保持自身的独立、尊严与自由。因此，悲剧之美能够让人秉持对自身存在的惊喜，对精神坚守的勇气，并对自身生存的力量保持自信。因此，悲剧之美的教育，能让人在体认到渺小与无力之后产生的自我扩张，用对生命的惊喜与对人的赞叹代替恐惧[⑦]，使人的生存充满

---

① 朱光潜．悲剧心理学 [M]. 北京：人民文学出版社，1983：232-233.

② 朱光潜．悲剧心理学 [M]. 北京：人民文学出版社，1983：231.

③ 朱光潜．悲剧心理学 [M]. 北京：人民文学出版社，1983：89.

④ 朱光潜．悲剧心理学 [M]. 北京：人民文学出版社，1983：89-90.

⑤ 朱光潜．悲剧心理学 [M]. 北京：人民文学出版社，1983：90.

⑥ 朱光潜．悲剧心理学 [M]. 北京：人民文学出版社，1983：92.

⑦ 朱光潜．悲剧心理学 [M]. 北京：人民文学出版社，1983：84.

动力。

重视悲剧审美教育有利于提升人的生存自主。悲剧之美强调的是存在者能够在神秘莫测的、不可对抗的命运压力之下，仍旧保持精神自由与人格尊严的自主生存、自决担负状态。在对抗命运压力的过程中，人可以舍去生命，但不能放弃自由。[①]因此，对悲剧之美的观照可以使人受到震撼、鼓舞，发挥生存中值得赞美的潜质，如对命运不公的由衷惋惜与同情、对命运神秘莫测的恐惧与敬畏、对生存中抗争命运的精神自由与人格尊严的净化与升华。

对悲剧审美的教育，能够让存在者感知到生存的复杂性，并激励存在者能够勇于抗争，在渺小与无力的存在之中激发人的崇高与伟大。[②]虽然这带有一定的悲观色彩，但却能够深刻地解蔽，使人的存在得到澄明与涌现。

悲剧美的审美生存教育应从经典文本入手。鉴于在日常存在中难以体验到悲剧之美的存在，且悲剧之美的确需要付出巨大的代价。因此，对悲剧之美的教化，可以借助于经典文本。经典文本能以非常集中的方式凸显生存的悲剧所在，能对不同时代的教育反复挖掘，并能形成越来越深厚的历史积淀，因此能形成一种不断丰富与提升的良性循环，提高审美生存教化的效果。

如《红楼梦》就体现了深刻的悲剧之美。[③]美好化身的少女逐渐走向香消玉殒：金钏投井，晴雯屈死，司棋撞墙，芳官出家，鸳鸯上吊，妙玉遭劫，黛玉病逝……“千红一窟（哭）”，“万艳同杯（悲）”的悲剧震撼人心，有情天下的理想被命运的力量压成齑粉，体现了在特定境域中不得不如此的命运的悲剧。在反复的研读之中，人们可以获得对悲剧之美的深刻体验。

（2017 年 8 月 11 日，河南大学生命教育研究中心）

---

① 黑格尔 . 美学（第一卷）[M]. 朱光潜，译 . 北京：商务印书馆，1958：198.

② 朱光潜 . 悲剧心理学 [M]. 北京：人民文学出版社，1983：261.

③ 王国维 .《红楼梦》评论 // 王国维 . 王国维文集（第一卷）[M]. 北京：中国文史出版社，1997：11-12.

肯认有限之美

人是有限的存在者，审美生存离不开对人的有限性的肯认。只有肯认人的有限性，审美生存才能成为一种照亮人的生存本真状态的通途。在现代社会文化中，小到街头巷尾，大到国家社会，心灵鸡汤处处可见。文化商人瞄准了人们精神生活的焦虑与审美生存的缺失的困境，用廉价的心理学合成物麻痹人的精神，异化人的灵性，使人相信改变了态度就可以改变生存。正如当年柏拉图眼中的智者，批发贩卖灵魂的食粮，但最终却使灵魂变得更加卑劣。在现代社会生活中，肯认人的有限性变得尤其重要。随着科学技术的进步以及社会生活日新月异的革新，人的有限性意识越来越淡漠，似乎只要随着技术、经济、社会的发展，人类的一切问题就都能够得到充分、彻底地解决。实际上，有限性是人如影随形的伴生物，只要人类存在，有限性就不可能消失。只有坦然直面人的有限性，人才能够真正进入审美生存之中，也才能够更容易理解，为什么在科学昌明的现代社会中，邪教问题频频出现。

人的有限性来自人是时间性的存在者。无论是从个体性的角度还是从社会性的角度出发，都必须认识到，只有以时间性的方式展开，生命才能成为生命。时间实际上是人的积极存在，不仅仅是人的生命的尺度，而且是人的发展的空间。时间意识的指向性对人类行动的取向具有极为重要的影响。在人存在的根源处，时间性的逻辑起着决定性的作用。“时间不再是全部历史的发生所凭靠的媒介；它获得了一种历史的质……历史不再发生在时间中，而是因为时间而发生。时间凭借自身的条件而变成了一种动态过程的和历史的力量。”[①]时间构成了人类生存和生活的根基。

人的生存危机来自现代性对当下存在的极度张扬。现代性认为具有无可替代的创造价值的时间就是当下的时间，并把当下存在的时间视为评价一切存在价值的标准。现代性时间抛弃了过去把当下视为过去或者未来的附庸的观念，凭借当下存在的不断流逝的特征，成为其独立存在的意义的源泉。

---

① 彼得·奥斯本.时间的政治：现代性与先锋[M].王志宏，译.北京：商务印书馆，2004：27.

在这种时间意识的作用下，现代性主体任意地割裂时间，以理性独霸的态度迅速控制了话语系统乃至思维模式，并弥漫于整个思想文化以及社会生活的空间之中。在当下存在的驱使下，现代性把无限发展、超越一切预设和界限视为人类的终极目标，并把无限发展的意识抽象为绝对存在的本体，“只有时间才是构成生命的本质要素”①。主体自身被迫承担无限发展所带来的崇高语境的压力，发展成为现在时间的意识形态。在现代化的进步浪潮中，有的人生命存在的意义已经被遗忘，生命的过去失去了意义，生命的未来还是属于未知的空间，他们的眼光紧紧盯住当下存在，导致了人类对生命节律的过度强迫，进而导致紧张的生存状态，导致了生存危机。

现代化运动以及现代主义的反叛导致人类生存根基的丧失，但由于生活意义的沦丧以及整体性存在的危机，有的人的生存已经失去了与其生存内在基础的根本联系，对当前的困守取代了对无限到来的时间的期望，生存的审美化也就成为对当前审美生存的审美化，“每一瞬间都是一种创造”②。由于自我存在沉沦到时间的涌流之中，失去了生成存在的历史持续性，瞬间成为无历史维度的零碎拼图，历史性的现在转变为现在的历史性，历史永恒性的力量被当下存在的即生即灭性所消解。现在获得的瞬间永恒性，成为过去与未来之间永恒过渡的消逝点。瞬间借助于现代的形态，为存在之物赋予了质感可触的特征，并因其是未来的已经完成而超离了时间本身的存在，具备了康德哲学中物自身的超越时空的本体特征，从而瞬间以可触可感的生存境界成为存在的本然涌现。③

此在是人的生存的本真状态。实际上，时间是构成生命的本质要素。生命就是时间绵延的河流，呈现出一种连续的状态，其中的每一种状态都同时涵盖了过去与未来。只有经历了生命的全部形态之后，人才能真正完全领略到生命形态的多样性。并且生命的各形态之间没有严格的界限，无法真正区分开彼此之间的开始和终结，它们都处于彼此延伸、相互渗透的状态之中。真正存在的只有继起，就是在不断变化之中，前一个时刻不断地变为后一个时刻。④可以说，生命本身就是一种时间的关联。生命中的时间是与活

① 柏格森. 创造进化论 [M]. 王珍丽，余习广，译. 长沙：湖南人民出版社，1989：10.
② 柏格森. 创造进化论 [M]. 王珍丽，余习广，译. 长沙：湖南人民出版社，1989：10.
③ 尤西林. 审美与时间——现代性语境下美学的信仰维度 [J]. 文学评论，2008，(01)：77-81.
④ 柏格森. 形而上学导言 [M]. 刘放桐，译. 北京：商务印书馆，1963：5.

生生的生命结合在一起的、现实的、具体的时间，生命中的渴望、期待、恐惧与向往充斥着生命中的每个时刻。“时间并不仅仅是一条由具有同样价值的部分组成的线条，同时也是由各种关系组成的系统，是一个由系列性、同时性和连续性造成的系统。”[①]通过记忆和期待，过去与未来被灌注于现在之中，现在对过去的记忆以及对未来的关注构成了生命的连续性和整体性。只有当人存在于现在的时间的开放之中的时候，人才称其为人。[②]

人的此在是生命最原本的存在状态。存在并非特定时空中给定的事实，也非超时空的自我，它们都是主客体分化之后对立化的片面范畴。真正的存在是主客体未分之前的存在境域。在这个存在境域之中，客观知识与主体意识都无法控制境域的呈现及其运行，反倒是此境域为人的存在赋予意义、构成意义，并作为意义的根源牵制、贯穿人的存在的一切，这是人的存在的根底。因此，此在具有最原始、最深刻、最广泛的意义，并且对存在的一切领会以及解释都需要在时间中得以实现[③]，一切对存在论最关键的解释都植根于对生命时间的理解之上[④]。正是在时间之中，此在不仅仅是已是、所是的东西，同时还是过去所能是以及将来可能是的东西，而过去所能是以及将来可能是则保障了主体不是永劫回归的恒定主体。这个主体的展开则是在时间之中生成的。此在作为在世界之中的存在，具有以下三种最基本的特征：总是寓于能在之中的、先行于自身的非实体化的存在；总是无法摆脱被抛在世的存在状态；总是在异己的存在中领会自身，因对存在整体的思虑而操心苦恼。

向死而生体现了人的最根本也最普遍的有限性。死亡是人类不可逾越的终止点，凡是生者，皆难逃一死，这是对所有被抛入世的人的先天限定。因此，此在作为去存在的可能性的整体，其最本质的结构也就是“向死而生”的存在。“死亡是完完全全的此在不可能的可能性”[⑤]，有限性也就成为人的自然的先天限定，“比人更原始的是人的此在的有限性”[⑥]。而且，对人的存

---

① 狄尔泰．历史中的意义 [M]．艾彦，逸飞，译．北京：中国城市出版社，2002：45.

② 贡特・奈斯克，埃米尔・克特琳．回答：马丁・海德格尔说话了 [M]．陈春文，译．南京：江苏教育出版社，2005：6.

③ 海德格尔．存在与时间 [M]．陈嘉映，王庆节，译．北京：生活・读书・新知三联书店，2006：21.

④ 海德格尔．存在与时间 [M]．陈嘉映，王庆节，译．北京：生活・读书・新知三联书店，2006：22.

⑤ 海德格尔．存在与时间 [M]．陈嘉映，王庆节，译．北京：生活・读书・新知三联书店，2006：288.

⑥ 海德格尔．海德格尔选集 [M]．孙周兴，选编．上海：上海三联书店，1996：1187.

在来说，只有死亡才能够保证人的存在的完整性、独特性与本真性。如果没有死亡的总结，此在就会总是在展开过程中，不可能也没有机会达到完整。

由于死亡无法由他者代理，此在总是“尚未”的状态就会终结，由其组建的此在也就具有独特的整体性。在时间中展现的“能在”，成为最具有决定性也最本源的生存论结构。也正是在这个意义上，海德格尔强调“无”比“有”更重要，因为时间性就是“无性”，就是趋近于死的存在的不可能的可能性。人的此在是绝对的虚无，并栖身于不断将自身投射于作为存在的不可能性的可能性的虚无之中。人的生存时间是绝对的非现成性与绝对的生成性，存在者在因缘聚合的某一刻显现自身，在对此在存在于世界的意蕴之中的领会中绽出人的存在。[①]因此，人的生存总是存在着各种活的特质、趋势与方向，是一个处于不断到来之中的开放的构成境域，此在真正的与唯一的现在就是将来的诸种可能性。[②]

作为生命的此在，人的有限性是展开无穷意蕴的前提和基础，生的成熟就表现在对有限性存在的不断领会与超越之中。从这个意义上来说，最关键的就是“要意识到这种有限性，以便在有限性中坚持自身”，因为“人类最内在的关切就是指向有限性本身的”[③]。

人所依存的世界同样是有限的存在。有限性同样构成了世界的存在机制。因为世界并不是由现成的熟悉或者陌生、有数或者无数的物所构成的单纯的聚合，也不是我们在现成的事物总体的基础之上的臆想的框架，更不是立在眼前的、可以细细观察的对象。只要人类处于生存与死亡之间的循环之中，只要人类还在限制与突破之间苦苦挣扎，世界始终都不是可以对象化的存在，而是人所依存的基础。[④]在世界内的任何实体被澄明之前，世界已经通过绽开的方式展开了。凡是实体可以通达的地方，世界早就已经先行存在了。从这个意义上来说，“世界就是此在作为存在者向来已曾在其中的‘何所在’，是此在无论怎样转身而起，但纵到天涯海角也还不过是向之归来的

① 张祥龙．海德格尔思想与中国天道：终极视域的开启与交融[M]. 北京：生活·读书·新知三联书店，1996：242.

② 约瑟夫·科克尔曼斯．海德格尔的《存在与时间》[M]. 陈小文，李超杰，刘宗坤，译，北京：商务印书馆，1997：276.

③ 海德格尔．海德格尔选集[M]. 孙周兴，选编．上海：上海三联书店，1996：107.

④ 海德格尔．林中路[M]. 孙周兴，译．上海：上海译文出版社，2004：30-31.

‘何所向’”。[①] 因此，人的此在借助于绽出的方式，寄身于由世界诸绽出形式所构成的境域之中，并在时间之中使这些绽出形式回到此在被澄明的“何所在”之上，被澄明的“何所在”则与人的存在始终共同存在。在这个过程中，世界中之物都获得了自己的位置，世界实现了世界化的进程。[②] 而在世界的曾经、当下与将来的相互传送中产生了当下所有的在场，构成了世界中切近的基础。[③]

（2017 年 8 月 17 日，河南大学生命教育研究中心）

① 海德格尔．存在与时间 [M]. 陈嘉映，王庆节，译．北京：生活 • 读书 • 新知三联书店，2006：89.

② 海德格尔．林中路 [M]. 孙周兴，译．上海：上海译文出版社，2004：31.

③ 海德格尔．面向思的事情 [M]. 陈小文，孙周兴，译．北京：商务印书馆，1999：18.

解放人的感性

人的感性解放是马克思主义审美革命的重要内容。只有通过感性革命，才能将人的关系与人的世界恢复到人的本然状态之中，“任何一种解放都是把人的世界和人的关系还给人自己”[①]。只有在感性解放的基础上，人的本然澄明与生存意义才能够得到彰显。

感性危机是人类生存危机的重要原因。人类的发展历程，就是感性与理性的内在系统不断获得平衡的辩证过程，感性与理性之间适度的整合以及适宜的张力是人获得全面发展的基础，是人形成智慧和精神的基础。近代工业革命以来，人们过于强调理性的作用，技术理性毫无界限地膨胀与肆虐，感性空间与人文精神的式微与无力，使人忽视感性对于生存的重要意义，使人成为单向度的人。科学精神对感性生存以及精神生活的侵蚀导致生存困境与精神危机的产生。此时，解放人的感性、重建精神家园成为审美生存的重要目标。

从外在世界来说，感性与理性的失衡导致科学技术毫无限制地发展，引发了一系列的社会问题，如环境问题、生态问题、能源问题等，导致人与自身生存境域的对立，人与自身的母体产生了剧烈的冲突，威胁到人类的可持续发展以及人类社会发展终极意义的探讨。

从内在世界来说，感性与理性的失衡导致人对于生存的冷漠。感性的缺席导致精神结构的失衡，引发现代人在生存中对他者、他物普遍的冷漠，不愿意介入现实生活之中。在后现代社会中，人若过于重视情绪化的反抗，拒绝理性的支撑与引导，仅仅寄望于感性的喧嚣，同样会遭遇生存危机。

促进审美生存理想的实现，就需要解放人的感性。在解放人的感性的过程中，需要强调的是，所谓解放是让感性与理性之间重新获得平衡，是感性与理性之间的相互补充、互相转化、相互融合。之所以开展生存审美教

---

① 马克思，恩格斯．马克思恩格斯全集（第1卷）[M]. 中共中央马克思恩格斯列宁斯大林著作编译局，译．北京：人民出版社，1956：443.

育，就是为了能够促成科学理性与人文精神的统一。

审美生存教育肯认感性诉求，批判理性的僭越，具有解放人的生存束缚的重要价值。借助于审美教化，可以唤起人的感性存在，推翻理性僭越的统治，使人在本然的世界与人自身潜质的形塑中澄明此在。人的解放状态应该是多重的统一，如丰富内容与丰满形式的统一，哲学思考与艺术创作的统一，力量与温柔的统一，最终使人成为完整的人。

马克思对审美生存教育的解放意义非常重视，在其经典文本中深刻分析了异化劳动对人的生存状态的扭曲以及人的生命本质的异化，认为弘扬人性之美的生产规律以及消除异化的社会革命，能够使人作为完整的人性呈现，回复到人的本真生存状态。

马克思的美育理论进一步回答了席勒提出的一些重大问题。在《1844年经济学哲学手稿》《资本论》等一系列著作中，马克思分析了异化劳动如何造成人的本质异化和人性扭曲，提出了按照美的规律进行生产，通过社会革命消除异化，实现人性解放，从而使人类充分意识到：人类对自身本质、对自身生命、对他者存在、对人之创造物的具体的拥有应该是一种全面的占有，也就是无论是对象还是自身，都能够以完整的人的方式，全面的、创造性地占有自己的本质，而不能仅仅理解成片面地享受与直接地占有。①

（2017年8月24日，河南大学生命教育研究中心）

① 马克思，恩格斯．马克思恩格斯全集（第1卷）[M]. 中共中央马克思恩格斯列宁斯大林著作编译局，译．北京：人民出版社，2012：189.

重视审美直觉

审美直觉是对现实存在聚精会神的观看、欣赏[①]，这是独立于理性推理之外的精神活动，是创造意象世界的过程。当审美主体在瞬间感应了审美对象的存在时，审美就成为人获得真正存在自由的方式。因此，审美直觉是体验审美生存最现实的途径，也是人的审美生存的重要方式。

审美直觉能够超越理性思维模式对人的感性生命以及审美对象的遮蔽，借助于审美直觉所形成的意象世界连通人之存在和物之存在，可以帮助生存者体验到感性生存本身以及生命本真的厚重之处[②]，在澄明审美主体、解蔽审美对象的过程中实现审美的生存。审美直觉能够引导我们走向生命的最深处[③]，能够无止境地拓展人审美观照的对象，拓宽人的生存境域，审美直觉是审美生存的重要途径。

审美直觉是审美活动超理性的表现。理性思维与功利追求遮蔽了生存世界的本然状态，造成了万物之间的割裂，使人类的生存失去了本真。这种本真的状态以及世界整体的感觉，只有在超越理性与功利的前提下才会产生，审美直觉就是洞彻世界真相的途径。[④]在审美直觉中，人能够超越自身的存在限制，建立与世界万物之间的联系，体验到存在的整体，消除各种后天的区别。[⑤]

人本身的存在是理性的存在与超理性的存在的统一体。理性是借助于主客二分的认识方法，借由抽象的概念把握事物的存在，但是没有办法借助于这种理性实现对世界整体与生存境域的把握。因为，“即使是最精微的鉴赏力，也与创造力无关。鉴赏力是感受力的精炼，但是感受力没有做任何

① 张中 . 直觉与审美自由 [D]. 复旦大学博士学位论文，2012.

② 谭容培 . 审美直觉之真义：心的敞亮与物的解蔽 [J]. 湖南师范大学社会科学学报，2005（5）：38-42.

③ 柏格森 . 创造进化论 [M]. 肖聿，译 . 北京：华夏出版社，1999：150.

④ 皮朝纲，董运庭 . 静默的美学 [M]. 成都：成都科技大学出版社，1991：169.

⑤ 冯友兰 . 三松堂全集（第五卷）[M]. 郑州：河南人民出版社，2000：228.

的事情，它纯粹是接受性的”[①]。在这个时候，只能够借助于超理性的审美直觉，才能够体验到天人合一的存在意蕴。因此，不能试图用理性认识来进行审美，生命及其存在是没有办法通过逻辑推理进行控制的，即使是辩证的、发展的逻辑也没有办法体现出生命存在的丰富性。[②]

审美直觉并不是反理性的，而是超理性的，其中蕴含着理性的成分，这也是近代哲学比较关注诗与思之间关系的原因。原始的直觉是直接性的存在，思则是间接性的存在，审美直觉是超越了原始直觉的直觉性，其中，思是对原始直觉的超越，审美直觉是对思的超越。超越不是丢弃，而是扬弃，因此，审美直觉内含着思，审美直觉是情与思的融合。在一定意义上，审美直觉就是理性认识的思想经过长久的沉淀转化成的情感或者直接性的存在。[③]

审美直觉的形成说明了审美主体是文化塑造和历史渊源的产物，显现了强化审美生存教化的重要性。审美直觉的产生必须以知识、文化、历史为基础，否则审美直觉就无法产生。正是借助于历史、文化的渗透，人在刹那间的感性之中看到存在的真实面目，也得以让自身的存在全面涌现出来。观照同样的审美对象，由于审美主体积淀的不同，其得到的审美感受的差别是很大的。因此，在审美生存的教化过程中，必须重视知识、文化、社会等因素的注入。

在审美直觉启发审美教化的过程中，必须小心理性的负面影响。现代人类的最大问题也许就是过于聪明、过于自信。“科学是重新使人入睡的途径”[④]，“智慧则是完全冰冷的”[⑤]，理性的聪明隐瞒了生活，让人无法利用理性纠正生活。如果人的生存变得难以忍受，人会试图改变生存的环境，但是最直接、最有效、最重要的途径还是改变自己的态度，让自身对生存充满激情。

强调审美的感性特征，强调审美直觉的超理性，并不是说审美生存的实践可以离开理性。恰恰相反，审美生存必须建立在理性的基础之上才有可

① 维特根斯坦．文化与价值 [M]. 黄正东，唐少杰，译．杭州：浙江文艺出版社，2002：106.
② 宗白华．宗白华全集（第一卷）[M]. 合肥：安徽教育出版社，1994：586.
③ 张世英．境界与文化：成人之道 [M]. 北京：人民出版社，2007：125-126.
④ 维特根斯坦．文化与价值 [M]. 黄正东，唐少杰，译．杭州：浙江文艺出版社，2002：13.
⑤ 维特根斯坦．文化与价值 [M]. 黄正东，唐少杰，译．杭州：浙江文艺出版社，2002：94.

能！这也是后面把理性作为审美生存教化的重要组成部分的原因。只是在审美生存中，理性还不是我们的终极站，而是塑造意象世界的条件，必须进入直觉想象之中，成为审美意向的骨架。

（2017年8月31日，河南大学生命教育研究中心）

培育审美心胸

审美心胸是在审美生存实践的进行中需要审美主体生成并保持的特定精神状态与心理状态，这是开展审美生存实践、进行审美生存关照以及感知审美体验的条件。

审美心胸是人对待生存世界的独特方式，有别于科学认知以及社会伦理的实用态度。因为日常生存中的实用态度以及功利算计，使得我们只能够按照实用的或者概念的倾向去审视这个世界，我们所能够观察到、体验到的东西也就非常有限。

如看到我熟悉的城市时，我会用概念或者实用的方式审视这个城市：看到一条大街，我知道这边有个餐馆，那边有个超市，后边有个银行，我看到的只是我熟悉的，不会发现实用或者习惯之外的风景。但若是用超越了概念与实用的方式审视这个城市的个体，如旅游者，看到的全部都是新鲜的存在，每个建筑都有自己的独特意味。

拓展审美心胸，可以让存在者看到更加丰富的存在，有利于存在者深入了解存在的境域。德国哲学家卡西尔认为，由于在日常生存经验中，人们都是根据理性的因果关联或者实践的利害关系来看待世界上的各种现象的，关注的焦点是理性逻辑的关联或者实践功利上的得失，眼中只有手段或者原因，就会对存在更多维度的蕴涵视而不见。[①] 只有拓展了审美心胸，能以非功利化、非概念化的审美态度审视整个世界，才会发现生存境域的生机勃勃、新鲜惊奇，似乎每种存在都焕发着光彩，似乎每种现象都充满着诗意，达到“群籁虽参差，适我无非新”的生存体验。

审美心胸的拓展能够延展审美主体与审美对象之间的距离，抛弃理性认知与实用功利的态度，能够依照事物本性的维度去直观事物本身，就会拉近人性与物性之间的距离，人的生存境域就会变得有趣、新鲜起来。如老庄就提出了审美心胸的思想“坐忘”“心斋”等观点，如魏晋时代从对大自然

① 恩斯特·卡西尔．人论 [M]. 甘阳，译．上海：上海译文出版社，1985：216.

的体验中提倡的“冰心”“虚心”之心，如书画艺术家提倡的“林泉之心”，如禅宗从悟道的“清净心”转变为的日常生活中审美的“平常心”，追求超越日常生活的“闲心”，反对思想禁锢的“童心”，崇尚真性情的“赤子之心”，艺术审美中的“灵心”“独观静坐之心”，等等，其目的都是为了提升人的审美生存境界。

审美生存教化必须重视对审美心胸的拓展。美国教育家、聋盲女作家海伦·凯勒用亲身经历说明了拓展审美心胸的重要性。有一次，她问一位在树林里长时间散步的朋友都看到了什么，她的朋友说没有看到什么特别的东西，她感觉到不可思议，因为在看不到、听不到的情况下，她仅仅凭借自己的触觉就能够感受到诸多激动人心的美，得到太多生存的喜悦，那些视听感官健全的人，应能感受到更多的美的存在才对。因此，她建议开设学会使用感官的美育课①，以唤醒沉睡的官能，真正看到人们身边被忽略的东西，增加对生存的切实体验与快乐。实际上，这就是对审美心胸的拓展。

海伦·凯勒还专门写了一篇著名的文章《假如给我三天光明》，来阐述她拓展审美心胸的方法以及内容。

第一天，她希望看到那些陪伴她并给予她温柔与仁爱的人。她说很多人不知道“看”的珍贵，对身边重要的人视而不见，但因为她之前只能依靠触摸才能感知脸的轮廓，所以能体验到“看”的珍贵。她要花费很长的时间凝视亲友的脸，并在心中刻下他们的美好。她要凝视纯洁无邪、天真活泼的婴儿的美。她要在林中漫步，陶醉于自然之美中，竭力领略自然所敞开的无限风光。②她要看到绚丽辉煌的日落。

第二天，她要早早起来，欣赏黑夜变为白昼的奇迹，以敬畏之心欣赏太阳唤醒地球时的壮观形象。③她要去自然博物馆、大都会艺术博物馆，去欣赏罗丹、米开朗琪罗的雕塑，去欣赏达·芬奇、拉斐尔、伦勃朗的油画，去体验伟大艺术中的崇高心灵。她要去观看剧院或影院中演出的动作、色彩，去体验其中的魅力，去欣赏莎士比亚巨著中名角的迷人形象。

第三天，她要再次体验黎明的喜悦，因为新的美必定能够在每一天的

① 海伦·凯勒．我的人生故事[M]．王家湘，译．北京：北京十月文艺出版社，2005：152-153.

② 海伦·凯勒．我的人生故事[M]．王家湘，译．北京：北京十月文艺出版社，2005：156.

③ 海伦·凯勒．我的人生故事[M]．王家湘，译．北京：北京十月文艺出版社，2005：157.

黎明中得到揭示。[①] 她会观察人的普通生活，观察奔流不息的人群，体味行人的微笑。她要去看喜剧，体验人类精神中积极乐观的因素。

海伦·凯勒教导我们，要像明天就要失去眼睛那样去充分利用自己的眼睛[②]，看到生存中从未发现、从未重视的珍贵的东西。只有当你以从未有过的方式使用自己的感官时，你才能够发现生存境域中从未看到过、听到过、感触过的东西的存在，从而让自己的生存境域充分地展现出来。[③]

拓展审美心胸，也是为了能够最大限度地利用人的每一种感官，使人充分体验生存境域中的神奇与丰富，体验生存的快乐与喜悦。[④] 统而言之，在审美生存实践中，拓展审美心胸，培育审美的感官，是极为重要的途径。

（2017 年 9 月 7 日，河南大学生命教育研究中心）

① 海伦·凯勒. 我的人生故事 [M]. 王家湘，译. 北京：北京十月文艺出版社，2005：162.
② 海伦·凯勒. 我的人生故事 [M]. 王家湘，译. 北京：北京十月文艺出版社，2005：165.
③ 海伦·凯勒. 我的人生故事 [M]. 王家湘，译. 北京：北京十月文艺出版社，2005：165.
④ 海伦·凯勒. 我的人生故事 [M]. 王家湘，译. 北京：北京十月文艺出版社，2005：166.

培养审美能力

审美能力是感受无限丰富的感性世界及其内涵的能力。借助于审美能力，审美对象与审美主体情景交融，生成审美的意象世界，为人的生存带来喜悦，增加人生的情趣和意味。

审美能力是感知人生、获取人生体验的方式。审美活动与科学研究颇为不同，科学研究致力于发现事物本身所蕴含的客观规律，目的是建构具有客观普遍性的知识体系。审美则不然，它致力于使审美主体进入自身的生存境域之中，体验生存的多种可能性，领略生存世界的丰富与精彩，增加人生存的情趣与意义。

审美能力是提升审美生存境界的必要条件。人真正的进步并不仅仅是获得的生产资料日益丰富，而是生存经验（体验）的日益丰富。生活艺术的最佳表现并不是对生存现状的简单适应，而是对更高生存境界的追求。人的生存存在三重欲望：活着；活得好；活得更好。①因此，人的生存的最大满足就是更加丰富的经验与体验，亦即来自审美生存的体验。

审美能力是体验审美生存的综合能力，内含直觉审美世界、建构意象世界、领悟审美生存等多方面的技艺。因此，审美能力的提升必须以整体文化教养的积淀为基础，并结合审美活动的实践充分展开，同时也要注意在审美能力的培育中建立与个体内在经历的联系。

审美生存能力之所以需要教化，是因为进步并不是普遍存在的，并非是不通过艰辛劳动就可以达成的。进步与提升不是事物本身所固有的，“如果我们考查自然界中的万物，但求生存（然后慢慢衰亡）似乎就是普遍的规则，追求向上发展的情况是很少的例外”②。所以，应该努力提升人的审美生存能力，以不断完善人的生存方式，提高人的生存质量。

因此，开展审美能力的培育不能够孤立地进行，而是要多方面、多渠

① 大卫·雷·格里芬.怀特海的另类后现代哲学[M].周邦宪，译.北京：北京大学出版社，2013：56.

② 大卫·雷·格里芬.怀特海的另类后现代哲学[M].周邦宪，译.北京：北京大学出版社，2013：57.

道地同时进行。学习审美欣赏的记忆，参加审美活动的实践，提升审美主体的文化素养，塑造审美生存的生存境域。在这个过程中，还应结合每个个体的独特经历，提供有针对性的引导。

（2017 年 9 月 14 日，河南大学生命教育研究中心）

提升审美趣味

审美趣味是指审美主体的审美偏爱、审美标准以及审美理想的综合集成体，集中体现了审美主体的审美价值标准。

审美偏爱是指审美主体的心理指向性，审美主体会对某种类型的审美对象或者审美形式有注意倾向，会对其进行优先的关注。审美偏爱应保持可塑性与专一性之间的某种张力的平衡，在一个弹性的兴趣范围内，有着相对固定的核心，并且会常常维持动态的发展变化。

审美标准是审美主体进行审美判断时所采用的尺度，是判断审美对象等级的参照。审美标准主要会受到审美主体的审美修养以及审美活动经验的影响，也会受到审美主体的文化背景、艺术背景的影响。

审美理想是审美主体的理性形态，体现了审美主体在审美活动中的期望与追求。审美理想在根本上影响了审美偏爱与审美标准，并能够激励审美主体不断完善审美活动，提升审美生存的层次。

审美趣味决定了审美主体的审美指向，并左右意象世界的生成。意象世界是情景的交融，是情感世界对生存世界的映射，是在观照中涌现生存的意义，而审美趣味是其中的重要影响因素。

审美趣味决定了审美主体的审美指向，影响到审美主体的审美活动，左右着意象世界与审美体验的生成。审美主体各方面审美趣味的总和就是审美主体审美的整体表现。

审美趣味存在教化的可能性。审美趣味是在审美活动中逐渐生成的，审美主体的家庭状况、社会地位、职业种类、生存方式、文化素养、个体体验都会影响到审美趣味的形成，而这些因素具有相对的稳定性，因此审美趣味也就具有相对的稳定性。但改变审美主体的生存环境、教育状况、生存方式，都有可能改变其审美趣味。所以，在审美生存的教化中，应注重对相关因素的改变与完善。

审美趣味存在可以教化的必要性。不同的审美趣味之间是有差异的，应该发展健康的、高雅的、纯正的审美趣味，拒斥病态的、低俗的、恶劣的审美趣味。这样才能引导审美主体进入审美生存状态，提升生存层次，激发生存的潜能，绽放生存境域的丰富意蕴。

审美趣味源于生活历程的积淀，是保证生活质量的重要因素。当前之所以缺乏品质与趣味，是因为大部分的产品都是以批量形式生产的，无法保证其独到的品质。因此，在现代社会中，价格最高昂的往往就是手工制作的[①]，因为手工制作的物品包含着人的关心。

（2017年9月21日，河南大学生命教育研究中心）

① 蒋勋．天地有大美 [M]. 桂林：广西师范大学出版社，2006：20.

跋：竹香入酒赋新诗

生命如此令人惊诧！清晨第一缕阳光照耀这个我们生于斯、长于斯亦终将逝于斯的星球，松涛低吟，柳丝婆娑，虫鸣蛙鼓，兔走隼落；带露牡丹娇艳欲滴，含愁丁香惹人垂怜。所有的生命各依其序而又驰突奔竞，万千生灵应节而舞，界、门、纲、目、科、属、种在大化运行中如此和谐。整个世界明晰美丽，流畅丰富，生机勃勃。所有的生命都在呐喊，所有的生命都在歌唱！生命，让人不由去关注和研究，并从中获得和谐的心境和充盈的生命力。

在所有的生命中，人的生命是那抹最动人的色彩，是那缕最耀眼的光芒。人是万物之灵长。正是因为有了人生命的观照，才使这个世界更加缤纷多彩，才使同一轮明月照耀下的古人今人对时光流逝、人生短暂发出同样动人心旌的声声喟叹。

人的生命价值是这个世界上至高无上的价值。人的生命价值是价值问题的核心，是对人生命的深度追问和终极关怀。在一些文化语境里，只有人具有“神”性、“佛”性；而“上帝死了”之后，人更理所当然地成了这个世界的真正主人。

我有时试着想象自己摆脱自身，负手立于太空的某一角落，俯瞰这个蓝色星球的芸芸众生，欣赏那冷色的、意味深长的运动着的美，观察那生和死川流不息的合而分、分而合，遥看生命的嬗变升腾、变迁不居，指点那关乎生命的激动人心的价值求索激荡起的绚丽浪花。

人的生命价值应然如何？也许没有人能给出确切的答案，

我们都正走在“朝圣”的路上。这正是人生中最动人的地方。我深信：一切科学、哲学、信仰的东西，都由同一个共同的源泉哺育——对于未知事物的憧憬和心泉聆听的返回。我并不相信迷信意义上的灵魂不朽和具象化的万能上帝，也无法准确说出人的生命价值到底是什么，但我相信人生命价值的不朽和精神生命的永恒。于是，对于横倒斜歪在通向生命价值求索之途上的障碍物，我试图通过科学真理和生活经验的总括来清理；而对于远在前方的生命价值之鹄的，我试图通过哲学的沉思、审美的愉悦、灵性的震颤、信仰的笃定来触摸，试图以此走向一个明晰而和谐的思想世界。

在我们之前，一代代哲人接踵而来，送给我们思想的种子；我也努力摸索着去打开一扇又一扇通向生命价值的追寻之门，踏上幽暗魅惑、曲折连环的林间小径。我高擎生命中全部真善美圣凝聚而成的“阿拉丁神灯”，勇敢地做世人寻找生命幸福的向导。

作为一位起步较晚的生命教育学者（学者在此指的是“学习者”），我近年来从生存哲学、教育哲学、课堂教学、诗学等不同维度先后切入生命教育研究，叩问生命的价值和意义，溯源教育真蕴，寻求实践路径。在研究过程中，我感觉有些内容适合写成岩崖笄峙的高台讲章，于是我撰写《生命价值论》《审美生存论》《生命教育学》《生命课堂论》《生命教育诗学》等数十部著作；有些内容适合写成规范严整的学理短章，于是我在

《教育研究》《课程·教材·教法》《中国教育学刊》等期刊上发表了数十篇论文。但还有些内容似乎更像是生命教育研究过程中的吉光片羽，是“林间路”上散落的珍珠，是掩卷远望时的灵感造访。我习惯于把这些想法也写下来，有时写在一片纸上，有时写在胳膊、腿上，有时狠狠地在脑子里“过几遍电影”，一如李贺之故事，之后尽可能及时敲进电脑。这样的文字，我称之为“生命诗语”，并分别形成“生命诗语2005年卷”“生命诗语2006年卷”直至“生命诗语2019年卷”。2005年我开始使用个人电脑，近年更是笔记本电脑不离身，这些“诗语”因此得以记录下来，积年竟逾百万字；而2005年以前的“诗语”，数量还真是不少，但已全部散失。

生命诗语的发表和出版，原来一直没有提上日程。2018年7月我打篮球受伤，养伤时在根据生命诗语整理三部诗集，随后在教育科学出版社出版，分别是《有所思》《白衣醉》《马蹄错》，合起来组成《生命教育诗语》系列。中国教育学会名誉会长、北京师范大学资深教授顾明远先生和中国陶行知研究会会长、北京师范大学教授朱小蔓院士奖掖后学，视诗语为生命教育研究的重要成果，饱含深情地为我的系列诗语写下了两篇序文及推介语。顾先生是我的亲导师，朱先生是我的虽无导师之名但有导师之实的老师。河南大学年终绩效考核时，也视《生命教育诗语》为重要学术成果。我深为感动，深受鼓舞。检点积年所作，发现已出版的这三卷只是积年诗语之十一。2019年

早春我再次打篮球受伤，这次是跟腱断裂，伤情较重，那学期的课被迫请同学们退选了，病床临窗，正可从长计议撰文著书。于是，我闭门谢客（我未“双肩挑”，本来就门前冷落，所以谢客并无难度），集中整理生命诗语四组共十二卷，为了与已出版的《生命教育诗语》稍相区别，我将新书命名为《生命教育私语》《生命教育丝语》《生命教育释语》《生命教育思语》。这十二卷全都是以诗文的形式表达生命教育的学术致思。卷目为：

1. 生命教育诗语 卷一 有所思（小诗集）
2. 生命教育诗语 卷二 白衣醉（小诗集）
3. 生命教育诗语 卷三 马蹄错（歌词集）
4. 生命教育丝语 卷一 聆听（散文诗集）
5. 生命教育丝语 卷二 对话（散文诗集）
6. 生命教育丝语 卷三 同行（散文诗集）
7. 生命教育思语 卷一 门卫三问宜深思（哲学卷）
8. 生命教育思语 卷二 大象无形课堂里（教育卷）
9. 生命教育思语 卷三 书生报国一支笔（生活卷）
10. 生命教育释语 卷一 山居
11. 生命教育释语 卷二 田园
12. 生命教育释语 卷三 江南
13. 生命教育私语 卷一 吉光片羽圆旧梦（小诗集）
14. 生命教育私语 卷二 林间自是少人行（学术随笔集）
15. 生命教育私语 卷三 多少楼台烟雨中（生活随笔集）

我平日的工作和爱好没有严格的界线，工作即爱好，爱好即工作。我北京师范大学博士后导师顾明远先生说，教育的本质是生命教育；我华中师范大学博士后导师及高访合作导师周洪宇先生说，生活·实践教育是教育的真蕴。据学生浅见，无论是顾先生团队起草并纳入《国家中长期教育改革和发展规划纲要（2010—2020年）》的“生命教育”，还是周先生沿夸美纽斯、斯宾塞、卢梭、杜威、陶行知一路走来提出的“生活·实践教育学”，还是华东师范大学叶澜先生及其高足李政涛等提出的“生命·实践教育”，南京师范大学朱小蔓先生提出的“生命–情感教育”，均直指人的“life”。“北顾、中周、东叶、南朱”以及朱永新、刘济良、冯建军、刘铁芳、王鉴、刘慧、张文质、肖川诸君子的相关研究，异曲同工，殊途同归，各臻其美、美美相应。这构成中国教育跃升的强大动力。而我理解广义的“life education”其实也包括诗意栖居——我平时受邀讲学最常被点将的题目正是“诗意栖居于教育生活”。个人浅见，诗意栖居应成为生命教育的寻常生活贯彻，生命诗语应成为生命教育的重要表达方式，登临送目、诗书吟啸、酱醋琴棋、饮啄笑傲，无一事不关联生命教育，无一处不寄寓生命情怀。

无论“诗语”“思语”“丝语”还是“释语”“私语”，都是从我每天写作的“生命诗语”中辑录出来的，都是我对生命教育的真情实感之表达。其中《生命教育诗语》三卷之《有所思》《白衣醉》《马蹄错》书名由导师顾先生亲自题写。先生书风入于颜平原之浑厚博大、字势开阔，出乎唐六如之妍美流畅、气韵天成。铁画银钩，人书俱老，瞻之令人肃然起敬。另外十二卷一并付梓，新体诗文各卷由书法家冯明威老师题写，格律诗词各卷由书法家韩云老师题写。冯老师行书平和雍容、冲虚散淡，韩老师隶书古朴凝重、清雅俊逸，二君子书法均落笔有绪，灵气扑面，妙笔生华，令人好生喜欢。

我学习格律诗词有年，习作近万首（阕），虑及格与律诸般要求，故少有格律诗词发表、出版。自2009年至今，指导我格律诗词学习和创作的老师有三位：第一位是台北的吕慧薇，网名婵娟；第二位是福建的罗增富，网名三少爷的微笑；第三位是上海的王轶君，网名雅典娜。在《生命教育诗语》跋中，我误将吕老师的名字写成了李慧薇，在此纠正并向吕老师致歉。吕老师的台式"国语"燕语莺声，动听而难辨，我竟未听出吕、李之别。他仨比我年龄小很多，但在格律诗词及楹联方面皆是奇才，堪为吾师。"吾师道也，夫庸知其年之先后生于吾乎？"三位老师本来只教我格律诗词和楹联创作，但这次除对我创作的格律诗词联推敲斟酌之外，还对我以白话表达的诗语倾情倾力予以雅正，常常焚膏继晷，以至于衣带渐宽。

十五卷诗语插图数百幅。这些插图有的来自我求学和奉职的单位——信阳师范学院（学士）、河南大学（硕士、博士后及奉职）、北京交通大学（博士）、北京师范大学（博士及博士后研究）、华中师范大学（博士后及高访）、洛阳师范学院（河洛

学者特聘教授）；有的来自文朋诗侣旅友所赐摄影作品，其中，北京汉服公司“如梦霓裳”（创始人为我的词友月怀玉）和郑州“最美瑜伽庄园”（创始人为我的瑜伽师父韩雨欣）提供了很多精美的图片；还有一些图片是我家的积年照片。

更应感谢此刻阅读本书的您。我研究生命教育，深知对于一名学者而言，读者就是他的上帝，对读者我从心眼里尊崇和感恩。一桌饭菜好不好吃，美食家的评判固然也重要，但更重要的还是食客的意见。对于“上帝”怎可轻忽？生命诗语撰稿之时，指尖流水，文思泉涌，在思想的王国里淋漓醉墨、纵横恣肆；整理成书之际，却是战战兢兢地反复推敲，大改者九，小改者百，只恐谬种流传，贻笑大方。初始临窗整理诗卷之时，飞雪弥空、琼瑶满地，此日徘徊小径，竟已榴红照眼、枇杷果熟，时光匆匆，太匆匆！

书稿既成，振袂长啸。是时斋外有庭，庭中有竹，竹边石几一条，几上清酒一觥，竹香入酒，诗意盎盎。灵犀相通的朋友啊，不知您此刻身在何方？您若与我同代，请莅临寒斋把酒言欢，可好？您若千百年后才在故纸堆中偶遇此卷，则我已成古人。穿过岁月风烟，字里行间还觉心跳滚烫吗？石上酒杯仍留竹香如许吗？

2019年6月1日

王定功“生命诗语”系列

生命教育诗语

◎ 有所思

◎ 白衣醉

◎ 马蹄错

生命教育丝语

◎ 聆听

◎ 对话

◎ 同行

生命教育思语

◎ 门卫三问宜深思

◎ 大象无形课堂里

◎ 书生报国一支笔

生命教育释语

◎ 山居

◎ 田园

◎ 江南

生命教育私语

◎ 吉光片羽圆旧梦

◎ 林间自是少人行

◎ 多少楼台烟雨中